亚洲国情文化丛书

YAZHOU GUOQING WENHUA CONGSHU

以色列概论

■ 王戎◎编著

中国出版集团

世界图书出版公司

图书在版编目（CIP）数据

以色列概论 / 王戎编著. —广州：世界图书出版
广东有限公司，2014.10
ISBN 978-7-5100-8652-6

Ⅰ.①以… Ⅱ.①王… Ⅲ.①以色列－概况 Ⅳ.
①K938.2

中国版本图书馆 CIP 数据核字（2014）第 227081 号

以色列概论

策划编辑：刘正武
责任编辑：程　静　张东文
出版发行：世界图书出版广东有限公司
　　　　　（地址：广州市新港西路大江冲 25 号　邮编：510300
　　　　　网址：http://www.gdst.com.cn）
联系方式：020-84451969　84459539　E-mail：pub@gdst.com.cn
经　　销：各地新华书店
印　　刷：广州东瀚印刷有限公司
版　　次：2014 年 10 月第 1 版　2014 年 10 月第 1 次印刷
开　　本：880 mm×1230 mm　1/32
字　　数：382 千
印　　张：14.75
ISBN 978-7-5100-8652-6 / K·0221
定　　价：45.00 元

咨询、投稿：020-84460251　gzlzw@126.com

前　言

　　亚洲是世界上面积最大的洲，有47个国家，人口总数超过40亿，约占世界总人口的三分之二。亚洲有大小1000余个民族，占世界民族总数的80%。亚洲东依太平洋，北面靠北冰洋，南临印度洋，西以乌拉尔山、乌拉尔河、里海、高加索山脉、黑海、土耳其海峡及爱琴海为界与欧洲分隔，西南面隔亚丁湾、德曼海峡、红海与非洲相邻，东北隔白令海峡与北美洲相望。由于幅员辽阔、资源丰富、人口众多，亚洲的战略地位十分重要。

　　亚洲拥有悠久的历史和灿烂的文化。作为世界三大宗教的佛教、基督教和伊斯兰教均源自亚洲。世界四大文明古国中的三个——中国、印度及古巴比伦国都曾在这片土地上创造过辉煌的文化。源自亚洲的发明创造曾为整个世界带来了巨大福祉，闪耀着人类智慧的光芒。历史上，亚洲的政治、经济及文化发展曾在世界上占有举足轻重的地位。作为儒家思想发祥地的中国雄踞东亚，文泽四海；印度文明影响下的南亚次大陆独树一帜，历史悠久；昔日的阿拉伯帝国及奥斯曼帝国横跨三洲，气势磅礴。绵延万余里的丝绸之路不仅是精美商品的"传输带"，更是促进不同文明相互交流的纽带。今天的亚洲拥有全球最为多元的文化。东亚、东南亚、南亚、西亚、中亚及北亚六大地区各具特色，社会文化形态迥然。

　　自古以来，中国与亚洲其他国家就有着十分密切的联系。新中国成立后，中国政府奉行睦邻友好的和平外交政策，正确处理了与其他亚洲国家的关系。随着冷战的结束，良好的国际大气候为中国稳定周边环境提供了机遇。目前，亚洲国家在中国的对外关系中处于基础性地位。同时，亚洲国家在经济上也是中国对外开放、开展互利合作的重要伙伴。因此，密切与亚洲各国的关系，对于中国构建稳定、和谐的周边环境意义重大。

在资本、信息与技术快速流动的今天，中国正在以一种更为开放的心态融入世界。在此背景下，越来越多的国人希望进一步认识亚洲，了解世界。有鉴于此，解放军外国语学院亚非语系凭借1952年立系以来自身亚洲语种专业的优势，积60余年的办学经验，组织编写了这套《亚洲国情文化丛书》。本丛书包括多册亚洲国家概论和地区概论，分别对亚洲各国和各地区的国情与社会文化进行了阐述，以便能为读者提供一个较为客观的全面了解亚洲国家国情文化的渠道。

参加本丛书编撰工作的人员均为解放军外国语学院亚非语系的专家学者。他们精通英语及亚洲国家语言，曾赴语言对象国学习与工作，熟悉相关国家文化。在编写过程中，他们采用第一手资料，使丛书内容具有较强的可信度与权威性。由于受资料和学术水平等诸多因素的限制，书中所表述的观点难免有疏漏和不当之处，敬请广大读者不吝批评指正。同时，我们也衷心希望今后能有更多更好的亚洲国家国情研究成果问世。

解放军外国语学院亚非语系

《亚洲国情文化丛书》编辑委员会

2014 年 10 月于古都洛阳

目　录

引　言

　　以色列（Israel）位于亚洲西部，西连地中海与大西洋，东通红海连接印度洋，战略地位重要。以色列面积不大，地形多样，全境可大致分为地中海沿岸平原、中部北部山地、约旦河谷和内盖夫沙漠 4 个地理区域。由于地理环境多样，以色列的气候条件也很特殊，以色列西部和北部属于地中海气候，东部和南部属于干旱气候。

　　以色列是世界上唯一一个以犹太人为主要民族的国家。以色列全国人口数量为 793.3 万人（2013 年数据），其中犹太人 597.8 万人，阿拉伯人 163.6 万人，其余的 31.9 万人包括了具有犹太血统的非犹太人以及其他以色列国民。宗教信仰上，犹太教徒占以色列总人口的 75.4%，穆斯林占 16.9%，其他信徒占 7.7%。名城耶路撒冷同时被视为犹太教、基督教和伊斯兰教的圣城。

　　对以色列历史的考察需要建立在整个犹太民族史之上。犹太民族史大致划分为犹太民族古代史、犹太民族近代史和以色列现代史3 个部分。犹太民族古代史可以分为先祖时期、异族统治时期和大流散时期。先祖时期主要以《圣经》资料为基础；异族统治时期包括亚述、巴比伦、波斯、希腊和罗马统治时期；大流散时期的时间跨度很长，有将近 2000 年的时间，其流散的区域也非常广，大体上可分为基督教世界、伊斯兰世界和世界其他地区。大流散时期，基督教世界的犹太人遭受到反犹主义的摧残。近代，文艺复兴和启蒙主义让犹太人对自身的境遇有了新的理解，欧洲民族主义的兴起让他们出现现代民族意识。这种意识在残暴的现代反犹主义刺激下转化为犹太复国主义，在经历了两次世界大战和五次大规模移民后，以色列最终在1948年5月建国。

对犹太人而言，以色列建国并不意味着幸福生活的开始。长期的阿以战争，大量移民的吸收，国内社会的整合，国民经济的恢复和发展，恶劣的地缘政治环境，都给这个新生的国家带来了巨大的挑战。以色列第一代领导人主要为工党的政治精英，他们成功地应对了这些挑战，并实现了对以色列将近30年的统治，整个以色列政治发展进程也因此深深地烙上了工党的印迹。1977年以后以色列工党统治时期结束，利库德集团上台。该党派在巴以问题上采取强硬立场，在经济上倾向于自由经济，在文化上主张犹太文化的全面复兴。

政治方面，建国后以色列摆脱了神权政治和政教合一的羁绊，建立起多党制和三权分立的议会民主制度。以色列立法机构、行政机构和司法机构三者之间形成权力制衡，行政机构要得到立法机构的信任，司法机构的独立性得到法律保证。

经济方面，以色列建国以来克服了许多阻碍经济发展的严重困难，实现了经济的迅速发展，从一个以农业为主的国家迅速发展成为一个高度工业化和经济多样化的国家。目前，以色列是中东地区经济发展程度最高的国家，拥有成熟的市场体制。尽管没有丰富的资源，以色列还是发展出了完备的农业和工业体系，进入到世界发达国家行列。

军事方面，以色列立国以来一直处在战争的威胁之下，极为恶劣的地缘环境迫使以色列政府长期将强军列为第一要务。在60余年的发展历程中经历了5次大规模中东战争和规模不等的各种军事冲突，以色列国防军已成为中东地区最为强大的军队，对该地区的政治格局产生了深刻的影响。

　　中华文明和犹太文明虽然位于欧亚大陆的两端，相隔万里，但是都是古老文明的延续，交往的历史也很悠久。唐代时，中西交通通畅，部分犹太人来到中国经商、生活，居住在西安、洛阳、敦煌、开封、广州、宁波等地。北宋年间，开封已成为居住在中国的犹太人的中心，关于开封犹太社团的记录很多，由于中国文化具有较强的包容性，开封犹太人在不自觉中融入了中国主流社会。近代来华犹太人的数量远远超过古代犹太人。鸦片战争后，许多犹太人来到上海和香港，形成了包括沙逊、哈同和嘉道理家族在内的实业大亨。19 世纪末，大批犹太人从俄国逃亡到哈尔滨，在哈尔滨形成了中国当时最大的犹太人社团。第二次世界大战期间，中国成为犹太人的避难所。时任中国驻维也纳总领事的何凤山向数千犹太人发放了前往上海的签证，使他们免遭纳粹的杀害，他也被称为"中国的辛德勒"。

　　以色列和中国先后在 1948 年和 1949 年建国，但两国关系发展长期受到冷战环境的制约。自 1992 年建交以来，两国经贸关系不断发展。目前，中国已成为以色列的第三大贸易伙伴。两国在科技、文化、教育等领域的合作日益扩大。虽然中以两国在发展水平和历史文化上有较大差异，但友好合作、互利共赢始终是两国关系的主线。我们坚信，中国与以色列的务实合作潜力巨大，机遇很多，前景将一片光明。

第一章　自然地理

第一节　地理状况

多样性是以色列地理状况的关键词。以色列没有辽阔的国土，但正是这片土地，不管是在自然地理方面还是人文地理方面，都展示出惊人的丰富内容。

一、地理位置

以色列位于亚洲西部，处于亚、非、欧三大洲结合处，位于北纬29度到33度之间。东接约旦，东北部与叙利亚为邻，南连亚喀巴湾，西南部与埃及为邻，西濒地中海，北与黎巴嫩接壤。

以色列战略地位重要，在古代这一地区被称为迦南[①]，腓力斯人[②]曾居住于此，因此又称为巴勒斯坦[③]。这一地区虽然自然条件并

[①]　迦南指位于约旦河和地中海之间的地区。"迦南"一词最早出现于《希伯来圣经》，被称为"流着奶与蜜的地方"。居住在这里的居民，主要是西闪米特人，也被称为"迦南人"。

[②]　腓力斯人是居住在地中海东南沿岸的古代居民，被称为"海上民族"。公元前12世纪在巴勒斯坦南部沿海一带建立加沙、阿什杜德等小城。据《希伯来圣经》所载，腓力斯人以拥有铁制武器而著名，曾与以色列人长期作战，公元前10世纪末被打败。

[③]　巴勒斯坦的英文Palistine即从腓力斯人的英文Peleset发展而来。

不理想，但处于尼罗河文明和两河流域文明之间、基督教文明和伊斯兰教文明之间的缓冲地带。在历史上，亚述人、巴比伦人、波斯人、希腊人、罗马人、埃及人、叙利亚人、蒙古人、阿拉伯人、土耳其人和英国人都统治过这块土地；现代以色列向西连接地中海和大西洋，东通过红海连接印度洋，是世界石油运输的枢纽地区和地缘政治的敏感地区。

图1　以色列的地理位置

二、领土

按照联合国1947年分治决议[①]，以色列领土为1.49万平方千米；以色列政府认为其领土还包括戈兰高地和东耶路撒冷，面积为2.2万平方千米，但没有得到世界上所有国家的承认；除了争议领土，以色列还有部分占领领土（Israeli occupied territories），以色列目前实际控制的土地面积达到2.78万平方千米。

从安全角度看，以色列国土面积狭小，其地中海上的专属经济区[②]面积是其领土面积的2倍，战略纵深严重不足。以色列拥有198

[①] 联合国181号决议，http://www.undemocracy.com/A-RES-181(II).pdf.

[②] 专属经济区是指从测算领海基线量起200海里、在领海之外并邻接领海的一个区域。

千米的海岸线和 4 个阿拉伯邻国，大部分地区都暴露在周边国家中程导弹的射程内。

三、地形

以色列南北最长距离为 470 千米，东西最长距离为 135 千米。以色列虽然面积不大，但是地形多样，全境可大致分为 4 个地理区域，分别为地中海沿岸平原、中部北部山地、约旦河谷和内盖夫沙漠。

地中海沿岸的海岸平原从北部的黎巴嫩边界一直延伸至南部的加沙，南北长达 185 千米。该平原集中了以色列 70% 左右的人口，位于该区域的特拉维夫和海法等大城市，是以色列人口最为密集的地区。这一地区土壤肥沃，自古以来就是农业重地，目前是以色列农业的重要地带，水果种植业发达。

海岸平原东部为中部北部山地。这一区域由多条山脉构成，北部是加利利山脉，其最高峰为梅隆山，海拔约 1208 米；南部是由溪谷地区所组成的撒玛利亚山脉；再往南则是荒芜的朱代山丘地区。

中央高原地带的东部是约旦河谷，是长达 6500 千米、从土耳其南部一直延伸到东非的东非大裂谷的一部分。该裂谷在以色列境内的部分由约旦河、太巴列湖①以及死海构成，从以色列北部边界一直延伸到最南端的亚喀巴湾。大裂谷中的约旦河从北部海拔 152 米的但城经胡拉谷底流入以色列最大的淡水湖太巴列湖，然后继续向南注入低于海平面 408 米的地球大陆海拔最低点死海。约旦河两岸土地在北部比较肥沃，在南部比较贫瘠。以色列在 20 世纪 50 年代将胡拉谷地附近的沼泽地改为农业用地，但 90 年代后出于环境

---

① 也称加利利海。

保护的考虑，开始退耕还沼。由于约旦河谷处在两大板块间的断层线，板块间的不稳定导致了不可预知的地质运动，1837年该地区的大地震就毁灭了许多建筑，造成了数以千计的人死亡。

内盖夫沙漠由大约1.2万平方千米的沙漠组成，占了以色列约一半土地面积，在地理上内盖夫沙漠是属于西奈半岛沙漠的延伸。内盖夫沙漠很少有人居住，居民只占以色列总人口的8%左右。内盖夫地区虽然降水很少，但以色列利用滴灌技术已使其成为重要的农业产地。

四、气候

以色列处于亚热带地区。由于地理环境的多样性，以色列的气候条件也很特殊，其西部和北部属于地中海气候，东部和南部属于干旱气候。地中海气候区域全年可以大概分为两个季节。以色列冬季（10月到次年5月）受来自地中海暖湿气流影响凉爽多雨；夏季（6月到9月）受副热带高气压带影响炎热干燥。1月是最冷的月份，平均的气温从6℃至15℃不等；7月和8月则是最热的月份，平均气温从22℃至33℃不等。全国平均降水量为508毫米，降雨集中在冬季。北部山区降水量较多，采法特的平均年降水量达到750毫米，每年将近60天为雨天；南部沙漠属于热带沙漠气候，降水量较少，埃拉特每年雨天不足5天。以色列阳光比较充足，日照时间和强度均名列世界前茅。

第二节　自然资源

一、矿产资源

以色列是一个自然资源相对匮乏的国家。

虽然位于中东地区，但以色列石油储量很少。由于和阿拉伯国家长期处于敌对状态，以色列只能舍近求远，其大部分石油都是从俄罗斯、土耳其等国家进口。2009 年到 2010 年以色列私营公司与美国公司合作，先后在塔马尔、利维坦等地中海海域勘探发现大型气田，据估计拥有超过 25 万亿立方英尺的天然气储量，这在一定程度上缓解了以色列紧张的能源供给状况。[①] 2012 年，以色列能源开发公司在阿杜拉姆地区勘探发现大型页岩油田，预计储量达 2500 亿桶，与沙特原油储量相当，但以色列页岩气的开发难度大于美国，相关技术还在开发与完善中。

以色列矿产资源储量比较丰富的是钾盐，以色列是世界上最为重要的钾盐生产国之一，以色列化工集团大量钾肥都出口到亚洲的中国和印度。此外，以色列还有石灰石、铜、铁、磷酸盐、镁、锰、硫黄等矿产。在地区分布上，以色列的钾盐和镁矿主要分布在死海地区，铜矿主要分布在阿拉瓦地区，磷酸盐、石膏和天然气主要分布在内盖夫地区。

总体上看，虽然资源贫乏，但以色列凭借先进的科学技术对有限资源进行了高效的利用。

二、土地资源

巴勒斯坦地区虽然有过辉煌的历史，但在奥斯曼土耳其帝国统治时期这块土地已变得非常贫瘠。犹太复国运动兴起以后，犹太人通过新的组织方法、技能、资金、科学和几代人的努力在这块贫瘠的土地上建立起了发达的农业。他们排干了沼泽，阻止了沙丘的蔓延，栽种了树木，改良了农作物。今天的以色列在农业上已非常发达，成了重要的农产品出口国。

---

① 详见 http://finance.ifeng.com/roll/20120401/5854549.shtml。

　　以色列的土地，特别是农业用地，绝大部分属于国家财产。这种土地公有的观念可以追溯到以色列建国以前犹太复国主义组织建立的犹太民族基金会。[①]犹太民族基金会成立于1901年，其主要任务是在巴勒斯坦地区获取土地、发展生产，为犹太人争取生存空间。当时犹太复国主义组织规定这些土地不能转让，并以很低的价钱将土地租给犹太人组成的集体，从而防止这些土地被非犹太人购买。1948年以色列建国后，这种土地国有的传统被延续下来。

　　目前，以色列可耕地占15.45%，农作物用地占3.88%，其他用地占80.67%。由于土地面积有限，降水量不足，以色列在20世纪60年代发明了滴灌技术，80%的灌溉土地都使用了水肥灌溉的方法，使灌溉与施肥同时进行，一次完成，该技术可使单位面积土地增产高达5倍，使水、肥利用率高达90%，并能有效防止土壤盐碱化和土壤板结。

三、水资源

　　以色列位于沙漠地带的边缘，一直深受缺水之苦。内盖夫和其他地区的考古发现显示，早在几千年前当地居民就已关注水源保护问题，他们设计出各种各样的设备用来收集、储存和运输雨水。

　　目前以色列的主要河流为约旦河，主要湖泊为太巴列湖与死海。约旦河全长250千米，位于约旦河上游的太巴列湖是以色列最为重要的淡水水源，为以色列提供约25%的水资源。此外，以色列境内还分布了几条小型河流，如注入地中海的雅尔共河和约旦河的支流耶尔穆克河。以色列其他河流多为季节性河流。

　　以色列对沿海地区和卡梅尔山脉的地下水也进行了利用。以色列地下水的开发量受到严格限制，以避免水资源耗尽和盐碱化。

---

　　① 详见 http://www.jnf.org/。

在 20 世纪 70 年代之后，人口的增长和工业的发展，导致以色列的水源被利用到了大大超过承载能力且无法自然补充的地步。目前，以色列正在通过废水回收、人工降雨和海水淡化等办法来开发利用边际水资源。以色列在海水淡化、污水处理与回收、水源安全与检测等领域的技术十分先进。以色列共在地中海沿岸建有 30 多家海水淡化厂，其中规模较大的包括阿什克隆海水淡化厂、帕玛契海水淡化厂和海德拉海水淡化厂。2010 年，以色列海水淡化厂共生产 3.2 亿立方米淡水，占当年生活用水需求的 42%。

以色列污水总回收率达 75%，全部生活污水和 72% 的市政污水均得到循环利用，高居世界第一。此外，以色列在水质监测、指挥与控制系统传感器以及毒素检测的生物传感器领域也处于世界领先水平。以色列 Aqwise 公司①专注于市政污水及工业污水处理，为市政和工业用户提供各种解决方案；HydroSCADA 公司与以色列水务公司合作，监控超过 100 万个输入输出端口，大幅减少了水资源的浪费。

同中国一样，以色列也存在水资源南北分布不均的问题。对此以色列的解决办法是将大部分淡水资源都并入一个综合网，通过巨型泵、输水道、运河、水库、隧道、蓄水坝和抽水站把水从北部和中部地区一直送往南部的半干旱地带。以色列从 1953 年开始投资 1.47 亿美元、历时 11 年修建了国家输水工程（The National Water Carrier），将北部加利利湖的淡水通过地下管道输送到南部干旱的内盖夫沙漠。这一宏大的基础设施有效地解决了南部地区的缺水问题，成为以色列全国统一调配水资源的主动脉。

根据以色列政府和研究机构共同组织专家对气象状况进行的分析，在未来 20 年左右的时间里，以色列将遭遇持续的干旱天气，

---

① 详见 http://www.crunchbase.com/company/aqwise。

并对自然环境、农业生产等诸多方面产生影响。以色列水务局官员表示，尽管对长时间持续干旱的严峻性有清醒的认识，但以色列有信心予以应对，不会因为干旱而出现用水短缺的情况，因为以色列目前已经建立起完备的"水资源经济"体系，足以在极端条件下满足生产生活用水的需求。

四、动植物资源[①]

由于以色列地形地貌多样，其动植物种类之丰富甚至远超很多国土广阔的国家，其中包括许多仅存留于以色列的珍稀品种。

以色列已发现的植物种类已超过 2800 种，多为灌木丛和下层林丛，其中 150 种属于以色列本土植物。以色列地区最早分布有大量的黎巴嫩雪松，但随着几个世纪伐木业、种植业和畜牧业的发展，该区域的黎巴嫩雪松被砍伐殆尽。

以色列有 200 多种哺乳动物和爬行动物，7 种两栖动物。2013 年 6 月，英国《每日邮报》报道，一度被认为已经灭绝的巴勒斯坦油彩蛙（Hula painted frog）在以色列南部再度被发现。以色列哺乳动物包括夜猫、野猪、瞪羚、野山羊、胡狼、野兔、獾、鼬鼠等。以色列的鸟类有超过 500 种，包括鹧鸪、热带杜鹃、大鸨、沙鸡等，大部分为春秋两季迁徙的候鸟。以色列是多条候鸟迁徙路线的重要地带，每年两季都有数以百万计的鸟飞越过境，游客可以在胡拉保护区、阿拉瓦罗坦基布兹鸟类观察中心和埃拉特的国际鸟类研究中心观察候鸟迁徙。

为了保护本国动植物的多样性，以色列全国已建立了 150 多个自然保护区和 65 个国家公园，占地面积约为 1000 平方千米。比较著名的自然保护区有南部的阿拉瓦地区以及北部的卡梅尔山自然保

---

① 参阅以色列新闻中心所编《以色列概况》，2003 年，第 88 页。

护区和梅隆山自然保护区。目前，以色列的森林面积约占国土总面积的 7.1%，4.1% 的森林为人工种植林，以色列是全世界为数不多的几个森林覆盖率高于百年前的国家之一，这对于一个沙漠国家是难能可贵的。但由于以色列夏季气候干燥，有时会发生森林大火，2010 年卡梅尔山森林大火是以色列立国 62 年来最严重的森林火灾，共造成 44 人丧生。

第三节　人口与行政区划

一、人口

（一）人口数量和特征[①]

以色列是世界上唯一一个以犹太人为主要民族的国家。根据以色列中央统计局 2013 年数据，以色列全国人口数量为 793.3 万人，其中犹太人 597.8 万人，占总人口数量的 75.4%，阿拉伯人 163.6 万人，占总人口数量的 20.5%，其余的 31.9 万人包括了具有犹太血统的非犹太人以及其他以色列国民。

2011 年，以色列国内人口增长率为 1.8%，其中，犹太教徒增长率为 1.8%，穆斯林教徒增长率为 2.5%，基督教徒的增长率为 1.3%，德鲁兹人的增长率为 1.7%。

以色列人平均寿命 83.6 岁，新出生人口 16.6 万人，平均每个妇女产 3 胎，妇女产第一胎的平均年龄为 27.3 岁。

从人口年龄结构来看，以色列人年龄结构与西方国家相比更为年轻。其中，0—14 岁人口占总人口数的 27.5%，而经济合作与发展组织（Organization for Economic Co-operation and Development）国家平均占比为 18.5%；15—24 岁的人口占总人口数的 15.7%；

---

① 参考 http://www.mofcom.gov.cn/aarticle/i/jyjl/k/201209/20120908336507.html。

25—54 岁的人口占总人口数的 37.7%；55—64 岁的人口占总人口数的 8.8%；以色列超过 65 岁的人口数量占 10.3%，而经济合作与发展组织成员国平均占比为 15%。

（二）人口分布

以色列的人口密度较大，每平方千米平均居住人数达到 347 人，滨海平原和耶路撒冷是以色列人口最为密集的地区，内盖夫沙漠地区的人口密度最低。

生活在约旦河西岸的以色列人口约有 32.6 万，生活在戈兰高地的人口约有 18.7 万，生活在东耶路撒冷的人口约有 18.69 万，其余人口都分布在以色列本土。

（三）宗教信仰

从宗教信仰的角度看，在以色列总人口中，犹太教徒占 75.4%，穆斯林占 16.9%，基督徒占 2%，德鲁兹人占 1.7%，其他信徒占 4%。

穆斯林是以色列信仰人数仅次于犹太人的群体，其中大多为以色列阿拉伯人。以色列阿拉伯人大多能说两种语言，他们的母语为阿拉伯语的巴勒斯坦方言，第二外语为希伯来语。从宗教的角度看，他们大多属于伊斯兰教逊尼派；从民族的角度看，他们属于阿拉伯民族；从国籍的角度看，他们属于以色列人。他们大多同生活在约旦、叙利亚和黎巴嫩的巴勒斯坦难民有着亲属关系。

生活在内盖夫地区的贝都因人虽然从种族上看属于阿拉伯人，但是对以色列人的身份有更强的认同感，他们以氏族部落为基本单位在沙漠旷野过游牧生活。

以色列基督教徒比例虽然不大，但教派很多，包括罗马天主教徒、希腊天主教徒、希腊正教徒、希腊东正教教徒、俄罗斯东正教教徒、基督教马龙派教徒、科普特人和新教徒等。

（四）语言

以色列的官方语言为希伯来语和阿拉伯语，英语为通用语。

希伯来语是以色列最常使用的语言，这门古语长时间已退出犹太人的日常生活领域，但随着犹太复国主义运动兴起而复活。阿拉伯语是大多数以色列阿拉伯人使用的语言，大多数巴勒斯坦人和以色列阿拉伯人使用的为巴勒斯坦阿拉伯语。以色列人的英语水平普遍较高，许多电视节目都使用英语。

以色列是一个典型的移民国家，因此除了官方语言和通用语言，这里还存在有许多其他语言。以色列有大量苏联移民和埃塞俄比亚移民，俄语和阿姆哈拉语在以色列也经常被使用。此外，在以色列还有大约 70 万来自法国和北非的移民能够熟练使用法语。

根据以色列 2011 年政府社会调查[①] 显示，在 20 岁以上的公民当中，49% 的人母语为希伯来语，18% 的人母语为阿拉伯语，15%的人母语为俄语，2% 的人母语为意第绪语，2% 的人母语为法语，2% 的人母语为英语，1.6% 的人母语为西班牙语，剩下 10.4% 的人母语为其他语言。

（五）移民

以色列人的概念虽然与犹太人有着密切关系，但不能等同。以色列人的概念随着犹太复国主义运动和以色列建国才逐渐清晰化。以色列是一个移民国家，不管是历史上的大规模移民活动——"阿里亚"[②]，还是建国后在《回归法》和《国籍法》保护下的移民，都对以色列人这一概念的形成做出了贡献。

[①] "Selected Data from the 2011 Social Survey on Mastery of the Hebrew Language and Usage of Languages (Hebrew Only)".

[②] "阿里亚"在希伯来语中为上升之意，因为在犹太人心中圣地是至高无上的。直到今天，在希伯来语中"去耶路撒冷"所使用的动词仍然是לעלות，即上升的意思。

建国以来，以色列经历了两次移民高潮。刚刚建国后出现了第一次移民潮，这一时期移民既有来自欧洲的犹太难民，也有来自西亚、北非的东方犹太人和塞法拉迪人。20世纪90年代初，以色列出现第二次移民潮，这一时期来到以色列的主要是苏联犹太人。进入21世纪后，以色列吸收的移民数量大幅减少，他们大多数为西方犹太人。

从以色列建国到2011年年底，共有310万人移民以色列，其中1/3来自亚洲和非洲，2/3来自美国、欧洲和大洋洲，后者有一大半来自前苏联。

2011年，以色列接受了1.69万移民，较2010年增长了1.5%，其中最多数移民来自俄罗斯（3678人），其次依次为埃塞俄比亚（2666人）、美国（2363人）、乌克兰（2051人）以及法国（1775人）。来自世界120多个国家和地区的移民让以色列文化呈现出明显的多元化特征。[①]

随着犹太移民的减少和以色列人口的自然增长，出生在以色列的犹太人数量已远远超过了移民的数量，1990年到1995年，在以色列的犹太人中，移民占犹太人总数的65%，而在2011年这一比例已经低于10%。

从1948年到1989年，以色列几乎没有阿拉伯移民，1990年后，随着地区局势的缓和，以色列开始出现阿拉伯人移入的现象，但移民在以色列阿拉伯人中的比例一直低于5%。

（六）行业与职业

按照行业划分，2011年，在以色列所有的就业人口中，从事农业的占就业总人数的1.4%，从事制造业的占14%，从事建筑业的占5.5%，从事贸易的占13.5%，从事酒店和餐饮业的占4.7%，

---

① 参阅以色列中央统计局2012年数据。

从事交通运输业的占 6.6%，从事金融业的占 4%，从事商业的占
14.4%，从事行政管理的占 4.9%，从事教育行业的占 12.9%，从事
医疗行业的占 10.3%，从事社会服务行业的占 5.2%，其他行业人口
占 2.6%。

根据职业划分，在以色列所有就业人口中，专业学术人员占就
业人口总数的 15%，专业技术人员占 16%，管理人员占 7.1%，白
领工人占 16.1%，代理和销售人员占 20.7%，技术工人占 17.6%，
非技术工人占 7.5%。

（七）外籍劳工

在以色列，除了以色列公民和被占领土的阿拉伯人，还生活着
来自世界各国的外籍劳工。20 世纪 90 年代，泰国、罗马尼亚、中
国、非洲和南美洲等地的劳工进入以色列，成为当地市场的廉价劳
动力。

以色列外籍劳务需求主要分为三大部分：建筑劳务、农业劳务
和家政劳务。在以色列劳务市场中，主要国家形成各自具有优势的
业务范围。建筑劳务的务工人员主要来自罗马尼亚，土耳其人和中
国人也占有一定比重，巴勒斯坦工人也大多是建筑劳务，农业劳务
的务工人员主要来自泰国，家政劳务则主要来自菲律宾。

以色列每年外籍劳务配额在 7 万—8 万名，每一配额工作期限
一般为两年。但除了配额以内的劳工，以色列还有许多非法劳工。
以色列劳工的总人数估计在 20 万人以上，其中一半以上属非法入
境或护照失效的劳工，他们常被指责为以色列犯罪率升高和公共资
源紧张的原因。2010 年 8 月以色列颁布了关于劳工的新政策，驱逐
了数千名合法移民劳工的子女。[①]

---

① 详见 http://news.sina.com.cn/w/2010-08-02/133720808031.shtml。

二、行政区划

以色列包括 6 个行政区，分别为耶路撒冷区、北部区、海法区、中央区、特拉维夫区和南部区。以色列每个区又分为多个分区，以色列全境共有 15 个分区。以色列将约旦河西岸的占领领土称为朱迪亚和撒玛利亚地区，但没有把该地区归入行政区。

耶路撒冷区首府为耶路撒冷，面积 652 平方千米，人口约 85 万。东耶路撒冷是在 1967 年中东战争中被以色列占领的土地，面积 335 平方千米，人口约 33 万。以色列政府单方面将其并入耶路撒冷区，没有得到联合国和世界上大多数国家的承认。

北部区首府为拿撒勒，该行政区面积 3324 平方千米，但以色列政府将面积为 1154 平方千米的戈兰高地纳入北部区，也未得到联合国和国际社会的承认。北部区人口约 122 万，约占以色列总人口的 16.6%，其中阿拉伯人比例很高，占到 53%。北部区分为阿卡分区、戈兰高地分区、加利利海分区、耶兹列分区和采法特分区。

海法区的首府为海法，该行政区面积 863 平方千米，人口约 88 万。海法区又划分为海法分区和哈代拉分区。

中央区的首府为拉姆拉，面积为 1276 平方千米，人口 177 万，约占以色列总人口的 24.1%，是人口最多的行政区。中央区划分为佩塔提克瓦分区、拉姆拉分区和雷霍沃特分区。

特拉维夫分区首府为特拉维夫，人

图2　以色列的行政区

口约 123 万，是以色列人口密度最高的行政区，其中犹太人的比例较高，占 99%。

南部区是以色列面积最大的行政区，首府位于贝尔谢巴，面积 1.2 万平方千米，人口约 120 万。亚喀巴湾唯一的港口城市埃拉特位于本区。

朱迪亚和撒玛利亚地区为以色列在 1967 年战争中占领的领土，其未来归属还取决于巴以之间的和平进程。在这一地区生活的居民约占以色列人口的 4%。

从人口分布的角度看，犹太人口在以色列绝大多数地区占有明显优势。除北部地区以外，其他 5 个行政区的犹太人口都占有很明显的优势。在以色列居于少数族群地位的阿拉伯人相对集中地居住在以色列北部地区，占该地区总人口的微弱多数，而在其他五大行政区中，阿拉伯人口所占比例都在 30% 以下，特别是在特拉维夫区，阿拉伯人仅占该行政区总人口的 1%。

以色列阿拉伯人 60% 分布在加利利地区的中部和西部，30% 的人口分布在小三角地区（约旦边界），还有 10% 分布在内盖夫沙漠。生活在城市的阿拉伯人主要分布在拿撒勒、阿卡、海法、罗德、拉姆拉、特拉维夫和耶路撒冷等地。

三、基础设施

以色列的基础设施比较完善，与世界上重要的商业、金融和学术数据网络都有联系，并通过海底光纤线路和卫星转播站与国际通讯系统融为一体。在以色列，66.3% 的家庭能连接国际互联网，同时它也是世界上移动电话覆盖率最高的国家之一。邮政服务遍及全国，并与绝大多数国家通邮。在交通运输方面，陆地运输的货物占一半，船舶和航空运输各占 1/4。

（一）空运交通

空运是以色列与外部世界进行联系的重要交通手段。以色列国家航空公司航班通往世界四大洲，并定期有班机通往纽约和欧洲。

以色列共有各类机场47个，本–古里安机场是以色列最大的机场，也是该国唯一的国际机场。该机场始建于1936年，位于以色列特拉维夫东南15千米，距离耶路撒冷以西20千米。本–古里安机场拥有固定航线80多条，年处理国际旅客约1100万人次，国际航班每年起降8万多架次。

以色列航空公司[①]经营来往非洲、亚洲、北美洲、欧洲和中东的定期客运航班。乘客可以很方便地前往以色列，并由特拉维夫的本–古里安机场转机至世界各地。以色列航空公司被国际航空运输协会列入世界效率最高的航空公司之一。

2013年4月21日，新一届以色列政府内阁决定签署"开放天空"协议，2014年4月正式生效。该协议将开放以色列与欧盟27国的航空服务市场，使以色列航空业面临与欧洲航空公司的全面市场化竞争，但"开放天空"协议会给以色列经济带来显著的拉动作用，这也是政府做出决策的主要原因。近年来，以色列政府将旅游业发展视为重要的经济增长点，开放天空后，更多的航班数量和更优惠的机票价格将增加以色列的游客人数，刺激以色列旅游业的增长，包括酒店、餐饮、车辆租赁、零售业在内的诸多行业将从中受益。

---

① 以色列航空公司的希伯来语名为 אל על，取自《圣经》，有朝向天空之意。由1948年9月第一条由日内瓦至特拉维夫的航线开始，以色列航空已经发展至48个航点，遍布各大洲并经营来往非洲、亚洲、北美洲、欧洲和中东的定期客货运航班。由于以色列航空属于以色列的国家航空公司，以色列航空在人道救援工作、接载犹太人从其他危险城市返回以色列等工作上扮演重要角色。以色列航空是世界公认最安全的航空公司，它通过安全检查阻止大量企图劫机或恐怖袭击的人登机。

（二）公路交通

以色列幅员不大，从东部的耶路撒冷驱车到西海岸的特拉维夫仅用1个多小时即可到达，这决定了以色列的交通以公路为主。以色列境内的公路从城市到乡村已经形成了一个完整的网络系统，总长度为18096千米，特拉维夫、海法与耶路撒冷之间均有高速公路相连。

以色列公路状况较好，有英语、希伯来语、阿拉伯语三种语言的交通标识。全国有40多条高速公路，公路网四通八达，有多条国家级公路、城际公路、地区公路和其他公路。截至2012年年底，以色列的合法机动车数量为276万辆，较2011年增长了4.6%，其中80%为私家车，平均每3个以色列人拥有一辆车。以色列约有350万居民拥有驾照，几乎每2个人中有1个司机。以色列实行"左舵右行"。

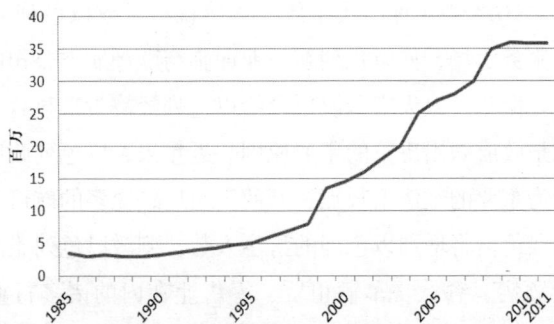

图3　1985—2011年以色列铁路运送旅客人次变化

（三）铁路交通

以色列铁路归国家所有，共有8条线，全长约1000千米，可达国内主要城市。据统计，目前乘火车旅客年增15%。2011年，以色列铁路运送旅客人次达3600万。

由于与周边国家关系不稳定，以色列仍无跨国铁路。2013年初，以色列国家规划和建设理事会批准了埃拉特至贝尔谢巴铁路项目建设计划，该项目包括240千米客运线路、260千米货运线路、8个运营站、4个货运站及5个客运站，项目建成后，以色列的红海港口埃拉特和地中海港口阿什杜德之间将有铁路相连，来自亚洲方向的海运货物可直接通过铁路转运至地中海海域，最后运抵欧洲。

目前耶路撒冷建有轻轨，基本连接了所有主要街道。

（四）水陆交通

海法、阿什杜德和埃拉特是以色列三大可泊国际船舶的现代化深水港。海法港是地中海最大的集装箱港口之一。2013年初，以色列政府批准了以色列港务公司关于扩建海法港的计划，新港建成后，货运港和军港将搬至新港区。阿什杜德港主要用于装运货物，而在红海边的埃拉特港则把以色列与南半球和远东连接起来。

（五）管道运输

管道运输也是以色列重要的运输方式。目前，以色列拥有天然气管道约211千米，石油管道442千米，石油炼制品管道261千米。

自埃及穆巴拉克政府下台以来，埃及至以色列的输气管道经常被引爆，对以色列的能源安全造成较大影响。2013年3月底，以色列塔马尔天然气田正式供气，这极大地缓解了以色列在天然气上的对外依赖程度。

四、城市

从建国伊始以色列的城市化水平就很高，2010年其城镇人口占总人口的92%。以色列政府规定，凡是人口超过2万人的地区，以色列内政部都将在该地区设置城市委员会。目前，以色列人口超过 10 万的大型城市共有 14 个。[①]

表1　以色列的主要城市及其人口

排名	城市名	人口
1	耶路撒冷	804400
2	特拉维夫－雅法	404800
3	海法	270300
4	里雄莱锡安	232400
5	阿什杜德	212300
6	佩塔提克瓦	210400
7	贝尔谢巴	196300
8	内塔尼亚	189700
9	霍隆	182600
10	贝内贝拉克	163300
11	拉马特甘	148000
12	巴特亚姆	128200
13	雷霍沃特	118100
14	阿什克隆	117400

（一）耶路撒冷

自 3000 年前大卫王将其定为首都之后，耶路撒冷一直是犹太人国家和精神生活中心。今天的耶路撒冷是一座繁荣且充满活力的大都市，是以色列最大的城市，拥有约 80 万人口。

在犹太经典《塔木德》中有这样一句话，"世界若有十分美，九分在耶路撒冷"。古城（The Old City）是耶路撒冷的灵魂所在。古城外有高墙围绕，内分 4 个区，分别为犹太区、亚美尼亚区、基督教区和穆斯林区。古城坐落有世界三大宗教的圣地：犹太教圣地西墙，基督教圣墓教堂，圣殿山上的伊斯兰教圣地——阿克萨清真

---

① 详见 http://www1.cbs.gov.il/www/publications/isr_in_n12e.pdf。

寺和圆顶清真寺。西墙原是位于圣殿山上的犹太圣殿的遗留外墙，又称为哭墙，每年有数百万犹太信徒前来祈祷、朝拜。有的人会把自己的心愿、祈祷写成小字条，放到西墙的裂缝中。

耶路撒冷在基督教中地位同样重要，因为耶稣曾在这里住过，也在此离开人世。仅在基督教区内就有40多座宗教建筑。基督教角区中最著名的遗址当属"苦路"，相传这是耶稣走过的最后一段路，一直延伸到骷髅山上他被钉死的地方，因此很多来耶路撒冷的朝圣基督徒都要重走耶稣的苦路，从穆斯林区狮门出发，最后到达圣墓教堂。基督教的几处最重要遗迹都在圣墓教堂里面，包括涂油石和耶稣之墓。每年都有数千万来自世界各地的基督信徒前来圣墓教堂朝圣。

古城西南方是锡安山，基督教认为玛丽亚在此度过在世上的最后一夜。玛丽亚永眠教堂建于百年前，在地下室层放有玛丽亚安息雕像。教堂旁边就是耶稣用"最后的晚餐"的所在地。

古城之东为橄榄山，这也是经常在《圣经》中被提到的地方，山上有其他重要基督教遗迹和教堂。

（二）特拉维夫

特拉维夫建于1909年，是第一座犹太新城，今天已成为以色列的工业、商业、金融和文化中心。特拉维夫常被称作"永不停息的城市"，这里到处充满了生机活力，各种文化、艺术、娱乐活动和丰富多彩的夜生活应有尽有，让人目不暇接。

特拉维夫坐落在地中海海岸线上，人口约40多万，北抵雅尔共河，东邻阿亚龙河。特拉维夫的历史可追溯到5000多年前的雅法古城，[①] 早在2000年前雅法就成为地中海重要的港口城市，现在

---

① 随着人口的增长和生活成本的提高，1909年，一群来自俄国的犹太移民迁出雅法，在邻近地区建立特拉维夫定居点。1950年，特拉维夫和雅法已融为一座城市，

的雅法老城建于奥斯曼帝国时期，城中的石屋、小巷现在已经成为艺术家和游客们的天堂。

特拉维夫的建筑风格受到了多种流派的影响，包括著名的包豪斯风格①。特拉维夫因为拥有世界上最为密集的包豪斯风格建筑而被联合国教科文组织列入了世界文化遗产名录。

特拉维夫是以色列的文化娱乐中心。该城拥有 20 多间博物馆，其中最著名的当属以色列博物馆和特拉维夫艺术博物馆。特拉维夫也是以色列的商贸中心，最有名的现代购物中心要数迪岑哥夫中心和阿兹列里中心。特拉维夫也是以色列的娱乐中心，这里街头巷尾随处可见播放着音乐的夜总会舞厅和各种餐厅、酒馆、咖啡屋、电影院、礼堂和音乐厅。

特拉维夫的历史景点包括比亚力克故居、本 - 古里安屋子、迪岑哥夫故居、楚裴多街上的旧公墓和鲁文故居等。

（三）海法

海法是以色列第三大城市，人口约 27 万，这里有以色列最大的海港和景色宜人的海滩。海法自古以来就是一座有名的海滨城市，现在是以色列北部主要的地中海港口、工业和商业中心。

海法是一座非常有包容力的城市，这里生活了许多信仰基督教的阿拉伯人，并且建有许多基督教堂。此外，巴哈伊教的宗教中心空中花园也在海法的卡梅尔山上，气势恢宏，设计精美。

海法还有多家文化、艺术及科研机构，常年举办各种庆典与活动。海法的博物馆包括国家海洋博物馆、国家科技馆、海法艺术馆、铁道博物馆和以色列石油工业博物馆等。每年一度的海法国际

即特拉维夫 - 雅法，但人们常简称其为特拉维夫。

①　1919 年，德国包豪斯设计学院成立。该学院以包豪斯为基地，在 1920 年形成了现代建筑中的一个重要派别——现代主义建筑。包豪斯主张适应现代大工业生产和生活需要，讲求建筑功能、技术和经济效益。

电影节上会推出国内外优质影片，吸引了大批业内人士以及数以万计的游客参加，使海法的街道和礼堂人山人海。海法还有闻名世界的以色列理工大学和海法大学，国内外学子纷纷前来求学。大学校园靠近卡梅尔山自然保护区，周围植被四季常青，令人心醉神驰。卡哈伊·巴尔野生动物保护区就位于卡梅尔山自然保护区内，里面放养的多为濒临灭绝的动物。

以色列最大的几家大型石油化工企业和最大的科技工业中心、现代工业园区都设在海法市。主要工业有炼油、化学药剂、橡胶制品、铸造、军火、电缆、造船、电气设备、无线电、建筑材料、纺织与食品等。

（四）贝尔谢巴

贝尔谢巴是以色列南部最大的一座城市，为整个南部地区提供行政、经济、卫生、教育和文化服务。贝尔谢巴拥有 20 万左右的人口，是以色列第七大城市。著名的内盖夫本 - 古里安大学就坐落于此。圣经时期犹太人祖先就在此居住。目前生活在贝尔谢巴的多为建国后从阿拉伯国家移民以色列的东方犹太人和塞法拉迪人。20 世纪 90 年代初大批从苏联移民而来的犹太人也多居住在这里。

（五）埃拉特

埃拉特位于以色列最南部，毗邻亚喀巴湾，是以色列南部唯一的红海出海口，也是其重要的旅游城市，每年都有许多海内外游客前来这个以色列最南端的观光胜地放松度假。

1950 年，埃拉特市建成。50 年代初，新城中建起了一个码头，后发展成一个港口，从而奠定了新城经济发展的基础。到 60 年代末，埃拉特旅游业开始蓬勃发展，现在的埃拉特已经成为游客和度假者的天堂。

在埃拉特北面的阿拉瓦地区是干旱贫瘠的沙漠地带，但群山之间点缀着不少风景秀丽的自然保护区和历史文化遗迹。南面的埃拉特湾是其最主要的景点，这里的海滩十分美丽，水上运动发达，更是全世界最理想的潜水地之一。城市南方是珊瑚礁保护区，各种热带鱼遨游于珊瑚礁间，美不胜收。海豚在埃拉特得到了重点保护，特别是在被称为"海豚公园"的海域之中。

由于埃拉特与埃及的塔巴和约旦的亚喀巴的直线距离都不超过10千米，因此在港湾码头上，人们能同时看到3个国家的国旗在红海湾的不同位置飘扬。

（六）拿撒勒

拿撒勒位于以色列北部的加利利地区，是以色列北部区的首府。这座小城之所以能够闻名于世，很大程度上是因为相传耶稣在这里生活了30年，这里还被认为是玛利亚和约瑟的故乡。

2000多年前，拿撒勒还只是一个犹太人小村庄；几百年后的拜占庭时期，这里就变成了基督教治下的重镇。在这一时期，拿撒勒声名远播，大批信徒为了朝拜圣母玛丽亚和耶稣曾住过的地方远道而来，使其成为著名的朝圣之地。拿撒勒最著名的建筑是天使报喜大教堂，这座教堂是在玛丽亚的故居上修建的，相传圣母玛丽亚的丈夫约瑟夫曾在这里经营木工店。

拿撒勒的居民以阿拉伯人为主，因此这座城市是加利利地区阿拉伯人的主要商业中心，当地的阿拉伯居民以穆斯林为主，其余居民多为基督徒。

第二章 历史简况

历史是国别研究的基础，本章试图以关键词和关键概念为线索勾勒出以色列的历史脉络。以色列 1948 年成立至今也只有 60 多年的时间，但对以色列史的理解应该基于更为宏观的犹太史之上。因此，本章将以色列的历史大致划分为犹太民族古代史、犹太民族近代史和以色列现代史 3 个部分。其中，犹太民族古代史也是犹太教的形成历史。

第一节 古代部分

犹太民族古代史可以分为 3 个时期，分别为先祖时期、异族统治时期和大流散时期。先祖时期主要以《圣经》资料为基础；异族统治时期包括亚述、巴比伦、波斯、希腊和罗马统治时期；大流散时期的时间跨度很长，有将近 2000 年的时间，其流散的区域也非常广，大体上可分为基督教世界、伊斯兰世界和世界其他地区。

一、先祖时期

中东地区是人类文明的摇篮，尼罗河文明和巴比伦文明是人类史上两颗璀璨的明珠，而犹太文明正是孕育于这两大文明的中间地带。

　　大约在公元前 2000 年，希伯来人开始出现在阿拉伯半岛西南部地区，过着游牧生活，他们同周围其他部落一起被称为"闪米特人"[①]。之后希伯来人移居到古巴比伦的乌尔城，大概在今天的伊拉克境内。大约在公元前 1960 年，苏美尔人入侵，希伯来人塔拉一家来到哈兰，族长塔拉去世后，其子亚伯兰[②]继位，并带领部落来到了迦南地区，也就是今天的巴勒斯坦地区。

　　先祖时期包括家族史（亚伯拉罕、以撒、雅各、雅各 12 子）、出埃及、士师时代和王国时代 4 个阶段。对于这一时期的历史，《希伯来圣经》[③]是主要资料来源，而《圣经》本身是一部史诗与传说的集合体，因此这一时期的历史具有一定的传说性。千百年来，这些传说已成为犹太民族集体意识中的重要组成部分，因此了解这一段传说性的历史对于理解、研究犹太民族和以色列人有着十分重要的意义。

　　犹太人最早的历史相当于一部家族史。《希伯来圣经》的《创世记》记述了亚伯拉罕如何在上帝的指示下从两河流域的乌尔来到迦南地，并逐渐创造了一个信仰上帝的民族。对于迦南人来说他们是外来者，因此称他们为"渡河而来的人"，并逐渐音译为"希伯来人"。

　　《希伯来圣经》中称亚伯拉罕有 2 个儿子，长子以实玛利为女婢夏甲所生，被认为是阿拉伯民族的祖先；次子以撒是妻子撒拉所生，以撒继承了父亲的宗教信仰，全心全意地信仰上帝。以撒有一对孪生子：以扫和雅各。雅各通过诡计获得了父亲的祝福，成为希伯来部落的领袖，他曾与天神角力，被赐名为"以色列"，意为

---

　　① 闪米特人，又称闪族人，该名字出自《旧约全书·创世记》中挪亚长子的名字"闪"。相传诺亚的儿子闪即为闪族人祖先。阿拉伯人和犹太人都属于闪米特人。

　　② 亚伯兰后来改名为亚伯拉罕，意为众人之父。

　　③ 《希伯来圣经》即基督教世界的《圣经·旧约》。

"和天使摔跤的人"，因此希伯来人也被称为以色列人。雅各有 12 个儿子，后来发展为以色列人的 12 个支派①。

雅各偏爱第十一子约瑟，引起其他长兄嫉妒，他们将约瑟卖给埃及人做奴隶，约瑟经历重重苦难后成为法老副宰相。公元前 17 世纪，喜克索斯人作为异族统一了埃及。同一时期，迦南出现饥荒，许多希伯来人被迫前往埃及，他们在约瑟的帮助下定居到尼罗河三角洲的歌珊地区，平静地生活了四百年。公元前 16 世纪，法老恢复了对埃及的统治，加大了对希伯来人的压迫。

公元前 13 世纪，拉美西斯二世在位时对希伯来人的政策极为苛刻，犹太人沦为法老的奴隶，不堪忍受的希伯来人在摩西带领下开始出埃及，在荒野中漂泊了 40 年时间。在此期间，摩西以神的指示颁布了强调一神信仰、规范社会伦理的"摩西十诫"，通过这一事件希伯来人创立了世界上最古老的一神宗教。犹太教的一神观被后来的基督教和伊斯兰教继承，这 3 个宗教由于都承认亚伯拉罕的先知地位而被称为亚伯拉罕教。

出埃及不但是犹太历史上一个非常重要的历史事件，也是整个西方文化的母题之一，成为人类摆脱奴役、走向光明的象征，逾越节、住棚节等重要犹太节日都起源于此。犹太民族正是在出埃及的过程中才从一个家族发展成一个真正意义上的民族，犹太教作为第一个一神教也因此诞生。

希伯来民族在西奈沙漠流浪了 40 年，但是摩西并没有到达迦南，犹太人在摩西的继承人约书亚的指挥下夺取了耶利哥城，继而占领了巴勒斯坦地。通过征战，他们在这片土地上稳定下来，12 个

---

① 以色列十二支派是由雅各的 12 个儿子发展起来的，其中第 11 子约瑟后来成为埃及首相，成为极为重要的支派而得到了 2 份家产，分别由其子以法莲（Ephraim）和玛拿西（Manasseh）继承，而后来由于雅各三子利未（Levi）成为耶和华拣选的祭司，不参与分配土地，住在其他支派之内，故而总数还是 12。

部落都有各自的领地。《约书亚书》中描写了犹太人来到迦南地后对迦南人屠杀的情形，其实犹太人的入侵也遭到了强有力的抵抗，特别是来自克里特岛和小亚细亚的海上居民腓利斯人，他们以拥有铁制武器而闻名。

来到迦南地后，犹太人逐渐由一支游牧民族变为农耕民族。从公元前13世纪到公元前1030年这一时期，在犹太史上被称为士师时代，这一时期希伯来人没有联合成为统一体，但已经出现部落联盟，士师（Judge）具有双重职能，平时管理民事，战时指挥作战。士师实际上是君主的雏形，为后来君主制的出现奠定了基础。《圣经》中记载了包括底波拉、参孙在内的13位士师。

图4 大卫王国和所罗门王国时期疆域图

公元前11世纪前后，来自爱琴海岛屿的腓力斯人不断进攻希伯来人，甚至缴获了神圣的"约柜"，这客观上要求统一王权的出现，在先知撒母耳的授权下扫罗成为希伯来王国第一位君主。扫罗擅长战争，但不擅长政治，虽然被称为第一位国王，但仍然是士师和国王、部落制度和君主制度之间的过渡性人物，他并没有确立实质意义的中央集权管理体制。他战死沙场后，大卫成为第二位国王。大卫是第一个有效统一以色列各部落的人，是一位出色的军事统帅和谋略家，他曾经打败过腓力斯勇士哥利亚。在位期间，他扩大了国家的版图，国家版图向北延伸到大马士革，向南延伸到亚喀巴湾；他还完善了行政体制，建立了强大的军队，并定都耶路撒冷。《圣经》将大卫王描绘为一位诗人和音乐家，相传《诗篇》就是他的作品。大卫王之后的国王是所罗门王，在他的统治下，国力继续扩大，并修建了第一圣殿，这使耶路撒冷逐渐成为古代希伯来人的精神生活中心，他还通过与周边国家缔结条约和政治联姻确保了王国的和平和发展。人们把《圣经》中的《箴言》和《雅歌》归为所罗门的作品。

　　王国时期虽然只持续了 100 年左右，但却是犹太历史上一段辉煌的时期，也是 19 世纪犹太复国主义者要定居巴勒斯坦的主要历史依据。

　　所罗门王之后，希伯来王国走向衰落，公开的起义导致 10 个北方部族脱离中央管理，只有犹大和便雅悯 2 个部落仍然效忠大卫王室。公元前 930 年，统一王国分裂为北边的以色列王国和南边的犹大王国。以色列王国定都撒玛利亚，犹大王国的首都仍然为耶路撒冷。公元前 722 年，以色列王国被亚述所灭，以色列国的许多居民被萨尔贡二世的军队带走，人们称之为"遗失的以色列 10 部落"。公元前 586 年，新巴比伦王尼布甲尼撒二世攻陷耶路撒冷，犹大王国灭亡，第一圣殿被毁，由于犹大国王和许多犹太人被掳到巴比伦，这一事件也被称为"巴比伦之囚"。"巴比伦之囚"意味着第一圣殿时期的结束和第一次流散的开始，从此以后，巴比伦成为犹太人重要的精神中心，迦南地区以外的犹太人开始在数量上超过迦南本地的犹太人。

　　在以色列王国和犹大王国时期，犹太民族出现了包括阿摩斯、以赛亚在内的一批先知。他们以上帝代言人的名义宣扬犹太教教义和伦理道德，掀起了一场先知运动，对整部犹太史产生了较大的影响。

从巴比伦之囚开始，虽然大多数犹太人都离散在异地，但他们并没有隔断同迦南地的联系。犹太人坐在巴比伦河边，发誓要记住他们的家园，他们在《诗篇》中写道："耶路撒冷啊！我若忘记你，情愿我的右手忘记技艺，我若不记念你，若不看耶路撒冷过于我所最喜乐的，情愿我的舌头贴于上膛。"这种对故土情结的延续，也成为19世纪犹太复国运动和20世纪以色列建国的重要推动力。

公元前538年，波斯帝国吞并新巴比伦，居鲁士允许犹太人回到故土。大约有5万犹太人回到巴勒斯坦地，他们重新修建了圣殿，加固了城墙，第二圣殿时期开始。后来随着罗马人对犹大地区的控制和巴勒斯坦犹太社团的衰落，许多犹太人又回到巴比伦，在巴比伦创造了绚丽多彩的流散地文化，巴比伦也因此成为重要的犹太教精神中心，诞生了在重要性上仅次于《圣经》的《巴比伦塔木德》。

二、异族统治时期

（一）波斯时期

波斯帝国统治时期实行了非常宽容的宗教政策，在第二圣殿时期开始之前的200年里，犹大地区都是波斯帝国20个行省之一，这里的犹太人过着相对独立且平静的生活，受波斯文化的影响并不大。

大约在公元前516年，犹太人在第一圣殿的基础上修建了第二圣殿，第二圣殿时期开始。在这一时期，由于耶路撒冷宗教信仰状况不如以前，有两位先知先后从巴比伦回到耶路撒冷。第一位是以斯拉，他在得到当地犹太社团领袖支持后，采取了两项措施：一是命令所有娶外族女子为妻的犹太人休掉妻子，二是向所有人宣读《律法书》。以斯拉为以《托拉》为基础的犹太人宗教生活的重建起到了巨大的作用。第二位是尼希米，他回到耶路撒冷后修建了耶路撒冷城墙，扩大了城市人口数量，让犹太人控制城市经济与文化，有效地防御异族的侵犯，在宗教方面，他继续沿用以斯拉的宗教政策，用律法来重建犹太社会。

在波斯统治期间，犹太人受到波斯国教——琐罗亚斯德教（中国史称祆教或拜火教）的影响，吸取了有关"来世"和"天国"等宗教观念。此外，包括《希伯来圣经》在内的宗教经典也是在这一时期完成的。

（二）希腊时期

公元前331年，亚历山大通过东征灭掉了波斯帝国，建立了地跨三大洲的亚历山大帝国，巴勒斯坦地区也进入希腊化时期。公元前332年，亚历山大征服犹大地区，这标志着该地区希腊化进程的开始。公元前323年亚历山大病逝，帝国分裂为安提古王朝、塞琉古王朝和托勒密王朝。从公元前301年到公元前198年巴勒斯坦地从属于以亚历山大城为中心的托勒密王朝，托勒密王朝延续了波斯的宗教宽容政策。这一时期，希腊文化对希伯来文化产生了巨大的影响，希腊的语言、哲学、宗教和文学以及风俗习惯都渗透到犹太人的生活中。巴勒斯坦的犹太人也因此分化为倡导新文化的亲希腊派和坚持传统的反希腊派，前者多为知识分子和有一定社会地位的人，后者多为社会底层人民。亚历山大城的犹太人希腊化程度最高。

希腊文化和希伯来文化在埃及的亚历山大得到了很好的结合，《托拉》的希腊文本——《七十子希腊文本》（*Septuagint*）在这里问世。这一事件具有重大历史意义，如果没有这个希腊文本，早期传教士就无法对讲希腊语的异教徒传教并使之皈依，这也是犹太思想影响希腊思想从而成为西方文化源头的关键一步。

公元前198年，安条克四世义比芬尼通过战争从托勒密王朝手中抢得巴勒斯坦地，巴勒斯坦的犹太人从此处在塞琉古王朝的残酷统治之下。塞琉古王朝推行强硬的希腊化政策，对犹太教徒进行迫害。安条克四世在犹太村镇推行异教习俗，把犹太圣殿改成希腊宙斯神殿，禁止犹太人行割礼和守安息日。犹太人在过去的几个世纪中一直很顺从，但安条克四世触动了犹太人内心深处最神圣的东西，只有少数人接受完全同化，甚至以前的希腊化分子也拒绝这种极端的改变。公元前167年，不堪希腊人的压迫，哈斯蒙尼家族的祭司马蒂亚带领5个儿子发动起义。公元前166年，马蒂亚不幸去世，其子犹大（绰号"马卡比"）成为起义领导，因此这次起义又被称为"马卡比起义"。公元前164年，马卡比起义军控制了犹大地区全境，犹大领导起义军进入耶路撒冷，清洁了圣殿，^①并最终建立了以耶路撒冷为中心的哈斯蒙尼王朝，又称马卡比王国。马卡比王国持续了约80年，这一时期国家领土虽然小于所罗门时期，但政治稳定，人民文化生活充满活力。

哈斯蒙尼王朝的君主权力比希伯来王国时代要大得多，在犹太民众中一直有一部分人反对这种权力过于集中在君主手中的状态。哈斯蒙尼王朝依靠祭司、贵族阶层的支持，但在民众中有另外一些人，即传统和学术的坚持者，从以斯拉的时代之后开始在城镇和村庄诵讲《圣经》，并在复杂的律法及其执行问题上做出决定，赢得了人们的尊重，他们被称为拉比，希伯来语意为"我的老师"。在拉比的影响下，大量口头传说被发展起来，很多新的观念也被吸收进来。拉比对《圣经》的阐释更加灵活，律法方面的规定也更加温

---

① 犹太人每年的光明节就是纪念这一历史事件。

和，祭司对此则坚决反对。

在这一时期，犹太教徒中撒都该派和法利赛派出现严重对立。撒都该派形成于所罗门第一圣殿时期，代表祭司和贵族的利益，他们管理着圣殿的财宝，重视祭司礼仪，重视文字律法，认为口传律法是没有意义的。他们否认灵魂永生和肉体复活，为了维护其对圣殿的特权，这一派犹太人主张向希腊人妥协，但公元70年第二圣殿被毁后，这一派犹太人因失去了生存基础而土崩瓦解。法利赛派代表社会中下层犹太人，他们既相信成文律法，也相信口传律法，否认祭司的特权，反对希腊人的统治。

希腊化时期是犹太历史上非常重要的一个时期，它为犹太文化的发展提供了新的平台。该时期比较有代表性的学者是斐洛[①]，他综合了希腊文化和犹太文化，同时也被认为是基督教的奠基人之一。

（三）罗马统治时期

在哈斯蒙尼王朝没落的时候，罗马帝国兴起。公元前63年，罗马统帅庞贝攻陷耶路撒冷，使犹大地区成为罗马帝国的附庸，并对该地区进行了血腥的屠杀，然而罗马在管理形式上继续维持了哈斯蒙尼王朝的统治。在公元前40年，罗马废除了犹大地区的君主政体，使犹大地区成为其帝国内的一个省。公元前37年希律夺权，他本人是希腊罗马文化的崇拜者，在位32年间，他重修圣殿，让耶路撒冷重新成为犹太人的政治、经济、社会和宗教文化中心，但他独裁专横，使人民生活困苦，加上他又是改宗者的后代，并没有得到犹太民众的爱戴。

---

① 斐洛（约公元前20年—公元40年）是希腊化时期重要的犹太思想家，生活在当时各种文化宗教思潮汇集的大都市亚历山大城，自幼受过很好的希伯来文化和希腊文化的教育。他的哲学对犹太教和基督教发展有极深远影响。

图5 希律王国疆域

公元前 4 年，希律去世，犹大地区被罗马人直接管理，由总督主持政务，巴勒斯坦被并入罗马的叙利亚省。在总督的压榨下，犹大地区民不聊生。公元 37—44 年，希律之孙阿格里帕跟加里果拉关系友好，加里果拉当罗马皇帝后，阿格里帕被派来巴勒斯坦，并受封为王。由于阿格里帕是哈斯蒙尼的后裔，他深受犹太人爱戴。阿格里帕对信仰非常虔诚，对律法态度很严格，在位期间，他发展了地区的经济。他死后，罗马又恢复了总督治理。

公元 66 年罗马皇帝尼禄在位时，犹太奋锐党发起了反罗马大起义，又称犹太战争。根据著名犹太历史学家约瑟夫斯[①]的记载，在罗马帝国的镇压下，耶路撒冷战役中有 100 万犹太人被罗马人屠杀。公元 73 年最后一批起义军在马萨达要塞集体自杀，这成为犹太历史上犹太人宁死不屈、捍卫正义的象征。马萨达要塞也成为后来以色列国防军军人入伍宣誓的场所。

---

① 提图斯·弗拉维奥·约瑟夫斯（公元 37—100 年），是第一世纪时著名的犹太历史学家，也是著名军官家和辩论家。他曾经做犹太军官，后来被俘虏入罗马军队服役。他见证了公元 70 年提多将军摧毁耶路撒冷城，并写下了《犹太战争史》和《上古犹太史》等重要著作。

在第二圣殿被毁前，古犹太人是一个有着共同语言、文化、心理和经济生活的民族，但随着大流散的开始，犹太人成为异国的少数民族，在时间的作用下，他们几乎失去了作为一个民族的共同特征，唯一能把他们连接在一起的就是犹太教。

公元132—135年，巴尔·科赫巴起义爆发，该起义又称"星辰之子"起义。当时在位的罗马皇帝哈德良调用重兵镇压，最终起义失败，耶路撒冷被夷为平地。哈德良将大部分犹太人驱逐出巴勒斯坦，禁止人们修建犹太会堂，为了隔断犹太人和圣地之间的联系，他甚至将行省的名字由"犹大"改为"叙利亚巴勒斯坦"（Syria Palestina）①，第二圣殿时期结束，犹太人也开始了漫长的大流散时期。

虽然圣殿被毁，但是犹太人和犹太文化幸存下来。雅乌内的经学院发挥起古犹太教公会②的作用；拉比取代祭司，成为犹太人的精神领袖；犹太会堂成为犹太人聚集地的中心；犹太教法典《哈拉卡》成为犹太人共同遵守的法律。

以色列地在犹太人大流散之后先后被拜占庭帝国、阿拉伯帝

---

① 对于目前以色列和巴勒斯坦所处的这块土地的名称，历史上经历了频繁的变化。自公元前10世纪，犹太人将其称为"以色列地"。公元3世纪以来，世界主要大国和统治者又将其称为迦南地、南叙利亚、圣地或者巴勒斯坦。"巴勒斯坦"这一名称起源于海上民族腓力斯的名称，希腊历史学家希罗多德将巴勒斯坦的地理概念从一片土地扩大至整个国家。罗马人为了隔断犹太人和这块土地的联系，延续了"巴勒斯坦"这一称呼。但从11世纪起，无论是基督教或者是穆斯林教统治者都不再将此称为巴勒斯坦，而是称之为圣地、耶路撒冷王国或者南叙利亚。直到20世纪英国在一战中从奥斯曼土耳其帝国中接手巴勒斯坦以后，"巴勒斯坦"这一名称才再次广为使用。

② 犹太教公会英文为sanhedrin，是古代犹太人最高议事和司法机构。犹太教公会一般由70人组成，成员包括大祭司、文士和社会贤达。全体犹太人必须遵守犹太教公会通过的法律决议，耶路撒冷被罗马人毁灭后，犹太教公会解散，后来在雅乌内、太巴列等地建立的经学院代替了犹太教公会的职能。

国、十字军、马穆鲁克以及奥斯曼土耳其帝国统治，犹太人只有少量存在。从这以后，犹太历史不再是统一的犹太民族历史，而是分散在世界各地的犹太社团史。

异族统治时期是犹太历史乃至整个西方历史上非常重要的时期。在这一时期，犹太文明和希腊、罗马文明接触，这是人类文明史上的里程碑，在三大文明体系的相互碰撞中，犹太文明不但内部发生了深刻变化，也为后来西方基督教文明的兴起奠定了基础。基督教正是在这一时期孕育而生，它起源于犹太教，但又不同于犹太教，在公元 3 世纪成为罗马帝国的国教，并最终在整个欧洲扎根，成为世界第一大宗教。

三、大流散时期

（一）伊斯兰世界的犹太人

犹太人和阿拉伯人很早就有交往，犹太教本身也对伊斯兰教有较大影响。伊斯兰教承认亚伯拉罕[①]为先知，《古兰经》中许多传说、故事和《希伯来圣经》相似，伊斯兰教义和习俗也吸取了许多犹太教元素。

公元 622 年，穆罕默德在阿拉伯半岛创立伊斯兰教。公元 636 年，阿拉伯人征服了巴勒斯坦，阿拉伯帝国崛起。在伊斯兰帝国扩张时期，阿拉伯人和犹太人之间的冲突增多，但帝国稳定后，阿、犹关系趋于缓和，穆斯林对犹太人的政策比较宽容，在缴纳“人丁税”的情况下允许犹太人保持宗教信仰自由，许多犹太人穿梭于各大文明之间，在商业和手工业领域取得了成功。阿拉伯帝国建立初期，犹太人恢复了在耶路撒冷的定居权，但后来针对非穆斯林的限制越来越多，对农田课以重税迫使许多犹太人离开了土地，来到城

---

① 亚伯拉罕在伊斯兰教中称为易卜拉欣。

市。到 11 世纪末留在犹大地区的犹太人已经很少，1099 年到 1291 年的十字军东征期间又有许多犹太人遭到迫害。1187 年，穆斯林军队在萨拉丁的领导下赶走了十字军，犹太人再次得到了一定的自由。1291 年，十字军最终被埃及穆斯林政权马穆鲁克击败。在马穆鲁克的统治时期（1291—1516 年），巴勒斯坦地区的犹太社区已经日趋衰败。

然而，从 8 世纪到 13 世纪，犹太人在西班牙却经历了一个"黄金时代"。犹太人在公元 1 世纪前后就来到西班牙，阿拉伯军队占领该地区后，西班牙成为新的犹太文化中心，建立了一系列圣经学院，科尔多瓦和托莱多的犹太社团以商业成功著名，许多犹太人还在政治上获得了成功。西班牙犹太人把希腊、罗马文化中的经典著作翻译成阿拉伯语、希伯来语，同时又把阿拉伯学者的著作翻译成拉丁语，极大地推动了东西文化的交流。这一时期在西班牙出现了犹大·哈列维和摩西·迈蒙尼德等著名犹太学者，尤其是后者，为了使当时处于基督教和伊斯兰教影响下的犹太人坚定自己的宗教信仰，他写下了哲学著作《迷途指津》，该书被译为多种欧洲文字，对中世纪欧洲哲学思想的发展产生了重要的影响，在犹太宗教和哲学方面做出了巨大贡献。

但 14 世纪以后，基督教政权重新统治伊比利亚半岛，反犹情绪非常强烈。1492 年，约 20 万犹太人被驱逐出西班牙，葡萄牙也随之驱逐犹太人，犹太人的"黄金时代"结束。被驱逐的犹太人流散到意大利、叙利亚、土耳其、北非等地，他们后来被称为"塞法拉迪人"。

（二）基督教世界的犹太人

在基督教会尚未形成严密组织的中世纪早期，犹太人及其宗教并未受到严苛的待遇。4 世纪末，康斯坦丁大帝皈依基督教后，基督教逐渐成为罗马帝国的国教。他们在耶路撒冷、伯利恒和加利利等基督教圣地上建立起教堂和修道院。犹太人被剥夺了许多宗教权利，并受到越来越多的宗教迫害，大批犹太人因此移居欧洲，最初他们主要集中在基督教尚未控制的希腊、法国、德国和北欧地区，后来逐渐向东迁徙，来到立陶宛、波兰、匈牙利、俄罗斯等东欧国家，有的甚至进一步迁徙到美国和澳大利亚等地。这些生活在欧洲的犹太人被称为"阿什肯纳兹人"[①]，同伊斯兰世界下的生活相比，基督教世界下犹太人的生活更加黑暗。

犹太人从卡洛林王朝时期（8世纪中—10世纪）开始定居法国。为了促进当地经济发展，犹太人被允许进入城市，但必须宣誓效忠并承诺定期缴纳税务。10世纪以后，法国主要的新建城市都有了犹太区，犹太人为法国城市的兴起与繁荣做出了贡献。法国各大城市都建立有犹太经学院，涌现出许多犹太学者。12世纪之后，法国在菲利普·奥古斯特统治下开始迫害犹太人。1182—1320年间，法国曾4次驱逐犹太人又4次允许他们定居。到16世纪初，大部分犹太人被驱逐出法国。

早在公元4世纪就有犹太人生活在普鲁士地区。这里的犹太人虽然也受到许多人身限制，但拥有自治权和贸易权。他们在商业上取得了较大成就，查理大帝时期普鲁士犹太人进入繁荣时期，他们进入商业中心美因茨并定居，常有商队前往东欧和亚洲，几乎垄断了当地的商业和贸易。11世纪，犹太居住区的精神生活异常活跃，在美因茨开办了研究塔木德的学院（存在了300年），并涌现出许多著名学者，其中最具代表性的是戈尔松（Gershon ben Judah），他因学识渊博而被称为"流散者之光"。13、14世纪黑死病肆虐欧洲，欧洲教会对犹太人进行清洗，许多犹太社团被毁，到15世纪，大

---

① 阿什肯纳兹人也被称为西方犹太人。

批犹太人被驱逐出了德国。

早在 1066 年就有犹太人进入英国，他们大部分来自法国，也有一部分来自西班牙、摩洛哥、意大利等国。英国国王威廉一世允许犹太人进入英国是为了利用其商业技能，让他们发展高利贷业务以扩大英国的金融市场。12 世纪，英国犹太人占全国人口 1/400，缴纳的税金却占到 8%。犹太人在经济上的贡献并没有换来主体民族对他们的接受，1290 年有 16000 名犹太人被爱德华一世驱逐，但相比欧洲其他国家，英国的反犹主义相对温和，为了让伦敦成为欧洲贸易中心，1656 年克伦威尔邀请犹太人定居英国，1664 年英国给犹太社团颁发了特许证，1673 年给予犹太社团宗教活动自由。英国犹太人除了不能担任官职，其他方面跟英国人几乎没有区别。1701 年，犹太人在英国建立了自 1290 年以来的第一间犹太会堂。

14 世纪，基督教会重新统治西班牙后掀起了反对犹太人的运动。许多犹太人不是被迫改宗就是被处以死刑，在这种情况下，许多犹太人接受基督教的洗礼，更多的犹太人虽然表示信仰基督教，但依然秘密奉行犹太教，这一类人被称为"马兰诺"。西班牙基督教会为了清洗马兰诺建立了宗教裁判所。在西班牙，大概有 40 万马兰诺受审，3 万人被处以极刑。

西欧对犹太人的迫害和驱逐使得许多阿什肯纳兹人向东移居到波兰、立陶宛地区，这一地区的统治者也需要犹太人的金融实力和商业才能，犹太人在这些地区得到了一定的自由。在这一时期，隔都成为犹太人的一种生活方式，意第绪语成为他们使用的主要语言。立陶宛北部的维尔纽斯成为犹太教学术中心，被称为"立陶宛的耶路撒冷"。但东欧国家犹太人的平静生活并不长久，16 世纪对犹太人的迫害从西欧扩展到东欧，1648 年赫米尔尼茨基策动和领导了哥萨克暴动，这次暴动洗劫了 300 多个犹太城镇，屠杀了 10 万多犹太人。这一事件对犹太人的影响很大，许多犹太人认为这是

"弥赛亚到来之前的阵痛"，面对残酷的现实，在巴比伦、土耳其、法国、西班牙的犹太社团当中都出现了所谓的"弥赛亚"，其中影响最大的是沙巴泰·泽维，当时世界上许多犹太人都成为他的追随者，但令犹太人难以接受的是，沙巴泰·泽维最后竟然在奥斯曼帝国苏丹的压力下选择了皈依伊斯兰教，犹太人的弥赛亚之梦破灭，犹太人的信仰危机加深。

在中世纪，整个西方世界深受罗马教会的影响。欧洲的商品经济比较落后，犹太人活跃了商业和贸易。犹太人的传统行业是经商、手工艺（包括丝织、刺绣、印染、金银锻造、玻璃工艺等）和放贷。但在12—13世纪，欧洲的行会制度兴起，所谓行会制度，主要指手工行业为保障本行业的利益而建立的封建性团体，为了保护本地人的利益，欧洲行会禁止犹太人从事手工业，加上教会禁止基督徒放债，犹太人不得不成为精打细算的商人和理财家，但当犹太人通过放债获得利润之后，跟当地主体民族之间的矛盾就变得更加尖锐，这成为犹太人近千年来难以走出的怪圈。

此外，教会也是反对犹太人的重要力量，1197年第三届拉特兰大会上规定：禁止犹太人和基督徒居住在一起。1215年第四届拉特兰大会进一步规定：为了防止基督徒的灵魂受污染，教会在犹太人居住区周围划防疫线，把基督徒同犹太人之间的社会交往压到最低限度，并要求犹太人穿特殊服装、佩戴特殊标识。教皇虽然不允许基督教徒对犹太人实施迫害，但下层教士和普通教徒往往无视教会和教皇对杀害犹太人的谴责，针对犹太人的暴乱屡屡发生。

在漫长的中世纪，生活在欧洲的犹太人非常困苦，集中表现在以下几个方面：

1.驱逐

在中世纪，犹太人被看作是可以随意驱逐和召回的外族人，如1182年到1320年之间法国对犹太人的四次驱逐。犹太人虽然拥有财富，但是无法用这些财富来改变自己的命运。当他们获得利润之后，跟当地主体民族之间的矛盾越来越尖锐，各地的统治者往往会通过驱逐的方式来掠夺犹太人的财产。

2. 替罪

伊斯兰国家的犹太人尽管在地位上与他们的穆斯林邻居并不平等，但他们的境况比欧洲犹太人要好得多。由于欧洲犹太人一直否认基督教的许多教义，他们被基督徒当作一个劣等民族，犹太人被扣上了许多莫须有的罪名，如传播黑死病、血祭诽谤、杀童献祭和亵渎圣饼等。1348 年，欧洲 1/3 的人口死于黑死病，犹太人被诬陷朝水井里投毒。

3. 宗教迫害

公元 313 年，罗马君士坦丁皇帝颁布米兰敕令，给予宗教自由，承认了基督教的合法性。随着基督教影响在欧洲的扩散，欧洲的反犹倾向越来越明显，统治者对犹太教徒的迫害变得越来越严重，十字军东征更是使针对犹太人的宗教迫害达到了顶峰。11 世纪时，教皇乌尔班二世（1035—1099 年）应拜占庭皇帝的呼吁，对穆斯林开战，目的是夺回圣墓并把非基督徒赶出圣地，他还提出了"杀掉一个犹太人，以拯救你的灵魂"的口号。此外，中世纪大量的宗教裁判所也是对犹太教徒进行迫害的重要场所。

4. 隔都

隔都为其英文 ghetto 的音译，指中世纪的欧洲在城市中某个地方为犹太人所划出的居住区，这一名词起源于建立于 1516 年的威尼斯犹太人区。犹太人这种"大流散、小聚集"的形式从进入流散时期就已经存在了，但是在居住地被当地政府用法律形式强制进行"割离"则始于 12 世纪末，[①] 圈出隔都的做法逐渐成为欧洲各地解

---

① 冯基华：《犹太文化与以色列社会政治发展》，北京：社会科学文献出版社，2010 年版，第 18 页。

决所谓"犹太人问题"的主要途径。

在隔都内，犹太人基本上可以按照自己的规矩生活，有着严密的组织并过着充满集体主义色彩的生活。隔都生活的中心是犹太会堂，会堂建筑一般都比较朴素，犹太会堂不能超过基督教堂建筑的高度。学校在犹太人的生活中也占据至关重要的地位，学校的所有费用都由自愿的捐赠来支付。在犹太学校，除了开设当地语言的基础课程，还教授希伯来语。由于隔都的面积往往被当地政府限定，而犹太社区的人口又在不断增长，所以隔都内一般非常拥挤。隔都一方面有利于犹太人的生存和犹太精神的传承，但另一方面也进一步加深了犹太人与非犹太人之间的隔阂。

第二节　近代部分

一、文艺复兴运动

意大利受罗马教廷的影响，对犹太人比较温和，一些犹太社区长期在意大利存在。为了躲避西班牙异端裁判所的迫害以及发生在欧洲的迫害和驱逐，犹太逃亡者大量涌入意大利城市，从事信贷和银行业。14、15世纪，罗马佛罗伦萨、米兰、热那亚和威尼斯重新开始研究人道主义并取得了显著的成果，这些地方的犹太社团也在一定程度上卷入了文艺复兴的思想准备过程。

人道和理性，是文艺复兴的人文主义特征。人本、博爱、人是世界的中心等是人文主义的中心观念。尽管这种观念不是针对犹太人提出来的，但在关注古典文化的时候，人文主义者自然地将希伯来元素、旧约经义、上帝爱人与救世等联系在一起，从而形成了具有一定宗教宽容的人道和理性精神。在基督教会和人文主义学术思想界，对于包括犹太教在内的异教信仰、异教文化的研究和接纳已在议题之内，有许多人甚至还试图在犹太教与基督教之间进行对话，犹太学者把许多只保留在阿拉伯语中的希腊古典著作译成希伯来语和拉丁语，让大众能够读懂，这大大提高了西方教育的整体水平。在文艺复兴时期，意大利出现了学习希伯来语的热潮，犹太人有机会承担介绍文化知识的任务，他们给刚刚对教育事业热心起来的基督教公民做指导，应邀做希伯来语和犹太神秘哲学的教师，意大利的人文主义者对这些课目很有兴趣。

文艺复兴是对意大利乃至整个欧洲和世界影响都很重大的一次伟大的思想解放运动，激发了人们对人的价值的重视和对人格的尊重。这一时期的犹太人尤其是意大利犹太人，也感受到文艺复兴带来的一些宽容的曙光，他们在这种相对宽容的环境中享受了短暂的安宁。

二、哈斯卡拉运动[①]

18世纪初至1789年法国大革命间是一个新理念不断涌现的时代，这个时期的启蒙运动覆盖了各个知识领域。不同于文艺复兴运动，启蒙运动不再以宗教辅助文学与艺术复兴，而是力图以经验加理性思考的方法而使知识系统能独立于宗教的影响。

在欧洲启蒙运动的影响下，欧洲的犹太人发起了一场被称为"哈斯卡拉"的思想运动。这场运动从18世纪中后期一直延续到19世纪，主要地点在中欧和东欧。当时追随哈斯卡拉运动的知识分子被称为"马斯基尔"，马斯基尔大多为熟悉希伯来文化的知识分子，他们致力于犹太教世俗化改革，使犹太教能够在新的时代和环境下得到维持和发展。

18世纪哈斯卡拉运动的中心位于德国。门德尔松[②]是德国哈斯

---

① 哈斯卡拉（השכלה, Haskalah）："启蒙"、"教育"之意。

② 摩西·门德尔松（1729—1786年），著名音乐家费利克斯·门德尔松的祖父。

卡拉运动的先驱人物，他否定传统犹太教的蒙昧主义，试图以理性主义重新解释犹太教，协调宗教文化与世俗文化之间的关系，被尊称为"犹太人的苏格拉底"。他普及世俗教育，并极力推进犹太人与非犹太人的交往，鼓励犹太人走出隔都。在门德尔松的影响下，柏林成为哈斯卡拉运动的先导城市。19世纪20年代，哈斯卡拉运动中心转移到奥地利，维也纳也因此成为重要思想阵地。40年代后，运动中心东移到俄国，特别是在具有自由主义倾向的亚历山大二世统治时期尤为明显。

启蒙理念是哈斯卡拉的主要精神，而理性和科学是欧洲启蒙时代的基本理念。在哈斯卡拉运动中马斯基尔们作为理性的代言人，深入研究犹太社会，从语言、宗教、法律、艺术等方面寻求理性，并有力地推动了犹太科学运动的兴起。在这一精神的指导下，马斯基尔们对希伯来语文学和犹太宗教进行科学化和批判性研究。

哈斯卡拉运动在犹太民族的文化发展中占有重要的地位，是犹太文化摆脱蒙昧和保守、步入现代社会的第一步。它既是犹太人内部的一种带有强烈世俗化色彩的反传统势力的文化运动和思想意识形态，也是欧洲启蒙运动在犹太社团内的体现。它呼吁犹太人走出隔都，寻求民族文化的复兴，大力发展现代教育，推崇现代化的生活方式。但是1848年之后保守主义浪潮席卷欧洲，许多国家恢复了对犹太人的限制，运动者们的炽热理想被毁灭，很多人认识到文化启蒙并不能解决犹太人问题，哈斯卡拉运动衰落。

哈斯卡拉运动代表着犹太人为改变自身境况所做的努力，但这场运动其影响主要局限于犹太知识分子和上层人士，在底层犹太民众中缺少影响。

三、法国大革命和犹太人的解放历程

法国大革命爆发之前，世界上大多数的犹太人都居住在欧洲。

总体而言，西欧的犹太人拥有较大的自主权，特别是在资本主义经济比较发达的英国和荷兰，而在东欧和中欧犹太人的政治地位较低。许多宗主国以保护基督徒为理由，对犹太人实施了种种限制，如不得随意在非犹太区活动、必须佩戴犹太标记等。

15世纪以来，法国南部城市生活了许多来自西班牙、葡萄牙的马兰诺犹太人，他们在1729年取得定居权，形成了自己的文化，具有一定的社会地位。但其他贫困犹太人的地位就远比他们低，特别是生活在阿尔萨斯和洛林的阿什肯纳兹人，这些人占到了法国犹太人总数的3/4。

1789年的法国大革命提出"自由、平等、博爱"的口号，法国国会通过了《人权宣言》，这一宣言虽然没有直接赋予犹太人公民权，但阐述了法律面前人人平等的原则。法国国民议会最终在1791年9月27日通过决定：废除以前的法律条文中对犹太人的限制、束缚及驱逐，感化作为个体的犹太人，使其作为公民宣誓效忠。法国犹太人获得了公民权，其权利有了法律的保障。法国犹太人的解放是与法国大革命及其原则紧密相连的，没有革命所带来的思想解放及特权阶层的瓦解，就不会有犹太人的解放。

1802年4月8日，拿破仑颁布法令，授予法国公民自由信教的权利，犹太人与其他教派教徒一样拥有平等的宗教信仰自由。1804年拿破仑颁布民法典，明确宣布私有财产神圣不可侵犯、契约自由以及法律面前人人平等的原则。在拿破仑的影响之下，"犹太人问题"成为欧洲及国际社会中的一个热门话题。1815年召开的影响欧洲政治版图的维也纳会议专门把犹太人问题列为大会讨论的议题。拿破仑对犹太人的政策与态度对犹太历史产生了重要的影响，在拿破仑的带领下，法国军队开进一座座欧洲城市，其势力所到之处，隔都的壁垒纷纷塌陷，这大大促进了欧洲犹太人的解放。

法国犹太人的解放在欧洲引起了连锁反应。荷兰1796年解放了犹太人，1797年、1798年威尼斯和罗马的隔都相继开放。随着许多国家宗教裁判所的关闭，大多数马兰诺都公开了自己的犹太身份。

刚刚解放的法国犹太人对法国表现出了极大的爱国热情，他们积极参与了抵抗奥地利和普鲁士的战争，并遵从法国犹太领袖贝尔·以撒·贝尔的呼吁，用法语替代意第绪语，用革命历法替代犹太历法。有不少犹太人还放弃了守安息日，把子女送到世俗学校。但他们很快发现这条路也走不通，随着帝国的巩固，拿破仑对犹太人限制和利用的一面逐渐暴露出来。1806年，阿尔萨斯农民和犹太债权人的关系紧张，拿破仑认为犹太人没有尽到公民应尽的义务，命令阿尔萨斯的农民欠犹太债权人的债务全部延期一年，许多犹太人因此倾家荡产。

1815年拿破仑在滑铁卢的失败标志其政治生涯结束，也标志着欧洲进入一个倒退时期，反动势力复辟，犹太人的解放与民主、自由、立宪政府一样被保守主义者列为批判的对象。欧洲犹太人除了荷兰犹太人还保持着获得的法律地位之外都相继失去了公民权，隔都制度被恢复。

拿破仑在欧洲掀起的犹太解放运动加快了犹太文化的现代化进程，削弱了犹太人的民族和宗教意识，加快了犹太人口的城市化进程，但同之前的哈斯卡拉运动一样，法国大革命带来的犹太解放运动最终也以失败告终，这意味着犹太人主动融合的努力和时代赋予的机遇都没有改变他们的命运，反犹主义继续困扰着这个已经流散了上千年的民族，并有愈演愈烈之势。

四、反犹主义

反犹主义（Anti-Semitism）就是对于犹太人的仇恨和排斥举动及其相关的思想理论，具有很久的历史，其包括古典反犹主义（Classical anti-Semitism）、基督徒反犹主义（Christian anti-Semitism）、现代反犹主义（Modern anti-Semitism）和新反犹主义（New anti-Semitism）等形式。

古典反犹主义主要指基督教兴起之前的反犹主义行为，其中最为典型的是希腊统治时期对犹太人的迫害；基督徒反犹主义主要是源于基督教和犹太教在教义上的对立，十字军东征是这一反犹主义的典型表现形式；现代反犹主义同种族主义理论的出现密切相关，种族理论称犹太人所属的这个种族是一个低等的民族，宗教原因不再是反犹的主要理由，现代反犹主义具有持续时间长，作用范围广和暴虐程度惊人等特点；[①] 新反犹主义主要指从 20 世纪 90 年代初起在欧美的某些政治左翼和伊斯兰极端主义中所兴起的对犹太民族的种族敌视，与传统反犹主义不同，新反犹主义往往蒙着"替巴勒斯坦人打抱不平"、"反对以色列侵略"等欺骗性外衣，但其种族主义的核心内容并无任何变化，同样是为了煽动世人对犹太民族的种族仇恨。

在反犹主义的影响下，各国都出现了不同程度的反犹行为：1879 年在全德爆发了反对国家自由党的运动，矛头主要指向犹太人，犹太人被与国家自由党党员等同起来，这一运动也发展成"合法"地发泄对犹太人仇恨的暴乱；1881 年 4 月"反犹太主义者同盟"提出请愿书，强烈要求取消犹太人的议会公民权，并禁止更多的犹太移民进入德国，当时至少有 25 万人签字；英国人豪斯顿·斯图尔特·张伯伦写了德国种族主义的著作《十九世纪的基础》，认为犹太民族是一个没有价值的民族，破坏日耳曼种族的纯洁；1894 年的德雷福斯案件[②] 掀起了反犹主义的新高潮；19 世纪末

---

① 徐新：《反犹主义解析》，上海：上海三联书店，1996 年版，第 2—8 页。

② 1894 年法国陆军参谋部犹太籍的上尉军官德雷福斯被诬陷犯有叛国罪，被革职并处终身流放，法国右翼势力乘机掀起反犹浪潮。此后不久即真相大白，但法国政

东欧出现了针对犹太人的集体迫害[①]，许多犹太人被迫移居到美国和南非。反犹主义在二战时达到最高峰，出现了纳粹针对犹太人的大屠杀，约600万犹太人死于纳粹的大屠杀之下。

五、犹太复国主义

在困苦的民族境遇和欧洲民族运动的影响下，犹太人的民族主义运动——犹太复国主义运动[②]兴起。犹太复国主义运动的希伯来语来源于"锡安"一词，在早期犹太史上该词同耶路撒冷同义。犹太复国主义把现代犹太民族主义与传统的弥赛亚观念紧密结合起来，试图为危机中的犹太社会提供新的价值认同，既保留了传统犹太教的感召力，也适应世界现代化及世俗化潮流。这场运动激发了犹太人的民族主义意识，促发了犹太人回归巴勒斯坦的移民潮，从而为现代以色列国家的诞生奠定了思想、文化和社会基础。

著名的犹太复国主义先驱有摩西·赫斯、利奥·平斯克和西奥多·赫茨尔等人。最早从政治角度提出复国理论的犹太思想家是摩西·赫斯，他所著的《罗马与耶路撒冷》[③]提出了一套完整的政治解决方案。利奥·平斯克是第二位关键人物，他所著的《自我解放》提出了犹太人复国的具体计划。但影响最大的还是西奥多·赫茨尔。他毕业于维也纳大学，在学期间喜欢文化和文学，还写了许多剧本和散文。1894年的德雷福斯事件让赫茨尔开始对犹太人的命运进行思考，他写下了著名的《犹太国》一书，并在1897年组织了第一次犹太复国主义代表大会。大会通过了《世界犹太人复国主义纲领》（即《巴塞尔纲领》），明确提出"犹太复国主义的目标

府坚持不愿承认错误，直至1906年德雷福斯才被判无罪。

① 集体迫害的英文为Pogrom，专指俄国针对犹太人的集体迫害行动。

② Zionism，也翻译为锡安主义。

③ 该书全名为《罗马和耶路撒冷——最后的民族问题》。

是在巴勒斯坦为犹太民族建立一个由公共法律所保障的犹太人之家"，犹太复国主义也被理论化和组织化。在犹太复国主义组织的努力下，犹太人开始向巴勒斯坦地有组织地移民，随着犹太资产阶级队伍的壮大，犹太复国主义已具备了足够的实现民族独立的物质基础，并最终实现了以色列的建国。

犹太复国主义不是单一的社会力量发起并推动的，而是各种力量的联盟，容纳了不同的思想派别，其中包括政治犹太复国主义、宗教犹太复国主义、文化犹太复国主义、劳工犹太复国主义、社会主义犹太复国主义等。在犹太复国主义不同派别中，政治犹太复国主义的影响力最大，它以移民建国为最终目的，主张在大国支持下有步骤地从政治上解决世界犹太人问题，是犹太复国主义的主流，西奥多·赫茨尔为这一流派的代表人物。文化犹太复国主义的代表人物是"锡安热爱者"、敖德萨委员会成员阿哈德·哈阿姆，这个流派并不强调建立犹太国家，而是强调在巴勒斯坦地建立一个自给自足的犹太社团，通过这个犹太社团来实现犹太文化的复兴，将巴勒斯坦建成世界犹太人的文化精神中心。宗教犹太复国主义将犹太宗教与建国结合起来，以精神中心为口号激励犹太人移居巴勒斯坦，不仅致力于恢复犹太人的政治自由，还要恢复犹太人遵从摩西五经和戒律的宗教传统，由伊扎克·杰克伯·艾奈斯拉比于1902年创立的"精神中心"说是宗教犹太复国主义的主要理论。此外，当时具有较大影响力的还有德福·拜耳·博洛科夫和拉赫曼·希尔金领导的社会主义犹太复国主义、亚伦·大卫·戈登领导的劳工犹太复国主义以及在冷战结束后自由知识分子提出的后犹太复国主义。

从历史的角度看，犹太复国主义是犹太人重返巴勒斯坦思想的发展结果，该思想经历了救世主义阶段、犹太神秘主义阶段和犹太复国主义阶段。[①] 第一阶段占据了犹太历史的大部分时间，他们认为目前所承受的苦难是上帝为了考验他们而设置的，他们的苦难将随着救世主的来到而结束，因此面对反犹主义他们逆来顺受。第二阶段从 16 世纪中期持续到 19 世纪中期，在这一时期，欧洲犹太人遭受的迫害加重，面对残酷的现实他们试图从神秘主义哲学中寻找精神寄托，16 世纪在采法特发展起来的卡巴拉卢里亚派（Lurianic）是神秘主义的重要代表。第三阶段，犹太复国主义将宗教上的回乡情结同民族主义理论相结合，确立了在巴勒斯坦建国的目标，并付诸实践。

总之，在 19 世纪欧洲民族主义运动的推动下，犹太人的态度经历了一个由外到内的转变过程，他们不再依靠外部力量和机会来实现自身解放或寻求其他民族的宽容和怜悯，而是开始通过本民族的力量来解决自己的问题。

六、移民浪潮

1882 年，只有约 2.4 万犹太人生活在巴勒斯坦，仅占世界犹太人总数的 0.31%。在 19 世纪中期，耶路撒冷出现了一些传教组织，这些组织大多是欧洲大国出于政治考虑而发起的，许多政府宣布自己是某些宗教团体的"保护者"，从而加强其在耶路撒冷的影响力。例如，法国声称自己是罗马天主教的保护者，英国则声称自己是新教徒的保护者。当时的犹太人找不到为他们提供保护的国家，有的只是为犹太人提供帮助的一些个人，如英国的摩西·蒙蒂菲奥里爵士（Sir Moses Montefiore），他是英国的犹太复国主义者，也是最早为在巴勒斯坦建立犹太国而努力的先驱。

可以说，没有移民，就没有今天的以色列。移民是犹太复国主

[①] 冯基华：《犹太文化与以色列社会政治发展》，北京：社会科学文献出版社，2010 年版，第 35—36 页。

义实现建国的根本途径，是以色列政府高于一切的考虑。在建国之前，移民是实现建国的人力基础；在以色列建国初，强敌环伺的地区环境下，移民是保卫和巩固国家安全的需要；在和平时期，移民是开拓定居、推动国家发展的根本性力量。移民浪潮在希伯来语中称为"阿里亚"，有"上升"之意，这象征着巴勒斯坦地的神圣。

在犹太复国主义者们确定了要建立犹太国家以后，在哪里建国成为一个重要的问题。围绕这一问题，复国主义者提出了许多方案，包括阿根廷方案、乌干达方案等。最终，复国主义者们把目光锁定在古犹太王国所在地。当时的犹太复国主义者把巴勒斯坦地称为"无人之地"，他们认为这块"无人之地"理应分给犹太民族这一"没有土地的民族"，但事实是，巴勒斯坦地并非空无人烟，那里是奥斯曼土耳其帝国的一个省，生活着许多阿拉伯人。在犹太复国主义的作用下，巴勒斯坦地出现了五次大规模移民潮，阿拉伯民族和犹太民族对同一块土地的争夺也拉开帷幕，这构成了巴以冲突的根源。

1882年回归圣地的第一次犹太移民潮开始，这次移民潮是在"热爱圣山运动"犹太复国主义组织下进行的，一直持续到1903年。由于俄国沙皇亚历山大三世颁布了一系列的反犹法令，并开始了针对犹太人的集体迫害，移民主要来自俄国，总共有超过2.5万犹太人移入巴勒斯坦，使该地区的犹太人口增加了1倍。出于建立民族家园和国家的崇高理想，他们不顾奥斯曼政府禁止犹太人移民和购买土地的法令来到巴勒斯坦，开始了建立民族家园的伟大事业，但第一次移民潮规模并不大，他们对后来以色列建国的贡献也有限。到第一次世界大战爆发之时，这些人中有1.5万人离开了巴勒斯坦地，他们一部分回到了原来居住的地方，另一部分选择了移居美国。

第二次犹太移民潮从1904年一直持续到1914年一战爆发前。

1897年第一届犹太复国主义者代表大会的召开和世界犹太复国主义组织的成立为移民提供了组织保障，俄国针对犹太人迫害活动的爆发也客观上加速了这次移民潮的进程。1904年到1914年巴勒斯坦地共移入近3.5万犹太人，较前次移民潮相比，这一批移民的自愿性和主动性提高，他们是带着明确的建国目的来到巴勒斯坦地的。在这一时期，基布兹出现，特拉维夫建城，希伯来语也得到复兴，许多后来的以色列领导人也是从第二批移民中成长起来的。1882年至1914年的两次移民潮播下了阿、以双方冲突的火种，巴勒斯坦的阿拉伯人从一开始就注意到锡安热爱者运动的复国主义倾向，1882年当地的报刊对犹太复国主义进行了详细报道；1891年6月24日，耶路撒冷的穆斯林名流们向苏丹政府请求禁止俄国犹太人进入巴勒斯坦及在当地购置土地，苏丹政府开始对犹太移民活动和购置土地进行限制；1911年在阿拉伯议员联合行动的压力下，苏丹政府内务大臣明确表示反对犹太复国主义的目标。

第三次移民浪潮从1919年持续到1923年，移民主体是来自俄国和波兰的单身年轻人。一战结束后，奥斯曼土耳其帝国解体，英国成为主导中东地区政治最重要的国家。1917年的《贝尔福宣言》对这次移民潮产生了一定作用，通过这次移民，巴勒斯坦犹太社团的结构从根本上发生了变化，土生土长的犹太人社团在巴勒斯坦由多数成为少数。第三批移民很快就适应了巴勒斯坦的新环境，大大充实了第二次阿里亚的组织和力量。根据1922年的统计显示，巴勒斯坦地的犹太人人口达到84000人，占到该地区总人口数的11%。在这一时期犹太工人总工会正式成立，基布兹也从一个不稳定的试验品变成了一股不断成长的力量。随着犹太移民的增加，巴勒斯坦人已经开始出现有组织的反抗活动。

第四次移民浪潮从1924年持续到1926年，移民的主体是波兰犹太移民，原因是波兰对犹太人的经济压迫和美国新移民法对犹太移民的限制。因此这次移民潮中的移民大多是中产阶级，掌握着一定的财富和技术。这一时期犹太人在巴勒斯坦建立了耶路撒冷希伯来大学和海法理工大学。

第五次移民潮从 1933 年持续到 1939 年。移民主要来自中欧和东欧，这是以色列建国前最大的一次移民潮，主要原因是纳粹在德国的反犹政策。大约有 25 万犹太人从纳粹德国和其他欧洲国家的统治下逃离，其中 25% 的移民来自德国。

除了以上五次大规模的移民外，在整个英国委任统治时期一直都存在着犹太人的非法移入。从第二次世界大战结束的 1945 年到 1948 年中，约有 7.5 万犹太移民通过各种非法途径进入巴勒斯坦。半个多世纪的移民运动使 54 万犹太人移入巴勒斯坦，到 1946 年巴勒斯坦犹太人总数上升到 60.8 万人。他们分布于巴勒斯坦各地，形成了星罗棋布的村镇，为联合国 1947 年划分阿拉伯国家和犹太国家疆界提供了人口依据。

七、第一次世界大战和英国委任统治

1914 年 8 月，第一次世界大战爆发。犹太复国主义运动虽然自 19 世纪末开始发展起来，但在世界范围内的规模有限，许多移居到以色列的先驱也因为那里恶劣的自然环境而选择了离开，要是没有第一次世界大战的爆发，犹太人可能难以实现大规模向巴勒斯坦移民。

在一战爆发后，奥斯曼土耳其加入了德奥同盟，与英法俄等协约国作战。土耳其担心犹太人同情协约国，因此将犹太人视为敌国公民和异己，采取驱逐政策。到战争结束时，共有 1.5 万犹太人被逐。

战争爆发时，柏林的犹太复国主义组织宣布中立，但这时犹太人已分化为亲德派和亲英派。亲德派鼓励犹太青年为德国而战，亲英派则认为巴勒斯坦会划入英国的势力范围，犹太复国主义应该把目标投向英国，这一派在哈伊姆·魏兹曼①的领导下具有更大的影响力。

英国一直把巴勒斯坦地区看作是其战略棋局中的一个重要位置。1882年英国占领埃及，1896年苏伊士运河通航，而巴勒斯坦地区正是英国控制这两个战略要地的关键地带。基于此种考虑，英国在一战结束之前就同法国签订了《塞克斯－皮科协定》，对奥斯曼土耳其进行瓜分，根据该协议，英国将得到巴勒斯坦部分地区以及伊拉克和波斯湾沿岸地区。

图6 英国委任统治地

1917年，一战的局势变得迷离不清，美国还没有宣战，俄国沙皇统治已被推翻，东线战场出现松动迹象。为了争取广泛分布于欧洲和中东的犹太人的支持，防止他们倒向德国，英国发表了《贝尔福宣言》，该宣言为英国外交大臣贝尔福致英国犹太复国主义者联盟副主席罗思柴尔德的一封信件，信中说："英王陛下政府赞成

---

① 魏兹曼，化学家，曾发明英国急需的火药，并游说英国支持犹太复国主义事业，后来成为以色列第一任总统。

在巴勒斯坦建立一个犹太人的民族之家，并愿尽最大努力促其实现；但应明确理解，不得做任何事情去损害目前巴勒斯坦非犹太人的公民权利和宗教权利，或者损害其他国家犹太人所享有的权利和政治地位。"这一宣言虽然充满了模糊性，但对犹太人意义重大，犹太复国主义运动第一次得到了一个世界大国的支持。

第一次世界大战结束后的巴黎和会和圣雷莫会议规定了英国对巴勒斯坦地区进行委任统治。1920 年 4 月，英国正式对巴勒斯坦和伊拉克进行委任统治。英籍犹太人赫伯特·塞缪尔被英国政府任命为首任驻巴勒斯坦高级专员。同年，巴勒斯坦犹太民族委员会和犹太总工会成立，前者处理伊休夫[①]内部事务并同英国当局联系，后者负责巴勒斯坦地犹太社团的政治组安置和生产建设，犹太社团的首席大拉比和拉比法庭则处理社团内部宗教事务。1929 年犹太代办处成立，负责对外联系，筹集资金，购买土地，安置移民，实际上起到了巴勒斯坦犹太政府的作用。而英国方面为了便于统治，把巴勒斯坦以约旦河为界一分为二，约旦河以西为巴勒斯坦，英国人直接委任统治；约旦河以东划分为阿拉伯人领袖——麦加谢里夫的次子阿卜杜拉任国王的"外约旦埃米尔国"。

塞缪尔采取鼓励犹太人移民的措施，犹太人口比率在巴勒斯坦大幅度提高，当地阿拉伯人和犹太人之间的冲突也不断增多。1921 年，雅法爆发反对犹太移民的暴力活动；1929 年 8 月，双方再次爆发流血冲突。面对阿拉伯人的敌视，犹太移民开始着手进行防务建设，当时各个定居点单独组建防御武装，整个地区缺乏统一的组织体系，这种分散性的武装根本无法抵抗大规模的暴力冲突，以本－古里安为代表的犹太复国主义者主张将防务力量统一于一个体系之下，他认为在阿拉伯民族问题出现之前，形成一种决定性的反应模

---

① "伊休夫"为希伯来语音译，意为居住的地方，专指 1948 年以前在巴勒斯坦地建立的具有自治性质的犹太社团组织。

式对即将面临的民族斗争具有重大意义。犹太工人总工会成立后，原属于劳工联盟的武装组织哈加纳开始由犹太工人总工会控制。1929 年阿拉伯骚乱后，哈加纳最终成为犹太移民统一的武装力量。

　　1936 年 4 月，巴勒斯坦各地爆发阿拉伯人有组织地针对犹太人的暴力行为，被称为阿拉伯人大起义。犹太人的哈加纳和伊尔贡等武装组织扩充人员和武器，同阿拉伯人交战，英国也动用大量的军事力量进行镇压。1936 年，英国派皮尔委员到当地调查，最后发表的报告认为阿拉伯人要求民族独立和反对建立犹太民族家园是动乱的根本原因，阿、犹之间矛盾不可调和，并建议进行分治，但这一建议遭到阿拉伯国家的反对。双边的冲突断断续续一直持续到 1939 年，这一年，英国发表了支持阿拉伯人的白皮书，又称为《麦克唐纳白皮书》。在白皮书中，英国改变了其巴勒斯坦政策，放弃了对犹太复国主义运动的支持，英、犹关系发生根本性转变。此后，犹太人开始了针对英国军队的破坏和袭击活动，这些袭击活动在二战时期有所减弱，但在 1942 年，犹太人发现德国对以色列的建国已经不构成威胁后，他们对英国军队的袭击重新升级，包括帕尔玛赫、斯特恩帮[①]和伊尔贡[②]在内的武装组织策划了大量针对公共设施的破坏和英国人质绑架事件。

　　面对不断升级的武装冲突，英国已失去驾驭巴勒斯坦地的地区安全的能力，于是把巴勒斯坦问题移交给了刚成立不久的联合国。与此同时，部分犹太人也开始把注意力由英国转向美国，依靠美国的支持来实现建国目标，1942 年的比尔特莫尔纲领是这一转折的代表性事件。

---

　　① 斯特恩帮又称为"莱西"，成立于 1939 年，从伊尔贡中分裂出来，其作战手段接近于恐怖主义组织。
　　② 伊尔贡是从哈加纳中分裂出来的，其领导人为贝京。贝京是犹太复国主义运动"修正派"领袖雅博廷斯基的弟子。

八、大屠杀和以色列建国

二战对于犹太人来说是一段悲惨的历史。1933年纳粹上台，1934年初施特莱彻尔发起"无犹村"运动；1935年到1938年德国颁布了纽伦堡法，否定德国犹太人是德国公民，取消了宪法中给予他们的权利和保护；1938年7月6日在法国埃维昂举行会议解决犹太难民问题，但参加国各怀心事，没有结果；1938年11月9日在德国爆发了被称为"水晶之夜"的全国性反犹暴力活动；1942年1月20日万湖会议提出"最终解决"方案，对犹政策也因此由驱逐转向了肉体清除。

对犹太人来说，这是一段令人绝望的历史。在他们最需要帮助的关头，美国1938年颁布的移民限制法案和英国1939年白皮书都阻碍了欧洲犹太人的出逃。1941年12月，德国在波兰兴建了6个屠杀犹太人的集中营，包括著名的奥斯威辛和特雷布林卡。万湖会议后，纳粹德国开始用这些集中营屠杀犹太人。1944年，纳粹德国加快了集中营屠杀的速度。

纳粹针对犹太人的大屠杀一共杀害了约600万犹太人，相当于德国在欧洲占领区犹太人的90%和当时世界上犹太人总数的1/3。在这场惨绝人寰的大屠杀中，有的国家犹太人几乎全部被杀害。经以色列和世界各地犹太人组织几十年的努力，到1995年可以确认420万犹太死难者的姓名，其中150万为犹太儿童。

大屠杀是对犹太人身心的巨大摧残，直到今天还是犹太人集体意识中挥之不去的阴影。大屠杀让犹太人得到了两条深刻影响以色列国内与对外政治的教训：第一，不管多么恐怖的事情都是有可能发生的；第二，以色列决不能再依靠别人来确保自己的生存。另一方面，大屠杀也极大地减小了非阿拉伯国家中反对犹太复国主义的力量。在大屠杀之前，巴勒斯坦地区以外的犹太人和非犹太人对犹太复国主义并没有太大的激情，但当他们看到极为残忍和恐怖的大屠杀后许多人的观点就发生了变化，开始公开支持犹太人建立自己的家园。大屠杀不但让犹太人在精神上变得更加团结，也改变了世界各国政府对犹太人的立场，许多国家都开始同情犹太人，支持以色列的建国。

图7 联合国分治决议划定的阿拉伯国与犹太国边界

　　1945 年二战结束后，英国外交大臣欧内斯特·贝文宣布成立一个英美联合调查委员会，以调查巴勒斯坦的情况以及欧洲的犹太难民问题。1946 年 4 月得出的调查报告结果认为，由于阿犹之间的敌对状态，不可能成立一个独立的巴勒斯坦国，应维持委任统治；废除 1939 年白皮书，给 10 万欧洲犹太难民发放入境证，取消对犹太人购买土地的限制；阿犹双方都不应该采取暴力行动和恐怖主义，对此应予以坚决的打击。由于英国拒绝该报告，英国和犹太人之间的冲突升级，英国最终将巴勒斯坦问题提交联合国。当时，巴勒斯坦地的犹太人大概有 65 万人，占有 7% 的土地，而阿拉伯人有 130 万左右。1947 年 11 月 29 日，联合国大会通过 181 号决议，决议规定：英国于 1948 年 8 月 1 日之前结束在巴勒斯坦的委任统治，并撤出其军队；2个月后，在巴勒斯坦的土地上建立2个国家，即阿拉伯国和犹太国。根据分治决议的蓝图，阿拉伯国面积为 1.1203 万平方千米，占当时巴勒斯坦总面积的 42.88%，人口中阿拉伯人为 72.5 万人，犹太人为 1 万人；犹太国国土为 1.4942 万平方千米，占巴勒斯坦总面积的 56.47%，人口中阿拉伯人为 49.7 万人，犹太人为 59.8 万人。决议还规定：成立耶路撒冷国际特别政权，由联合国来管理。

决议通过之后，犹太社团欢欣鼓舞，阿拉伯国家和巴勒斯坦阿拉伯人强烈反对。12 月 18 日，英国宣布将于 1948 年 5 月 14 日撤离，也就在 5 月 14 日下午，本 – 古里安宣读《独立宣言》，以色列成立。

第三节　现代部分

一、工党统治下的战争年代（1948—1977 年）

以色列从 1948 年建国到 1977 年的历史其实就是以色列工党领导下的一部战争史，在短短不到 30 年的时间里发生了 4 次大规模的战争。

（一）第一次中东战争

"第一次中东战争"又称"巴勒斯坦战争"，以色列称之为"独立战争"，阿拉伯人称之为"大灾难"（al-Nakbah）。

实际上，早在联合国分治决议通过之后的第二天，在耶路撒冷和其他阿犹混居城市就爆发了激烈的武装冲突。阿犹双方互相袭击对方的居民区，切断交通线，整个巴勒斯坦陷入混乱。在冲突中，犹太人在组织和装备上都占上风，特别是发生德尔亚辛村屠杀事件后，许多阿拉伯人都选择了逃亡，离开了世代生活的土地，沦为难民。

以色列宣布建国的第二天，也就是在 1948 年 5 月 15 日，埃及、外约旦、伊拉克、叙利亚和黎巴嫩 5 个国家宣布对以色列发动战争，第一次中东战争爆发。战争初期，阿拉伯军队占有军事力量上的优势，参战的阿拉伯国家的参谋长曾在大马士革制订了协同作战计划，埃及军队从南向北，不断推进，逼近特拉维夫和耶路撒冷；伊拉克军队从中路越过约旦河；约旦军团则在英国指挥官的带领下占领约旦河西岸和大部分耶路撒冷；叙利亚和黎巴嫩从北部进入，向南深入。

联合国在战争爆发后召开了特别会议，5 月 30 日达成协议，要求交战双方停火 4 周，并委派瑞典红十字会会长伯纳多特伯爵担任联合国巴勒斯坦调停人。双方同意从 6 月 11 日起停火 4 个星期。停火期间联合国调停人伯纳多特提出方案，将巴勒斯坦和约旦合并为一个阿犹联邦国家，遭到双方拒绝。7 月 9 日战争重新爆发，双方力量发生了变化。以色列武器和人员得到补给，转守为攻。1949 年 1 月 3 日，以色列军队切断了加沙埃军的退路，埃及政府在内部政局不稳，外部军事失利的情况下，不得不于 1 月 7 日表态同意谈判停战，并于 1949 年 2 月 24 日签订停战协议，规定了停火边界。随后，黎巴嫩（3 月 23 日）、约旦（4 月 3 日）、叙利亚（7 月 20 日）分别同以色列签署了停战协定。

第一次中东战争断断续续进行了 15 个月，实际打了 61 天。战争以阿拉伯国家失败、以色列胜利而告终。这场战争后，以色列控制巴勒斯坦 77% 的土地，巴勒斯坦其他部分被约旦和埃及占领，约旦河西岸被约旦兼并，而加沙在埃及控制下。巴勒斯坦国不但没有建立，且大量巴勒斯坦的阿拉伯人沦为难民，成为阿以问题中一个难以解决的问题，随着领土的完全丧失，巴勒斯坦人基本上失去了民族自决权。

（二）国家的建立和巩固

第一次中东战争结束后，以色列马上投入到国家的建设工作当中。通过先期的外交工作和建国战争，以色列已经获得了一定的领土，下一步需要的是以色列公民。为了实现这一目标，以色列政府废除了1939年英国白皮书中限制移民的政策，并在1950年颁布了《回归法》。该法律规定，分布在世界各地的犹太人都有回到以色列成为以色列公民的权利。1952年，以色列又颁布了《国籍法》，规定每个年满18岁的犹太人只要一踏上以色列的国土，就自动拥有以色列公民的身份。该法律把赋予犹太人的权利加以具体化，可操作性较强。1970年，议会又对《回归法》进行了修改，进一步放宽了移民条件。

通过这些法律，以色列形成了一套开放式的移民制度，在建国后的10年里，有90万左右的犹太人移民到了以色列，仅1948年就有10万犹太人归来，到1951年年底，共计大约32万来自欧洲的移民到达以色列，他们大多是饱受纳粹摧残的犹太难民。从1950年开始，北非和亚洲的犹太人大量移入以色列，对移民和阿拉伯人的安置给以色列政府带来了严峻的挑战。在本－古里安的带领下，以色列政府施行具有一定计划性的经济体制，直接控制食品、住房、服装等物资的生产和分配，满足了以色列移民的需求。

以色列在建国最初几年经历了许多困难，全国人民都在缺衣少食的艰苦生活条件中挣扎，为移民这一以色列立国的根本目标做出了极大的牺牲，但随后，德国对大屠杀幸存者和以色列政府的赔款、世界各地犹太人给以色列的捐款、西方国家对以色列的贷款和经济援助、新移民带来的财产以及进入以色列的投资，都让大量资本涌入以色列，到1954年，以色列已彻底摆脱了之前的拮据状态，经济进入高速增长时期。

民族整合在建国初期也是一个非常重要的任务，当时以色列有来自 100 多个国家、操着 80 多种不同语言的移民，是世界上人口异质化程度最高的国家之一。移民虽然拥有相同的宗教信仰，但拥有不同的体貌特征、生活方式、传统习俗和思维方式。其实，早在犹太复国主义兴起之时赫茨尔就提出，犹太复国主义所要缔造的不只是一个犹太国家，同时还要培养一种新犹太人——具有独立、自主、充满活力与热情的新型的希伯来人。以本－古里安为首的以色列政府制订了以同化思想为基础的"熔炉主义"，该理念主张在平等的基础上实现犹太各族群之间在社会结构上的完全融合。以色列的熔炉主义以阿什肯纳兹人的文化价值观念为基础，试图对广大来自亚非世界的东方犹太人进行同化。但东方犹太人和阿什肯纳兹人的族群差异依旧顽固地保留下来，"熔炉主义"并没有达到其目的，直到今天，文化多元主义仍然是以色列社会的一大特征。

以色列政府还充分利用以色列国防军来塑造以色列国民身份。因为根据以色列法律规定，每个以色列公民都要在国防军服役（部分少数民族除外），以色列国防军自然成为一个不同移民群体相互交流、学习和融合的地方。不同于"熔炉主义"，军队是一个更为平等的平台。国防军教育部下属的"马卡姆"组织在帮助东方犹太人青年教育上立下了汗马功劳。

建国初期的部分政策也给以色列后来的发展带来了麻烦，建国初期，本－古里安为了获得宗教党派对工党的政治支持，同意让宗教部门来管理以色列公民的婚姻等个人事务，这给以色列世俗犹太人的生活带来了许多麻烦。从建国开始，以色列宗教党派就成为以色列权力建构中一股重要的政治势力，宗教势力和世俗力量的对抗从此开始。

阿拉伯人和犹太人之间的矛盾也没有在建国初期得到解决，导致这两个群体在认同上有较大差异。从 1948 年到 1966 年，以色列政府对以色列阿拉伯人实施军事管理。1956 年 10 月 29 日，49 名以色列阿拉伯人因为在宵禁时没有待在家中而被以色列国防军战士射杀，虽然这些战士被判刑，但这一事件也暴露出以色列阿拉伯人在以色列二等公民的地位。

（三）第二次中东战争

"第二次中东战争"又称为"苏伊士运河战争"。英法为夺得苏伊士运河的控制权，与以色列联合，于 1956 年 10 月 29 日对埃及发动了突然袭击。埃及同英法两国的对抗是主要矛盾，因而严格意义上不属于阿以战争的范畴，但由于以色列主动加入，这场战争也有一些阿以战争的性质。

这次战争因埃及总统纳赛尔宣布收回苏伊士运河公司而引起。埃及曾经是英国的殖民地，苏伊士运河曾由英国和法国共同管理。1952 年，埃及军队的军官们发动政变，推翻了法鲁克国王的君主政权。新政府抛弃了旧政府亲西方的立场，实行民族主义政策。

1952 年 10 月 29 日，以色列突然入侵了加沙地带和西奈半岛，并迅速向运河区挺进。次日，英法两国向埃及、以色列发出最后通牒，要求两国立即停火，并从运河两岸各向后撤退 10 千米。以色列方面接受停火，但纳赛尔总统拒绝，从而为英法两国入侵埃及、夺取苏伊士运河并推翻纳赛尔政权提供了借口。10 月 31 日，英法两国共出动了 8 万海陆空军对埃及进行轰炸并摧毁埃及的空军力量，埃及在塞得港进行了英勇抵抗。

英法以三国的行动遭到国际社会的普遍指责，作为三国盟友的美国也对这次行动表示不满，将英法的侵略看作是殖民主义的再次体现。在美苏两个超级大国的施压下，英法军队最终撤军。1957 年 2 月，美国承诺不会在联合国提出的停止对以色列进行任何军事、经济和金融援助的提案投赞成票后，以色列也开始从西奈半岛撤军。以色列通过战争解除了埃及对蒂朗海峡的封锁，使其船只在亚喀巴湾的航行不再受阻。

第二次中东战争后，埃及的地区影响力急剧上升，纳赛尔成为阿拉伯世界的领袖。英法两国在中东的实力进一步瓦解，美国和苏联两个超级大国成为真正主宰中东乃至全世界的力量。这次战争后以色列与阿拉伯国家之间进入一个持续 10 年的相对安定时期。

（四）第三次中东战争

第三次中东战争之前，泛阿拉伯主义在中东兴起，埃及和叙利亚一度联合为阿拉伯联邦共和国。美国和苏联在中东的竞争也日趋激烈，法塔赫和巴解组织等反以组织也相继成立。以色列和叙利亚、埃及等国因水源、非军事区等问题发生多次军事冲突。

1967 年 5 月 16 日，纳赛尔要求驻扎在西奈半岛的联合国紧急部队撤走；5 月 22 日，纳赛尔宣布封锁亚喀巴湾，禁止以色列船只通过蒂朗海峡；5 月 30 日埃及又和约旦签订了《共同防御条约》，这使埃及、约旦、叙利亚三国形成统一战线，从北、东、南 3 个方向对以色列构成了合围之势；6 月 4 日伊拉克又与阿联签署共同防御协定，并且派部队进驻约旦，在战争已经不可避免的情况下，埃及选择不开第一枪。

1967 年 6 月 5 日早晨 7 时 45 分，以色列出动了几乎全部空军，对埃及、叙利亚和伊拉克的一切机场进行了闪电式的袭击，取得了绝对制空权。空袭半小时后，以色列地面部队也发动了进攻。在这场战争中，以色列占领了加沙地带、约旦河西岸、耶路撒冷旧城、埃及的西奈半岛和叙利亚的戈兰高地共计 6.5 万平方千米的阿拉伯国家土地。在经济方面，战争爆发后以色列经济摆脱战前的停滞状态，实现高速发展。此外，这场战争还加快了以色列的社会融合，由于在战争中的贡献，东方犹太人和以色列阿拉伯人的社会地位有所提升。另一方面，这场战争让以色列内部出现自信心膨胀的现象，大以色列主义思想盛行。

战后，阿拉伯国家则在喀土穆会议确立了三不原则，即不承认以色列，不与以色列直接谈判，不同以色列缔结和约。第三次中东战争的胜利并没有给以色列带来持久的和平，战后埃及加强了其军事活动，同以色列爆发了消耗战。

联合国 1967 年 11 月 22 日通过 242 号决议，以色列军撤出在最近战争中占领的领土，终止一切交战要求或交战状态，尊重和承认该地区每个国家的主权、领土完整和政治独立及其在被认可的疆界内和平地生活而免遭武力的威胁或行为的权利。决议还确认了以下几点的必要性：保证该地区国际水道的通航自由；使难民问题得到公正的解决；通过包括建立非军事区在内的各项措施，保障该地区每个国家的领土的不可侵犯性和政治独立。

以色列方面，这次战争使以色列出现了强烈的宗教民族主义倾向，许多宗教人士认为以色列应当将占领领土变为以色列的国土。在右翼势力的影响下，以色列直到今天也没有按照联合国 242 号决议的要求归还占领领土，并且在这些土地上修建了大量犹太人定居点，让巴以问题的解决更加复杂。巴勒斯坦方面，这场战争让巴解组织的势力上升，并坚定了其同以色列进行武装斗争的决心。

（五）第四次中东战争

第三次中东战争使阿拉伯国家丧失了大片领土，尤其是埃及在战争中损失惨重，战后埃及一心想收复失地。从 1968 年下半年开始埃及和以色列进行了两年的"消耗战争"（War of Attrition）。通过消耗战争，埃及深感自己的防空力量和地面部队力量需得到加强，遂决定从苏联购置大量武器装备，苏联也趁此大肆向埃及渗透。

纳赛尔病逝后，萨达特上台决心改变中东"不战不和"的局面。阿拉伯国家加强了团结合作，埃及、叙利亚组成联合司令部制定作战计划。以色列则采取静态防御战略，耗资数亿美元修筑"固若金汤"的巴列夫防线[①]。1972年以色列国防军进行裁军，国民、军队骄傲麻痹，以色列和美国都过低地估计了阿拉伯国家的军事力量。

第四次中东战争又称赎罪日战争、斋月战争或十月战争，埃及与叙利亚打算通过战争收复6年前被以色列占领的西奈半岛和戈兰高地。1973年10月6日，埃军向以军发动突然袭击，一举摧毁了巴列夫防线，跨过了苏伊士运河，在东岸大约10千米以内的区域建立了桥头堡。十月战争初期，埃军在战场上进展顺利，以军处境艰难，第190装甲旅更是遭到全军覆没的打击，以色列被迫向美国求救，以色列军队不可战胜的神话被打破。

在美国的帮助下，凭借卫星拍摄的战场形势图片，以色列转败为胜，从埃及第二军和第三军的结合部插入，渡过了苏伊士运河，占领了运河西岸的部分地区，直接威胁到首都开罗，萨达特不得不于10月22日宣布接受安理会338号停火决议。

十月战争是二战后中东地区最大规模的现代化战争。双方投入近百万兵力，损失巨大，美苏双方也分别向以色列和埃及投送了大量物资。以色列在战争初期的失利动摇了民众对国家领导层的信心，很多以色列人认识到仅靠缓冲地带无法保证安全，这为之后的土地换和平政策奠定基础。停火后，基辛格展开穿梭外交以实现以

---

① 巴列夫防线北起弗阿德港，南至苏伊士湾，全长175千米，纵深30—35千米，总面积5000平方千米，耗资2.38亿美元。该防线由三条平行防线组成，第一线为苏伊士运河及河东岸，第二、三线筑有11个核心堡。防线建成后，以色列国防部长摩西·达扬在参谋长巴列夫陪同下亲自前来视察。巴列夫大肆吹嘘这条防线的神奇功效，鼓吹它没有半点纰漏，可谓固若金汤。达扬听后十分高兴，为表彰巴列夫的功绩，当场就把这条防线命名为"巴列夫防线"。

色列和埃及、以色列和叙利亚脱离接触。

二、利库德执政下走向缓和（1977—1990 年）

在 1977 年之前以色列政坛是工党独大，1977 年之后，利库德集团的影响力超过工党。有意思的是，以色列在左翼的工党执政时期经历了四次中东战争，而在右翼的利库德集团统治时期却走向了缓和。

（一）走向缓和

埃及在四次中东战争中都是中坚力量，损失惨重。20 世纪 70 年代埃及实行改革开放政策，需要一个和平的地区环境从而实现其经济的复苏，萨达特也意识到埃及永远无法摧毁一个有着美国支持的以色列。与此同时，以色列也发现简单通过领土的占领并不能带来持久的安全，他们也希望通过同埃及缓和从而解除来自南部的威胁。此外，美国总统卡特基于美国全球战略的考虑也希望中东问题能够得到解决。在这种历史形势下，埃及和以色列这两个长期敌对的国家走向了缓和，从而大幅改善了中东地区的安全状况。

1977 年埃及总统萨达特访问耶路撒冷，双方达成三点协议：两国间不再打仗；将西奈半岛的主权正式归还埃及；西奈半岛大部分地区实现非军事化，埃及只能在米特拉山口和吉迪山口以及苏伊士运河沿岸地区驻扎有限兵力。

以色列总理贝京回访埃及后，卡特决定邀请萨达特和贝京到华盛顿附近的戴维营举行会谈，并签订《戴维营协议》。该协定由《关于实现中东和平的纲要》和《关于埃及同以色列之间和平条约的纲要》两份文件组成。这是以色列和阿拉伯国家之间的第一个和平条约，基本解决了双方之间的重大争端，结束了 30 多年的战争状态，开辟了用和平方式解决阿以冲突的道路。条约签订后，埃及收回了西奈半岛的全部领土，埃以关系实现正常化。

埃以之间的和解让阿拉伯世界发生强烈震动，阿拉伯阵营分裂。除了苏丹、阿曼和摩洛哥等少数国家外，大多数阿拉伯国家都反对埃及的行为。叙利亚等国甚至组成了"拒绝阵线"，17个阿拉伯国家同埃及断绝了外交关系，阿盟停止了埃及的成员国资格，总部也从开罗迁到了突尼斯，埃及在阿拉伯世界陷入孤立。

以色列内部也承受着来自右翼势力的巨大压力。1978年《戴维营协议》为贝京政府赢得了良好的国际国内声誉，但利库德内部产生了严重分歧，一些右翼党员另起炉灶建立极端民族主义政党复活党。出于对贝京政策的不满，外交部长达扬、国防部长埃泽尔·魏兹曼和财政部长霍尔维茨都选择辞职。议会被迫于1981年6月举行以色列第十届大选，最终利库德集团以一票的优势击败工党，与全国宗教党（6席）、以色列正教党（4席）和泰米党（3席）组成联合政府，形成了比上届政府更为右倾的政府。这届政府于1982年发动了黎巴嫩战争，也被称为第五次中东战争。

（二）缓和中的危机

从《埃以和平协定》的签订到马德里会谈之间的10多年时间被称为走向缓和年代，并不是因为这个时期没有战争，而是这一时期的战争形式发生了变化。大规模、多国家的地区性常规战争被中小规模的非常规战争取代，这些战争包括黎巴嫩战争、巴勒斯坦人民大起义和哈马斯等极端主义势力针对以色列的恐怖主义袭击。

1970年黑九月事件之后，被逐出约旦的阿拉法特率领1.5万武装力量的主力转移到了黎巴嫩，以黎巴嫩南部的难民营为基地。1975年4月黎巴嫩内战爆发，基督教马龙派和穆斯林之间混战不已，巴解组织支持穆斯林武装同黎巴嫩政府军和马龙派对抗，叙利亚出兵干预，占领贝卡谷地，在这种形势之下，贝京政府计划采取大规模的军事行动解除巴解组织对以色列北部安全的威胁。1982年6月3日晚，以色列驻英国大使阿戈夫遇刺受伤，以色列以此为借口发动"加利利和平行动"，9万多以军在沙龙指挥下，越过联合国的临时部队的驻防区，进入黎巴嫩南部，对巴解组织发起攻击，战争期间还发生了贝鲁特惨案，在以色列国防军的保护下，黎巴嫩长枪党冲入巴勒斯坦难民营屠杀了将近2000名巴勒斯坦难民，沙龙因为这一事件从国防部长的位置辞职。最终，黎巴嫩境内的12000名巴解组织游击队自黎巴嫩撤至约旦、伊拉克、突尼斯、苏丹、叙利亚、阿尔及利亚、南也门和北也门8个阿拉伯国家，其总部迁到突尼斯，巴解组织元气大伤。贝鲁特的25000名叙利亚军队也撤回了贝卡谷地。

战争激起以色列国内巨大的抗议浪潮，人民反战情绪高涨，非政府组织"立即和平"活动频繁。特别是当贝鲁特惨案被曝光后，40万以色列民众走上街头进行抗议。工党要求政府辞职，连全国宗教党也加入批评政府的行列，战争耗费20多亿美元，对以色列经济造成了严重冲击，以色列国内经济通货膨胀率在1983年10月超过400%。1983年9月15日，贝京辞职，伊扎克·沙米尔接任总理，但1984年沙米尔政府也因在议会中成为少数而垮台。

1984年以色列第十一届大选后，工党和利库德联合组阁，佩雷斯和沙米尔轮流任总理，拉宾担任国防部长。在佩雷斯执政期间，以色列从黎巴嫩大多数区域撤军。1986年沙米尔执政期间，在住房部部长沙龙的配合下，以色列政府加大了定居点的修建。

以色列人一直认为统治约旦河西岸和加沙地带并不会给他们带来多少负担，但1987年的第一次巴勒斯坦人大起义改变了他们的认识。截至1987年，被占领领土的巴勒斯坦人已经在以色列控制下生活了20年，在这段时间，这些巴勒斯坦人不管是学习、工作、建房还是旅游都必须得到以色列的批准。长期的压抑终于得到释放，1987 年 11 月 8 日，加沙地区发生了一起车祸，一辆以色列卡车撞上一辆巴勒斯坦人乘坐的汽车，造成 4 名巴勒斯坦人死亡，5 人受伤，许多难民营的巴勒斯坦人走上街头游行示威，沙米尔政府采取强硬手段镇压。这场大起义从 1987 年一直持续到 1990 年下半年，在西岸和加沙共有 722 名阿拉伯人被打死，近 2 万人受伤，1.3 万人被捕，以色列方面也称有 100 名以色列士兵和平民在暴乱中遇难。当然，大多数巴勒斯坦人还是选择非暴力手段来反抗以色列对占领领土的统治，他们拒绝交税、抵制以色列产品、上街游行和建立巴勒斯坦学校。在大起义的影响下，约旦河西岸的经济受到重挫，以色列也因为军费增加、出口贸易收入和旅游收入锐减而蒙受了巨大经济损失。

20 世纪 80 年代另一个开始困扰以色列的是极端主义势力和恐怖主义组织的增多。巴勒斯坦人民解放阵线、伊斯兰圣战组织和哈马斯等组织针对以色列的行动变得越来越频繁，其中最有代表性的是在第一次巴勒斯坦人民大起义中成长起来的哈马斯。

（三）利库德时代

以色列建国后的前 29 年中，工党在议会大选中一直能够取得相对多数，联合其他党派组阁执政，这样就形成了以色列以多党制为基础、工党一党主导执政的联合执政格局。当然，由于以色列政党合并与更替频繁，工党在历史上也有过许多不同的称谓。1919 年本 - 古里安创建劳工联盟，1933 年劳工联盟与青年工人党合并组成巴勒斯坦工人党，即马帕伊①，本 - 古里安一直是该党的领袖。在 50 年代中期，马帕伊党内部出现分歧，形成了以本 - 古里安为代表的少壮派和以夏里特为代表的元老派之间的对立，拉冯事件② 就是

---

① 马帕伊是统一工人党的希伯来语缩写的音译。

② 拉冯是马帕伊早期领袖，1954 年在夏里特内阁中当国防部长，为阻止埃及和

这一分歧的体现，严重损耗了马帕伊的影响力。

其实早在 60 年代利库德集团就开始冲击工党的统治地位。工党属于犹太复国主义正统派，而利库德集团是犹太复国主义修正派，两派最大的分歧是如何处理以色列占领的阿拉伯领土。围绕这个问题，以色列党派分为中间派、左翼和右翼。右翼一般包括极右翼的民族主义政党、宗教党派和利库德集团，他们认为巴勒斯坦是上帝给犹太人的"应许之地"，主张兼并全部占领土地，建立大以色列。工党属于左翼，主张放弃大部分甚至全部占领土地。但工党内相当一部分人不愿放弃对以色列安全具有战略意义的地区，倾向于用一部分占领土地来换取阿拉伯国家的和谈和外交承认，成为中间派。

1967 年 6 月，中东局势骤然紧张，战争迫在眉睫。工党为了顾全大局，不顾本 - 古里安确立的"不要以共，也不要自由运动"的训条，克服重重阻碍，与贝京领导的右翼反对派联盟——加哈尔集团联合执政。这是以色列多党联合执政模式的新发展，它确保了以色列政府在战争期间的权威性和高度集中的指挥权，同时也反映出以色列政治的包容性和大敌当前、同仇敌忾的民族团结精神。在随后的 1969 年和 1973 年两届议会选举中，工党仍获得议会多数，由梅厄和拉宾先后出任总理，但右翼势力逐渐增强。从 20 世纪 70 年代开始，工党在国内的影响下降，其在总工会的领导地位也受到挑战。"六五"战争使以色列民众的极端民族主义情绪上升，利库德集团影响力进一步提高。十月战争中，虽然以色列在战争后期取得军事优势，但代价高昂。在以色列的选民看来，战争暴露了工党政府缺乏灵活性、安于现状的缺点。1977 年拉宾的经济丑闻让他提前退出大选，最后大选结果显示，工党失去了其 1/3 的席位，利库

美国的接近、国防部和情报部策划了炸毁美国和英国驻埃及文化机构的计划，但该计划败露，这一丑闻使以色列在国际上十分被动，在以色列国内也引起了轩然大波，这就是拉冯事件。

德集团却在东方犹太人的支持下成为第一大党，获得组阁权。

1977 年大选后，利库德集团首次获权组阁。1977 年 10 月，新政府颁布了新经济政策，主要内容是货币根据供需状况自由浮动、取消外汇管制、取消进口补贴等，力图在短期内实现由混合经济体制到自由市场经济的转变。新经济政策的核心是出售国有经济，私有化的势头越来越强，但是由于利库德政府过高估计了国民的承受力，国内经济形势日益恶化，以色列经济出现混乱和失控，货币自由政策使得物价飞涨，恶性通货膨胀严重，1980 年通货膨胀率达到130%，而 1984 年竟达到 444.9%。

政治上，由于联合政府中组阁的宗教党派占到 17 席（全国宗教党占 12 席，正教党和正教工人党占 5 席），政府在很多社会问题上向宗教党做出了更多的让步，政府的宗教色彩空前浓厚。该届政府规定安息日严禁工作和娱乐，飞机必须停飞，禁止堕胎、解剖尸体等，并大力发展宗教教育。这类妥协让宗教党满意，但引起许多世俗者的不满。

利库德集团在领土问题上态度鲜明：以色列对约旦河西岸有永恒的、不可分割的权利。政府将采取强硬的政治和军事手段，以威慑和防止新战争的爆发，并消灭巴解组织这一恐怖组织。同时，利库德集团号召以色列及海外犹太人到占领领土上去定居。在 1977年之前，生活在占领领土以内的犹太定居者只有不到 5000 人，但贝京政府鼓励信仰者集团组织（Gush emunim）的定居活动。在信仰者集团成员看来，定居到占领领土，从而实现长期占领，是每个犹太人的宗教义务和责任，是实现大以色列的途径。在利库德政府的支持下，截至 1987 年，犹太人在约旦河西岸建立了 130 个定居点，有 17.5 万定居者在此生活；在加沙地带建立了 19 个定居点，有 2500 名定居者在此生活。当然，这些定居者中有的是受宗教目的和民族感情驱使，有的则是被定居点的低房价所吸引。

在利库德时代，工党虽然在 1984 年、1988 年大选中都与利库德集团形成联合政府，1992 年第十三届议会选举甚至击败了利库德集团，但是其在以色列的影响力不断减弱。

三、艰难的和平进程（1991 年至今）

（一）和平进程的开启（1990—2000 年）

和平进程开始的大背景是国际局势的深刻变化。冷战时期以色列是美国在中东抗衡苏联的最可靠支柱，1989 年东欧剧变和 1991 年 12 月苏联解体后，美以虽然在对付伊斯兰原教旨主义和阿拉伯激进势力方面有共同利益，但双方关系已不具备共同抗苏的背景，美国为维护其在中东的整体利益，需要在保持跟以色列特殊关系的同时，改善同阿拉伯国家的关系，因此要求以色列在与阿拉伯国家的关系中做出让步以解决巴以冲突。

1990 年 8 月，伊拉克出兵占领科威特，引发海湾危机。1991 年 1 月 17 日，海湾战争爆发。战争期间，伊拉克发射了大概 40 枚"飞毛腿"导弹到以色列境内，鉴于这一系列的变化，美国进一步加强了对中东地区的塑造，美国国务卿贝克于 1991 年 3 月至 10 月穿梭于中东国家，竭力促成符合美国全球战略的中东和平会议。1991 年 8 月 1 日，沙米尔政府宣布有条件地接受美国关于中东和会的建议。

1991 年 10 月 30 日，在美国和苏联的主持下，世界瞩目的中东和会在马德里召开。除了直接冲突的以色列、叙利亚、黎巴嫩、约旦－巴勒斯坦联合代表团参会之外，还有埃及、海湾合作委员会、联合国以及欧盟的代表参加会议。和谈虽没有实质上的进展，但具有积极意义的是冲突各方第一次走到谈判桌前。

以色列国内局势也朝着有利于和平进程的方向发展。1992 年大选，工党取得胜利，拉宾当选总理。他在就职演说中就首次公开邀请叙利亚、约旦和黎巴嫩领导人访问耶路撒冷，并表示为了实现和平，做好了今天或者明天就去安曼大马士革和贝鲁特的准备。这为停滞的和平进程带来希望，中东和谈进入新的时代。

除了马德里会谈，在挪威外交部的斡旋下，巴以双方的学术界人士和政治高层人士在奥斯陆进行许多轮秘密谈判，并最终签订了《奥斯陆协议》，即《关于加沙－杰里科首先自治的协议》。《奥斯陆协议》继《埃以和平协定》后，再次打破了阿拉伯国家与以色列单独媾和的禁忌，为以色列和约旦提供了一个使关系正常化的机遇。根据《奥斯陆协议》，巴方在 5 年内建立临时过渡政府，并最终实现联合国安理会 242 决议和 338 决议，但《奥斯陆协议》的落实存在许多障碍：自 1967 年以来，以色列在约旦河西岸和加沙地带修建了许多定居点，到 1993 年时，已有超过 10 万的以色列人居住在占领领土上；1948 年离开巴勒斯坦的阿拉伯难民要求自己和后代从难民营回归到以前生活的地方；双方都认为耶路撒冷是属于自己的不可分割的领土。

1994 年 10 月 25 日，以色列议会通过了《约以和约》，26 日拉宾和侯赛因签署和平条约，两国正式建立外交关系。自此，以色列基本消除了来自东部的威胁。但和平的道路并没有顺利地走下去，拉宾的和平举措引起以色列右翼分子的不满。1995 年，拉宾遇刺。1996 年内塔尼亚胡上台，尽管内塔尼亚胡在位期间巴以先后签署了《希伯伦协议》和《怀伊协议》，但终因以色列政府的拖延而未能彻底执行。

1999 年 5 月，工党的巴拉克当选以色列总理。上台后马上实现了以色列国防军从黎巴嫩的撤军，在新一轮的戴维营谈判中巴拉克做出巨大让步，[①] 但在耶路撒冷地位、边界划分、犹太人定居点

---

① 在戴维营会议上，巴拉克承诺向巴方交出约旦河西岸 95% 到 96% 的土地，其余土地以加沙附近土地进行交换。在耶路撒冷问题上，巴拉克还提出"耶路撒冷共

前途、巴难民回归以及水资源分配等棘手问题上，会谈未能达成协议，巴拉克也因为妥协态度而面临国内政治的孤立。

2000年9月28日，以色列强硬派领导人沙龙和右翼议员在上千名以色列军警的护卫下强行参观圣殿山，巴勒斯坦大起义再次爆发，这次起义被称为"第二次起义"，也被称为"阿克萨大起义"。在"第一次起义"中巴勒斯坦人只是以投掷石块等为主要进攻手段，而在"第二次起义"中他们使用了小型火器、迫击炮、自制火箭弹等武器，自杀性爆炸事件接连发生，以色列当局使用了坦克、轰炸机、搭载导弹的直升机等压倒性的武器进行了还击。同年12月19日晚，巴拉克总理宣布辞职，巴以和平进程进入停滞阶段。

（二）和平进程停滞（2000年至今）

自第二次巴勒斯坦人大起义以来，以色列政府和巴勒斯坦之间谈判因为定居点的修建而时断时续，毫无进展，以色列和哈马斯等武装组织之间的冲突不断。在国内政治上，由于以色列安全局势没有得到改善，人民对巴以和平进程失去信心，右翼势力在国内的主导作用越来越明显，右翼政党利库德集团在以色列政治中占有越来越重要的地位。国际舞台上，在右翼政府的强硬政策下，以色列在世界政治中正变得越来越孤立，2010年以来的"阿拉伯之春"和日益恶化的伊朗核问题更是给以色列的未来带来许多不确定性。

2001年2月6日，以色列举行了总理选举，沙龙胜出，其在任期间施行了单边撤离计划，2002年沙龙启动了隔离墙的修建。隔离墙由数米高的钢筋混凝土墙体、铁丝网、高压电网、电子监控系统组成，并由以色列巡逻队和哨兵进行警戒。2013年1月，以色列又沿埃以边界建成4.7米高、242千米长的隔离墙，该行为遭到国

享"，即该城可作为两国共同的首都。虽然后来阿拉法特拒绝了巴拉克的建议，但这无疑是以色列有史以来做出的最大让步。

际社会的普遍谴责。2005 年 11 月 24 日，以色列总理沙龙创建新党
"前进党"。第二年沙龙中风住院①，其副手奥尔默特接替沙龙行使
总理之职并领导前进党在 3 月份举行的大选中获胜。其在任期间发
动了第二次黎以战争。

　　沙龙的单边撤离行动并没有给以色列南部带来安全，相反，该
行动导致后来哈马斯和法塔赫分裂，从而造成法塔赫想谈谈不成、
哈马斯想打打不过的尴尬境地。2007 年 8 月以来，针对巴勒斯坦武
装激进分子接二连三的火箭弹袭击，以色列国防军对加沙地带进行
了多次军事打击，导致许多巴勒斯坦无辜平民死亡，巴以冲突逐步
升级。2008 年 1 月 18 日，以色列全面封锁哈马斯控制的加沙地区，
禁止所有货物和人员通过。为了防止军事物资进入加沙地带，以色
列甚至不惜损害和地区强国土耳其之间的关系。2010 年 5 月 31 日，
以色列国防军向试图驶入加沙地带的土耳其国际人道主义船队开
火，造成至少 15 人死亡。土耳其与以色列关系恶化。

　　2009 年大选中，内塔尼亚胡带领下的利库德集团重新执政。
内塔尼亚胡拉拢前进党、工党入盟的要求遭到拒绝后，建立起全
部由右翼政党组成的政府，使以色列政治生态呈现出明显的右倾
特点。

　　自 2010 年年底，在北非和西亚的阿拉伯国家以及其他地区的
一些国家发生了一系列以"民主"和"经济"等为主题的反政府社
会运动，被称为"阿拉伯之春"。运动先后波及突尼斯、埃及、利
比亚、也门、叙利亚等国，多名领导人先后下台，其影响之深、范
围之广、爆发之突然、来势之迅猛引起了全世界的高度关注。"阿
拉伯之春"从原因上来看很大程度是内生性的，经济发展和政治改

――――――――――
　　① 沙龙自 2006 年 1 月中风后昏迷 8 年，于 2013 年 1 月 11 日去世，享年 85
岁。以色列政府为沙龙举行国葬，仪式有包括美国副总统拜登在内的国外高级官员
参加。

革的滞后性催生了人民的革命。在同一时期，以色列政府也在民生工作上出现了问题。2011 年 7 月，以色列爆发了该国历史上最大规模的游行示威，至少 45 万人走上街头，抗议不断攀升的房价和物价，要求政府采取有效措施控制通货膨胀等。示威地点几乎涵盖了全国所有城市。示威主体既不是无业游民，也不是外国劳工，而是接受过高等教育、有着稳定工作的中产阶级。

与此同时，伊核危机进一步升级，以色列地区局势严重恶化。早在 20 世纪 50 年代伊朗就开始了核能源开发活动，并在当时得到美国及其他西方国家的支持。1980 年美伊断交后，美国曾多次指责伊朗以"和平利用核能"为掩护秘密发展核武器，并对其采取"遏制"政策。自内贾德 2005 年上台执政以来，伊朗不顾国际社会的压力，明显加快核研发步伐，对以形成极大的心理压力。2010 年以来，伊核问题再度紧张。2011 年底，国际原子能机构发布报告，称伊朗确实研发过核武器且一些相关活动可能仍在继续。为化解核项目争议，伊朗与联合国安全理事会 5 个常任理事国（即美国、中国、英国、法国、俄罗斯）以及德国代表举行多轮对话。目前，以色列和美国就坚决反对伊朗拥有核武器上的观点是一致的，但在反对的手段上存在分歧，美国更倾向于通过政治途径解决伊核问题，而以色列则更倾向于使用军事手段。2013 年以色列国防部长巴拉阿克在华盛顿表示，以色列永远不会允许伊朗发展核武器，伊朗寻求发展核武器的野心是当今对以色列、中东地区以及整个世界的重大威胁。他还强调，以色列阻止伊朗拥有核武器的决心十分坚决，并不放弃采用各种手段。

此外，在巴以和平进程陷入僵局的情况下，2011 年 9 月 23 日，巴勒斯坦不顾来自以色列和美国的施压，向联合国提交申请，寻求成为联合国第 194 个会员国，但没有通过。2012 年巴勒斯坦申请成为联合国观察员国，2012 年 11 月 29 日第 67 届联合国大会以 138 票赞成、9 票反对、41 票弃权通过决议，决定在联合国给予巴勒斯坦观察员国地位。作为报复，11 月 30 日，以色列安全内阁当天批准在约旦河西岸和东耶路撒冷犹太人定居点新建 3000 套住房。

第 19 届以色列国会大选于 2013 年 1 月 22 日举行，结果由内塔尼亚胡领导的以色列联合党与"以色列我们的家园"党共赢得 31 席，虽然议席比上届议会少了 11 席，但维持了第一大党的地位，可以负责组建联合政府。成立不久的中间派新政党未来党赢得 19 席，成为第二大党，工党则赢得 15 席。当然，以色列 2013 年大选并不意味着内塔尼亚胡的大获全胜，以色列慈善机构"Latet"1 月 16 日发布的一份贫困问题报告中称，75% 的以色列人认为社会和经济危机与伊朗核武器相比是更大的威胁。[①] 贫困问题和社会不公是以色列国民最关心的公共问题，而国家安全则排在第三位。以色列贫穷和不平等的状况也达到了十分严重的程度：24% 的人口生活在贫困线以下，是经合组织成员国中最高的；2009 年最富有的 20% 的人口获得了全国人口总收入的 40%，最贫穷的 20% 的人口仅获得了 6.3% 的收入。

2013 年 3 月 15 日，新一届政府的组建工作终于尘埃落定，新一届内阁由右翼的"利库德集团 – 以色列我们的家园"、中间派政党未来党、极右翼政党犹太人家园以及中左翼政党运动党成员组成。胜选后，内塔尼亚胡表示，在自己的五大组阁原则[②]中，"防止伊朗拥有核武器"一条最为重要，是新任期的首要任务。

---

① 详见 http://finance.sina.com.cn/roll/20130124/002214380948.shtml。

② 除了防止伊朗拥有核武器，内塔尼亚胡的组阁原则还有稳定经济、争取和平、提供更加平等的军事和民用服务以及降低人民的生活成本。

第三章　民族与习俗

由于历史上各民族的相互交流和帝国主义的殖民统治，中东地区形成了错综复杂的民族关系，以色列也不例外。本章以民族为切入点，介绍以色列的主要民族，即犹太民族和阿拉伯民族，并着重介绍犹太民族的习俗。

第一节　犹太民族与习俗

一、犹太民族

犹太人为以色列的主体民族，其祖先为希伯来人，是起源于阿拉伯半岛的游牧民族，属于闪米特人的一支，原始血缘上与阿拉伯人相近，主要信仰犹太教。

到底谁是犹太人在以色列是一个充满争议的问题。根据犹太教律法《哈拉卡》的定义，一切皈依犹太教的人（宗教意义）以及由犹太母亲所生的人（种族意义）都属于犹太人。以色列拉比也规定，只有母亲是犹太人，或在拉比的监督下经过了严格的改宗程序的人才能算作犹太人。然而，在美国，犹太人和非犹太人的通婚现象非常普遍，因此生活在美国的改革派犹太人认为，父亲是犹太人，并且自己认同犹太人身份的人，也应算作犹太人。1970年以色列《回归法》修正案也扩大了对犹太人的界定范围，让犹太人的概念变得模糊化。

鲍兹·艾夫伦在他所著的《民族清算》一书中则认为，犹太人是一个民族这一观点是站不住脚的。在漫长的历史流散过程中，除了犹太教这一共同精神信仰外，犹太人没有任何共同的民族基础，任何试图超越犹太教来寻找流散四方的犹太人的民族共性都是徒劳的，而以宗教界定民族与现代的民族思想是完全相悖的。在艾夫伦看来，只有19世纪末20世纪初东欧犹太人的社会生活才符合民族的特性，犹太复国主义的一个基本逻辑就是将东欧犹太人的特性普遍化，并使之成为全体犹太人的民族属性，因此，他认为犹太复国主义运动并不是一场所谓的唤醒和复兴犹太民族意识的运动，而是一场对一个本身并不存在的族类群体的民族意识、民族象征、民族神话的人为创造和构建的活动。

但大多数人认为，由于犹太教是维系全体犹太人之间认同感的传统宗教，犹太人可以被看成一个民族，犹太人既包括自古代沿传下来的以色列种族，也包括了后来在各时期和世界各地皈依犹太宗教的人群。摩西·门德尔松认为，从19世纪早期开始，犹太人已经不是一个纯粹的基于民族的概念，也不是一个纯粹的基于宗教的概念，而是两者的结合体，他称之为"民族宗教团体"。

需要特别指出的是，在以色列，并不是每个犹太人都是非常正统的犹太教信徒，大概有40%的以色列犹太人认为自己是世俗犹太人；另外40%左右的犹太人认为自己是守传统的犹太人，但并没有坚定的宗教信仰；只有15%—20%的犹太人称自己为正统犹太人或极端正统犹太人。当然，在以色列即便是世俗人士也会比美国犹太人更守宗教传统，他们会在安息日点蜡烛，尽可能吃符合宗教教规的食物。

在民族人口分布上，根据有关犹太人组织的统计，2007年全球犹太人总数约有 1320 万人，其中 540 万人定居在以色列，530 万人居住在美国，其余则散居在世界各地。犹太人口总数仅占全球总人口的 0.2%。根据以色列 2013 年 3 月公布的人口统计，以色列犹太人已超过了美国的 550 万，这意味着建国 65 年后以色列本土犹太人首次超过美国成为世界上犹太人最多的国家。[①]

犹太人总人数在世界范围内虽然不多，但是影响力很大，因为犹太教对基督教和伊斯兰教的产生和发展有巨大的影响，这两个宗教的信徒总和占全世界信徒的 53%。

西欧地区最大的犹太人社区在法国，在那里居住了约 49 万犹太人。其中大多数是来自阿尔及利亚、摩洛哥、突尼斯等北非伊斯兰教国家的移民或难民及其后代；英国也有将近 30 万的犹太人口；在 1945 年前后，北非和中东地区的伊斯兰世界居住着大约 90 万犹太人，但随着以色列的建国和阿以冲突的恶化，这一地区大多数犹太人都移居以色列、美国和欧洲等地。

根据散居在世界各地的犹太人各自的特征，可以将其划分为多个不同的族群。犹太人的起源同为生活在迦南地区的古以色列人（Israelite），但是在数千年的大流散中与各地民族的融合混同产生了犹太人内部各个独立的分支。由于各个族群居住的地域相隔甚远，并在相当长的时期内独自平行发展，互相之间在体貌外观、语言、宗教风俗、文化等方面产生了极明显的差异。总体上看，以色列犹太人主要可以分为阿什肯纳兹人（Ashkenazim）、塞法拉迪人（Sephardim）、东方犹太人（Mizrahim）和非洲犹太人。

阿什肯纳兹人指的是源于中世纪德国莱茵兰一带的犹太人后裔，但随着西欧反犹主义的兴起，大多数阿什肯纳兹人都向东迁移，来到了中欧和东欧。从中世纪到 20 世纪中叶，他们普遍采用

---

① 详见 http://news.sina.com.cn/o/2013-04-01/033926697433.shtml。

意第绪语或者斯拉夫语言作为通用语。

　　塞法拉迪人指在 15 世纪被驱逐前那些祖籍在伊比利亚半岛、遵守西班牙裔犹太人生活习惯的犹太人。由于长期生活在阿拉伯化的伊比利亚半岛上，他们受伊斯兰文化影响较大，生活习惯与其他分支颇为不同。20 世纪以前他们普遍说拉迪诺语①。在 15 世纪 90 年代，随着基督教政权重新掌握西班牙，塞法拉迪犹太人亦被逐出西班牙（1492 年）及葡萄牙（1497 年）。被驱逐出来的犹太人大多移居到南欧、中东、拉丁美洲等地。以色列独立战争后，根据《回归法》，大量塞法拉迪人移民到了以色列。

　　东方犹太人为居于中东、中亚和高加索地区的犹太人的后裔，后来大多居住在西亚、北非的阿拉伯国家。除了在源头上与塞法拉迪犹太人不同，东方犹太人的宗教仪式与其几乎完全相同，甚至在长相上都很难区分，所以有的人会把东方犹太人和塞法拉迪人统称为东方犹太人。1948 年以色列成立之后，他们大多被伊斯兰国家驱逐或自愿迁至以色列居住。

　　以色列的非洲犹太人也称为"黑色希伯来人"，他们大多来自埃塞俄比亚。目前，以色列的非洲犹太人大多生活在以色列南部的迪莫纳，他们与以色列主流社会相对隔绝。1975 年，以色列政府和宗教人士承认埃塞俄比亚的"贝塔以色列人"为合法的犹太人，在贝京政府时期，大批来自非洲的犹太人被空运到以色列。目前，在以色列，埃塞俄比亚裔犹太人面临隐性歧视，单亲家庭比重大，失业率也高，他们的子女往往被集中在特殊的学校。2012 年 1 月 18 日约 5000 人在耶路撒冷游行，抗议以色列社会对"黑色"犹太人的不公。但埃塞俄比亚犹太人也有值得骄傲的事情，2013 年 2 月，

---

　　① 拉迪诺语，又称作犹太 – 西班牙语，融合了希伯来语和亚拉姆语，还受到阿拉伯语、土耳其语和少部分希腊语等语言的影响，因为塞法迪犹太人在奥斯曼帝国时期流亡到这些地方。

21 岁的依媞希·安瑙当选为 2013 年的以色列小姐，成为第一位获此殊荣的埃塞俄比亚裔以色列人。2013 年 3 月，奥巴马与安瑙在耶路撒冷国宴共进晚餐。

除了上述主要分支外，犹太人中还包括一些人数较少的群体：印度犹太人、希腊犹太人、意大利犹太人、也门和阿曼地区的犹太人以及中国开封犹太人等等。

二、犹太民族标志

1. 美祖扎赫

作为随时提醒犹太人上帝存在与上帝诫命之物，美祖扎赫是犹太人家的标志。它是一个放着圣卷的小牌匣，里面的圣卷是一个长方形小羊皮卷，在上面一面写着《申命记》里面的两小段经文，另一面写着"万能之主" 4 个希伯来文词的首字母。在以色列，所有国家机关、住宅、房间的门上都挂着美祖扎赫。大多数犹太人经过时，会用右手指按一按美祖扎赫，然后吻一吻手指，表明自己不忘对上帝及其诫命的热爱和遵守。

2. 经文护符匣

约从公元前 3 世纪开始，犹太教规定，除了安息日和节日外，13 岁以上的男子在每日晨祷时必须佩带两只黑皮匣子，以表示对上帝的敬意和对戒律的遵守。小匣里面也有抄写着经文的羊皮纸。这些经文嘱咐犹太人全心全意地敬爱上帝，听从上帝的诫命。现在大多数犹太人已不佩带此物，只有正统派教徒遵守佩带经文护符匣的传统。

3. 塔利特

塔利特是犹太成年男子披戴的白色长方形祈祷披巾。犹太教规定，13 岁以上犹太男子在平日晨祷、安息日、节日时必须披戴塔利特，以时时提醒犹太人与上帝订立的契约和承担的义务。现在，除了正统派犹太人，大多数犹太人只是在参加宗教仪式时披戴它。还有一种小塔利特，又叫四角巾，其基本形状、颜色和塔利特相似，尺寸较小，供成年男子和三四岁以上的男孩穿着。

4. 七权烛台

七权烛台是犹太教的礼仪物品，原为古代犹太教会幕和圣殿所用的烛台。传说它象征一周七天，左右六枝象征上帝创造天地的六天，中央那枝象征安息日。灯台上有七盏灯。七权烛台作为犹太教的象征及光复的希望，是犹太人家中的必备之物，也是犹太会堂里不可缺少的礼仪物品，现已成为以色列的国徽的主体部分。

5. 朔法尔

朔法尔是用未阉割过的公羊的角做成的号角。朔法尔是犹太教宗教礼仪物品，在新年前一个月、犹太新年和赎罪日的早祷结束时被吹响，也用于其他重要的宗教场合。古代犹太人同敌人战斗时也要吹响朔法尔，号声使人们想起亚伯拉罕献祭以撒的故事，象征着犹太民族对上帝的顺从和虔诚。

图8　以色列国旗上的大卫星

6. 大卫星

大卫星是犹太教与犹太人的标志，由两个等边三角形组成的六角芒星，在犹太教会堂建筑上、犹太人墓碑上可以见到。相传最早出现在大卫王所用的盾牌——大卫盾上。中世纪该标志为犹太教神秘主义者广泛采用。17世纪出现在布拉格的犹太教社区，后成为犹太人社团的正式标志。1897年，第一届犹太复国主义代表大会以它为会旗标志。以色列国成立后，大卫星成为以色列国旗上的中心图案。

7. 犹太会堂

犹太会堂（Synagogue）是犹太人进行祈祷的场所，也是犹太教的重要标志。

许多教徒聚集在一起祈祷是犹太教的特点。根据犹太教律法，犹太教徒每天要祈祷三次，在安息日和其他犹太教节日还要举行大型集体祈祷活动。犹太会堂最早就是为了这个目的设立的，但根据犹太教律法规定，犹太人祈祷并非只能在犹太会堂进行，只要有10个犹太成年人聚集在一起，就能进行集体祈祷。

犹太会堂不仅用于祈祷活动，还用于公共活动以及成人和学龄儿童的教育等。一般犹太会堂有两位领导，一位是大家公选出来维持会堂事务的主席，另一位是由主席选定的负责宗教事务的"拉比"，但有的犹太会堂没有拉比。

犹太会堂出现于第一次流散后，当时圣殿被毁，犹太人只能在犹太会堂祈祷。公元70年后，犹太会堂成为联系世界各地犹太人精神的纽带。目前，世界比较著名的犹太会堂包括英国的比维斯·玛可斯犹太会堂和美国以马内利会堂。

三、犹太民族生活习俗

1. 祈祷

祈祷是人与上帝交流的方式之一。许多犹太人认为祈祷是表达自己态度和情感以及对上帝热爱的方式。虔诚的犹太人一天祈祷三次：早上、下午和傍晚。祈祷的地点有时在家，有时在犹太教会堂里，人们通过祈祷和诵读祝福词来表达他们对上帝的赞美、感激、坚信和对未来美好前途的希望。

2. 饮食禁忌

犹太教有一套非常详细复杂的饮食禁忌法，主要是根据《圣经》中《利未记》和《申命记》的神启，将食物分为洁与不洁。

科谢尔（Kosher）是犹太饮食规则中的一个重要概念，科谢尔食品指符合犹太教规的、清洁的、可食的食品。第一个科谢尔法规和动物有关。唯一可以食用的哺乳动物是反刍并有分蹄的动物，根据这一原则，犹太人可以吃牛肉，但不允许吃猪肉和马肉，这点与穆斯林饮食禁忌法规相似。此外，鱼类必须有鳍和鳞才可食用，禁食软体动物和甲壳类动物。第二个科谢尔法规和动物的血液有关。犹太人认为血是"生命的液体"而严禁食用。科谢尔肉和禽类必须用一种特殊的方式屠宰，以除去血液，屠夫往往是受过专业训练的宗教人士。第三个科谢尔法规是奶品和肉品必须分开食用。因此大多数犹太人家里都会有两套餐烹饪工具，烹饪肉类和烹饪奶制品的餐具须严格分开。第四个科谢尔法规是在犹太教逾越节期间不得食用由大麦、黑麦、燕麦、小麦和斯佩耳特小麦等生产的食品，唯一可以食用的是经过特殊制作的未经发酵的面包。

在当今的以色列，为严格执行饮食戒律，以色列政府修改了《食品检验法》等法律条文，规定包括国防军在内的所有国家机构和公共饮食场所都必须遵守饮食戒律，禁止在全国大部分地区养猪或出售猪肉，也不得进口猪肉。犹太教正统派操纵着科谢尔食品的法律大权。为了保证犹太人严守饮食戒律，以色列饭店和旅馆营业执照的发放权也由各地的正统派拉比掌握。

3. 服饰

犹太人宗教服饰最大的特点就是朴素，他们更看重的是内心的强大，而不是外在的华丽。正统犹太教女性一般都不会穿颜色鲜艳或紧身的衣服，衣袖长度一般都须超过手肘，裙子长度须超过膝盖。已婚的犹太女性一般会用饰物挡住自己的头发。正统犹太教男性在公共场合一般不穿短裤，但总体来说男性的穿着没有女性保守。男性正统犹太教徒衣服的颜色以黑色为主，黑色礼帽、黑色西装。《圣经》规定他们不可剪去两鬓的卷发，卷发须盖住耳朵。他们头顶上常常会戴卡巴，犹太男子用它遮住头顶的一部分，以表示对上帝的敬畏。

4. 净礼

犹太人遵照犹太教规，净礼是洗涤全身或身体某一部位的礼仪。犹太教律法规定：犹太人每天起床后、用餐、便后、祈祷和点亮蜡烛仪式前，都必须仪式性地洗净双手；任何人在进入圣殿、圣所，进行祈祷、献祭之前，必须行浸身礼，必须洗浴，使身体洁净；妇女在婚礼和月经之后，必须在犹太教徒依照宗教礼仪沐浴净身的净身池净身。

5. 守安息日

安息日是犹太人日常生活中最重要的习俗，是犹太人每周一天的休息日，也是犹太教中最神圣不可侵犯的圣日，安息日象征着创世记中上帝六日创造后的第七日。

安息日从周五下午日落时开始，到周六下午日落时结束。非犹太人应避免在安息日前往正统犹太社区。以色列前总理拉宾曾因在安息日迎接一批新型美式战斗机遭宗教政党弹劾而辞职。

尊奉安息日为圣日的传统，不仅使犹太人永远铭记他们与上帝之间的永久盟约，还对犹太教和犹太文化的传承起到了重要作用。在安息日，大多数以色列人都在家休息，和家人在一起。安息日公共交通基本上暂停运行，许多商店也关门，国防军战士大多也在这一天休息。正统犹太教徒在安息日这一天不但不会出行或工作，甚至不会使用电器。

6. 割礼

犹太人生活中都要经历三大重要的人生历程：割礼、婚礼和葬礼。

犹太教规定：每个犹太男婴出生后第八天，家人要为之行割礼仪式，成年人改信犹太教也要行割礼。割礼由专门的割礼执行者（Mohel）来执行，婴儿的父亲一般在旁边帮忙，执行者用刀割掉男性的阴茎包皮，作为立约的标志，表明他继承了亚伯拉罕与上帝所订立的契约，成为"上帝拣选的特殊子民"。割礼结束后，家人会给婴儿取名字，这个名字将在他的成年礼、婚礼和墓碑上使用。女婴的取名仪式会安排在出生后的第一个安息日，在仪式上，女婴的父亲须诵读《托拉》。如果是父母的第一个孩子，那么还需要一个赎子仪式，因为根据上帝的要求第一个孩子是需要献祭的，这一仪式一般在婴儿出生后第31天举行。

割礼作为犹太人忠诚、归顺上帝的象征，始于亚伯拉罕时期。亚伯拉罕被视为遵从上帝的第一个榜样，他在99岁时，毫不犹豫地行了割礼，作为一份契约的象征。在这份契约中，上帝同意成为亚伯拉罕及其后裔的神圣保护者，这成为犹太人"契约民族"的开端。

7. 成人礼

在以色列，男孩满13周岁和女孩满12周岁时家人便要为孩子举行宗教的成年仪式，这意味着他们开始承担宗教责任，履行宗教戒律，因此成人礼又称为受戒礼。仪式大多在犹太会堂举行，主要内容包括背诵祝福词和朗读《托拉》。仪式以后，家人还要为孩子举办庆祝宴会。

为犹太男孩举行成人礼的传统从14世纪就开始了，一般在男孩满13周岁的第一个安息日早晨举行。为犹太女孩举行成人礼的习惯从1922年才开始出现。成人礼仪式大概由3个环节组成，第一个环节是父亲和孩子一块诵读《托拉》，这也是孩子人生中第一次在正规宗教仪式上诵读《托拉》；第二个环节是对《塔木德》的某一段发表演讲，不太正统的犹太人往往会在这一环节发表一个跟《塔木德》内容没有关系的演讲；第三个环节是宴席和庆祝活动。根据传统，受礼男孩的父亲要赠送儿子一条犹太男子披戴的祈祷巾"塔利特"，女孩常常会被赠送烛台。

8. 婚礼

犹太人婚礼常常在犹太会堂举行，同许多其他民族一样，犹太人的婚礼也包含了许多特殊的民族元素。

在婚礼举行之前，新郎、新娘及各自的父母会共同起草一份书面文书，为双方确定标准的结婚契约条件。婚礼中签订婚约的仪式大约始于公元 1 世纪，当时是一种类似法律文书的文件，婚约上列出了夫妻双方在婚姻中的权利和义务以及日后万一离婚的相关安排。现在，签订婚约仍然是犹太人举行婚礼前的一项重要活动，但是已经失去了当初法律合同的作用，而更多的是表达新婚夫妇彼此委托和允诺的意义。

犹太人举行婚礼要搭建彩棚。作为新婚夫妇新家的象征，彩棚四面开放，表示欢迎朋友和家人前来。婚礼中还要进行两次品酒祝福仪式。祝福完毕后，新郎以右脚踩碎酒杯，象征对当年被毁灭的圣殿的怀念，提醒犹太同胞永远不要忘记圣殿被毁灭的历史。

9. 葬礼

根据犹太教教义，死亡并非个人的消亡，而是他生命另一阶段的开始。犹太葬礼不献祭、不送花，简单而庄严。葬礼一般不在安息日、赎罪日或其他重大节日举行。葬礼参加者一起祈祷，诵读《圣经》。清洁后的尸体被犹太人用白色的细麻布缠裹后直接入葬，不使用棺材。在 7 天的守灵期间，服丧者不得洗脸修面，必须坐在地上接待前来吊丧的人。犹太人认为，火焰是生命的象征，在死者去世周年时,家人要为死者点燃大蜡烛。在死者忌日时,家人还会念诵祈祷经文,清理墓地杂物并在墓地前摆上小石子。

四、犹太历法

犹太历,又称为希伯来历,是以色列国目前使用的古老历法,在公元前5世纪前后就基本定型,是一种阴阳合历,但因为犹太人使用口传律法的原因,该历法直到公元359年才形成文字。犹太历每月以月相为准,和伊斯兰历一样,以新月初升为一个月的开始,并通过设置闰月,使每年和太阳周期一致。

表2　犹太历法的各个月份

犹太历	英文名	缺年日数	常年日数	满年日数	西历
1. 尼散月	Nisan/Nissan	30	30	30	3—4 月间
2. 以珥月	Iyar	29	29	29	4—5 月间
3. 西弯月	Sivan	30	30	30	5—6 月间
4. 搭模斯月	Tammuz	29	29	29	6—7 月间
5. 阿布月	Av	30	30	30	7—8 月间
6. 以禄月	Elul	29	29	29	8—9 月间
7. 提斯利月	Tishrei	30	30	30	9—10 月间
8. 玛西班月	Cheshvan	29	29	30	10—11 月间
9. 基斯流月	Kislev	29	30	30	11—12 月间
10. 提别月	Tevet	29	29	29	12 月—次年 1 月间
11. 细罢特月	Shevat	30	30	30	1—2 月间
12. 第一亚达月	Adar I	30（闰年）	30（闰年）	30（闰年）	2—3 月间
13. 第二亚达月	Adar II	29	29	29	2—3 月间

一天是犹太历的基本单位。然而,犹太人对一天的概念与一般人习惯认为的概念有所不同,犹太人认为日落为一天的开始,从第一个日落到第二个日落为一天,也就是说,黑夜在前,白天在后,

这就是为什么犹太节日往往都是从傍晚开始。

在犹太人的观念中，周是划分时间的重要单位。尽管周的概念在两河流域文明中已经出现，但正是犹太人才使之成为世界普遍使用的计时概念。对于犹太文化而言，一周之所以为 7 天是因为上帝创世的 6 个劳作日和 1 个休息日。

犹太历一年分 12 月，每月天数为 29 或 30。一般认为，犹太历法是在古巴比伦历法的基础上形成的。

犹太历记年的起始"元年"以上帝创世开始，这一做法始于中世纪，是当时人们对《圣经》仔细研究、解读的结果。他们据《圣经》记载推算，上帝创世是在公元前 3760 年，因此犹太历比公历早了 3760 年。2013 年 9 月为犹太历 5774 年。

五、犹太节日

犹太民族的宗教节日均来源于犹太民族的历史事件。通过把民族历史融入节日庆典和宗教礼仪之中，能够强化犹太人的历史观念，增强民族凝聚力，防止被异族同化。

重要的犹太节日包括逾越节、收割节、住棚节、哈努卡节、安息日、犹太新年和赎罪日等。犹太民族的节日很多，每年的宗教节日大约有 36 天到 46 天，现代以色列的世俗节日（独立日、大屠杀纪念日等等）大约有 6 天，所以节日的总天数在一个半月左右。

（一）宗教节日

1. 犹太新年

同许多民族一样，犹太人也庆祝新年，但犹太人庆祝的是犹太历的新年，时间持续两天。从圣经时期就开始有这一节日，纪念上帝创造天地和亚伯拉罕以以撒向上帝祭献。直到今天，人们还会在新年上吹起朔法尔，表示对上帝的敬畏和信仰。

在节日上，犹太家庭会聚在一起吃一顿丰富的晚餐。在晚餐上有时人们会吃苹果蜜饯和蘸有蜂蜜的面包，象征今后一年的日子将会甜蜜幸福。犹太新年一般在犹太历提斯利月的第一天和第二天，一般在公历的 9 月份。犹太新年与赎罪日之间有 10 天时间，这 10 天被称为"悔改十日"，在此期间人们可对自己的罪行忏悔赎罪。

按照犹太人习俗，犹太新年的下午，人们要去河边、湖边或其他有活水之处，翻抖衣服口袋，表示将罪孽抛入水中，并吟诵忏悔祈祷词，这一仪式被称为"塔什利赫"（Tashlich）。

2. 赎罪日

赎罪日在新年过后的第十天，这一天是犹太人一年中最庄严、最神圣的日子，也是犹太历上唯一一个需要举行五次祈祷的节日。在这一天虔诚的犹太教徒会在犹太会堂祈祷，不吃东西，不喝水，也不工作，请求上帝原谅他们在过去一年中所犯下的罪过。赎罪日结束时，人们会吹响羊角号以示祷告和斋戒结束。犹太人相信，赎罪日时，每个人都会接受审判，以定来年吉凶。为了获得宽恕，这一天他们会全力进行精神上的忏悔。由于是最神圣的敬畏日，全世界的犹太人包括不虔诚的犹太人通常也会在这一天去犹太会堂祈祷。

在以色列，赎罪日时全国上下几乎一切活动都停下来，不出版报纸，不播放任何电视和广播节目，没有公共交通运输。所有学校、商店、餐馆、娱乐场所和机关企事业都 24 小时关闭。整个国家沉浸在一片肃穆的气氛之中。1973 年的第四次中东战争也为赎罪日添加了一分严肃的意味，因为正是在那一年的赎罪日，埃及和叙利亚队以色列发起突然袭击，在战争初期，以色列损失惨烈，国防军不可战胜的神话被打破。

3. 住棚节

赎罪日 5 天之后为住棚节，又称收藏节或结庐节，用来纪念古代以色列人在离开埃及之后在旷野中漂流 40 年期间所住的棚屋。住棚节每年自犹太教历提斯利月十五日开始，一般会持续 7 天。住棚节最初为农业节，是农人喜庆丰收的节日。这时地里的庄稼已收割完毕，场上的粮食已进仓，摘下的葡萄已酿成酒，农人开始举行庆祝活动。在节日中，犹太人常常在果园或葡萄园内用葡萄、无花果等七种植物枝条搭起临时棚舍，以此感谢上帝的恩赐。

逾越节、五旬节和住棚节是以色列三大朝圣节日，当圣殿仍存之时，人们会在这 3 个节日期间来到耶路撒冷祭祀。

4. 哈努卡节

哈努卡节也叫光明节，是犹太人另一个重要节日。与其他主要的犹太节日不同，光明节不是源自《圣经》，而是为了纪念犹太人英勇反抗入侵者的历史。公元前 168 年，叙利亚王安条克四世公然蔑视犹太人不拜偶像的传统，在圣殿中筑新的祭坛，强令犹太人向异教神祇献祭，马卡比起义爆发。5 年后，马卡比领导的起义获得胜利，占领了耶路撒冷。他下令拆除异教祭坛和神祇，清除圣殿中一切非犹太传统之物，重建犹太祭坛。当犹太起义军要据犹太传统点燃圣殿中竖立的烛台时，只找到一罐未被启封的油，通常一罐油只能用 1 天，而赶制新的油至少需要 8 天时间，但神迹发生了，这罐油竟然维持了 8 天，直到新的油制作好。为了纪念这一神迹，人们开始过为期 8 天的光明节。此后，每年犹太历基斯流月二十五日起犹太人都要庆祝清洁祭坛的胜利，因为这既是犹太人对强大的希腊在军事上的胜利，也是犹太文化对希腊文化的胜利。在这一天，各犹太学校和商业都停业，虔诚的犹太信徒会带全家上犹太会堂听拉比讲述犹太历史、唱圣诗、颂扬上帝。犹太家庭在节日上会点亮烛台，因此哈努卡节也被称为"灯节"。

在哈努卡节上，孩子们会玩一种特别的四边陀螺，四周刻着 4 个希伯来语词语，代表的意思是"这里曾发生神迹"。在节日期间大人们还习惯给孩子们"过节钱",孩子们可以买喜欢的糖果和玩具。

5. 普林节

普林节又称普珥节,在亚达月十四日,是犹太人狂欢的节日。据《圣经》记载,在波斯帝国统治时期,以斯贴王后帮助犹太人逃脱暗算,避免了一场灭族危难。普林节就是为了纪念这一历史事件而设置的。普林节期间,犹太人身着夸张的服饰、戴着面具参加狂欢游行。人们还会在这一天吃一种特殊的三角甜饼。

6. 逾越节

逾越节自尼散月十四日晚持续至二十一日晚,为期8天,是整个犹太民族缅怀祖先,庆祝在上帝的关照下逃出埃及,从而摆脱奴隶困境、走向自由的节日。《出埃及记》中记载,上帝耶和华命令摩西带领犹太人从埃及出逃前夕,决定惩治多次背信弃义的埃及法老,以杀死埃及所有头胎出生的人和牲畜的办法迫使法老屈服。为了防止错杀以色列人,耶和华让摩西吩咐以色列人在尼散月十三日晚家家杀羊吃烤肉,并把羊血涂抹在自己家的门楣和门框上。耶和华在尼散月十四日拂晓走遍埃及,将所有头胎出生的人和牲畜都杀死,而遇见门框上有羊血的人家时便"逾越"而过。法老慑于上帝的威力,同意以色列人离开埃及。此后,耶和华吩咐:"这一日将是你们的纪念日,要当作上主的节日来庆祝;你们要世世代代过这节日,作为永远的法规。"于是犹太人把每年尼散月十四日起的8天定为逾越节。

逾越节又称除酵节,根据习俗,犹太人在逾越节期间不能吃面包和一切发酵的食品,而只能吃被称为马特沙的无酵饼,以纪念犹太人出埃及时因时间紧迫而吃不上发酵饼的那一段历史。

逾越节是以色列非常重要的节日,有点像中国人的春节。在逾越节,全家人会聚在一起吃饭,饭后全家人会聚在一起读《逾越节传奇》一书。2007 年以色列《最新消息报》做的一项调查表明，59% 的犹太人在过节时诵读整部《逾越节传奇》。

7. 篝火节

篝火节在逾越节首日后的第 33 天。相传犹太拉比阿奇瓦（Akiva）在此日组织犹太人从罗马人手中夺回耶路撒冷城后，点起篝火通知周围村庄。犹太人从此以篝火纪念阿奇瓦拉比和他夺回耶城的故事。

8. 收割节

收割节是从逾越节开始算起的第 50 天，由于一旬为 10 天，所以收割节又被称为五旬节。犹太人在迦南定居后，祈求农业丰收。当小麦即将成熟，丰收在望之时，人们十分喜悦，要对上帝表示感谢，这便是收割节的来源。

在圣殿时期，犹太朝圣者会从全国各地步行到耶路撒冷庆祝这个节日，庆祝上帝在西奈山将律法传给摩西。从中世纪起，犹太家长都要在这一天把儿子送入犹太会堂，让他开始学习律法，象征着孩子也将像祖辈一样，在西奈山接受上帝的律法。现在人们在犹太教会堂的礼拜仪式上要念《摩西十诫》。一些犹太人要整夜默读《托拉》，因为许多犹太人认为这一天也是犹太人民在西奈山领受《托拉》的日子。有的犹太会堂在节日祈祷过程中会朗读《路得记》，重温这位特别的女性为犹太民族做出的贡献。

（二）世俗节日

1. 阵亡将士纪念日

阵亡将士纪念日从以珥月第 4 天晚上开始，至次日晚上结束；在大屠杀纪念日之后一周，逾越节之后两周。阵亡将士纪念日用来缅怀在历次战争中为国捐躯的将士及在其他安全部门牺牲的人员。

早在 1951 年以色列就开始举行活动悼念为独立事业而献身的

以色列概论

先烈，并将对他们的追思与以色列独立日连接起来。1963年正式立法将阵亡将士纪念日确定下来。以色列总人口不多，几乎每个人都有在战争中失去的亲人或朋友，所以纪念日对每一个以色列人而言都具有相当重要的意义。

2. 独立日

独立日是以色列全国性节日，它标志着英国托管的结束和以色列的独立。

独立日为每年犹太历以珥月第5天（公历4月底到5月中）。在1948年的这一天，以色列第一任总理大卫·本－古里安宣布以色列独立。1949年，以色列议会通过立法，将这一天定为全国性节日。

独立日和阵亡将士纪念日是连在一起的，每年以珥月第5天晚上、阵亡将士纪念日结束后独立日庆祝活动就开始了，一个特别仪式将带领全国从悲悼到庆祝。主仪式在耶路撒冷市的赫兹尔山举行。独立日期间，大部分商店都会停止营业，但咖啡馆、餐厅和其他娱乐场所照常开放，因为独立日并非宗教节日。这一天，很多以色列人都会在自家屋顶、门廊或汽车上悬挂国旗。很多军营都会向公众开放，让以色列人有机会欣赏到各种枪械、战舰、坦克和飞机。当地电视台的所有节目都以独立日为主题，并且会重放一些经典老片。

3. 大屠杀纪念日

以色列大屠杀纪念日定于每年犹太历尼散月二十七日，在逾越节一周后。这一天以色列全国悼念惨遭纳粹毒手的六百万犹太人，并纪念勇敢抵抗纳粹屠杀的犹太英雄。之所以将纪念日定在这一天，是为了纪念1943年4月19日发生的华沙犹太区大起义。

1951年以色列首次举行大屠杀纪念日活动，该节日在1959年正式通过立法。法律规定，从大屠杀纪念日前夕至第二天晚上，全国所有娱乐场所包括餐厅和咖啡馆均需关闭。全国境内都会举行各种纪念活动，而主要的国家纪念活动则在大屠杀纪念馆中举行。纪念日当天上午 10 点，以色列全国各地汽笛鸣响 1 分钟。鸣笛时人们停下手中事情，站立默哀。全国下半旗，所有电视台和电台节目均全情投入报道相关纪念活动。

4. 耶路撒冷日

耶路撒冷日在每年以珥月二十八日，是为庆祝 1967 年六日战争中以色列士兵解放耶路撒冷东部并使耶路撒冷重新统一的全国性假日。这一天的中心庆祝活动在耶路撒冷的弹药山（Ammunition Hill）上举行，因为这里曾是为耶路撒冷城战斗最激烈的地方之一。

以色列人的节日很多，以上所列举的只是一部分比较重要的节日。以色列的少数民族也都有着属于自己的节日，其中值得一提的是以色列阿拉伯人。以色列的世俗节日大多和战争相关，而对于生活在以色列的阿拉伯人而言，这些节日并不能给他们带来什么欢乐，不管是以色列独立日还是耶路撒冷日都记录着巴勒斯坦人的失败，即便是大屠杀纪念日也会让他们联想起自己的同胞被犹太人屠杀的历史。为了不忘记这些屈辱的历史，巴勒斯坦人也设立了属于自己的节日。1976 年 3 月 30 日，6 名巴勒斯坦人在抗议以色列侵占巴勒斯坦土地的和平集会中被以军士兵开枪打死，为纪念这 6 名死者，3 月 30 日被定为巴勒斯坦"土地日"。每年到了这一天，巴勒斯坦人都会进行游行示威，有时还会同以色列国防军发生冲突。1948 年 5 月 14 日，以色列宣布建国。第二天，第一次中东战争爆发，至少 70 万巴勒斯坦人失去土地沦为难民。后来，巴勒斯坦人将 5 月 15 日作为民族"灾难日"。2012 年 5 月 15 日，巴勒斯坦人迎来第 64 个"灾难日"，数千名巴勒斯坦人举行游行集会等纪念活动，并与以军爆发冲突，造成 20 多名巴勒斯坦人受伤。

第二节　其他民族

（一）阿拉伯人

阿拉伯民族属欧罗巴人种地中海类型，北非和南阿拉伯的一部分人混有尼格罗人种特征。阿拉伯语为阿拉伯国家官方用语，属闪含语系闪语族。阿拉伯人绝大多数信仰伊斯兰教，多数属逊尼派，少部分属什叶派。

"阿拉伯"一词在古希伯来语中是"沙漠民族"的意思，主要指生活在阿拉伯半岛上的游牧民族，特别是贝都因人。贝都因人是阿拉伯人的本源，他们对阿拉伯人在语言、习俗、传统等方面有着深远影响，在蒙昧时代，只有阿拉比亚的游牧民族贝都因人被称为阿拉伯人。穆罕默德在麦地那建立政教合一的社会组织"乌玛"[①]后，散乱的阿拉伯人被统一在真主阿拉的旗帜下，在随后的帝国扩张过程中，阿拉伯人中又混入了罗马人、埃及人、柏柏尔人和波斯人等民族的血缘成分，阿拉伯人的概念也不断得到扩展，在倭马亚王朝[②]时期，只有源出阿拉伯半岛、血统纯正的人才有资格自称阿拉伯人，拥有高贵的身份。到了阿拔斯王朝[③]，文明的融合进一步加强，阿拉伯人这个概念逐渐包括了帝国属下所有使用阿拉伯语、信仰伊斯兰教的各族人民。

今天的阿拉伯人主要居住在认同自己具有阿拉伯国家属性的

[①]　乌玛是穆斯林最早政教合一的政权。伊斯兰教初期穆罕默德及其弟子建立的以麦地那为中心的穆斯林公社，亦称"麦地那穆斯林公社"。

[②]　倭马亚王朝（公元 661—750 年）是阿拉伯帝国的第一个世袭王朝，伊斯兰教最初的四位哈里发的执政结束之后，由阿拉伯帝国的叙利亚总督穆阿叶（即后来的哈里发穆阿叶一世）建立。

[③]　阿拔斯王朝（公元 750—1258 年）是阿拉伯帝国的第二个世袭王朝，是阿拉伯的黄金时代。

22个阿拉伯国家中，另一部分阿拉伯人分布在埃塞俄比亚、乍得、索马里、坦桑尼亚、土耳其、伊朗、阿富汗等国家，整个阿拉伯世界面积约1400万平方千米，包括阿拉伯半岛、新月地带和北非阿拉伯地区。这一地区自古以来生存环境恶劣，而从生存环境出发，我们可以探知阿拉伯人民族性格中最基础的部分，居无定所的游牧生活使阿拉伯民族具有较强的流动性和扩张性。物质的贫乏和生存的压力让阿拉伯人有劫掠的习惯，但另一方面，阿拉伯人又非常好客，每个阿拉伯人都有救济、招待穷人的责任，这能够保证他们在极端艰苦的沙漠环境中生存下来。此外，阿拉伯人把维护家族和部落的荣耀、利益视为崇高的责任。

从文化角度看，阿拉伯人最重要的两个特征就是语言和宗教，可以说，说阿拉伯语和信仰伊斯兰教是阿拉伯人的最基本的超越政治的特征，当阿拉伯人血缘关系随着时间的推移不断被冲淡的时候，阿拉伯语和伊斯兰教成为阿拉伯人民族认同的最后一道防线。伊斯兰教对于阿拉伯民族的构建作用尤为明显，正是在伊斯兰教的感召下，阿拉伯半岛摆脱了散乱状态，形成了一个说同一种语言、信仰同一种宗教的族群，如果没有伊斯兰教的统合力量，阿拉伯人将继续以分散的部落形式存在下去。

以色列的阿拉伯人在建国以前为世代生活于此的巴勒斯坦人。巴勒斯坦人泛指长期以来定居在巴勒斯坦地区的阿拉伯人，他们大多为逊尼派穆斯林，说巴勒斯坦阿拉伯语。以色列的阿拉伯人是一个非常特别的群体，从民族的角度看他们是阿拉伯人，从国籍的角度看他们是以色列人。他们的民族和他们国家之间处于冲突状态，这也造成了他们身份上的矛盾。对以色列来说，以色列阿拉伯人是一个重大的政治问题，因为阿拉伯人的自然增长率远远超过犹太人，在可预计的未来以色列阿拉伯人的人口比例还会进一步上升，这直接会对以色列的犹太国家属性构成威胁。

　　1947年联合国分治决议通过后，巴勒斯坦地的犹太人和阿拉伯人之间的冲突愈演愈烈。德尔亚辛大屠杀后，许多阿拉伯人外逃。1948年以色列建国后第一次中东战争爆发，更多的阿拉伯人离开了这片土地。到战争结束时只有15.6万阿拉伯人生活在巴勒斯坦地，只占原先阿拉伯人的20.8%，他们成为以色列的少数民族。在阿拉伯人中，那些选择外逃的大多为富裕阶层、知识分子以及宗教人士，而留下来的大多为平民百姓，精英阶层的缺失也是以色列阿拉伯人长期贫困和落后的原因之一。

　　1967年第三次中东战争让以色列阿拉伯人的数量进一步增长。在战争中，以色列占领了东耶路撒冷、戈兰高地和约旦河西岸，生活在这些地方的阿拉伯人也算作以色列阿拉伯人，所以以色列阿拉伯人可以大概划分为1948年阿拉伯人和1967年阿拉伯人。

　　根据以色列建国时颁布的《独立宣言》，以色列政府将保证全体公民享受政治平等的权利，民主制度的设立理应满足阿拉伯人的正当利益诉求，1949年1月阿拉伯人参加了以色列第一届大选，阿拉伯语也被列为以色列的官方语言，但制度的设立同历史的实际情况往往存在巨大的差距，如果在犹太国和民主国家之间进行选择，对以色列而言，犹太国当然是第一性的。从文化与认同的构建上看，以色列犹太人和以色列阿拉伯人之间的敌对情绪不可能因为制度设计而改变；从地区政治来看，以色列在建国后同整个阿拉伯世界都处于敌对状态，这也让其难以平等地对待本国的阿拉伯人。

　　以色列阿拉伯人主要分布在加利利地区中西部、小三角地区（约旦河西岸西侧的一条狭长地带）和内盖夫沙漠北部。此外，在耶路撒冷、雅法等城市也分布了大量阿拉伯人。从宗教角度上看，以色列阿拉伯人大体上可以分为3个派别，分别为伊斯兰逊尼派、德鲁兹人和基督徒，其中逊尼派穆斯林占到80%左右。

　　截至2009年，巴勒斯坦人只有一半的人口居住在巴勒斯坦地区，他们生活在包含加沙地带、约旦河西岸、东耶路撒冷以及以色列等地区。虽然巴勒斯坦人是巴勒斯坦的主要民族，他们却从来没有对这块土地行使过主权。第一次世界大战前，巴勒斯坦被奥斯曼土耳其帝国统治，战后由英国统治，而1948年第一次中东战争的失利让他们错过了建国的机会。虽然1988年巴勒斯坦宣布建国，但是它离成为一个主权国家还有漫长的道路。

（二）撒玛利亚人

有人认为撒玛利亚人是北以色列王国灭亡后"失去的十个部落"的后代。在公元4世纪时大约有一百万撒玛利亚人，他们生活在埃及北部到叙利亚南部之间的区域。但随着拜占庭帝国和阿拉伯帝国对该地区的征服，大多数撒玛利亚人都被改宗或同化。目前生活在以色列的撒玛利亚人只有六百多人，他们主要分布在约旦河西岸的纳布卢斯和以色列的霍隆。部分撒玛利亚人拥有以色列国籍，其他撒玛利亚人被视为约旦河西岸的阿拉伯人。

撒玛利亚人一般说阿拉伯语，但在祈祷时使用希伯来语。他们的宗教也和犹太教很接近，最主要的宗教经典就是《摩西五经》，但他们对待宗教的态度往往比极端正统犹太人还要严格，每一个宗教仪式细节都要认真对待。撒玛利亚人守安息日，行割礼，过逾越节、赎罪日、住棚节等犹太传统节日，在逾越节上还会用动物为上帝献祭，但以色列拉比一般不承认撒玛利亚人是犹太人。

（三）切尔克斯人

切尔克斯人属于逊尼派穆斯林，19世纪70年代他们从高加索地区来到奥斯曼土耳其帝国。目前，以色列大概有4000名切尔克斯人，他们主要生活在加利利地区的里哈尼亚村庄和卡法卡玛村庄。切尔克斯人能够在以色列国防军服役。

切尔克斯人以好客著称，年轻人对长辈都特别尊敬。

（四）亚美尼亚人

亚美尼亚的历史可以追溯到 2500 年前，传统上亚美尼亚的疆域在今天的高加索和土耳其东北部。在 1915 年春到 1916 年秋这一年多的时间内，生活在奥斯曼土耳其帝国土地上的 200 万亚美尼亚人中，有 100 万到 150 万人遭到屠杀。

亚美尼亚人自称哈伊，居住在格鲁吉亚、美国、阿塞拜疆、伊朗、法国、黎巴嫩、土耳其等国，属于欧罗巴人种西亚型，使用亚美尼亚语。亚美尼亚人信奉基督教，从事农业，耕作技术落后，畜牧业以饲养羊、牛、马为主，手工业以织毯、首饰盒皮革制品为主。[1]

---

① 冯基华：《犹太文化与以色列社会政治发展》，北京：社会科学文献出版社，2010 年版，第 88 页。

第四章　宗教信仰

在当今世界上，宗教的影响力仍然很大，可以说不存在没有宗教的民族，也不存在没有宗教的国家，以色列也不例外，但在宗教方面以色列有其特殊之处：这里是犹太教、基督教和伊斯兰教三大一神宗教的圣地，直到今天这三大宗教仍然活跃在这一地区，特别是犹太人创立的犹太教，作为宝贵的精神财富无时无刻不在影响着犹太民族的发展。

第一节　犹太教

犹太教的前身是公元前 2000 年左右出现在美索不达米亚地区的一种闪族宗教。在这种部落宗教的基础上逐渐发展成为人类最古老的一神教，并为基督教、伊斯兰教的产生、发展提供了基础。犹太教的英文为 Judaism，该词的内涵其实不仅仅是犹太人的宗教，它既是一种宗教信仰，表现为宗教典籍文献、宗教观点和宗教仪式，又是一种民族文化传统，表现为独特的社会体制、民间习俗和文化传统。此外，它还是一种生活方式，表现在犹太人生活的方方面面。

一、犹太教教义[①]

犹太教教义是犹太教信仰的核心所在，犹太教主要教义包括一神观、契约观、先知观、末日观、弥赛亚观、来世观和死后复活观等。

（一）一神观

犹太教是一神教，首要原则是绝对信仰宇宙只有独一无二的上帝——耶和华的存在，不可以崇拜其他任何人、任何偶像或多神。这个唯一的上帝是无形无状的，不可描绘，不可直呼其名。因为不可描绘，所以上帝没有性别之分。上帝是宇宙的创造者与主宰，他不仅造就了人类和自然界，还带给人类应当遵守的道德律法、伦理规范和社会秩序，这些条条框框适用于世界上的所有民族和全体人类。全能和永恒是上帝的主要特征：上帝是全能的，不受任何物质存在、形式和表现的约束；上帝是永恒的，存在于所有的历史事件中，并对历史进程产生作用。人类需要敬畏和热爱上帝，犹太教通过各种实践活动，如祈祷、斋戒、仪礼、宗教节日等来强化一神观。

犹太人一神宗教的确立经历了一个漫长的过程，这其中充满了对其他偶像崇拜的反抗。耶和华的概念也经历了从部落之神、民族之神，到最后上升为宇宙之神的发展历程。

犹太教的"一神观"体现了犹太民族主义观念和世界大同精神的对立统一。一方面，周而复始的悲惨境遇使他们逐渐养成一种对异族怀疑、恐惧乃至敌视的狭隘民族主义情感；另一方面，对犹太人而言，上帝不仅仅是犹太人的上帝，还是全人类的上帝，具有一

---

① 潘光、陈超南、余建华：《犹太文明》，北京：中国社会科学出版社，1999年版。

定的世界大同主义思想。

（二）契约观

"特选子民"和"应许之地"是犹太教契约观的直接体现，也是理解犹太文化的两个极为关键的概念。

"特选子民"观念认为犹太人是上帝从万民中挑选出来的特等民族，负有上帝委托的特殊使命，这一观念是从犹太早期神话故事"诺亚方舟"演化而来的，并在亚伯拉罕和摩西那里得到强化，这让犹太人有着极其强烈的民族优越感。这个契约代表了整个犹太民族对上帝的集体承诺，对每一个犹太人都具有约束力。在犹太人看来，作为"上帝选民"，绝不是上帝给予了他们高人一等的地位，而是要求他们肩负起上帝托付的特殊使命，所以犹太人必须遵守契约，履行上帝赋予的职责，如若违反，就会招致惩罚，民族遭受苦难。千百年来，犹太民族的确长期受到迫害和排挤，契约观成为慰藉受难犹太民族的精神支柱。但另一方面，"特选子民"的观念不利于犹太人与其他民族的交流，客观上加剧了反犹主义。

"应许之地"即迦南是上帝应允赐给犹太民族永远居住的一块乐土。据《旧约圣经》记载，当亚伯拉罕忠实服从耶和华旨意，率领本族从两河流域的乌尔来到迦南时，耶和华与亚伯拉罕立约，将迦南赐给亚伯拉罕及其子孙，而后耶和华又先后对亚伯拉罕的子孙以撒和雅各显灵，重申将此地赐给犹太人。到希伯来王国分裂、灭亡，犹太人流散世界各地之后，这种"应许之地"的观念并没有因为时间的流逝而减弱，而是变得越来越强烈，并在 19 世纪成为犹太复国主义发展的重要动因。

此外，犹太人"特选子民"的优越地位及上帝赐予的"应许之地"是与重重戒律相挂钩的，这些戒律中最为重要的是摩西十诫和割礼，正是这些形式的存在保持了犹太人相对于其他民族的独立性。

（三）先知观

上帝与人类的间接交流是通过上帝在犹太人中选择的众先知实现的，这些先知不是我们想象的具有预知未来的人，而是作为上帝的"代言人"，向人类传递上帝意旨的人。在犹太教中，摩西是最大的先知，上帝让他领导犹太人脱离埃及的苦海去往迦南，并且通过他向人类授予了律法。其后也出现了许多著名先知，他们守护、警告、劝诫和教诲犹太人，让他们绝对信仰唯一的上帝，并遵守上帝的意旨。

（四）末日观

末日观强调的绝不是指人类消亡、地球毁灭的情形，而是完美世界的来临。世界末日到来时，整个人类得到和平，民族间没有纷争，世间万物和睦相处。犹太先知认为存在最后审判，上帝将在世界末日惩罚那些不信仰他的和违背他旨意的人，善有善报，恶有恶报。但需要指出的是，不同于基督教，犹太教并没有过多地强调来世，犹太人做善事并不是因为考虑来世，而是源于《托拉》的要求。

（五）弥赛亚观

弥赛亚观大概出现于巴比伦之囚时期，当时犹太人身为奴隶，处境悲惨，他们渴望有一天大卫王的后裔中出现一位弥赛亚，帮助他们摆脱苦海，复兴故国，重建圣殿，给全世界带来和平。弥赛亚代表能够领导犹太人脱离苦难、重返大卫王朝繁荣时期的领袖。在近2000年的大流散时期，世界各地的犹太人世世代代都在盼望着弥赛亚的降临，来拯救他们。这种坚信弥赛亚必将降临的信念一直安慰和鼓励着那些身处苦难的犹太人，使他们从未绝望。

弥赛亚观在近代宗教犹太复国主义中也体现得很明显，有一部分犹太人相信以色列的建国和全世界犹太人移民以色列就意味着弥赛亚即将到来，在这一思潮影响下，一些极端犹太宗教分子在 1984年为了实现犹太圣殿的重建而策划炸毁圣殿山上的哈克萨清真寺和圆顶清真寺。

（六）善恶观

犹太教的善恶观不同于二元论宗教，后者把善与恶分成两个本源，即神是至善的化身，魔鬼是至恶的化身。犹太教的善恶观则是从一神观出发，以对耶和华的态度为善恶标准。犹太教主张耶和华是一个公义之神，他严格按照善恶报应的原则治理世界，人们信奉、崇拜、服从他即为善，而违背他的意志和戒律、崇拜偶像和异族神祇则为恶。

（七）生命观

犹太教义认为，每一个人的生命都有其内在尊严，每个人都是按照上帝的形象造出来的，因此每个人都是平等的。不同于基督教，犹太教并不认为人有原罪，犹太教认为人的本性是善良和纯洁的，人成为恶人是因为没有抵御住外界的诱惑。

（八）迈蒙尼德对犹太教教义的总结

迈蒙尼德将犹太教教义归纳为十三信条，为后世犹太教徒广为接受。这十三条分别为：

（1）上帝创造一切并管理一切；

（2）上帝是唯一的真神；

（3）上帝无形、无体、无相；

（4）上帝永恒，无始，无终；

（5）上帝是唯一值得敬拜的神；

（6）先知一切话语皆真实无误；

（7）摩西是最大的先知；

（8）律法是上帝在西奈山向摩西所传，不可改变；

（9）律法是永恒的，不可替代，人们要永远遵守；

（10）上帝洞察人的一切思想和行为；

（11）上帝奖赏遵守律法的人，惩罚违背律法的人；

（12）弥赛亚必将来临，要每日盼望；

（13）人的灵魂不灭，人死后能复活。

二、犹太律法

犹太教作为一种宗教信仰，需要宗教经典和文献的支撑。犹太人认为自己作为"上帝的选民"理应带头遵守律法，而在日常生活中切实遵守律法正是表达对上帝热爱的最好方式。

（一）摩西十诫

摩西十诫是最早的犹太教律法，更是所有犹太教律法的核心，后来发展的律法内容大多是由其引申而来的。其内容包括：

我是你的上主，你的天主，除我之外，你不可有别的神。

不可为你制作任何类似天上或地下水中之物的雕像。不可叩拜也不可敬奉这些雕像。因为我，上主，你的天主是妒邪的天主。

不可妄呼上主，你的天主的名。

应守安息日为圣日，六日勤劳工作。

当孝敬父母。

不可杀人。

不可奸淫。

不可偷盗。

不可作假证陷害人。

不可贪婪他人的一切。

从戒条内容来看，前四条强调的是犹太人对上帝的敬畏和热爱，维护上帝的绝对神性权威。后六条则规定了犹太人应该遵守的社会伦理准则，构成犹太教的伦理纲领。从行文方式来看，戒条大多采用否定句，也就是禁令式，这样更具有警戒效果。

（二）613 条戒律

在拉比时期，学者们经整理确认《托拉》中的戒律条文为 613 条。戒条共分为两类：

（1）训令式的戒律一共 248 条。内容涉及上帝、圣殿、祭祀、奉献、节期、起誓、社会、社交、家庭、司法、拜偶像、洁净礼仪等方面。

（2）禁令式戒律一共 365 条。内容包括拜偶像和有关恶习、因历史事件产生的禁令、亵渎神明、圣殿、有关饮食的律例、耕种、公义、有关乱伦和各种淫乱之罪以及君王制度等。

这 613 条戒律涵盖了道德法、刑法、民法、祭祀法、圣日、节日的法规以及日常生活的其他规则。戒律涉及犹太人社会生活的各个方面：神职人员的职责与特权、平民的法律地位、权利与义务、财产所有权、债务处理、婚姻与家庭、卫生风俗、起居饮食、犯罪与刑罚、审判机构与诉讼等。此外，戒律还包括如何劝人行善归真，如何处理好人与上帝的关系、人与人之间的关系等。可以说，戒律是犹太教宗教规则的核心，但里面许多戒律在现代社会已无法实现，比如关于如何献祭的戒律。

三、犹太教经典

犹太教不同于佛教和伊斯兰教等由单一创建者创建的宗教，也没有制定神学决议的中央领袖或群体，因此犹太教缺乏严密的神学本体论论证。《希伯来圣经》和《塔木德》等宗教经典成为犹太教教义的主要根据。

（一）《希伯来圣经》

犹太教最重要典籍为《希伯来圣经》，音译为《塔纳赫》，也就是基督教世界的《旧约圣经》。它包含三部分：《托拉》5卷、《先知书》8卷、《圣录》11卷，共计24卷，因此也被称为《二十四书》，是自"巴比伦之囚"到公元1世纪的250多年里一批犹太祭司和文士收集古代犹太教历典籍和律法文献，加以整理并编纂而成的。《希伯来圣经》大多由希伯来语写成，但《圣录》中有几卷包含了大量阿拉米语①。

1.《托拉》

"托拉"原意为"教义"、"训诲"、"指引"。《托拉》包括《创世记》、《出埃及记》、《利未记》、《民数记》、《申命记》五部经书，又称《摩西五经》。它详细记载了犹太人关于世界和人类的由来、犹太教各项律法条文以及关于古以色列人早期历史情况的传说。其中《创世记》叙述了宇宙的创造和人类的起源、罪恶和人世间苦难的开始、洪水灾害、诺亚方舟、亚当夏娃及其后裔的故事，以及犹太人先祖的故事。《出埃及记》记述以色列人在埃及如何遭受迫害，上帝如何派摩西去救以色列人，摩西如何同埃及法老斗法，又怎样领导以色列人逃出埃及以及在西奈山赐予摩西律法的故事。《利未记》主要记述逃出埃及的以色列人在西奈旷野中流浪的初期生活和摩西依靠利未人与叛教者斗争的情况，还记载了以利未人为主体的祭司阶层的献祭程序，以及民众应该遵守的戒律规则，其中大多为

---

① 阿拉米语属于闪米特语系，与希伯来语和阿拉伯语相近，是旧约圣经后期书写时所用的语言，被认为是耶稣基督时代的犹太人的日常用语。

宗教仪式的规则。《民数记》因以色列人出埃及后在西奈旷野清点过两次人口数目而得名，主要记载以色列人在西奈旷野的40年流浪生涯及其初到迦南的生活状况。《申命记》叙述摩西临终时如何向以色列人民重申上帝的律法以及摩西的辞世、埋葬及人们悼念他的情况。

在《希伯来圣经》中，《托拉》占有核心地位，为《希伯来圣经》最神圣、最重要的部分，它规范着所有团体和个人的行为。在后来时期里犹太人正是从《托拉》中寻求到鼓舞与指引。它也成为以后出现的《密什那》和《塔木德》两部经典的核心。

2.《先知书》

《先知书》是《希伯来圣经》的第二部分，分为前、后先知书两部分。前者为《约书亚记》、《士师记》、《撒母耳记》、《列王纪》，记载了犹太人返回迦南后经历希伯来王国的建立、兴盛、分裂、衰亡，直到从巴比伦重返耶路撒冷重建圣殿的历史。后先知书为《以赛亚书》、《耶利米书》、《以西结书》以及合为1卷的《十二小先知书》，汇集了公元前8世纪到公元前5世纪先知们以宣讲"神谕"的形式对社会问题发表的政论。

3.《圣录》

《圣录》包括《诗篇》、《箴言》、《约伯记》、《雅歌》、《路得记》、《耶利米哀歌》、《传道书》、《以斯帖记》、《但以理书》、《以斯拉记》、《尼希米记》、《历代志》上下卷，由不同风格和题材的作品构成。从文学角度看，《圣录》是《圣经》中最光彩夺目、富有魅力的一部分。

《诗篇》中有大卫和犹大国灭亡前其他作者的作品，但大部分是身为"巴比伦之囚"的犹太人的作品，他们以各种不同角度描写虔敬上帝的犹太人的生活，使人从中得到教训与安慰。

《圣录》对犹太人生活的影响很深，犹太人在不同的节日里诵读它们。比如犹太人会在逾越节读《雅歌》，五旬节读《路得记》，阿布月九日读《哀歌》，住棚节读《传道书》，普林节读《以斯帖记》，以此来纪念他们历史上重大的事件和人物，激发自己的民族感情。

综上所述，《希伯来圣经》实际上是一部有关犹太人早期生活的百科全书。它完整地展示了犹太民族的发展史，生动、形象地再现了犹太人民广阔的生活画面，深刻地反映了他们的道德观、价值观，为人们了解和研究古代犹太人社会提供了丰富而珍贵的历史资料。《希伯来圣经》也是一部文学巨著，它几乎运用了所有的文学创作形式，如神话、传说、小说、寓言、戏剧、散文、诗歌、谚语、格言，并独创了先知文学和启示文学，为繁花似锦的世界文学做出了独特的贡献。

（二）《塔木德》

犹太教的第二部经典是《塔木德》，又称口传《托拉》，其权威性仅次于《希伯来圣经》。在拉比犹太教时期，《塔木德》一度比《希伯来圣经》还重要。对犹太教而言，《希伯来圣经》是永恒的圣书，而《塔木德》则是犹太教徒在实际生活中的指南，旨在给犹太人提供宗教生活的准则与处世、处事、为人道德规范，有更强的操作性。

公元172—217年，犹大·哈·纳西掌管犹太教公会，在他的主持下，拉比们用20多年的时间对口传律法进行总结，用希伯来语完成了《密西拿》一书。后来巴比伦学者发现《密西拿》有许多解释只涉及巴勒斯坦传统，没有结合巴比伦的实际情况，于是着手补充，并在公元5世纪末完成了阿拉米文的口传律法释义汇编《革马拉》，它不仅是《密西拿》的诠释、评注和阐述，还包含了大量与《密西拿》原文没有直接联系的材料。《密西拿》、《革马拉》合在一起成为 250 万字的《塔木德》，也被称为《巴比伦塔木德》。

《塔木德》被看作是犹太教的基本法典，共 20 卷，因为其中包括民法、刑法、教法、规章条例、传统风俗、宗教礼仪、各种社会道德的讨论与辩论、著名犹太教学者的生平传略等。《塔木德》也被视为一部犹太教精神的百科全书，书中有脍炙人口的格言、民间故事、传说、逸事集、双关语、梦析，还有包括神学、伦理学、医药学、数学、天文学、历史学、地理学、植物学等方方面面的日常科学知识。

（三）《米德拉什》

"米德拉什"，希伯来语为"解释"、"阐述"之意。《米德拉什》是犹太教解释、讲解《希伯来圣经》的布道书卷。公元 2 世纪时已有雏形，6—10 世纪全部成书。全书按《希伯来圣经》各卷的顺序编定，对之进行通俗的解释与阐述。《米德拉什》的内容分为两种：《哈拉哈》讲解经文中的律法、教义、礼仪与行为规范，说明律法如何应用在现实生活中，具有较高的权威性；《哈加达》阐述经文的故事、寓意、逸事、传奇，及奥秘的含义等，亦受尊重，但更有趣味性。《米德拉什》对于人们了解犹太教有重要的价值，它是犹太教的通俗性典籍。犹太教家庭的孩子从小就要学习《米德拉什》。

除了以上犹太经典，还有其他经典文献：《次经》、《伪经》、《马所拉》、《塔古母》、《先贤箴言》、《托萨佛特》和其他拉比文献。其中，《次经》与《伪经》是对《旧约圣经》内容的补充和扩展，也是犹太教的重要经典。

四、犹太教派别

犹太教派别经历了古代、中世纪和近现代的发展过程。

（一）古代犹太教派别

1. 撒都该人

撒都该人是公元前 2 世纪到公元 2 世纪犹太教内的一个派别，主要由祭司、贵族和富商组成。撒都该人尊奉《托拉》，但是不相信口传律法和灵魂永生、肉体复活的观点。在罗马统治期间，他们为保住自己的社会地位，主张顺服罗马统治，当时该派掌控着犹太教公会。

2. 法力赛人

法力赛人是跟撒都该人同时期的派别，主要由商人、学士、手工业者和一些农民组成。对于罗马的统治，他们采取不合作、不反抗的方式；强调维护犹太教传统和犹太人生活规范；主张与异己者严格分离；相信口传律法、灵魂不死、肉身复活、神罚、天使、精灵的存在。公元 70 年圣殿被毁后，他们成为希腊化时期和巴比伦时期犹太教的主流，对犹太神学思想的影响也更大。

3. 艾赛尼人

艾赛尼人是犹太教苦修派之一，主要由以农牧民为主的社会下层人士组成。他们经济地位低下，但信仰虔诚，遭受当权者压迫，最后聚居在死海沿岸。他们严格禁欲，注重虔诚祈祷，渴望弥赛亚来临。著名的《死海古卷》就是由艾赛尼人所写的。

4. 奋锐党人

奋锐党人是古代后期犹太教派别之一，又称"狂热派"，由社会下层的犹太无产者、贫苦手工业者和小商贩组成。他们坚决反对罗马统治，主张用武力为犹太教徒争取自由。他们还视自己为犹太律法和犹太民族的捍卫者。

5. 特拉普提派

特拉普提派是一个类似于艾赛尼派的苦修派别，但成员来自上层阶级。成员们认为寻找智慧是阅读《托拉》的现实意义，全身心投入到祈祷和研究中。为了寻求智慧，他们严格控制身体需求，短期节食，严禁酒肉。

（二）现代犹太教派别

犹太教同基督教不同，其不同派别在教义上并不存在较大差别，全世界信奉犹太教的人在宗教仪式上使用的都是同样的祈祷书，犹太教不同派别的差异更多体现在践行宗教教规的方式上。现代犹太教派别出现于18世纪后期，当时欧洲的启蒙运动和法国大革命引起犹太人的解放运动，大部分欧洲犹太人都获得了公民权，随着自然科学的飞速发展，犹太人的传统生活也发生了巨大变化，在传统犹太教如何适应现代社会和生活等问题上，犹太教内部大致分裂为以下几个派别。

1. 正统派

正统派自视为唯一正统的犹太教派，拒绝犹太教的任何改革，主张按字面意义来理解这些宗教法律，并把它们凌驾于日常生活之上，确信整部《托拉》是上帝在西奈山上赋予摩西的神启，犹太教的传统信仰、犹太律法和礼仪是不可更改的，必须严格遵守。该派虽然人数并不多，但在以色列发挥重要影响，不仅控制了犹太教各级组织、宗教法庭、犹太教党派和军队中的拉比职位，而且获得了许多改革派和保守派所没有的特权。

正统派根据文化背景、传统习俗、信仰的虔诚度，遵守犹太教律法法规程度的差异和对现代社会的不同态度，又分为极端正统派、新正统派和哈西德派等支派。

极端正统派认为《托拉》是神圣的，绝对权威的，不可改变的；主张犹太人的宗教活动、现代科学文化和世俗生活应完全遵循《托拉》；认为犹太人应遵循一种严格规定的生活方式，单独生活在犹太人社区内，完全与世俗隔离；应身着传统服装，区别男女不同职责；坚守安息日和各种饮食禁忌。该派反对一切现代事物，甚至反对成立以色列国，认为只有在弥赛亚降临之后，才能真正复兴犹太国家，重建圣殿并恢复献祭礼仪。

新正统派是主张应根据现代变化对犹太教加以调整的正统派群体，又称现代正统派。新正统派出现于19世纪末，他们认为在与《托拉》不冲突的前提下，可以对犹太教进行调整，容纳现代科学，接受世俗教育，发展哲学思想。该派仍然保持犹太教信仰与传统，视成文律法和口传律法皆为权威经典，恪守613条戒律、安息日、犹太节期和饮食禁忌。该派与极端正统派的主要分歧在于他们积极支持犹太复国主义，新正统派认为以色列建国就是弥撒亚降临拯救犹太人的体现。

哈西德教派是犹太教神秘主义教派。该派教徒多聚居一处，与非犹太人隔离，也不和其他犹太人交往，在遵守教规、律法和对待现代文化以及犹太复国主义的方面与极端正统派相似。该派区别于极端正统派在于，他们重视人的情感，强调通过狂热、虔诚的祈祷与神灵沟通。哈西德教派起源于17世纪到18世纪东欧犹太人当中出现的哈西德运动，面对当时的信仰危机，哈西德教派提出，上帝是令人安心的，无论多么贫寒或无知，都可以同上帝交流，而同上帝交流最好的方式就是祈祷。哈西德教派强调情感，不看重枯燥的经典研读，并认为宗教的本质不在于礼仪和律法。哈西德教徒常常在祈祷时大声叫喊，甚至纵情歌舞。19世纪初期，东欧半数以上的犹太人投入其中。

2. 改革派

改革派是近代出现的一个主张对犹太教加以改革的教派，正式形成于19世纪中叶。目前，改革派在美国和欧洲最为普及，一直生气勃勃，充满革新精神，在信仰对话领域中始终占据主动地位。

该派强调对犹太教进行改革，以适应现代社会和思想的需要，人们可以自愿选择遵守犹太律法的严格程度；他们不相信《托拉》是出自上帝之手；要求放弃造成犹太人与世隔绝的犹太教传统律法、规则、礼仪、习俗等内容；提出宗教思想上所说的真理应该接受人们理性的检验；取消饮食禁忌和不合时宜的服饰。

改革派是全世界犹太人中人数最多的一个群体，但在以色列改革派犹太人很少，影响也不大。

3. 保守派

保守派是介于正统派和改革派之间的教派，源于改革派，于1885 年创立。该派承认《托拉》包含有上帝的真理，但却是人写出来的，因此里面也有人的元素；原则上接受犹太教律法，但不拘泥形式而在于领会其精神；主张协调犹太教和现代科学的关系；反对改革过程中抛弃犹太传统和犹太教精髓；主张把犹太宗教、犹太文化和犹太民族结合起来，从文化角度支持复国主义。另外，该派也重视传统礼仪和习俗，坚持男婴行割礼，遵守饮食禁忌。

4. 重建派

重建派源自犹太教保守派，是历史最短、人数最少的教派。该派在组织上与保守派关系密切，在礼仪上接近保守派，而在理论观点上甚至比改革派还要激进。该派不认为犹太人是上帝的选民，主张宗教生活民主化，自由解释传统，以犹太教会堂为犹太人生活的中心，鼓励和支持以色列国建设。

五、流散地文化[①]

公元 135 年星辰之子起义失败后，犹太人大多离开了圣地。在将近 2000 年的大离散时期，散居在世界各地的犹太人创造了灿烂

---

① 冯基华：《犹太文化与以色列社会政治发展》，北京：社会科学文献出版社，2010 年版，第 113—115 页。

的犹太文化，这些犹太文化既保持了犹太文化的主体性，同时也受
到当地文化的影响。比较有代表性的有塔木德文化、塞法拉迪文化
和意第绪文化。

1. 塔木德文化

塔木德文化主要指犹太社团在巴比伦形成的文化。由于巴比伦
犹太社团创作了在犹太文化史上仅次于《圣经》的《塔木德》，因
此被称为塔木德文化。

公元前 6 世纪"巴比伦之囚"后，大批犹太人来到巴比伦，巴
比伦成为一个重要的犹太人聚集地。到公元 70 年第二圣殿被毁时
又有大批犹太人移居至此。这里的犹太人拥有较为宽松的社会环
境，宗教传统和民族特性得到保留，他们在苏拉和蓬贝迪塔建立经
学院，使巴比伦成为犹太人的精神中心。公元 4 世纪左右巴勒斯坦
犹太社团完成了《巴勒斯坦塔木德》，这是反映巴勒斯坦犹太教的
重要史料，但巴比伦的犹太学者认为《巴勒斯坦塔木德》只能解释
巴勒斯坦传统，没有考虑巴比伦的实际情况，对于一些重要的律
法也有遗漏，因而对其进行补充和诠释，使其变成《革马拉》，与
《密西拿》一起组成著名的《巴比伦塔木德》。《巴比伦塔木德》能
够反映公元前 6 世纪到公元 6 世纪之间巴比伦犹太人宗教生活的历
史演变。

2. 塞法拉迪文化

塞法拉迪文化主要指在公元 8 世纪到 13 世纪西班牙犹太社团
所创造的文化。

公元 7 世纪中叶阿拉伯帝国崛起，公元 711 年阿拉伯人征服西
班牙，当地犹太人得到阿拉伯人信任，统治者给予他们信仰和司法
上的自由。在这种良好的氛围下西班牙出现了大批犹太学者，在宗
教、哲学、语言学、文学及自然科学领域均有建树，其中集大成者
为摩西·迈蒙尼德。

塞法拉迪文化在东西文化交流上做出了巨大贡献，许多熟练掌握阿拉伯语的西班牙犹太人把阿拉伯文化传递到西方世界，其中著名的翻译家包括乔哈涅斯·黑斯帕伦西斯和杰兰德。然而，公元14世纪初叶，重新统治西班牙的基督教政权掀起了迫害犹太人的浪潮，辉煌的塞法拉迪文化就此结束。

3. 意第绪文化

在西班牙塞法拉迪文化衰落后，散居在中欧和东欧的阿什肯纳兹人所创造的意第绪文化进入发展期。这种以意第绪语为基础的文化在随后7个世纪里成为欧美犹太人文化生活的主要内容。

意第绪文化的显著标志就是意第绪语，意第绪语是散居在德意志南部和法国北部的犹太人结合日耳曼语和希伯来语创造出来的语言，后来又受到斯拉夫语的影响，并逐渐发展为绝大多数阿什肯纳兹人的日常用语和文学用语。意第绪文化的突出成就体现为意第绪文学，即用意第绪语写作的文学。这些文学包括宗教文学和世俗文学。

18世纪和19世纪，随着大批犹太人移居北美，意第绪文化又在美国得到进一步发展，成为美国多元文化的有机组成部分。

六、著名犹太学者[①]

1. 大希勒尔

大希勒尔是犹太教著名的四大拉比之一，是希律王时期犹太教公会领袖和大拉比。他出生于巴比伦，自幼学习《托拉》。他创立了犹太经学院"希勒尔之家"，向所有希望学习犹太教的人敞开大门，对犹太教的发展产生了较大影响。

在学术研究方面，作为第二神殿后期犹太教的重要学派，大希勒尔认为成文经典并没有包括犹太教的全部精髓，主张研究犹太

---

① 黄陵渝：《犹太教学》，北京：当代世界出版社，2000年版，第147页。

教口传律法。即便对于成文经典，大希勒尔也认为不应当拘泥于文字，而是重视文字的潜在意义。

关于大希勒尔的故事至今仍在犹太人中流传。据说有一次，一个非犹太人向大希勒尔提出了一个非常苛刻的要求，要他单脚站着讲出全部《托拉》的内容。大希勒尔单脚站着说道："你自己不喜欢的，不要强加给你的邻居，这就是全部的《托拉》，余下的全都是注解，你现在回去学习吧。"

2. 沙玛伊

沙玛伊也是一名重要的犹太学者，他也曾进入犹太公会，同大希勒尔一起主持公会活动。他治学严谨，创立了沙玛伊学派，该学派主张按照字面意思理解成文经典，与大希勒尔灵活的学术作风形成鲜明对比，两派在诠释经典上存在诸多分歧和争执，这也促进了犹太教口传律法的研究，为后来《密西拿》的编纂奠定了基础。

3. 约翰南·本·扎卡伊

扎卡伊也是犹太教四大拉比之一，是大希勒尔的门徒。在耶路撒冷被罗马军队围困时，他对犹太教的未来非常担忧，在他看来，犹太教的延续是犹太文化和犹太民族得以存活的关键，所以在耶路撒冷陷落之前，他让弟子把他装入棺材抬出城外，罗马军队毁灭耶路撒冷后，扎卡伊在雅乌内建立犹太经学院，让犹太文化在民族灾难期得以传承。

雅乌内经学院在当时甚至起到了犹太教公会的作用，并培养出很多著名犹太学者。扎卡伊一生致力于收集犹太教口传律法和贤人言论，这些内容后来被其弟子编入《密西拿》一书当中。

4. 阿基巴·本·约瑟

本·约瑟也是犹太教四大拉比之一，是古代犹太教律法家、哲学家和政治家。他出生于巴勒斯坦，据说在 40 岁以前他还是个目不识丁的牧羊人，在雅乌内经学院学习 12 年后大器晚成，成为一名犹太圣者。公元 132 年，罗马皇帝哈德良下令禁止犹太人行割礼，以本·约瑟为首的犹太精神领袖多次前往罗马与当局交涉、协商失败后，他坚决支持后来的犹太民族起义，星辰之子起义失败后，本·约瑟被捕入狱，并最终被处以极刑，但他的六名学生在乌沙创立了一所新的犹太经学院，重新选举了犹太教公会成员，使犹太教和犹太文化得以传承和发展。

5. 西蒙·巴·约海

巴·约海也为犹太教四大拉比之一，是本·约瑟的得意门生。他在加利利开办经学院，推进了犹太教研究，并培养出包括哈·纳西在内的著名犹太学者。在星辰之子起义后，他曾因为敢于直言受到罗马统治者威胁，不得不在山洞中隐居了 13 年。在学术研究上，他主张对《托拉》进行诠释，他的许多思想后来成为犹太经典的重要内容。

6. 犹大·哈·纳西

公元 175 年，哈·纳西开始担任巴勒斯坦犹太教公会会长，在位时间长达半个世纪。他发起编纂犹太教口传律法的行动，最终编成了六卷本的《密西拿》，对犹太文化产生了较大影响。

7. 犹大·哈列维

犹大·哈列维是西班牙犹太诗人、哲学家。他出生在西班牙的托莱多，在科尔多瓦附近的一所穆斯林学院学习。他青年时代热衷于写诗，许多诗歌中充满了犹太民族主义思想，后来他转入犹太教研究。在学术方面，他反对亚里士多德的理性主义，认为真理来自历史经验，而不是自然科学。犹大·哈列维的主要哲学著作包括《库萨里》，这一作品是对犹太教的辩护。

8. 摩西·迈蒙尼德

迈蒙尼德是中世纪杰出的犹太思想家，他出生于西班牙的科尔多瓦，1165 年为躲避战乱来到埃及。当时为了使处于基督教和伊斯兰教影响下的犹太人坚定自己的宗教信念，他花费多年时间用阿拉伯语写下了《迷途指津》。他还将犹太教总结为 13 个信条，在后世被广为传播。

9. 摩西·门德尔松

摩西·门德尔松是近代伟大的犹太哲学家，犹太教改革派先驱，被称为"德国的苏格拉底"。他在 1783 年把《摩西五书》和《诗篇》翻译成了德文，促进了欧洲人对犹太教的了解。他一生从事犹太教哲学与神学研究，主张维护犹太人的传统，但他也认识到把犹太人从保守的犹太教中解放出来的必要性，为哈斯卡拉运动的领军人物。

10. 马丁·布伯

马丁·布伯是宗教存在主义哲学的代表。他出生于奥地利维也纳，晚年移居以色列。1904 年，他获得维也纳大学哲学博士学位。他深受尼采哲学的影响，把信仰看成是人与上帝之间一种相互信任的关系。他在 1923 年发表了犹太哲学经典著作《我和你》，在书中提出了"我—你"和"我—他"两种人与人之间的关系，他认为"我—他"实际上是把他人看成物，难以建立平等、互利的对话关系，"我—你"关系才是尊重他人价值的正常关系，而"我—你"关系的最高形式是人与上帝之间的永恒关系。此外，他还对哈西德教派进行了深入研究。

第二节　伊斯兰教

伊斯兰教是世界性的宗教，与佛教、基督教并称为世界三大宗教。中国旧称伊斯兰教为大食法、大食教、天方教、清真教等。截至 2009 年底，在世界约 68 亿人口中，穆斯林总人数大概有 15.7 亿，分布在 204 个国家和地区。

一、伊斯兰教历史

在蒙昧时期，半岛上的阿拉伯人主要信仰原始宗教，相信万物有灵和灵魂不死，盛行对大自然、动植物、祖先、精灵和偶像崇拜等多神信仰。公元 610 年，穆罕默德在希拉山洞内接到了阿拉通过天使传达的启示，创立了伊斯兰教，并开始在麦加传教。公元 622 年，穆罕默德率领信徒迁往麦地那，在伊斯兰教史上，此年被称为"伟大的迁徙之年"，被定为伊斯兰教历元年。在麦地那，穆罕默德建立了一个以伊斯兰教信仰为共同基础的政教合一的穆斯林政权。公元 630 年，穆罕默德率领 10 万大军夺取麦加城，并迅速清除了"克尔白"殿内一切偶像，将"克尔白"定为伊斯兰教的朝拜中心。公元 631 年，穆罕穆德统一阿拉伯半岛。

穆罕默德逝世后，伊斯兰教进入了"四大哈里发时期"，伊斯兰教随着"开疆拓土运动"的开展开始向半岛以外地区广泛传播。公元 661 年起，在伊斯兰的名义下，以阿拉伯半岛为中心，曾经建立了倭马亚王朝、阿拔斯王朝、土耳其奥斯曼帝国等一系列大大小小的王朝帝国。通过伊斯兰国家不断对外扩张、经商交往、文化交流等多种途径，伊斯兰教由阿拉伯地区性单一民族的宗教发展成世界性的多民族信仰的宗教，与人们的生活方式、民族的文化、国家的政治密切相关。

二、伊斯兰教教义

伊斯兰教的信仰主要包括理论和实践两个部分，理论部分即"五大信仰"，实践部分为"五功"。

（一）五大信仰

第一，信阿拉。"万物非主，唯有阿拉"，相信阿拉是宇宙万物的创造者、恩养者和唯一的主宰，是全能全知、无所在又无所不在、无生育也不被生的。

第二，信天使。相信天使是阿拉用光创造的一种妙体，人眼无法看见。天使只受阿拉的驱使，只接受阿拉的命令，向人间传达阿拉的旨意，记录人间的功过。它们各司其职，但并无神性，只可承认它们的存在，不能膜拜。

第三，信经典。相信《古兰经》是阿拉的语言，是通过穆罕默德降世的最后一部经典。《古兰经》是包罗其他一切经典的意义，信徒即应依它而行事。

第四，信先知。相信自人祖亚当以来，阿拉曾派遣过许多传播阿拉之道的使者和先知。穆罕默德是最后一位先知，也是最伟大的先知，他是"封印先知"。

第五，信后世。相信人都要经历今生和后世，终有一天，世界一切生命都会停止，进行总清算，即世界末日的来临。届时，所有的人都将复活，接受阿拉的裁判，行善者进天堂，作恶者下火狱。

以上五大信仰是《古兰经》明文直接提出的，但也有伊斯兰教学者根据《圣训》把"信前定"列为第六大信仰，认为"世间的一切都是由阿拉预先安排好的，任何人都不能变更，唯有对真主的顺从和忍耐才符合真主的意愿"。

（二）五功

第一，念功。信徒要用阿拉伯语念诵清真言"我作证：除阿拉外，再无神灵；穆罕默德是阿拉的使者"。这是伊斯兰教所有信念及仪式的基础，只要接受这一证言并当众背诵，就可以成为正式的穆斯林。

第二，拜功。信徒要履行每日五次的时礼、每周一次的聚礼、宗教节日的会礼。每日五次的时礼，分别在晨、晌、晡、昏、宵5

个时间内举行；聚礼，又称主麻日礼拜，是集体的公共祈祷，在星期五举行；会礼则在每年的开斋节和古尔邦节举行。礼拜前必须按规定做大净或小净，面朝麦加方向祈祷。

第三，斋功。伊斯兰教历的九月为斋月，在斋月期间，信徒要斋戒一月，每天从日出前到日落要止饮禁食，清心寡欲。

第四，课功。伊斯兰教认为，财富是真主所赐。穆斯林个人财产到达一定数量时，应从自己所拥有的财富中，拿出一定份额，用于济贫和慈善事业。

第五，朝功。穆斯林一生如条件允许应到圣地麦加朝觐一次。在伊斯兰教历的每年十二月八日到十日为法定的朝觐日期，即"正朝"（也称"大朝"）；在此时间之外去朝觐的称为副朝（也称"小朝"）。

一些伊斯兰教学者把"吉哈德"（圣战）也算作一功，"大吉哈德"指精神上的自我完善，"小吉哈德"指对非穆斯林采取的军事行动。

三、伊斯兰教经典

伊斯兰教的经典有《古兰经》和《圣训》，而《古兰经》是伊斯兰教最根本经典。

1.《古兰经》

全部《古兰经》共计30卷，114章，6236节。它由麦加86章和麦地那28章组成，麦加章主要是关于宗教教义相关方面的内容，麦地那章则主要是关于穆斯林日常生活的一些规定条律等。《古兰经》的全部内容确立了伊斯兰教的基本教义和制度。

《古兰经》是一部宗教经典，是伊斯兰教信仰和教义的最高准则，是穆斯林社会生活、宗教生活和道德行为的准绳。同时，它也是一部诗歌形式的阿拉伯文献，在阿拉伯思想文化史上占有重要的地位。

2.《圣训》

《圣训》是先知穆罕默德传教、立教的言行记录，包括穆罕默德弟子谈论宗教、经训和实践教理的重要言行，凡经穆罕默德认可和赞许的也被列为圣训的范围。圣训是对《古兰经》基本思想的阐释，它对整个伊斯兰教的教义、教律、教制、礼仪和道德做出了全面回答和论述。

《圣训》为伊斯兰教的重要文化遗产之一，经辑录定本的圣训集被视为仅次于《古兰经》的基本经典，是成为后世各派法学家立法、制法的第二位渊源和依据，也是历代教职人员、学者进行宣教和立论、立说的依据，故受到穆斯林的高度尊崇。

四、宗教场所

清真寺是穆斯林的礼拜场所，同时也是穆斯林社群会面及学习的地方。伊斯兰教初兴时没有专门礼拜的场所，只是选择一洁净之处供叩拜之用。穆罕默德到达麦地那后才建造一座正式的清真寺，后称"先知寺"。从此，兴建清真寺被视为穆斯林神圣的宗教义务和信仰虔诚的体现，哪里有穆斯林，哪里就建有清真寺。在倭马亚王朝（公元661—750年）和阿拔斯王朝（公元750—1258年）时期，政府拨巨资修建规模宏伟和华丽壮观的寺院群体建筑，使清真寺遍布世界各地。

著名的清真寺有：

（1）麦加大清真寺：伊斯兰教第一大圣寺，坐落于沙特阿拉伯麦加城中心，是全世界穆斯林朝圣的克尔白天房所在地。

（2）先知清真寺：伊斯兰教第二大圣寺，坐落在沙特阿拉伯麦地那，是在穆罕默德故居基础上建造的，寺内有穆罕默德陵墓。

（3）阿克萨清真寺：伊斯兰教第三大圣寺，坐落在耶路撒冷老城东部的圣殿山上（圣殿山也是古代犹太圣殿的所在地）。

（4）倭马亚清真寺：伊斯兰教第四大圣寺，坐落于叙利亚首都大马士革，由倭马亚王朝的哈里发所建。

（5）圆顶清真寺：伊斯兰教最著名的清真寺之一，在耶路撒冷圣殿山上。穆斯林相信圆顶清真寺中间的岩石就是穆罕默德夜行登霄到天堂见到真主的地方。

五、伊斯兰教的派别

（一）逊尼派

逊尼派全称"逊奈和大众派"，是伊斯兰教的主流派别，又被称为"正统派"。它的信徒分布在大多数伊斯兰国家，人数占全世界穆斯林的 85% 以上，中国穆斯林绝大多数属于该派。在阿拉伯历史上，该派在政治和思想上长期居主导地位，曾建有倭马亚王朝（公元 661—750 年）、阿拔斯王朝（公元 750—1258 年）、奥斯曼帝国（公元 1298—1922 年）等幅员广阔的伊斯兰国家及世界各地的地方伊斯兰政权，影响相当广泛、深远。

逊尼派承认阿布·伯克尔、欧麦尔、奥斯曼前三任哈里发的合法性，认为哈里发只是信徒的领袖，穆罕默德的宗教领导人身份的继承者，无论是谁，只要信仰虔诚，都可以担任哈里发。逊尼派内部又可分为 3 个支派：艾施尔里派、圣训派和马图里迪派。

（二）什叶派

什叶派又称为"阿里派"，伊斯兰教第二大派，全世界大约有 10% 的穆斯林属于什叶派，主要分布在伊朗、伊拉克、巴基斯坦、印度、土耳其、阿富汗、黎巴嫩、沙特阿拉伯、也门、巴林等地区。该派在历史上长期处于无权的地位，但也曾建立过盛极一时的法蒂玛王朝（公元 909—1171 年）。

不同于逊尼派，什叶派只承认穆罕默德的堂弟、女婿阿里及其后裔为合法继承人，并尊奉阿里与其后代为"伊玛目"，认为末代伊玛目已隐遁，将以救世主（马赫迪）身份再现。在信仰上，除信阿拉、《古兰经》和先知穆罕默德这些伊斯兰教的共同信条外，信仰伊玛目是什叶派的基本特点，并被定为信条之一，后因内部主张分歧，又相继分化出伊玛目派、栽德派、伊斯玛仪派等支系。

在圣地方面，除了所有穆斯林的圣地麦加和麦地那之外，什叶派穆斯林还有几个另外的圣地：纳杰夫，位于伊拉克，阿里葬于此地；卡尔巴拉，位于伊拉克，侯赛因殉难并埋葬于此；马什哈德，位于伊朗，什叶派第八伊玛目阿里·里达埋葬于此。

（三）哈瓦利吉派

"哈瓦利吉"一词在阿拉伯语中意为"出走"。公元657年，在绥芬之战中，胜利明显属于阿里一方，但阿里接受了穆阿维叶以《古兰经》裁决的和谈要求，他队伍中有一些人坚决反对，从而脱离了阿里的领导，形成了哈瓦利吉派。因他们出走后以库法北部的哈鲁拉村为活动基地，又称"哈鲁利亚派"。661年，哈瓦利吉派信徒刺杀了阿里。

哈瓦利吉派主张凡穆斯林一律平等，任何一个信仰虔诚、熟知教义教法和行为端正的穆斯林，不分民族和种族，甚至奴隶都有资格当选哈里发。在宗教教义学说上，哈瓦利吉派是虔诚严格的派别。

（四）穆尔吉埃派

它与逊尼派、什叶派、哈瓦利吉派并称为早期伊斯兰教的四大政治派别。该派初期只是一个政治派别，后因他们的主张大都与宗教信仰有关，便转而研究教义学问题而成为宗教派别。该派的主张较为宽容温和，在客观上支持了倭马亚王朝的统治，曾受到王朝当局的扶持，获得很大发展。在阿巴斯王朝时期对穆尔吉埃派采取了严厉的镇压措施，禁止该派思想的传播。

（五）苏菲派

苏菲派严格来说并非一个宗派，而是伊斯兰教神秘苦行的形式，又称伊斯兰教神秘主义。公元7世纪末到8世纪初，它产生于倭马亚王朝统治时期的库法和巴士拉等地。早期的苏菲派是虔诚的穆斯林以守贫、苦行和禁欲为特征的民间个人宗教修行方式。8世纪后期起，苏菲派由苦行禁欲主义逐渐发展为神秘主义，以宗教理论的形式出现。苏菲派注重于宗教的精神层面，利用思想及情感官能力求得到真主的体验。

第三节 基督教

基督教发源于犹太教，与佛教、伊斯兰教并称世界三大宗教，现在全球共有15亿至21亿人信仰基督教，占世界总人口25%—30%。

基督教发源于公元1世纪巴勒斯坦耶路撒冷地区的犹太人社会，创始人为耶稣。耶稣出生在犹太的伯利恒，他宣讲天国的福音，劝人悔改，远离恶行。他的教训和所行的神迹在民众中得到极大的回应，后来由于门徒犹大告密，罗马帝国驻犹太的总督彼拉多将耶稣逮捕。耶稣最后被钉在十字架上而死，保罗进一步宣扬和发展基督教教义。公元1—5世纪基督教创立并从以色列传向希腊罗马文化区域。起初基督教在欧洲一度受到打压，313年，君士坦丁大帝颁布米兰诏书，基督教成为罗马帝国所允许的宗教。391年，罗马皇帝狄奥多西一世宣布它为国教。在后来的历史发展中，基督教逐渐发展出天主教、东正教、新教三大派别。

基督教的宗教经典包括《圣经·旧约》和《圣经·新约》，其中《圣经·旧约》即犹太教的《希伯来圣经》，是基督教承自犹太教的部分，但《圣经·旧约》和《希伯来圣经》也存在包括数目顺序在内的一些差异。

在宗教教义上，基督教继承了犹太教的许多传统，如《摩西十诫》也被封为基督教教义。但在犹太教的基础上，基督教也发展出属于自己的教义体系：三位一体是基督教的基本信条之一，认为耶稣具有圣父、圣子、圣灵三种身份，但三者又是一体的；原罪观念是基督教伦理道德观的基础，认为人类的祖先亚当和夏娃因偷食禁果犯的罪传给了后代子孙，成为人类一切罪恶的根源，人不能自我拯救，而要靠耶稣基督的救赎；因信称义的教义指的是人类凭信仰就可得救赎，而且这是在上帝面前成为义人的必要条件；天国和永生的观念认为人的生命是有限的，但人的灵魂会因信仰而重生，并可得上帝的拯救而获永生，在天国里得永福；相信地狱，人若不信或不思悔改，就会受到上帝的永罚，要在地狱里受煎熬；信末日，相信在世界末日之时，人类包括死去的人都将在上帝面前接受最后的审判，无罪的人将进入天堂，而有罪者将下地狱。

第四节　三大一神宗教的关系

从相同点来看，在教义上，犹太教、基督教和伊斯兰教都是一神宗教；从典籍的角度上看，最早产生的犹太教为世界贡献了重要的经典《希伯来圣经》，随后产生的基督教继承了这一经典，并称其为《圣经·旧约》，伊斯兰教虽然只承认《古兰经》，但也保留了许多《希伯来圣经》的教义，并承认其中提到的先知，如易卜拉欣（亚伯拉罕）、穆萨（摩西）、达伍德（大卫）等；从圣地的角度看，3个宗教都将耶路撒冷视为圣城，对犹太教徒而言，耶路撒冷是王国时期大卫建都之地，也是犹太圣殿所在之地；对于基督教徒来说，耶路撒冷是基督为人类献身的地方，这里有哭路和圣墓大教堂；对于穆斯林来说，这里是穆罕默德登霄的出发地，有宗教圣地阿克萨清真寺和圆顶清真寺。

三大一神宗教也存在许多差异，基督教虽然最初发源于犹太教，但二者在许多教义上都存在根本的分歧，在一神观的理解上，虽然基督教继承了犹太教，但它在犹太教的基础上进一步发展出圣父、圣子、圣灵三位一体的教义，而犹太教则反对三位一体说，认为上帝是无形的；早期的基督教从严格意义上说是犹太教的一个分支，但其反对犹太人的选民说，也废除了其繁琐的礼仪和戒律，也正是这些理念能够让其吸引大量的信徒，并逐渐成为世界第一大宗教；基督教还发展出犹太教所没有的原罪理论，犹太教则认为人本来就是不完美的，但这并不是罪恶，包括《希伯来圣经》中许多先知也都是有缺陷的人；在对弥赛亚的认识上两个宗教也有着根本的分歧，犹太教认为在世界末日到来之前，弥赛亚会降临，把犹太人从苦难中解救出来，这一观念也成为犹太人度过一个个艰难时期的精神支柱，而基督教则认为，耶稣基督就是弥赛亚，是"上帝之子"；在经典方面，基督教虽然接受了《圣经·旧约》，但还进一步发展出了《圣经·新约》，形成了同犹太教截然不同的文化传统和信仰风格；从传教的方式来看，基督教鼓励非信徒信仰基督教，而犹太教则具有封闭性，基本上不鼓励非信徒信仰犹太教。

在漫长的大流散时期，基督教世界对犹太人进行了残酷的迫害，形成了宗教反犹主义，基督教早期信徒主要为犹太人，耶稣本人就是犹太人，从保罗开始基督教向外族传播，一直到成为罗马的国教后，才开始强调犹大对基督的出卖，犹太人对基督的迫害，当然现在这两教已基本实现和解，开始互相承认。1965年，梵蒂冈教廷在第二次梵蒂冈会议上正式赦免了犹太人的"罪行"，并就历史

上的迫害行为向犹太教道歉。^①

犹太教和伊斯兰教在形成时间上虽然差距较大，但两者之间也存在许多联系：从民族史的方面来说，犹太人和阿拉伯人，分别信仰犹太教和伊斯兰教，都共有一个祖先——亚伯拉罕，人们一般认为，以色列人是亚伯拉罕次子以撒的后代，而阿拉伯人则是亚伯拉罕长子以实玛利的后代。犹太人、阿拉伯人的祖先都是闪族人，是两河流域人类文明的代表。公元初年，犹太教传入阿拉伯半岛，犹太教一神观也传给阿拉伯人，公元 7 世纪，伊斯兰教在创立和发展的过程中也吸收了大量犹太教思想、礼仪和律法，他们承认《托拉》为真主降世的经典，不同于其他多神教徒，犹太人为"有经人"，比如《古兰经》规定可以在有经人家里吃饭。

犹太教传统观点认为，基督教和伊斯兰教是从犹太教中派生出来的，但伊斯兰教则不承认该说法，穆斯林相信伊斯兰教的一神信仰内容才是最纯正的，而不是继承或抄袭犹太教和基督教。在阿拉伯帝国兴起后，犹太人得到了相对的宗教宽容，只需要缴纳人头税就可以保持宗教信仰自由，9—13 世纪间，阿拉伯人和犹太人把伊斯兰文化所继承的希腊、罗马文化介绍到欧洲，为后来的文艺复兴运动提供了思想基础。

---

① 以色列和梵蒂冈的关系受到犹太教和基督教之间教义差别的影响，这种怨恨延续了千年之久，即便是在第二次世界大战，教皇庇护十二世对犹太人的苦难保持沉默，没有对希特勒发出任何反对声音。1988 年以色列宣布耶路撒冷为不可分割的首都的决议也激怒了梵蒂冈。1994 年，以色列和梵蒂冈建立正常外交关系。

第五章　文学艺术

以色列是一个既古老又新兴的国家，国土面积小，文学艺术却异常活跃。4000多年的犹太人遗产，一个多世纪的犹太复国主义，60多年的现代国家身份，都对以色列文化产生了深远的影响。犹太民族虽然身处地域不同的各民族文化的夹缝之中，却依然保持着犹太文化的独特性，文学和艺术是展现以色列文化独特性的重要窗口。

第一节　语言与文学

一、希伯来语简介

目前，以色列有两种官方语言：希伯来语和阿拉伯语。希伯来语为以色列大多数人所使用，阿拉伯语则是由以色列阿拉伯人与阿拉伯犹太人使用，英语在以色列属于通用语。其他经常被使用的语言还包括俄语、意第绪语、拉迪诺语、罗马尼亚语、波兰语、法语、意大利语、荷兰语、德语、阿姆哈拉语、波斯语等。

从历史语言学的角度看，希伯来语属于亚非语系闪米特语族中的迦南语支（又属于西北闪米特语）。从语言类型的角度看，希伯来语属于综合语和屈折语。希伯来语具有古代犹太民族的民族语言特征，也是犹太教的宗教语言。过去的 2500 年中，希伯来语只被保存在犹太人的宗教经典中，在日常生活中犹太人不再说希伯来语，但犹太复国主义兴起以来，希伯来语作为口语在犹太人中复活，渐渐取代阿拉伯语、拉迪诺语和意第绪语，成为生活在巴勒斯坦地犹太人的通用语言。

二、希伯来语历史

希伯来语的历史同犹太民族史有着密切的关系，可以大致分为以下几个阶段：圣经希伯来语时期（约公元前 10 世纪—公元前 1 世纪），密西拿希伯来语时期[①]（约公元 1 世纪—公元 6 世纪），中世纪希伯来语时期（约公元 6 世纪—公元 18 世纪），现代希伯来语时期（19 世纪末期至今）。

（一）圣经希伯来语时期

在圣经时期，希伯来语一词还没有使用，当时人们称犹太人使用的语言为迦南语或犹太语。圣经希伯来语最主要的材料来源和依据就是《希伯来圣经》。圣经希伯来语时期可进一步细分为早期圣经希伯来语时期、标准时期圣经希伯来语时期和晚期圣经希伯来语时期。

希伯来语在形成之初已经同其他文明语言发生语言接触。亚述人和巴比伦人所说的阿卡德语属于闪含语，在公元前 15 世纪到公元前 14 世纪期间成为中东地区的通用语，对希伯来语有较大影响，希伯来语中ספסל、היכל等词汇就来自阿卡德语。在以色列人统一巴勒斯坦地之前，埃及人曾统治过该地区，在第一圣殿时期，埃及军队也曾来到过巴勒斯坦地，希伯来语中的כסת、חשבון等词汇

---

① 部分学者认为《密西拿》、《塔木德》、《米德拉什》所使用的语言为塔木德希伯来语。

就来自古埃及语。公元前 11 世纪，阿拉米人广泛居住在叙利亚地区，在之后的几个世纪，他们虽然没有形成统一的王国，但阿拉米语①成为在政治和外交领域多个民族和王国所使用的通用语，希伯来语中因而有大量阿拉米语外来词，犹太教神秘主义著作《左哈尔》所使用的阿拉米语是希伯来语借词产生的重要来源。亚历山大大帝的东征让中东的政治版图发生了巨大变化，希腊文化和希腊语对中东地区也产生了深远影响，希伯来语中 יין、פילגש 等词汇就来自古希腊语。

（二）密西拿希伯来语时期

密西拿时期在划定上没有统一的标准，大致开始于第二圣殿结束（公元 70—73 年），结束于公元 6 世纪左右。在昆兰发现的《死海古卷》既能反映圣经希伯来语特征，又具有密西拿希伯来语特征，被认为是两者之间的过渡阶段语言。《密西拿》是密西拿希伯来语最重要的资料来源，当时，主持犹太教公会的犹大·哈·纳西认为必须加快《密西拿》的编纂工作，否则已经开始使用阿拉米语的犹太人有被异族同化的危险②。除了《密西拿》，密西拿希伯来语重要的资料来源还有《米德拉什》、《托赛法塔》、《巴拉伊塔》等。

Kutscher（1982）认为，密西拿希伯来语词汇只有 50% 同圣经希伯来语相同。在密西拿希伯来语作品中有许多词汇都没有在《希伯来圣经》中出现。但这在一定程度上也是因为受到《希伯来圣经》篇幅和设计主题的限制，许多在当时人们生活中使用的词汇并

---

① 阿拉米语目前仍在使用，是世界上少数存活了上千年的古老语言之一。阿拉米人后裔在 7 世纪中叶之后受到阿拉伯人的许多影响，但仍然继续使用阿拉米语。但后来，很多阿拉米人后裔在加入伊斯兰教以后便放弃了原有的文化习俗和语言民族认同，成了阿拉伯人的一部分。

② 成书于公元 500 年左右的《革马拉》就已大量使用阿拉米语，而没有完全使用民族语言希伯来语。

没有进入圣经当中。

在密西拿希伯来语时期，古希腊语继续对希伯来语产生影响，希伯来语中存在大量来自希腊语的借词，甚至还有语义转借现象，如希伯来语中的יפה一词，本意是"美的，漂亮的"，在希腊语"kalos"影响下，形容词יפה出现了副词"很好地"意义。在罗马帝国时期，拉丁语对希伯来语的影响集中体现在军事相关词汇和行政管理相关词汇上，如לגיון（军团）、אנונה（年度税收）等。

（三）中世纪希伯来语时期

整个中世纪犹太人都处于大流散之中。"在长期流散中，犹太人要么使用所在国的语言，要么把希伯来语与当地语言混合使用，这样就形成了一个民族使用多种语言的状况。在中东欧的犹太人使用的意第绪语，是一种由德语和希伯来语相结合的语言。在西南欧和拉丁美洲的犹太人一般讲拉迪诺语，这是由希伯来语和西班牙语混合而形成的犹太语言。北非大多数犹太人说莫格拉宾语，西亚的犹太人基本上说阿拉伯语"[①]。

犹太人在中世纪西班牙经历了一个"黄金时代"，之后在意大利形成了犹太学者思想中心。在西班牙和意大利，希伯来语诗歌的盛行也推动了希伯来语的发展，涌现出包括萨缪尔·伊本·纳格雷拉（Shmuel Ha-Nagid）、所罗门·伊本·加布里埃尔（Shlomo Iben Gabirol）、犹大·哈列维（Judah Ha-Levi）、阿伯拉罕·伊本·埃兹拉（Abraham Iben Ezra）和伊曼纽尔（Emanuel）在内的犹太诗人。他们的诗歌不但涉及宗教主题还讨论世俗问题，虽然他们在词汇和语法上试图忠实于圣经希伯来语，但写作风格明显受到当时盛行的阿拉伯文学的影响。在中世纪时期，许多犹太人都

① 饶本忠：《希伯来语的复活——语言学史上的奇迹》，载《时代文学》，2009年第6期，第114页。

能够使用阿拉伯语，因此中世纪希伯来语深受阿拉伯语影响。在犹大·哈列维的诗歌中所使用的בין ידי就是阿拉伯短语的直译语。

（四）现代希伯来语时期

现代希伯来语的复兴是语言学上的一个奇迹，是犹太民族运动和现代化运动的重要组成部分。现代希伯来语的复兴包括两个几乎同步进行的过程：希伯来语书面语的复兴和希伯来语口语的复兴。在希伯来语复兴初期，这两个过程并没有形成直接联系，发生在完全不同的地方和不同的时间。希伯来语书面语的复兴发生得较早，其开始于18世纪的哈斯卡拉运动，主要发生在欧洲的城市，希伯来语口语的复兴则主要发生在19世纪的巴勒斯坦地。进入20世纪后，这两股运动实现合流。

当本·耶胡达[①]1881年来到巴勒斯坦地时，当地犹太人并没有形成一个有机整体，而是划分为东方犹太人、塞法拉迪人和西方犹太人。其中，西方犹太人主要来自欧洲，特别是东欧，主要说意第绪语，塞法拉迪人和东方犹太人则主要来自阿拉伯世界，主要说拉迪诺语和阿拉伯语。东方犹太人、塞法拉迪人和西方犹太人拥有截然不同的文化和地位。有意思的是，一方面，在19世纪末，提倡犹太民族主义的犹太复国主义者和提倡希伯来语复兴的语言复兴主义者们大多为西方犹太人；另一方面，他们所希望的是对富有东方特色的古典希伯来语，特别是圣经希伯来语的复兴。然而，希伯来语复兴主义者和犹太知识分子所拥有的理念中的希伯来语并没有成为现实，虽然这些西方犹太人拥有更高的地位和更大的话语权，但受到自身文化身份和母语的影响，希伯来语最终并没有成为具有纯粹性的闪含语，而是包含了大量印欧语系元素，现代希伯来语在古

---

① 本·耶胡达是现代希伯来语之父，推动复兴希伯来语为日常用语的灵魂性人物。希伯来语作为口语在犹太人中成功地复活，主要得自他的巨大贡献。

典希伯来语和意第绪语等印欧语系的相互接触和相互影响下诞生。印欧语对现代希伯来语的影响是全方位的，在语音、语义、词汇、语法甚至语用上的影响都普遍存在。现代希伯来语的复兴实际上是传统希伯来语在意第绪语等印欧语言影响下发生的一个非常剧烈的接触性演变①过程。陈其光认为，发生在现代希伯来语上的语言演变包括结构和功能两个方面：在结构方面，希伯来语发生的演变主要体现在浅层的借词上，深层影响可以发生在语言、语义、语法诸方面，可以使原有的成分、框架或演变规律发生变化；在功能的演变主要体现在希伯来语使用领域扩大，从原来的宗教语言和文学语言发展成为日常用言。

现代希伯来语受印欧语影响不仅表现在借词上，甚至还表现在构词法上。同阿拉伯语等其他闪米特语一样，传统希伯来语一般采用非线性的形式构词，但在现代希伯来语中，受印欧语的影响，希伯来语中线性构词法使用得越来越普遍，其中包括前缀法（如בינלאוני）、后缀法（如יצירתי）和词根复合（如רמקול）等。

在现代希伯来语已经成为广大以色列人活的母语后，希伯来语并没有成为静止不动的事物，而是进一步随着文化接触、语言接触而发生演变。在巴勒斯坦地成为英国的托管地之前，希伯来语受德语、法语和俄语的影响比较大，但随后，英语对希伯来语的影响力越来愈大，希伯来语中英语借词、俚语和被动语态的大量使用，都是英语和希伯来语语言接触的重要结果。在现代希伯来语的口语和书面语当中有大量英语的音译词，如יוסטון（Houston）、

---

①　依照 Thomason 的看法，接触性演变（contact-induced change）指的是语言特征的跨语言"迁移"（transfer），即某个语言特征由源语（source language）迁移到受语（recipient language）之中，或者说，受语从源语中获得某种语言干扰（linguistic interference）。S.G. Thomason, *Language Contact: An Introduction*, Edinburgh: Edinburgh University Press, 2001: 63-71.

פיסי（physical）、אוניברסיטה（university）等。此外，希伯来语中大量词汇虽然不是借词，但是在语义上受到英语影响，如מין（sex）、אמצע（means）、בחירות（election）、סליחה（Excuse me）、חזית（frontline）等。

目前，以色列人基本都能熟练使用希伯来语，部分生活在美国的犹太人也能使用希伯来语。随着以色列对外贸易的发展，许多国家和地区的学校也开设了希伯来语专业。在中国，北京大学、北京外国语大学、上海外国语大学、解放军外国语学院等学校都开设有希伯来语专业。

三、希伯来语特点

（一）同印欧语系同源

字母从右到左书写，同阿拉伯语相同。希伯来语字母[①]看上去让人感觉很奇怪，其实希伯来语同包括英语在内的许多印欧语系语言有共同的起源，因为希伯来语来源于腓尼基语，当时主要在地中海沿岸使用，而大约在公元前 800 年，古希腊人在同腓尼基人进行贸易的过程中，也开始使用腓尼基语言的字母，但在辅音字母的基

[①] 现代希伯来语字母表是从腓尼基语字母和阿拉米语字母表的基础上发展起来的，共有 22 个字母，皆为辅音字母。任何一门用口表述的语言，若没有元音就不可能借声带发出声音来，希伯来语也不例外，但除了入门教程、宗教典籍和儿童读物，希伯来语一般不会标出元音。

西方印刷术的出现大约在 15 世纪，犹太人第一次印刷出版了所罗门·伊兹哈基拉比（又称为拉希）的一本评注集。在这本出版物中第一次出现了"希伯来圆体字母"，它被称为"拉希体"。同方块字母相比，"拉希体"大部分字母没有多少变化，只是在字形上更显圆润。因此，"拉希体"只是"希伯来方块字母"的变形，不是一种新的字母，但是由于它是印刷出版的字体，故对现代希伯来字母的形成产生影响。犹太复兴运动兴起后，希伯来语复活步伐加快，20 世纪初，现代希伯来语印刷体字母和手写体字母被确定下来。印刷体字母仍使用"方块字母"，个别字母采用了"拉希体"的字形，而手写体字母，则普遍采用了"圆润"的"拉希体"字母。

础上加上了元音。

（二）辅音文字和元音符号

希伯来语由辅音字母构成，大多数情况下是不标元音的。希伯来语的元音符号是由标在字母下方和之间的点构成的，这也是闪含语系的一个共同特征。在希伯来语中，辅音字母表词根，词根表基本义，而元音只能在这些基本义的基础上对语义进行调整。

最早的希伯来语是没有元音的，大约在公元7世纪到8世纪，希伯来语早已不再是一门日常语言，许多人在没有元音符号指导的情况下已经无法正确读出希伯来语的时候，元音符号应运而生。现代希伯来语一般不会标出元音符号。对于许多希伯来语初学者而言，在看不到元音符号的前提下能够流利地看懂和读出希伯来语的确是一件非常困难的事情。

（三）词根

词根是希伯来语的灵魂。希伯来语词根一般由3个字母组成，称三母词根，有少数四母词根，甚至五母词根。词根只是一个"躯壳"，有一个基本含义，但它不能表达一个完整的意思，只有在词根上加注各种元音或加上合成字母才能表达各种意思，派生出不同的词。在希伯来语中，同一词根可以派生出许多意思相关的词。希伯来语首先以非线性的方式，通过词根和词式的结合产生词汇，词根和词式①作为两种词素相互融合形成一个有机体，词根提供该词汇的基本义和辅音，词型则提供该词汇的元音，并对词汇语义类型进行一定程度的调整和规范。如希伯来语中הגדיל（养大）一词就是在词根ג.ד.ל（大的）和词式 hiCCiC②结合而产生的。

---

① 希伯来语动词词式称为 binyan，名词和形容词词式称为 mishkal。
② C 代表辅音。

（四）外来词

对于一门由古老语言复活而成的语言，如何适应现代社会是一个巨大的挑战。对于现代社会出现的种种事物和现象，圣经时代的语言显然很难表达。为了解决这个问题，除了创造出新的词根，另一个可行的办法就是大量引入外来词。希伯来语中有大量的外来词，从意第绪语、阿拉伯语、德语、俄语、英语等语言吸取了许多词汇。近年来，英语外来词数量之大引起了语言学家的担忧。

四、建国前文学[①]

以色列文学是在希伯来语复兴的基础上发展起来的。就像以色列历史离不开犹太史一样，以色列文学的发展也离不开犹太文学。从犹太文学中，我们可以窥见一个民族的内心和灵魂。

以色列建国时间不长，但是希伯来语文学有着悠久的历史，最早可追溯到希伯来语《希伯来圣经》。《希伯来圣经》是到目前为止犹太文学为世界奉献的最伟大的文学创作，没有哪部书像《圣经》一样被翻译成如此众多的民族语言，经历与如此多样的异族文化融合与渗透。许多犹太作家和以色列作家都从《希伯来圣经》中寻找创作的灵感，使用《希伯来圣经》中的典故。

一般说来，学术界把18世纪70年代初视作现代希伯来文学的一个起点。1871年，在德国用希伯来语进行创作的纳弗特利·赫茨·威塞利为奥地利犹太人撰写现代犹太教育理论，后被意大利犹太社区采纳。此后，希伯来文学在奥地利、加利西亚、意大利、俄国等地复兴并发展，希伯来语的复兴为希伯来文学的发展提供了强大动力。从18世纪70年代到19世纪80年代的一百多年间，可以

---

① 钟志清：《当代以色列作家研究》，北京：人民文学出版社，2006年版，第11—52页。

称作现代希伯来文学的启蒙时期，这一时期的希伯来语文学相继表现出犹太人支持启蒙主张，向往犹太世俗生活，并表现出犹太人在传统与现实世界之间、在固守民族信仰和同化之间徘徊不定的复杂心态。

以色列故土上的现代希伯来语文学最初出自移民作家之手，虽然他们生长在东欧犹太人的传统和世界中，但他们的作品主要描写的是他们前来"建设并赖以生存"的以色列故土。约琴夫·哈伊姆·布伦纳（1881—1921年）和什穆厄尔·约琴夫·阿加农（1888—1970年）是这一时期的代表，他们将希伯来语散文写作推进到20世纪。

布伦纳1909年移居巴勒斯坦地，刚开始他试图像A.D.戈登一样通过自己的劳动来实现复国主义，但后来他转向文学，来到特拉维夫教书。种种人生经历让布伦纳饱经折磨，他不知道以色列故土上的犹太复国主义事业能否战胜困难，也不知道犹太社团伊休夫中某些部分的低劣的精神素质能否得到改造。他眼见种种弊端，为这个地区犹太人和阿拉伯人之间冲突的未来事态发展而担心。布伦纳主张构建世俗犹太人的新身份，他反对拉比犹太教，认为死板的教条扼杀了犹太人的创造性。他努力把握现实题材，偏爱犹太教法典时期和中世纪的希伯来口语形式，创造新的成语，采用戏剧性的句子结构，制造出充满活力的语言效果。但这位具有一定悲观主义色彩的作家的人生最终也以悲剧的方式结尾，在1921年雅法暴乱中他不幸被害。

阿加农是一位才华横溢的作家，为著名作家S.Y.阿加农之子。他熟悉犹太传统，深受19世纪和20世纪初欧洲文学的影响。他的作品主要论述现代人在精神上关心的事物、传统生活方式的解体、信仰的丧失以及随之而来的自我身份的丧失。在他的描绘下，现实流露出一种悲剧的、怪诞的气氛。他的作品多受战争和大屠杀的影响，揭示了充满激情与紧张的虔诚的犹太人世界。阿加农是一位多产的作家，共出版了24部小说和短文集。1934年和1950年他两次获得比亚利克文学奖，1954年和1958年两次获得以色列奖。他创作的《宿客》、《前天》、《婚礼华盖》等作品获得了较大国际声誉。1966年，阿加农还获得了诺贝尔文学奖，到目前为止仍然是获此殊荣的唯一一位以色列作家。在领奖时阿加农说："在罗马的提图斯毁灭耶路撒冷后，以色列人离开故土，我就出生在大流散之地的一座城市，但在心中，我一直生活在耶路撒冷。"

在诗歌方面早期犹太人也取得了较大的成就，其实，诗歌历来就是犹太人生活的重要组成部分。从圣经时代到现在，希伯来语诗歌创作从未中断过。19世纪后期，随着复国主义的兴起，犹太文坛出现了两位很具影响力的诗人——哈伊姆·纳赫曼·比亚利克（1873—1934年）和索尔·特切尔尼乔夫斯基（1875—1943年）。

比亚利克来自俄国，他的作品反映了他对犹太民族复兴的献身精神。他的诗歌既包括再现犹太人历史的鸿篇巨制，也有纯粹关于爱情和大自然的抒情之作。常被称为"民族诗人"或"希伯来语复兴诗人"的比亚利克开创了一种新的诗歌风格，脱离了左右其前辈们的《圣经》的影响。他在诗中反映了当时犹太人面对传统与犹太复国主义之间关系的困惑。1924年，比亚利克搬到了特拉维夫市，他使这座城市成为一个真正的希伯来语文化中心。比亚利克影响了以色列的很多诗人，这群诗人被称为"比亚利克一代"。

特切尔尼乔夫斯基1931年移民巴勒斯坦地，他擅写抒情诗、戏剧史诗、民谣和寓言。他寻求对犹太人的精神世界进行调整，向他们注入个人的自豪感和尊严感，增强他们对于自然和美的感受力。不同于比亚利克，他的语感与犹太教法典时期的希伯来语相似，代表了从古代犹太诗歌向现代流派的转变。

在犹太诗人中也不乏女性，拉杰儿就是其中的杰出代表。作为早期来到巴勒斯坦地的移民，拉杰儿在基布兹度过了许多艰苦的岁月。她的作品为妇女创作希伯来语诗歌奠定了语言规范的基础，也确立了这类诗歌在公众心目中的地位。她的诗唯美而悲伤，直到今天还广为以色列人传颂。拉杰儿的墓地在太巴列湖边，现在已经成为以色列重要的旅游景点之一。

五、建国后文学

随着以色列 1948 年建国，以色列作家们不但有了属于自己民族的语言，还拥有了自己民族的家园，现代以色列文学作品大量涌现，出现了许多优秀的作家。

（一）独立战争的一代

在 20 世纪 40 年代和 50 年代开始发表著作的作家常被称为"独立战争的一代"，他们大多在以色列出生，在以色列长大，不同于祖辈，希伯来语是他们的母语，使用起来更为娴熟，他们的生活经历完全植根于以色列这片土地。这一时期希伯来文学已不再是少数族裔文学，而成为国家的主流文学。独立战争一代的代表人物有 S.依扎尔、摩西·沙米尔、哈诺奇·巴夫、哈伊姆·古里和本杰明·塔穆兹等人，他们在个人主义和个人对社会与国家承担的义务之间剧烈摇摆，并采取了社会写实主义的创作方法，这一创作方法直到 70 年代还在以色列文坛占主导地位。

S.依扎尔出生于巴勒斯坦地的雷霍沃特，他参加了 1948 年的第一次中东战争，并成为工党议会成员。他在作品中重点描写了刚刚成立的以色列，他善于把握个体和集体的冲突，他认为，在这些情景下，个人往往会放弃自己的道德判断，随社会大流而行。

沙米尔在特拉维夫长大，并在基布兹生活了 6 年。他在作品中创造了乌里这一文学形象，乌里代表着理想的以色列爱国者，为了拯救同胞而献出了自己的生命。沙米尔后期的作品开始从《圣经》中寻找题材。1967年后，沙米尔同以色列左翼势力决裂，加入到大以色列计划的追求中，并参与了以色列极右党派复活党的筹建。

（二）国家的一代

"独立战争的一代"之后又出现了新一代作家，他们被称为"国家的一代"。这一时期最为著名的作家有三位，他们分别为A.B.耶和书亚、阿莫斯·奥兹和雅科夫·沙布泰。这一代作家开始批判和解构上一代作家所塑造的希伯来语文化和以色列身份，寻求新的写作形式，使用包括心理写实主义、讽喻和象征主义在内的各种记叙文体和不同的散文写作风格，对以色列的政治和社会习俗进行思考和质疑。

耶和书亚被许多人称为"以色列的福克纳"，他善于通过文学作品来揭示文明底层的伪善与邪恶。在1990年创作的小说《马尼先生》中，耶和书亚描写了一个家庭中五代人之间的故事，通过对话的形式展示了各代人之间的隔阂。耶和书亚还在其他小说中描绘了东方犹太人和西方犹太人在传统、信仰上的差别。

阿莫斯·奥兹1939年生于耶路撒冷，希伯来大学文学与哲学学士，牛津大学硕士和特拉维夫大学名誉博士，本-古里安大学希伯来文学系教授。他著有《何去何从》、《我的米海尔》、《了解女人》等10余部长篇小说和多种中短篇小说集、杂文随笔集和儿童文学作品。他的作品被翻译成30余种语言并获多项重大文学奖，包括"费米娜奖"、"歌德文化奖"、"以色列奖"和"阿斯图里亚斯亲王奖"。奥兹是一位集希伯来传统文化与欧美现代文化于一身的作家，尤其受到俄国作家契诃夫、以色列作家阿加农和现代希伯来浪漫派小说家别尔季切夫斯基的影响。阿莫斯·奥兹的许多作品都被中国社科院副研究员钟志清翻译为中文，深受国内读者喜爱。

《我的米海尔》一书是奥兹早年的作品，该书奠定了奥兹国际作家的地位。作为一名男性，奥兹竟然以女主角第一人称的身份来叙述，把女性内心世界刻画得非常到位。奥兹另一部小说《爱与黑暗的故事》以娓娓动人的笔法向读者展示出一个犹太家族百余年的历史与民族叙事。

沙布泰 1934 年出生于特拉维夫。1957 年服完兵役后他加入到基布兹，1967 年他又回归都市生活。他最为著名的作品是《过去进行时》，这本书 1977 年用希伯来语出版，1985 年被翻译成英语，在现代主义文学中占有重要地位。此外，沙布泰还是以色列著名的剧作家，著名以色列舞台剧《被发现的老虎》就是他的作品。他不但自己创作戏剧，还将许多世界著名戏剧作品翻译成希伯来语引进以色列。

建国后，以色列出现了新一代诗人，代表人物有耶胡达·阿米亥、纳塔恩·扎克和大卫·阿维丹。这一代诗人对希伯来语的使用更加熟练，他们写诗的方式也不断偏离以色列诗歌早期的东欧传统，更贴近英国和美国诗派。

阿米亥是这一代诗人中的佼佼者，也是 20 世纪最重要的国际诗人之一。他生于德国的乌尔兹堡，12 岁时随家迁居以色列。二战期间他在盟军犹太军队中服役，目击了以色列独立战争和西奈战役。战后他当过多年的中学教师，1955 年他发表第一部诗集《现在和他日》，后来又先后出版了《诗：1948—1962》、《现在风暴之中，诗：1963—1968》、《时间》等 10 余部诗集，展现出了精湛的造词技术，在欧美诗坛上具有较大的影响。他的作品被译成 30 多种文字，在 1994 年的诺贝尔和平奖颁奖典礼上，当年的获奖者之一、以色列总理伊扎克·拉宾亲口朗读了他的诗作《上帝怜悯幼儿园的孩子》。阿米亥曾多次获得国际国内文学奖。

（三）新时期作家

20世纪80年代和90年代是以色列文学活动空前活跃时期，在此期间图书出版量剧增，若干以色列作家得到国际上的承认。比较著名的有卡尼尤克、阿哈龙·阿佩尔菲尔德、大卫·沙哈尔、大卫·格罗斯曼和梅厄·沙莱夫。他们相信文学作为一种工具能使读者了解他们自己既是个人，又是他们所处环境的一部分。这些作家中很多人还探讨当代以色列人生活中的政治和道德难题，奥齐、格罗斯曼和沙莱夫尤为突出。

在这一时期，大屠杀也成为以色列文学关注的主题，阿佩尔菲尔德是以色列较早在文学作品中涉及这一主题的作家，他的代表作有《所有的邪恶》和《铁路》。大卫·格罗斯曼是当今以色列文坛最重要的作家之一，他的作品《往下看：爱》从小男孩儿莫米克的角度讲述故事，反映大屠杀对莫米克的家庭所产生的巨大影响。他善于用创新的方式表现出社会的不公，著名代表作还有《羔羊的微笑》、《直到大地尽头》、《她的身体知道》等。格罗斯曼也是以色列最具争议的和平主义者，他对祖国充满深厚的热爱，但也同情饱受连年战乱之苦的巴勒斯坦人，他主张通过和谈解决巴以冲突。

最近，更加年轻的一代作家脱颖而出。他们的作品不再大量以以色列人的经历为中心，主题呈现出多样化和现代化的趋势。凯雷特一直是欧洲读者最喜欢的作家之一，他出版了一些短篇小说集，其中《迷失的基辛格》为他赢得了较大声誉，《最新消息报》将该书列入最伟大的50本希伯来语书籍当中，并被选入以色列高中教材中。艾斯科·尼沃也是这一时期的代表，他1971年生于耶路撒冷，在山姆·史皮格影视学校、特拉维夫大学、萨皮尔学院教授写作。2008年，他凭借小说《乡愁》获得法国雷曼·沃勒奖，并成为以色列杰出艺术家基金会成员。

如今的希伯来语诗坛依旧繁荣，梅厄·威厄塞尔西尔是现在比较活跃的诗人之一。他的诗作具有散文风格，运用了俚语和直截了当的措词，摒弃一切浪漫情调，加强了特拉维夫作为现实象征的形象。约纳·瓦拉赫以口语的形式和讽刺的语调表现自己的情感，运用了原型的主题、弗洛伊德的象征主义、韵律的重复和大串的联想。同时代的其他主要诗人还有阿舍·赖希、阿里耶·西旺、罗尼·索马克和摩西·多尔等人。

（四）东方犹太人作家

在以色列作家中还有一个特殊的群体，那就是东方犹太人。对于建国初期的东方犹太人，在创作上，他们首先需要解决的问题是：用什么语言来写作？是用他们的母语阿拉伯语，还是用他们祖国的语言希伯来语？伊扎克·巴·摩西和沙米尔·那喀什选择继续用阿拉伯语来写作，而撒米·迈克尔、西蒙·巴拉斯和埃里·阿米尔最初选择用阿拉伯语写作，但在20世纪60年代开始使用希伯来语，他们的作品展示了以色列东方犹太人的生活。

（五）女性作家

以色列建国早期，文坛中很少有女性的声音。比较著名的有卡哈纳·卡尔蒙，她出生于基布兹，在第一次中东战争中担任以色列国防军话务员，她1966年的小说集《同一屋檐下》探索了以色列女性所面临的理想和现实之间的差距。近年来，以色列涌现出一批优秀的女作家，她们不仅撰写一般题材，而且还描述她们意识到的自己在犹太传统中的地位和在犹太复国主义事业中的作用。这些女作家包括阿马利亚·卡哈纳 – 卡莫恩、查娜·芭特·沙查尔、舒拉米特·哈勒文、舒拉米特·拉皮德、鲁思·阿尔莫格、萨维昂·莱布雷希特、巴焦·古尔等。其中拉皮德和古尔还涉足侦探小说的写作，受到以色列评论界和海外翻译界的好评。

（六）阿拉伯人作家

以色列阿拉伯人中也涌现出一些杰出的作家。埃米尔·哈比比的《悲乐观主义者赛义德的秘密生活》、阿塔拉·曼苏尔的《新的灯光下》和安通·沙马思的《阿拉比斯克》是以色列阿拉伯人的代表之作。

第二节 电影与戏剧

一、电影

19世纪末20世纪初，犹太人在大量移居以色列的过程中给这块土地带来了许多新鲜的元素，包括电影这种新潮的艺术形式。最早出现在巴勒斯坦地的影片可以追溯到俄国犹太复国主义者雅各布·本多夫，他在1912年拍摄了《以色列地的犹太人生活》，1923年拍摄了《犹太军团》。同一时期，阿克斯尔洛德也拍摄了若干纪录片和半纪录片，他拍摄的《漂泊者俄德》是巴勒斯坦地第一部默片；第一部有声电影则是波兰人亚历山大·福特导演的《萨布拉》，影片中展现了生活在巴勒斯坦地的阿拉伯人维护自己权益的事迹，有一定的反犹色彩。

巴勒斯坦地早期的许多电影和纪录片都是在犹太复国主义组织的资助下拍摄的，这些电影的拍摄目的就是让生活在世界各地的犹太人了解圣地的情况，让更多的犹太人移民巴勒斯坦地。摩西·罗森博格、雅科夫·本·多夫和巴卢齐·阿加达蒂等人都是这一时期重要的电影制作人。

1948年以色列建国后战争不断，犹太人的遭遇、战争以及移民带来的社会问题成为以色列电影所关注的重点，反映犹太民族文化融合、塑造民族英雄形象、建设新国家等成为以色列电影的任务。同当时的文学作品一样，这一时期电影都具有高度的政治性，主人翁要么是英勇的卫国战士，要么是勤劳的基布兹成员，这导致电影观念、电影语言和观众对电影艺术审美情趣相对落后。这一时期的故事片有《脱离邪恶》、《24号高地没有回答》和《他们是十个人》等。其中《24号高地没有回答》由英国导演索尔罗德·迪金森在1955年拍摄，获得了两次戛纳电影节提名。

20世纪60年代以后，以色列开始成规模地拍摄故事影片，因此部分电影史学家认为1960年为以色列电影的开端。拍摄于1964年的《萨利赫》和1967年的《阿宾卡》均出自导演埃夫莱姆·吉辛之手。两片的主人公虽然年龄不同，身份不同，但都有一个共同的特点——孩子气十足且游手好闲，虽然对现状不满意，但不是靠自己的劳动去改变现状。这两部影片还含蓄地批判了以色列政府的官僚主义、选举制度和福利制度上的不合理。

20世纪60年代的以色列电影已经开始受到世界其他国家电影的影响，时不时会有一两部较为个人化的影片被创作出来。它们与主流影片相对立，甚至大胆引进一些当时欧洲新浪潮的表现手法。拍摄于1969年的影片《围困》从形式到内容在当时都相当前卫，并在当年戛纳电影节上获金棕榈奖提名。该影片以1967年的"六日战争"为背景，用一名战争寡妇的情感遭遇来使人反思战争对人的伤害。

在70年代，以色列电影增加了非犹太人主体的情节剧和戏剧，许多以东方犹太人和塞法拉迪人的生活为原型的电影涌现出来。这些电影表现了以色列的贫富差距悬殊，抨击以色列阿什肯纳兹人主导以色列政治和社会的现象。70年代后期，以色列影片中开始出现了更多理性思考，如1977年丹尼尔·赫鲁维兹拍摄的《伞兵》；对巴以冲突进行反思的电影也开始出现，如《掘金人》、《墙外》等。

1982年黎巴嫩战争后，以色列阿拉伯人中也出现了许多导演，其中乌里·巴拉巴什拍摄了《高墙之外》，尼辛·达扬拍摄了《窄窄的桥》，这些电影中的男女演员也往往采用阿拉伯人，一批阿拉伯影星随之涌现。

80、90年代以色列电影开始出现了新的面貌，电影中少了浓烈的政治气息、宗教意味和战争硝烟，多了一些对普世性问题的关注，并致力于表现普通人的日常生活和感情际遇。比较杰出的影片有《艾维雅的夏天》、《魔法》、《阿宾先生的最后90分钟》等，其中《艾维雅的夏天》获得了1989年柏林电影节银熊奖，这也成为以色列电影走向世界的标志。这部影片不但由吉拉主演，而且改编自她本人的自传体小说，讲述了一个10岁的小女孩艾维雅和她的母亲在二战结束回到以色列后母女二人相依为命的一段故事，从侧面展现了大屠杀对犹太人的摧残，影片中没有出现一所集中营的画面，但对集中营那段历史的回顾与反思在片中随处可见。

进入新世纪后，以色列电影对人的生活、生存及关爱与尊严等问题更为关注，而且呈现出更开放的态度与写实风格。这一时期代表影片有《折翼》、《哭泣的男人》、《圣地》、《我的军中情人》、《在世界的尽头向左转》、《泡沫》等。《折翼》讲述的也是关于失去亲人的不幸和渴望被人接纳的故事；《在世界的尽头向左转》描写一个沙漠城镇中不同文化背景的人之间难得一见的友谊；《泡沫》探索了阿以冲突背景下特拉维夫的当代城市生活；《我的军中情人》描写了以色列国防军中同性恋的爱与欲，这部电影的导演伊藤·福克斯同时也是经典电视连续剧《弗洛伦丁》的导演；《弗洛伦丁》讲述的是特拉维夫贫民区一群梦想破灭的以色列年轻人的故事。

战争作为一个主题在以色列电影中从来都占有重要的地位。随着时间的推移，新世纪以来，直接描写战争的影片在以色列电影中所占的比例越来越小，但关于战争的反思越来越深刻。电影《波弗特》就是这一时期战争片的典型代表，波弗特是黎巴嫩南部的一个地名，历来就是兵家必争之地，这部电影以 2000 年以色列军队从黎巴嫩撤军为背景，讲述了驻扎在波弗特独立哨所的最后一批以军士兵在结束 18 天的占领后从黎巴嫩撤退的故事。这部影片上映后成为 25 年来以色列票房最高的故事片之一，虽然影片的背景是 2000 年的巴以冲突，但它让公众对 2006 年以色列和黎巴嫩真主党之间的冲突有了更多的思考。约瑟夫·塞达因为这部电影在柏林电影节上赢得了最佳导演奖，这部电影还获得其他 11 个奖项，同时获得奥斯卡最佳外语片奖提名。

除了《波弗特》，以色列其他电影也在国际舞台上屡获殊荣，导演德罗尔·绍尔的影片《甜蜜的泥巴》在圣丹斯电影节上获得最佳故事片奖；大卫·沃拉什的影片《我父，我主》讲述一个特别正统的家庭度假时的故事，获得特里贝卡电影节最佳外国故事片奖；小说家埃特加尔·凯雷特和希拉·格芬导演的影片《水母》在戛纳电影节上荣获金摄影机奖；《艾维瓦，我的爱》在以色列、上海和东京获得了 10 项大奖，其中包括在第十届上海国际电影节上获最佳编剧奖；埃兰·克里林的影片《乐队来访》在戛纳获得了 3 个奖项；以色列女演员汉娜·拉斯罗因在以色列导演阿莫斯·吉塔斯的影片《自由地带》中的出色表现，获得了 2005 年第 58 届戛纳电影节最佳女演员奖；2011 年，以色列电影《不再是陌生人》获得第 83 届奥斯卡最佳短片。

2012 年，约瑟夫·斯达导演的《脚注》入选第 84 届奥斯卡最佳外语片提名，并获得戛纳电影节最佳编剧奖。影片讲述了一对处在对抗关系中的父子的故事，以幽默的方式嘲讽了那个相互倾轧、自以为是的学术圈。这是以色列电影在过去 5 年里第四次获得该奖项的提名。

随着以色列电影质量的提高，以色列电影票房也稳步增长，以色列国内 2012 年共卖出 1200 万张电影票。以色列影片在国外的认可度也越来越高，电影出口收入不断增加，一些外国影片、合拍影片纷纷在以色列拍外景。

以色列电影中心是工商部下属的一个机构，旨在促进本地和外国制片人在以色列拍电影，并提供各种服务，如安排业务洽谈、提供鼓励资金等。

耶路撒冷电影馆举办以色列电影节这样重要的活动，海法和斯德洛特也会举办类似活动，加上在海外举行的以色列电影节，都让以色列电影的国际知名度得到大幅度提高。

耶路撒冷电影馆存有数千部电影，有一座研究性图书馆、若干放映厅以及展览空间。这里定期放映影片，通常是与使馆、文化机构或民间组织合作开展主题放映活动。自1984年起，这里每年举行一次非竞赛性的电影节，吸引了很多高质量的电影和影像作品来到以色列。电影档案馆在特拉维夫和北部小城罗什平纳设有分馆。艺术电影在以色列一直很受欢迎，雷夫连锁影院让全国各地的人们都能在舒适的环境中观看影片。

耶路撒冷希伯来大学的斯皮尔伯格电影资料馆存有世界上最多的犹太人主题的电影资料，这也是关于犹太人和以色列人生活的电影资料。这家资料馆由希伯来大学和以色列国家档案馆合办，主要任务是收集、保存和编目关于犹太人的电影，供世界各地的研究者以及电视、电影创作者查阅。除了电影资料馆，以色列还拥有50多家商业电影院。

二、戏剧

希伯来语戏剧与文学不同，在古代希伯来语文化中并不存在，它起源于1917年英斯科建立的哈比马剧院，该剧院当时由俄国导演康斯坦丁·斯坦尼斯拉夫斯基领导；天才演员汉娜·罗维娜（1892—1980年）被公认为"希伯来语戏剧第一夫人"。1931年，这个剧团在特拉维夫设立了固定剧院。虽然具有浓厚的东欧艺术风格，但哈比马剧院被看作是以色列的国家剧院，在这里人们不但可以欣赏到传统犹太戏剧，也可以欣赏到现代作品。每年哈比马剧院的剧组人员都会在全国各地的剧院巡演。

以色列的戏剧有许多不同的组成部分，包含有当代的、古典的、本土的、外来的、实验性的和传统的元素。许多不同背景的剧作家、演员和导演受到国外和本地影响，逐渐创造出一种以色列特有的戏剧。当今以色列的戏剧舞台十分活跃，全国有6个定期换演剧目的专业剧团，还有数十个地区性和业余剧团在全国各地为广大观众演出。近几年来，一些以色列剧团到世界各地演出，参加包括爱丁堡戏剧节在内的各种国际戏剧节，并在欧洲、美国和其他地方的戏剧盛会中一展风采。在国际上声名显赫的一些主要剧作家有：哈诺赫·莱温、耶霍舒亚·索贝尔、希勒尔·米特尔蓬特和埃弗拉伊姆·基雄。

哈比马剧团：兴起于俄罗斯，现已被公认为以色列国家剧团。该剧团设在特拉维夫，平均上座率约达90%。这个团的剧目主要是有关于犹太人题材的传统戏，既包括有当代希伯来剧作家的作品，也有翻译过来的外国经典作品、戏剧和喜剧，一些国际知名导演还常常把本地作品搬上舞台。

卡梅尔剧团：成立于1944年，1970年以后成为特拉维夫市剧团。这是第一个上演描写以色列生活的写实主义作品的剧团，为希伯来语戏剧发展做出了巨大贡献。卡梅尔剧团演出的《哈姆雷特》由伊塔伊·蒂兰主演，赢得了国内外评论界的盛誉，这部获奖剧目于"莎士比亚在华盛顿"戏剧节期间在肯尼迪演艺中心演出。

海法市剧团：这个北部城市的剧团，定期换演多种以色列作品和外国戏剧，既有古典的，也有现代的。

贝尔谢巴市剧团：定期换演的剧目包括当代原作和翻译过来的

外国古典和现代戏剧。

贝特－利厄辛剧团：定期换演多种以色列戏剧作品和翻译的当代外国戏剧。

阿拉伯剧团：以成年人为对象的专业阿拉伯语剧团，上演阿拉伯国家的原作以及翻译的当代作品。

贝特－哈格芬剧团：以青少年为对象的专业阿拉伯语剧团，上演阿拉伯国家的原作、当代戏剧以及其他国家的作品。

可汗剧团：耶路撒冷唯一定期换演剧目的剧团，既演当代作品也演古典作品，独特的演出厅位于一家经过修复、有数百年历史的土耳其小旅店内。

盖谢尔剧团：成立于1991年海湾战争期间，为来自前苏联的新移民敞开了艺术大门，是第一个上演俄国上乘之作的剧团。该剧团继获得成功和盛名之后，现已成为以色列演出希伯来戏剧的主流剧团之一。该剧团在世界上许多著名的节日中都代表以色列进行演出。2013年3月8日至10日，以色列盖谢尔剧团为中国观众带来了话剧《唐璜》。

克利帕剧团：成立于1995年，由舞蹈家兼导演伊迪特·赫尔曼和演员兼音乐家迪米特里·秋利帕诺夫创立。剧团将喜剧、舞蹈、构思和音乐交织在一起，作品大多无词，每年上演两到四部新剧。他们的大部分剧目只在有限的一段时期内上演，有的甚至只在特定的地点上演一次。

少年儿童剧院在全国各学校和文化中心为3个不同年龄组的学生演戏，举办戏剧训练班，并为学校专题研讨班派遣教师。

火车剧院于1981年在耶路撒冷成立，是一家木偶剧院。剧院既有完整的戏剧演出，又有给很小的孩子讲故事的有趣节目，还为孩子和家长举办街头文化节。剧院还举行一年一度的国际木偶戏剧节。设有表演、导演和有关舞台的专业的院校很多，如特拉维夫大学、耶路撒冷希伯来大学、贝特－兹维艺术舞台与电影学院、尼森·纳提夫表演培训学校和塞米纳基布兹戏剧学校。

第三节　美术、音乐与舞蹈

一、美术

从 20 世纪开始，以色列的美术呈现出不断创新的倾向，东西方文化交汇以及以色列故土本身无不影响着这门艺术。

以色列有组织的艺术活动始于 1906 年。这一年，著名雕塑家鲍里斯·沙茨教授从保加利亚来到巴勒斯坦地，根据 1905 年犹太复国主义者代表大会批准的一项计划，他在耶路撒冷建立了比扎莱尔工艺美术学校，该学校的名字直接使用了《圣经》中提到的第一位艺术家比扎莱尔·本－乌里（Bezalele Ben-Uri）的名字。比扎莱尔工艺美术学校旨在鼓励有才华的年轻犹太人研究以色列故土的艺术。到 1910 年，这所学校已有 500 名学生，并拥有一个遍布犹太人世界的现成的艺术品市场。

起初比扎莱尔学校的艺术定向是想通过把欧洲绘画技巧与中东装饰形式相结合，创造一种"正宗犹太艺术"，于是产生了许多表现《圣经》场面的绘画。这一时期的艺术家包括沙米尔·赫森伯格（1865—1908 年）、埃夫拉姆·列勒恩（1874—1925 年）和阿贝尔·潘（1883—1963 年）。

巴勒斯坦地第一次重要的艺术展览（1921 年）在耶路撒冷旧城的大卫古城堡举行，参展画家大都来自比扎莱尔学校。此后不久，比扎莱尔学校的民族风格、东方气息的直陈手法已显得落伍，受到来自两方面的挑战：一方是比扎莱尔学校内部年轻的反对派，另一方是新到巴勒斯坦地的艺术家。这些艺术家开始寻找一种他们称之为"希伯来"艺术的表现方式，与"犹太"艺术分庭抗礼。为了标榜新的文化认同，他们在创作中运用近似原始的技巧描绘中东地区的日常现实，突出风景画面中的强光部分和明快色调，着意刻画异乡情调。亚伯拉罕·梅尔尼科夫、约瑟夫·扎里特斯基和雷郁芬·罗宾是"希伯来"艺术运动的倡导者，这一艺术潮流对以色列的文艺发展产生了深远影响。20年代中期，大多数艺术家来到新城特拉维夫，那里从此成为全国的艺术活动中心。

1948年的第一次中东战争导致纳夫塔里·贝泽姆和阿夫拉汉姆·奥菲克等其他艺术家采用了一种社会立场鲜明、富于战斗精神的风格。然而，这一时期形成的最令人瞩目的流派是"新视野"派，这些人旨在使以色列绘画摆脱地方色彩和文学瓜葛，进而跻身当代欧洲艺术之林。他们发展了两个主要趋势：其一以"新视野"的主将约瑟夫·亚里茨基为代表，他追求气氛的抒情风格，表现依稀可辨的地方风光片断和冷色调；其二是风格上的抽象派，徘徊于几何主义和常常以象征为基本手法的形式主义之间，这极其明显地表现在罗马尼亚出生的艺术家马塞尔·扬科的作品中，他是达达主义的创始人之一。"新视野"派不仅使以色列的抽象艺术获得了合法地位，而且直到60年代初还是它的主导力量。

随着以色列国际地位的提高，越来越多的以色列艺术家走向了世界，60年代的艺术家承上启下，使"新视野"派的活动和70年代追求个性的时尚得以衔接。史特来西曼和斯丹麦茨基都是特拉维夫市阿维尼学院的教师，给第二代艺术家以极大影响，其中包括拉菲·拉维、阿维瓦·尤里、尤里·利夫席茨和李·尼科尔。这一批画家在寻求个人意象的过程中，以形式多样的绘画作品向抒情抽象派的精细画风提出了挑战，他们的作品借鉴了各种海外的表现主义和象征性抽象的风格。雅科夫·阿加姆是这一时期重要的以色列艺术家，他凭借在欧普艺术上的创新在世界艺术界占有重要地位。

70 年代的以色列绘画发展到以极简抽象派艺术为特点。拉瑞·阿布拉姆逊和摩西·格舒尼等艺术家的作品主要表现为对意念的讲解，而不是对美学的思考。80 年代和 90 年代的艺术家在个人实验的气氛中创作，似乎只是寻求自我满足和对以色列精神的感受，他们采用的方式是把多种材料和技巧以及形象结合起来，不仅吸收当地素材，也吸收形形色色的普遍性素材，如希伯来语字母和人类的紧张、恐惧情感。平哈斯·科亨－加恩、德加尼特·贝雷斯特、加比·克拉斯莫、齐比·杰瓦、茨韦·戈尔德施坦、大卫·雷伯等人的作品反映出当前的时尚仍然力求趋于扩大以色列艺术的定义，使之超出传统概念和题材，既是乡土文化独特的表现形式，又是当代西方艺术中一个生机勃勃的组成部分。

在以色列艺术的发展过程中，比扎莱尔学校也处在不断的变化和发展中。今天的比扎莱尔学校仍然是以色列重要的艺术和设计学院，坐落在希伯来大学校园里。

以色列现当代比较著名的画家有黛比·卡姆佩尔，她三次参加北京美术双年展。她的作品主要表现以色列人的日常生活和她对日常生活的理解。她的作品被很多艺术馆收藏，如耶路撒冷的以色列博物馆、纽约的犹太经学院博物馆、北京的奥林匹克美术馆、克罗地亚的库拉文化学院。

以色列拥有许多博物馆，其中艺术类博物馆的数量很多，在这些博物馆中，人们可以领略到以色列各个时期的艺术作品。

二、音乐

以色列人对音乐情有独钟。以色列的音乐既有犹太传统元素，也吸取了来自世界各地的异国元素，包括阿拉伯音乐、中东音乐和现代西方音乐。音乐为以色列人国民身份的构建做出了巨大贡献，以色列的音乐家创造出属于以色列的独特的音乐风格，在古典音乐、爵士、流行、摇滚等音乐领域都很有建树。

（一）古典音乐

以色列第一所音乐学校是 1910 年由书拉密·鲁平（Shulamith Ruppin）在特拉维夫创立的。到 20 世纪 20 年代，巴勒斯坦地共有 4 所音乐学校，其中特拉维夫 2 所，耶路撒冷 1 所，海法 1 所。以色列地第一个交响乐团成立于 1923 年，到 30 年代，以色列地的音乐爱好者已经可以享受到室内歌剧、室内交响乐演奏、合唱团表演和弦乐四重奏。

1933 年希特勒上台后，针对犹太人的文化压制和人身迫害严重化。到 1939 年，超过 1500 名音乐家离开德国来到以色列地和美国，这也客观推动了巴勒斯坦地和美国音乐事业的发展。

1936 年对于巴勒斯坦地的音乐事业非常关键，这一年，英国创建了巴勒斯坦广播公司，播放英语、希伯来语和阿拉伯语的广播节目。巴勒斯坦广播公司也有自己的小型乐团，并创作了许多独奏，它的广播音乐会吸引了成千上万的听众，这支乐团就是今天的耶路撒冷交响乐团的前身。同年，意大利著名指挥家阿尔图罗·托斯卡尼尼带领新成立的巴勒斯坦管弦乐团进行了第一场演出，这支乐团就是著名的以色列爱乐乐团的前身。这支乐团是同年由出生于波兰的犹太裔小提琴家胡伯曼，为了从纳粹的大屠杀中拯救那些流亡在欧洲各国的犹太裔演奏家而自筹资金创办的。这支乐团很快成为国家音乐生活的中心点之一，数年内便声名远扬，成为世界杰出的乐队之一。

1948 年后，以色列建国，该乐团更名为以色列爱乐乐团，成为以色列的国家级交响乐团。库谢维茨基、奥曼迪、马蒂农、索尔蒂、马科维奇、库贝利克、西诺波里、马祖尔等多位世界级的指挥大师都和乐团有着良好的合作，伯恩斯坦和梅塔则是对乐团影响最大的两位指挥家。2012 年 12 月 31 日，以色列爱乐乐团和指挥大师祖宾·梅塔在人民大会堂为观众带来北京新年音乐会。

20 世纪 60 年代初，耶路撒冷希伯来大学举办了阿图尔·鲁宾斯坦音乐研究讲座，开创高等院校设立音乐教育与研究课程的先例。特拉维夫大学和巴伊兰大学也增设了音乐研究系，主要就犹太人音乐和以色列各民族群体的音乐这两个专门领域进行研究，特别侧重塞法拉迪人和东方犹太人社团的音乐。

90 年代初期，前苏联有 100 多万犹太人大规模移居以色列，这为以色列带来了许多专业音乐家，包括演奏家、歌唱家和音乐教师。新的交响乐队、室内管弦乐队和小型合唱团纷纷应运而生，给全国各地的学校教育系统、音乐学院和社区中心注入了才华横溢的人才和蓬勃的音乐活力。

以色列古典音乐一直保持着强劲的发展势头。目前，以色列拥有多支交响乐团，除了著名的以色列爱乐乐团和耶路撒冷交响乐团外，以色列拥有以色列室内乐团、贝尔谢巴小交响乐团、以色列基布兹乐团以及在海法、内坦亚、霍隆、拉马特甘和里雄莱锡安的管弦乐队。以色列的室内音乐合奏乐团包括耶路撒冷四重奏乐团、尤瓦三重奏乐团等。

以色列有 30 多所专业音乐学校，其中，特拉维夫和耶路撒冷的音乐学校能够发放学历，也有许多人找私人音乐教师学习音乐。

在以色列举行的世界级音乐盛会有国际竖琴比赛和阿图尔·鲁宾斯坦钢琴比赛。许多地方性音乐节，如共因·格夫基布兹的音乐节和在克法·布卢姆基布兹举办的室内音乐节，也吸引了许多音乐爱好者。

（二）作曲家

在以色列诞生了许多世界著名的作曲家，比较著名的包括本哈伊姆、奥登·帕尔托斯、约瑟夫·塔尔、亚历山大·乌利亚·博斯科维克和摩迪凯·赛特尔等人。

本哈伊姆1933年从德国移民到巴勒斯坦地，是当时著名的钢琴家和指挥家。在巴勒斯坦地他认识了著名歌手巴拉哈·泽菲亚，通过她，本哈伊姆开始接触中东音乐，并将中东音乐元素融合到了他自己的音乐创作中，因此他也成为一位融合东西方风格的作曲家，1957年他获得了以色列奖。

奥登·帕尔托斯是一位匈牙利小提琴手和作曲家。1938年他移民到特拉维夫，从1938年到1956年他担任以色列爱乐乐团的首席小提琴独奏家，1951年他成为特拉维夫音乐学院院长。和本哈伊姆一样，他也深受巴拉哈·泽菲亚的影响，在音乐唱作中融入了东方音乐元素，他的第一部交响乐作品《埃因·格夫》就为他赢得了1954年的以色列奖，这首曲子的灵感来自埃因·格夫基布兹的精神。

约瑟夫·塔尔1934年从柏林来到巴勒斯坦地，他最初从事戏剧和歌剧的创作，创作了包括《阿姆农和塔玛尔》（*Amnon and Tamar*）在内的一系列著名歌剧作品。1961年他成立了以色列第一个电子音乐工作室，并创作了包括《出埃及记2》在内的一系列电子音乐作品。

博斯科维克在移民以色列之前就已经在东欧的犹太人音乐圈中很有声望，但在20世纪40年代末他由于抑郁症停止了创作。摩迪凯·赛特尔1927年从苏联移民到巴勒斯坦地，他创作了许多芭蕾和现代舞的音乐，包括1961年的《守夜》（*Midnight Vigil*）。

第二代作曲家大多是第一代作曲家的学生，其中杰出代表有娜奥密·谢莫尔（1930—2004年），娜奥密·谢莫尔被誉为"国家级词曲作家"。她那种意境深远、充满激情的风格直到今天一直经久不衰。谢莫尔1930年出生在以色列北部的基布兹，后来她考上了特拉维夫音乐学院，回到基布兹农庄后她开始为自己所在地的古老社区写歌。谢莫尔曾加入新成立的以色列国防军，在此期间她创作了很多诗歌，谢莫尔退役后继续创作歌曲，这些歌曲依然大受欢迎，最流行的要数《金城耶路撒冷》，被称为以色列"非官方国歌"。

第三代也就是最近一代作曲家，渴望加入不带民族特点的国际作曲潮流，通过音乐来表现对犹太人的大屠杀，并且打破种种音乐的樊篱，将东西方传统融为一体，将一些流行音乐的风格吸收进来。

（三）当代流行音乐

以色列当代音乐风格非常多样。嘻哈乐队哈达格·纳哈什（Hadag Nahash）就用音乐来表达政治上的不满。他们有一首歌叫《贴纸之歌》，是乐队与小说家大卫·格罗斯曼共同创作的。歌词是以色列汽车贴纸上的口号集锦，反面的政治口号并列在一起，构成一幅愤怒、讽刺且荒诞的以色列生活素描。伊丹·雷查尔乐团（Idan Reichal）就将埃塞俄比亚的音乐传统与中东灵歌和礼拜音乐的影响融合起来。"茶包"、玛希纳、克尼西亚特·哈赛切尔等乐队以及艾胡德·巴纳伊、什洛莫·阿特齐，甚至包括萨利特·哈达德等独唱歌手都是以色列主流音乐的宿将，至今仍广受欢迎。

许多以色列流行音乐新人都是通过一个叫《明星诞生》的电视节目涌现出来的。这个节目是以色列的《美国偶像》。尼内特·塔耶布、哈雷尔·莫亚尔、耶胡达·萨阿多等都是通过这个节目走上音乐道路的。2007年，这个节目的获胜者是博亚兹·茅达，他的也门裔以色列人的家庭传统也反映在他的音乐中。

（四）音乐节

长期的战乱让许多以色列人的精神高度紧张，举办音乐节是他们放松的重要方式，以色列有许多各种类型的音乐节。

每年 5 月或 6 月，以色列会在耶路撒冷举办以色列音乐节（The Israel Festival），在音乐节上会上演各种音乐、舞蹈和歌剧节目，许多国内外明星都会参加。

阿布哥什音乐节（Abu Ghosh Vocal Music Festival）在以色列也有很高的知名度，每年 9 月底或 10 月初的住棚节期间在以色列小镇阿布哥什举行，这座小镇距耶路撒冷只有 10 分钟车程。在音乐节上，许多乐团会在美丽的自然环境中演奏古典音乐。

对于寻求刺激的年轻人来说，阿哈瓦摇滚音乐节是一个不错的选择。这个音乐节一般都在死海之滨举行，在音乐节上不但能够领略到美丽的死海风光，还能看到诸如沙洛姆哈诺等摇滚巨星的表演。

每年 8 月份，以色列最南边的旅游城市埃拉特会举行红海国际爵士音乐节（Red Sea Jazz Festival），音乐节通宵都会有精彩的表演上演。

耶路撒冷国际乌得琴音乐节（Jerusalem International Oud Festival）每年 11 月份在耶路撒冷和拿撒勒举行。乌得琴是来自土耳其的乐器，但在整个地中海地区都非常流行。

此外，以色列著名的音乐节还有采法特犹太音乐节（Safed Klezmer Festival）、内盖夫音乐节（In-D-Negev）、沙漠吉他音乐节（Guitar Festival in the Desert）等。

三、舞蹈

自圣经时代以来，舞蹈在犹太人的社会生活和宗教生活中一直是表达喜悦心情的重要方式，而今已成为宗教、民族、社区和家庭庆祝活动的重要组成部分。

（一）现代舞蹈

在 20 世纪 20 年代，舞蹈作为一种艺术形式被介绍到巴勒斯坦地。如今，通过风格各异的舞蹈团的努力，这门艺术在以色列已发展到很高的水平。以色列国内有 6 个主要专业舞蹈团，大多在特拉维夫，它们的保留节目丰富多彩，演出的足迹遍及国内外。

以色列芭蕾舞团是从一个古典舞蹈班发展起来的，创办人是该团两位艺术指导伯塔·亚姆波尔斯基和希勒尔·马克曼。这是国内唯一的专业古典芭蕾舞团，演出的节目既有古典、新古典作品，也有现代作品。

基布兹当代舞蹈团于 1970 年由加阿通基布兹成员耶胡迪·阿农在以黎边境附近创建。阿农将一个由年轻的业余舞蹈人员组成的团体打造成以色列最主要的当代舞蹈团，赢得了较大的国际声誉。今天，基布兹当代舞蹈团同其艺术总监和舞蹈教练拉米·贝尔一起得到了世人认可。2012 年 7 月，基布兹当代舞蹈团在中国解放军歌剧院上演了歌舞剧《哪怕》。

巴特谢瓦舞蹈团由马特·格雷厄姆与巴特谢瓦·德·罗斯柴尔德男爵夫人于 1964 年创办，最初以格拉厄姆方法为基础，一直非常重视芭蕾训练。如今，这个舞蹈团已成为以色列文化著名的全球大使。目前，舞蹈团由欧哈德·纳哈林担任艺术指导，莎伦·艾亚尔任常任编舞。与以色列其他舞蹈团一样，巴特谢瓦舞蹈团也有教育活动和延伸项目，旨在将舞蹈带到以色列社会的方方面面。用舞蹈团自己的话说，巴特谢瓦舞蹈团的舞蹈富有表现力、活力、新意，美而且动人，展示着这个国家的活力。

韦尔蒂戈是 1992 年由两名舞蹈演员诺亚·沃特希姆和阿迪·沙阿尔组成的相当成功的现代舞组合。他们在世界巡回演出，多次在国际上获奖。其多数节目的特点不仅保留了沃特希姆的原创设计，也融汇了与其他艺术家共同创作的舞蹈精髓。

茵芭·平托舞蹈团的编舞和舞蹈教练茵芭·平托是国际舞蹈界一颗冉冉升起的新星。茵芭·平托是前巴特谢瓦舞蹈团成员，自从1990年转为编舞以后，她赢得了许多舞蹈大奖。平托同副艺术总监阿夫沙洛姆·波拉克一起创作了许多舞蹈作品，如世界著名的作品《蚝华马戏团》，该剧在以色列和国外进行了数百次演出。

以色列现代舞能得到进一步的发展，一些较小的舞蹈团体和独立编舞人员也发挥了很大的作用，他们的工作为全世界舞蹈爱好者所欣赏，其中最出色的是亚斯米恩·高德尔，她2001年在纽约获得了贝丝奖（Bessie Award），在以色列也获得了许多奖项。她的舞蹈语言富有女性的特质，其作品《两个粉红小可爱》已在世界多个国家演出。

以色列在舞蹈教育领域做出了种种贡献，包括在世界各地广泛传授的摩西·费尔登克赖斯教学法，以及埃什科尔-瓦赫曼舞蹈动作符号体系，这是记录舞蹈和其他动作的最知名的三大体系之一。

（二）民间舞蹈

早期的开拓者们对原有的本族舞蹈进行了改编，使之适应新的环境。在以色列，改编民间舞蹈是从20世纪40年代起逐步形成的一种不断发展的艺术形式。

早期的开拓者放弃了东欧的城市生活，过上了这里集体定居点的乡村生活，也带来了适应他们新环境的家乡舞。罗马尼亚的霍拉舞典型地表现了在以色列故土上建立的新生活：众人围成圈的形式使所有参加跳舞者地位平等，简单的动作使得人人都能参加，手拉着手则象征着新的观念。

人们创作出多种多样的民间舞蹈，配合流行的以色列音乐来跳，其中包含阿拉伯的狄布开、北美的爵士、南美的节奏和地中海国家舞蹈的韵律等舞蹈元素。

民间舞蹈通过个人参与和舞台表演两种方式呈现。公众对民间舞蹈的热情使民间出现了职业的领舞者，成千上万的人把定期参加舞蹈活动作为一种娱乐方式。从 1988 年起，每年都会在加利利中部小城卡尔梅尔举办为期三天的国际民间舞蹈节，吸引来自以色列和世界各地的民间舞蹈团参加。

第六章　科技、教育和文化事业

国土狭小、资源贫乏的以色列能够成为中东最为发达的国家之一，同其发达的科技、健全的教育体制和繁荣的文化事业有着密切的关系。可以说，以色列的教育体系和文化事业是其科技得以发展的重要的动力来源。

第一节　科技

一、科技概况

以色列是世界上仅次于美国的高科技中心之一，实现了创新立国，在科技创新方面取得的成就令人钦佩，在生命科学、医学、药学、农学、微电子学、光机电学、数学、天体物理学等许多学科已具备了很强的研究基础，并已研发出许多重要成果。我们日常所熟知的局域网源头技术以太网、网络实时对话软件 ICQ、管控网络数据传输安全的软件 Check Point 都来自以色列。

以色列科技所产生的影响力已经远远超出了其国土影响力。2002 年，以色列在美国注册了 1046 项专利，这个数量仅次于美国和日本。国际投资也是衡量以色列科技吸引力的重要标准。在 20 世纪 90 年代，以色列的外国资本并不多，但进入新世纪后，许多国际知名公司都来到以色列投资，2000 年进入以色列的风险投资额达到 55 亿美元，这让以色列拥有世界上最高的人均风险资本，是美国的 2.5 倍。

以色列信息产业高度发达，高素质软件工程师众多，被称为第二硅谷。2011 年以色列信息技术产业出口总值超过 100 亿美元。英特尔、IBM、微软、谷歌、苹果等众多国际著名企业均在以色列设有研发中心。不少以色列当地企业在这一领域也颇有建树：以色列 Gilat Satcom 公司[①] 为亚、非和中东地区提供卫星和光纤通信解决方案；以色列 RADWIN 公司[②] 为全球 140 个国家的数码城市提供语音、视频和数据无线传输的解决方案，传输速度可达 200 兆比特每秒，传输距离可达 120 千米。

以色列是全球云计算技术中心之一。2011 年 4 月，阿尔卡特朗讯公司[③] 在以色列正式成立全球云计算中心，专注于开发基于云计算的基础架构，为全球通信运营商提供服务。2012 年 3 月，微软在以色列启动了该公司史上首个创业公司加速器项目，鼓励创业者利用 Windows Azure 平台[④] 开发基于云计算的应用。

2011 年，以色列高技术产业出口超过 200 亿美元，占其工业出口总值的 43%，占其 GDP 的比重约为 10%。凭借其高科技产品的出口，以色列已成为英国在中东地区最大的贸易伙伴。以色列有 100 多家高科技公司在美国纳斯达克上市，是美国股票市场上最多的外国厂商国家之一，有 10 多家公司在欧洲的股票交易所上市。

---

① Gilat Satcom 公司网址 http://www.gilat.net/。
② RADWIN 公司网址 http://www.radwin.com/。
③ 阿尔卡特朗讯公司网址 http://www.alcatel-lucent.com/。
④ 微软面向云计算推出的平台即服务产品。

二、科技发展史

不同于大多数国家，以色列在建国之前就已经拥有了相对健全的大学和科技研究机构。

对于最早来到巴勒斯坦地的犹太移民而言如何生存下来是首要任务，发展农业科技成为他们亟待解决的问题。1870年，犹太人在巴勒斯坦建立了米克夫以色列学校。1921年，在特拉维夫建立农业站，该农业站后来发展成为农业研究组织，现在仍然是以色列主要的农业研究与开发机构。

在第一次世界大战以前，随着希伯来保健站的成立，巴勒斯坦地的犹太人开始了医疗与公共卫生研究工作。20世纪20年代中期，耶路撒冷希伯来大学建立了微生物学院、生物化学系、细菌学系、卫生学系，以色列的医疗和公共卫生研究随之得以发展。这些学院的建立为哈达萨医疗中心①的成立奠定了基础。

1912年成立的理工学院培养了大量犹太科技人才。当时的犹太人常常被禁止进入欧洲的理工大学学习，理工学院的建立解决了这一问题。

以色列的工业研究是在20世纪30年代在死海实验室首先开始的。基础科学与技术方面的进展则是在希伯来大学、以色列工程技术学院和丹尼尔·西埃弗研究中心取得的。西埃弗研究中心后来发展成为著名的魏兹曼科学研究所。中东地区第一台电子计算机WEIZAC就是在这里研制成功的，这台计算机被认为是计算机发展史上的里程碑。

建国以后，以色列科技有了更好的发展环境。在建国之初政府

---

① 哈达萨（Hadassah）希伯来大学医疗中心位于以色列的耶路撒冷，是以色列的一家提供专科和次专科专业治疗的三级医疗中心，曾于2005年提名诺贝尔和平奖，是以色列最著名的医学研究机构。

就制定了发展科技的长远计划，成立了国家科学委员会来组织和协调全国的科技工作。1985年颁布的《鼓励工业研究与开发法》将科技发展战略用法律形式确定下来。20世纪60年代以来，以色列政府各部纷纷成立首席科学家办公室①，负责组织本部业务范围内的科研与开发。许多政府部门都下设专属研究机构，如直属农业部的农业研究组织、直属工业贸易部的工业研究组织、直属卫生部的以色列生物研究协会和直属国防部的作战手段开发局等。

以色列科技产业实现腾飞、在全球范围内确定优势，还是在20世纪70年代以后。在70年代之前，以色列的出口主要为食品加工产品、纺织业产品、家具、化肥、杀虫剂、医药、化工、橡胶、塑料和金属产品。这一时期由于第三世界国家在劳动力价格上的巨大优势，以色列传统产业的国际竞争力越来越小，利润率也越来越低。70年代，以色列调整了经济发展战略，开始大规模进军高科技产业领域。80年代末和90年代初大量来自俄裔移民为以色列的科技强国战略带来了宝贵的人力资源。经过几十年的努力，依托国防工业、创业公司、国内大型企业和跨国企业四大产业，以色列科技迅猛发展。

三、创业的国度

谷歌总裁施密特曾说，以色列是全球仅次于美国的第二创业大国。微软公司CEO鲍尔默称，由于以色列籍员工对微软的成就

---

① 虽然世界上少数国家在政府一些部委设有首席科学顾问或首席科学家职位，但以色列的首席科学家职位设置更具特色。以色列在政府各部中设有13个"首席科学家办公室"，贯彻落实国家科技发展规划，协调指导与该部职责有关的科技活动。此外，由科技部长担任主席的首席科学家论坛是主要的科技决策、协调、规划工作平台，既有效克服了各部门各行其是的现象，防止科技项目重复投入或遗漏，又有力促进各部门的科技规划、立项和评审。科技部长同时担任政府的部际科技委员会主席，协调政府宏观科技政策。

贡献巨大，微软都可以称得上是一家以色列公司。以色列目前共有四千多家新兴科技企业，其密度在全球排在首位。彭博社全球创新指数排名将以色列排在第 32 位。其中，以色列研发力度位列第一，高科技密集度和服务业效率位列第七。

美国外交关系委员会的犹太裔资深研究员丹·塞那和以色列的索尔·辛格在他们的新书《创新之国——以色列的奇迹》中论述了以色列科技创新的特点。在该书中作者认为，以色列科技创新的第一特点是它以中小企业为主，以新兴企业为龙头。中小企业为创新龙头的优势是它们非常灵活，对市场的敏感度和反应速度都很高。它们没有包袱，就更容易接近技术的最前沿，因此开发出激进式创新的可能性更大。这就是为什么以色列高科技产业多年来一直高速增长，很多新兴企业凭借激进式创新模式在短时间内竟然改变全球工业的态式。

以色列创新的第二特点是善于进行行业交叉，即将诸多学科巧妙地结合起来，从而产生独特而强大的杂交优势。以色列许多企业都能体现这两个特点：Given Imaging 公司[①]通过导弹工程师和医生的合作，利用导弹制导的光纤技术开发出一片药片大小的摄影装置 PillCams，可以从病人的内脏里即时传输出图像；Aspironics 公司[②]通过风洞工程师和医生的合作，引入飞机涡轮发动机的技术，研发出一个信用卡尺寸的吸药器，让传统的注射方法过时；Transpharma Medical 公司[③]利用声波将蛋白等注射液打入皮肤；Compugen 公司[④]由 3 个特比昂[⑤]毕业生创立，他们利用极其先进的用来定位恐怖分子

[①]　详见 http://www.givenimaging.com/en-int/Pages/default.aspx。

[②]　详见 http://www.healthcare.philips.com/au_en/homehealth/index.wpd。

[③]　详见 http://www.bionity.com/en/companies/24408/transpharma-medical-ltd.html。

[④]　详见 http://www.compugen.com/。

[⑤]　特比昂（Talpiot），为以色列国防军的精英培训计划，招收在国防军中表现出较强学术能力和领导能力的战士。该项计划开始于 1979 年，最早由希伯来大学的

的数据分析系统进行基因分析，并将数学、生物学、基因学、生物化学、计算机学等领域整合起来进行最前沿药品研发，连世界首屈一指的美国默克集团在这个领域都落在了它的后面。

四、科技成功的原因

（一）政府支持

以色列政府在体制和机构上重点支持本国科技产业的发展。科技部、工贸部、国防部、农业部、卫生部、通信部、教育部、环境部、国家基础设施部等13个部门共同组成了国家的科技决策体系，推动和协调全国的科技工作，内阁的科技委员会协调政府宏观科技工作。创立于1961年的以色列科学与人文学院，一方面促进以色列的科学界及人文学界学者之间的联系，另一方面也在国家重要的研究项目上向政府提供意见，推动以色列在学术上取得成就。2002年，以色列还成立了国家研究开发理事会，为政府提供科技政策咨询。

此外，以色列军方多年来一直投入大量资源培养科技方面的顶尖人才。如隶属于以色列国防部科研局的特比昂（Talpiot）项目，每年从以色列全国的高中毕业生中精选出最出色的学生，集中培训2—3年，主攻科技和创新，训练他们对复杂的军事问题找出跨行业解决方案和从事多元工作的能力。毕业生在军方服役6年，离开军队后他们大都成为以色列顶尖的科学家和成功的企业家。因此，以色列军方的精英科技部门已成为新兴企业人才的摇篮。

（二）人才保障

高素质人才是以色列得以发展的保障。据以色列一家专门监测

菲利克斯·多特汉教授提出。该计划每批学员培训时间持续40多月，毕业学员得到中尉军衔，并大多进入以色列国防军研发机构。

高科技部门就业趋势的公司的统计，以色列高科技劳动力人数约20万人，2010年高科技劳动力人数占商业领域就业人数的8.4%，而其劳动产出占商业领域总产出的16%，高于西方国家平均水平。以色列的人才一方面通过高效的教育体制得以培养，另一方面通过世界犹太人的移民得到补充。

多年来，在以色列的政府预算中教育经费处于优先地位，仅次于国防，约为GDP总量的10%，即便在战争年代，教育开支也在7%以上。以色列人的学历远远高于世界平均水平，以色列研究生学历拥有者占到劳动力总数的24%。以色列七所研究型大学每年都为以色列培养了大量高素质人才。特别是以色列理工学院，以色列百强上市公司中大多数都是以色列理工学院毕业生。2011年，该学院教授达尼埃尔·谢赫特曼因发现准晶体独享2011年诺贝尔化学奖。

以色列通过移民也获得了大量高素质人才。特别是20世纪90年代初来自苏联的一百多万移民中有大量科技人才，他们为90年代以色列经济发展以及高科技产业的腾飞做出了巨大贡献。

（三）国际合作

以色列同多个国家开展科技合作，通过各种双边科技合作协定和学术交流来增进本国科技的发展。以色列在研发方面的国际合作主要形式包括双边国家研发基金、参与欧洲科技发展计划和双边研发合作。以色列还会通过国际合作中心同第三世界国家展开科技交流活动，为这些国家提供农业、教育与社区发展，经济与社会发展，城市和乡村发展以及医疗与公共卫生等领域的短期培训项目。目前，以色列已同美国、加拿大、法国、荷兰、西班牙、新加坡、英国、韩国等多个国家设立了双边研发基金；与奥地利、比利时、法国、德国、荷兰、葡萄牙、西班牙、印度和中国等签有双边研发协议。

在国际合作方面，以色列和美国之间的科技合作对以色列科学技术的发展尤为关键。以色列与美国政府合作建立工业科研基金（BIRD），鼓励两国的合作企业在以色列开发科技项目。至今，60%在纽约证券交易所上市及75%在纳斯达克上市的以色列公司都曾得到过这个项目的支持。这种合作模式帮助以色列企业家学会了如何在美国及其他海外市场进行成功的商业运作。

通过国际合作，以色列取得了丰硕的研究成果：以色列与美国、法国科学家合作解开宇宙暗物质之谜；与德国科学家合作发现固液表面新的结构特征；希伯来大学罗伯特奥曼教授与美国人托马斯谢林一起分享了2005年诺贝尔经济学奖，成果是他们在博弈论领域做出的贡献等。

（四）高等院校与研究所的科研角色

以色列的七所研究型大学和研究所也是以色列科技发展中的生力军。以色列主要的研究所包括沃尔卡尼农业研究所、以色列生物研究所、索雷克核研究中心、本－古里安太阳能研究中心等。以色列大学研究机构仍以基础科学研究为主，但也很重视应用技术的研发，同产业发展联系而获得技术研发的收益，主要方式包括：（1）技术转移，公司依据自身的市场潜力判断，直接对大学的技术研发进行资助，这种资助主要是一些具有前沿性的技术领域，从一开始公司就协助建立相关的知识产权保护；（2）公司与大学联合申请政府的研发资助，更多是建立研发联盟；（3）技术发明者个人不允许拥有公司的股权，但是可以获得较高比例的技术使用费，一般是30%—60%，研发实验室也可以获得一定比例的奖励。这一利益共享机制在学术机构和技术转移公司之间建立了非常有效的合作关系，有效地促进了学术研究和产业发展之间形成互利共赢的良性循环。

（五）企业的科研职责

以色列的大型企业和基布兹所属企业一般都设有研发部门。在企业的科技研发上，以色列军工企业发挥的作用最为突出。其他企业实力也很强，如以色列化学集团就有400多名科研人员专门从事橡胶、塑料、建材、洗涤剂等产品的研究和开发，艾尔塔电子集团有1200名科研人员从事微波系统研发。

（六）风险投资

以色列在自主创新和高科技领域创造的世界奇迹与其高度发达的风险投资制度安排密切相关。风险投资是指由职业金融家投入到新兴的、迅速发展的、有巨大竞争力的企业中的一种权益资本，被誉为高科技企业的"推进器"，美国英特尔、康柏、戴尔、微软、苹果等高科技公司都曾在发展的早期阶段得到风险资本的支持。

20世纪90年代，虽然以色列在科技领域成果颇丰，但创业活动和创新企业并不活跃。原因在于以色列的国家创新体系中缺少系统的风险投资制度。为了加强风险投资与国际金融市场的密切联系，以色列政府引导实施了YOZMA[①]计划，创新了其风险投资制度体系。以色列的YOZMA项目提供的是一对一的资助，也就是说如果合作方能筹集到1200万美元的资金投资于新的以色列科技公司，那么以色列政府将出资800万美元资助这家科技公司。政府基金参股的商业性创业投资基金起到了很好的示范作用，带动了更多资金加入到创新企业的孵化中。目前，以色列共有240家风险投资公司，其中既包括国内资本投资的公司，也包括国外资本投资的创业公司，管理资本总额达100亿美元，受创业资本支持的创新企业

---

① 详见 http://www.yozma.com/home/。

高达 730 家。

以色列的公司法也有利于创业公司的发展。以色列政府还制定特殊政策，努力使失败的创业者再次回到创业的最前沿，利用他们的经验和教训重新创业。哈佛大学研究成果显示，曾经失败过的创业家再创业时有 20% 的成功率，远远高过首次创业人士。以色列宽松的商业环境让大批曾经的失败者成为今天高科技产业的明星。

2013 年，以色列高新技术产业延续良好发展势头，多家企业被世界知名跨国企业并购，特别是大额并购数量创历年之最。以色列风险投资研究中心发布的数据显示，2003—2011 年 9 年间，跨国企业对以色列企业 4 亿美元以上的并购仅有 9 起，2012 年有 3 起，2013 年仅前 8 月便已达到 6 起。2013 年前 8 月超过 1 亿美元的高新技术企业并购 10 起，累计金额 44.3 亿美元，平均每起金额为 4.43 亿美元，较 2012 年提高 38%，其中最大的 3 起并购为：谷歌 10 亿美元并购地图应用公司 Waze，IBM 8 亿美元收购网络安全企业 Trusteer，思科 4.75 亿美元收购无限网络优化服务商 Intucell。

第二节　教育

一、教育概况

以色列有两大基本国策：一是发展教育，二是发展科技。高度发达的教育体系为科技发展提供人才基础，而科技成果的不断涌现反过来又促进了教育的提高。

以色列第一任总理本 - 古里安说："如果要让我用最简单的语言描述犹太历史的基本内容，我就用这么几个字：质量胜过数量。"教育是以色列实现质量胜过数量的重要手段。2012 年经济合作与发展组织出版的教育报告中，以色列被列为世界上教育程度第二高的国家，45% 的以色列人拥有大学或学院的学历。

以色列把教育视为社会的一种基本财富以及开创未来的关键，以色列教育体制的目标是把儿童培养成这个民主和多元的社会中富有责任感的成员。以色列的教育以犹太人价值观、热爱祖国、自由与宽容原则为基础，设法向学生传授高层次的知识，并着重传授对国家的持续发展至关重要的科学技术技能。教育体制与以色列社会的多文化性是相适应的。

以色列对教育的重视可以从其教育预算中看出来。在整个 20 世纪 60 年代里，以色列平均教育预算占国家财政总预算的 11%，仅次于国防预算。从 70 年代起，以色列政府对教育的投入一直不低于国民生产总值的 8%，超过美国、日本等发达国家。[①] 目前，在以色列政府预算中，教育支出占 GDP 总量的 8.5% 左右。

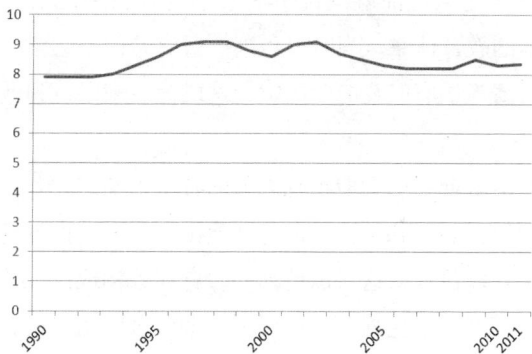

图9 1990—2011年教育支出占国民生产总值比例（%）

但需要指出的是，在以色列，以色列阿拉伯人和犹太人所得到的教育条件是不同的。阿拉伯学校得到的政府拨款要少于犹太学校，许多阿拉伯学校由于资金不足而出现教学出现设备陈旧、场地

① 王铁铮主编：《世界现代化历程·中东卷》，南京：江苏人民出版社，2010 年版，第 367 页。

不足等问题。

二、教育发展简史

犹太人自古就重视教育。信仰是维系犹太人的重要纽带，但在犹太人看来，自己是上帝的特殊选民，要深刻理解上帝的旨意，就必须学习《圣经》，而要读懂《圣经》，读书识字自然是一项必备的能力。《圣经》中也反复提及教育的重要性。犹太人第二部重要著作《塔木德》的希伯来语名称所使用的词根就是学习的意思。《塔木德》中也强调，学习是一种至善的行为，是一切美德的本源。不难看出，犹太人已经把教育提高到宗教信仰的高度，这是世界上其他民族很少能做到的。犹太人的古训甚至说："如果你的父亲和老师一起入狱，而你只能救一个的话，你一定要救老师。"

以色列在建国之前就围绕希伯来语复兴和希伯来语教学发展了一套基本的教育体系。当时以色列已经有希伯来大学、以色列理工学院两所高等学府以及诸多中学，这成为后来以色列教育体系的雏形。

英国统治时期，巴勒斯坦犹太人的各个不同政党和宗教派别都有着自己的教育制度和学校。以色列建国后，来自世界各地的犹太人纷纷移民到以色列，这对以色列的教育体系构成巨大的挑战。为了应对这一挑战，以色列政府在建国初期曾试图统一教育体制，但由于各个政党和宗教派别的反对未能成功。1949 年以色列颁布了《义务教育法》，规定所有 5—14 岁的儿童都必须接受免费的义务教育，父母可以在世俗学校和宗教学校之间为子女做出选择。政府还根据学生家庭经济状况给予教育补助，这一措施基本消除了以色列青少年失学和辍学的现象。

1953 年以前，以色列幼儿教育机构和学校往往是从属于政党的，因此许多政党通过学校来争取学生家长对党派的支持。1953 年以色列通过了《国家教育法》，决定成立教育部来统一负责全国的学校和课程。该法律还规定，以色列的学校可以分成 3 个体系，第一个体系负责世俗犹太人的教育，第二个体系负责宗教人士的教育，第三个体系负责阿拉伯人的教育。

1968 年，以色列对教育体制又进行了改革，修订了《义务教育法》，将义务教育扩大到高中，共 11 年。70 年代，随着东方犹太人地位的上升和利库德集团的执政，以色列教育体系变得更为多元，社会价值观也由原来的西方价值观向更为多元的方向发展，各种文化的合法性和存在价值都得到了肯定。1987 年，以色列国民识字者的比例已高达 95.2%。

分布在世界其他地区的犹太人也为以色列教育事业发展做出了贡献。美国犹太人设立了各类基金会支持以色列的教育和科研，筹资建设教学楼、图书馆、实验室，并提供大量图书和教学设备。在以色列的大学里经常可以看到以外籍犹太富豪名字命名的建筑，他们是这些建筑的捐赠者。

三、教育体制

以色列的教育可以分为学前教育、中等教育、高等教育和成人教育。2010 年，以色列共有在校学生 235 万人，其中接受学前教育的学生占 20%，接受小学教育的学生占 37.6%，接受中学教育的学生占 26.6%，就读于技校的学生占 0.6%，在大专院校就读的学生占 2.9%，就读于学术型学院的学生占 3.9%，就读于师范学院的学生占 1.2%，就读于综合性大学的学生占 5.3%，就读于开放大学的学生占 2%。

（一）学前教育

以色列的教育从幼儿开始，使儿童能够适应以色列的社会生活和语言发展。学前教育分为两个阶段——托儿所和幼儿园，前者接收 2—4 岁的儿童，后者接收 4—6 岁的儿童，这些托儿所和幼儿园多由当地政府主办。

（二）中等教育

以色列的中小学分四种类型：公立世俗学校，大多数儿童在此类学校就读；公立宗教学校，侧重犹太学科、传统和习俗；阿拉伯及德鲁兹学校，用阿拉伯语教学，特别侧重讲授阿拉伯和德鲁兹的历史、宗教和文化；私立学校，由各宗教团体和国际团体赞助。其中，宗教学校和阿拉伯学校的学生数量增长快于公立学校、世俗学校。

除了宗教学校，大多数以色列学校的教学氛围都很轻松，学校提倡培养学生的批判性思维。有的人认为以色列学校教学纪律不严，相比而言，阿拉伯学校的师生关系会更传统一些。以色列宗教学校的课程中对学生社会能力的培养比较欠缺，这直接导致正统犹太人没有足够的技能进入以色列劳动力市场，形成了严重的社会问题。

儿童从 6 岁至 16 岁必须上学，免收学费到 18 岁。正规教育从小学（1—6 年级）开始，接着是初中（7—9 年级）和高中（10—12 年级）。大多数中学都开设普通自然科学课程和人文学科，有些中学开设了专门课程，学生读完这些课程以后可获得继续深造的入学考试证书。技校增设技术员和实习工程师三级培训课程：部分毕业生有条件升入高等教育机构继续深造；部分可获得职业文凭；部分则只掌握实用的工作技能，为进入就业市场做准备。

在以色列，小学和初中是根据学生居住地来确定学校的。从高中开始，家长可以为孩子跨区域选择学校。

（三）高等教育[①]

以色列高等教育的创建与犹太复国主义运动紧密相连，它们既是复国主义运动者推动的结果，也是复国主义运动的一部分。

以色列的高等教育体系包括七所大学、开放大学[②]和其他教育机构。高等教育机构享有充分的学术和行政管理的自由，向所有符合入学条件的人敞开大门。不够入学资格的新移民和学生，可以参加专门预科班，如能圆满完成预科班学业就可提出入学申请。

高等教育机构在高等教育理事会的领导下进行工作。理事会由教育部长主持，理事会批准授予学位，并就高等教育和科研发展等问题向政府提供咨询意见。

在以色列，由于人们高中毕业后往往先要服兵役，所以上大学时大多已超过21岁，比以色列阿拉伯学生和世界上其他国家学生上大学的年龄要大。在20世纪60年代以前，人们上大学主要是为了求知，而后来，随着就业压力的增大，就业已成为人们攻读学位的主要目的。

在学制上，人文学科和社会学科专业本科一般是三年制，而法律、医学和工程等专业的本科生则需要学习3年半到5年。

以色列的高等教育经历了从研究职能向社会职能的转变。以色列真正现代意义上的大学出现于20世纪20年代，希伯来大学和以色列理工学院的创建才宣告了以色列现代大学的诞生。前者创办于1924年，后者紧随其后在1925年正式成立。1934年，犹太人又创建了魏兹曼科学研究院。这3所大学奠定了以色列高等教育精英化教育的基础，特别是魏兹曼科学研究院，直到今天仍只招研究生。50、60年代所建立的4所大学即巴尔－伊兰大学、特拉维夫大学、

---

① 宋陶立：《以色列高等教育研究》，河南大学硕士学位论文，2011年。

② 详见 http://www.mooc.openu.ac.il/。

海法大学、本－古里安大学基本都沿袭了这种模式，这种模式强调大学的研究职能，而不是强调职业培训职能。但到了 70 年代，原来相对单一的精英化高等教育体系已经不能满足国家对多层次、多类型人才的需求，以色列逐渐抛弃了最初遵循的欧式精英教育模式，转向更务实更普及的美国高等教育模式，更多地强调大学的社会功能，扩大了招生规模。

以色列还把建立大学当作领土开发的一种手段。1924 年，理工学院创办之时海法只有 2000 人，而如今的海法成为以色列的大都会。以色列把本－古里安大学建在内盖夫沙漠中的贝尔谢巴也遵循了这一开发理念。

四、高等教育

以色列的高等教育体系可以分为研究型大学、开放大学和其他高等教育机构。研究型大学包括希伯来大学、以色列理工学院、魏兹曼科学研究院、巴伊兰大学、特拉维夫大学、海法大学和本－古里安大学七所大学。

（一）研究型大学
1. 希伯来大学①

希伯来大学是以色列最早建立的大学，1918 年筹建，1925 年建成，1936 年开始授予博士学位。希伯来大学目前设有文学院、社会科学院、理学院、农学院、医学系科、牙医学院和法学院等院系，开设的学科包括了从艺术史到动物学的几乎所有学术领域，以色列国家图书馆也坐落在该大学。希伯来大学包含斯科普司山校区、吉瓦特拉姆校区、雷霍沃特校区、英科雷姆校区 4 个校区。希伯来大学所用教学用语为希伯来语，也提供英语等其他语言课程。

---

① 详见 http://new.huji.ac.il/en。

本科学制一般为 3 年。

2. 以色列理工学院[①]

理工学院为以色列海法市的一所公立大学。学生约 12500 名。学校于 1912 年开始建造，1924 年开始招生。理工科、建筑和医学是该校重点专业。理工学院培养的毕业生发明了许多世界"第一"，包括无线微处理器、胶囊内视镜、世界最大反渗透海水淡化厂、可嗅出疾病的纳米技术"鼻子"、仿生机器腿等。为了聘请到理工学院培养出来的科学家，谷歌、雅虎、英特尔和 IBM 等国际大公司都在海法设立了研发中心，这使得以色列成为硅谷之外世界上高科技创业公司最密集的地区。

科学家爱因斯坦为理工学院第一任社团主席。2011 年，该院的化学教授丹尼尔·舍特曼获诺贝尔化学奖。

3. 魏兹曼科学研究所[②]

魏兹曼科学研究所 1934 年建于雷霍沃特，其前身是西埃弗研究所。1949 年对该所进行扩建并以以色列首任总统、著名化学家哈伊姆·魏兹曼博士的名字命名。今天它已成为一个公认的供大学毕业生在物理、化学、数学和生命科学领域深造的研究中心。该所的研究人员参与了旨在加速以色列工业发展和科技进步的研究项目。

4. 特拉维夫大学

特拉维夫大学是在合并 3 所原有的高等院校的基础上建立起来的，目的是要满足以色列人口最稠密的特拉维夫地区的教育需要。目前它已成为以色列规模最大的大学，设有多门学科，十分重视基础和应用科学的研究。该大学还拥有专门的研究所，主要从事战略研究、医疗保健系统管理、技术预测和能源研究等。

---

① 详见 http://www1.technion.ac.il/en/。

② 详见 http://www.weizmann.ac.il/。

5. 海法大学[①]

海法大学建于 1963 年，是以色列北部地区高等教育的中心。它为人们进行跨学科研究提供了机会，现有 1300 多名教职员工和 1.8 万名学生。该大学的跨系中心、研究所和整体建筑规划都是为方便跨学科研究建立的。海法大学还设立了专门研究基布兹的机构。此外，海法大学还设有一个专门致力于增进以色列的犹太人与阿拉伯人之间的理解与合作的中心。

6. 本－古里安大学[②]

本－古里安大学 1967 年建于贝尔谢巴。建立的目的是为以色列南部地区的居民服务，并促进沙漠地区的社会与科学的发展，这所大学对于干旱地区的科研做出了重大贡献。该校的医学院在全国率先开创了面向社区的医疗卫生事业。这所大学设在赛德伯科集体农场的分校有一个研究中心，专门研究以色列第一任总理大卫·本－古里安的一生及其所处时代的历史和政治情况。

7. 巴伊兰大学[③]

巴伊兰大学 1955 年建于拉马特甘。它体现了独特的综合教学特色，在许多学科中把犹太遗产方面的强化课程与普通教育结合起来。巴伊兰大学使传统与现代技术相结合，拥有物理学、医用化学、数学、经济学、战略研究、发展心理学、音乐学、《圣经》、《塔德经》、犹太教律法等研究所。

（二）开放大学

开放大学建立于 1974 年，1980 年获得了授予学士学位的资格。该大学效仿了英国的模式，向攻读学士学位的人们提供非传

---

① 详见 http://www.haifa.ac.il/index_eng.html。

② 详见 http://in.bgu.ac.il/en/Pages/default.aspx。

③ 详见 http://www1.biu.ac.il/indexE.php。

统的高等教育机会，以自学教材和指导材料为主，教学形式非常灵活。

犹太民族是一个信仰教育的民族，然而在以色列的现存的教育体系和机构中有一批人由于种种原因无法获得高等教育，在以色列，没有大学毕业文凭在求职谋生时必然会遭遇冷遇，因此，对于不同于其他七所全日制大学的开放大学有着很大的社会需求。开放大学施行远程教育，入学门槛很低，不要求学生提供中学学习成绩，学习的时间和地点可以根据自己的实际条件进行比较自由的选择，学生 95% 以上是在职人员。

开放大学提供 400 多门本科学位课程，包括自然科学、生命科学、数学、计算机科学、管理学、教育学、犹太学、社会科学、人文科学等，其中大多数学生集中在人文和社会科学。按照注册的学生人数来计算，开放大学是以色列人数最多的大学，但是获得学位的毕业生的比例远远低于其他七所大学。

（三）其他高等教育机构

比大学低一级别的高等教育学校为高等教育学院，它主要由三种类型的学校构成：地区学院、师范学院、职业学院。地区学院出现于 20 世纪 50 年代，学院在学术上接受某所大学指导，师资由该大学指派，毕业证书和学位证书也由该大学颁发。与大学不同，其教育经费由教育部和地方政府共同承担。师范学院承担培养和培训幼儿园教师、小学教师、特殊教育教师的任务，具有颁发学士学位和教师资格证书的资质，部分师范学院还有资格独立授予某些专业的硕士学位。此外，以色列存在大量的职业技术学院。

（四）以色列高等教育的特色

首先，以色列的高等教育具有法制化特点。以色列法制的稳定性在一定程度上克服了内阁频繁更替带来的国家有关政策的不稳定性。以色列60多年教育的发展过程也是以色列教育立法不断完善的过程，教育立国、科技兴国的基本国策能被历届政府始终如一地贯彻。

其次，大学充分发挥社会服务功能。以色列大学除完成教学和科研的任务外，能够积极参与到社会活动中。这些活动包括土地垦殖的紧急科研任务，从而解决移民的基本生存问题，促进移民运动开展；为移民运动和以色列建国提供文化支持；承揽军工科技研究，为民族和国家军事安全提供保障。

第三节　文化事业

一、图书出版业

以色列文化教育事业发达，这为图书出版业的发展提供了良好的环境。

20世纪初期以色列只有少数印刷厂或书店用希伯来文出版图书。20年代和30年代欧洲犹太人开始移居巴勒斯坦地，一些欧洲和美洲犹太人将出版社迁入巴勒斯坦地，推动了当地出版业发展。1923年，来自德国的移民在特拉维夫建立起莫里阿出版社；1927年，鲁宾·马斯出版社从德国迁入巴勒斯坦地；1933年，斯雷伯克出版社从加拿大迁入巴勒斯坦地。这些外来的出版人才使巴勒斯坦地逐渐成为全世界希伯来文出版业中心。

建国以后，以色列图书出版业迅速发展，1950年以色列年度出书840种，1958年达1387种。以色列总理府创办"以色列科学翻译计划"，使用美国全国科学基金会提供的资金，将大量苏联俄文科学文献翻译成英文的科学情报，这项计划使以色列成为世界上翻译与出版俄文科技文献的中心。60年代后由于采用先进印刷技

术，出版业迅速发展。1966 年年度出书 2230 种，1970 年为 3158
种，1975 年达 3726 种。

80 年代，以色列不仅用希伯来文，还用外文出版书刊，并向
国外出口图书。1986 年以色列已有出版社约 180 家，其中大中型出
版社约 50 家。出版社主要集中在特拉维夫和耶路撒冷两座城市。

以色列 2010 年共有 5261 本书出版，其中教育类书籍占 4.1%，
传记类书籍占 4.7%，人文与社会科学类书籍占 6.2%，烹饪、旅
游、健康指南类书籍占 3.6%，文学类书籍占 20.4%，宗教类书籍占
19.8%，关于以色列和犹太人的书籍占到 17.9%。以色列出版图书
中将近 40% 为翻译作品。

在以色列，虽然人们大都能够熟练使用英语，但在日常生活和
大众传媒中希伯来语还是使用最广泛的语言。以色列 2010 年共有
5261 本书出版，其中使用希伯来语的书占到 62%，使用英语的书
占到 4.9%，同时使用英语和希伯来语的书占到 18.3%，使用俄语的
书占到 3.3%，而使用阿拉伯语的书只占到 2.9%。

以色列主要向美国、英国、法国、德国出口图书、期刊。年度
出口额有 2000 多万美元。由于以色列的居民中有大量来自国外的
移民，所以每年也要进口许多英文教科书、图书和期刊。

以色列没有政府出版机构。以色列两家最大的图书销售集团为
Steimatzky 和 Tsomet Sefarim，它们在以色列共拥有 300 多家店面。
以色列主要出版行业组织有以色列图书出版商协会和以色列出口协
会。以色列出口协会作为政府机构，负责促进以色列图书出口工
作，同时还负责组织两年一届的耶路撒冷国际图书博览会。根据以
色列图书出版协会的统计，以色列共有 50 家出版社，包括 Kinneret
Zmora 出版社、Keter 出版社、Yediot Sfarim 出版社等。

耶路撒冷国际图书博览会是以色列规模最大的国际图书博览
会，其规模不亚于举世闻名的法兰克福国际图书博览会。2013 年 1

月，第二十六届耶路撒冷国际图书博览会在古城开幕。在六天的时间内，来自 30 多个国家的 400 多家出版社参展，参与人数超过 4.5 万人。除了博览会，以色列每年 6 月还会举办希伯来图书周活动，在图书周期间以色列颁发国内最高文学奖项萨皮尔文学奖，2012 年该奖项获得者为西蒙·阿达夫。

以色列是世界上人均每年购买图书最多的国家之一。每年人均购买 5 本图书，人均购书费用为 51.23 欧元。2007 年，以色列图书营业额达 3.724 亿欧元，其中教科书占 37.5%，文学书籍占 35%，宗教图书占 15%。以色列也是拥有读者最多的国家之一，在这片并不辽阔的土地上生活有 400 万希伯来语读者，150 万阿拉伯语读者，150 万俄语读者，每年图书销售超过 3500 万册。

特拉维夫是以色列的文化中心，这里出版的图书占全国的 85% 左右。最近几年，以色列出版业也面临一定困难。由于没有统一定价的相关立法，以色列图书连锁店都在打价格战，大量图书以五折甚至两折的价格出售，独立书店因此大量倒闭；大型出版社的图书销售量虽然呈上升趋势，但利润越来越低。为了改变这一局势，以色列出台法律规定，新出版的图书在出版后 18 个月内不能打折销售，这一法令对以色列出版业有一定的保护作用，但无法从根本上解决出版行业的危机。

二、新闻业

以色列人特别关注新闻时事。在 20 世纪 60 年代以前，以色列人获得资讯的主要方式是报纸。以色列人大多有读报纸的习惯。相比犹太人，以色列阿拉伯人的报刊阅读量要小很多。目前，以色列拥有超过 2000 种报纸杂志。

1863 年，耶路撒冷出现第一份希伯来语报刊 Halevanon，总编辑为约尔·摩西·萨勒蒙（Yoel Moshe Salomon）和迈克·科恩

(Michael Cohen)。6 个月后,第二份希伯来语报刊问世,这份报刊是以斯拉尔·巴克拉比编辑的 Hahavatzelet,他还在耶路撒冷创立了第一家希伯来语的出版社。1885 年,Hahavatzelet 和希伯来语之父本·耶胡达创办的报刊 Hatzvi 合并,许多希伯来语词都是通过这份报刊被创造、应用和推广的。

进入 20 世纪后,许多宗教政党也创立了自己的报刊。1907 年和 1910 年两份工党的报刊创办,本 - 古里安、戈登等重要犹太复国主义者都是这两份报刊的供稿人。随着希伯来语报纸刊物的发展,阿拉伯人也出版了自己的报刊。第一份阿拉伯语刊物为 1908 年在海法创办的 al-Karmil。1911 年,阿拉伯语报纸 Filastin 创办,并在报纸中向阿拉伯人宣传犹太人在巴勒斯坦地殖民的危险。

以色列目前影响力最大的两份报刊——《国土报》和《最新消息报》也都是在建国前创办的。《国土报》创办于 1919 年,是犹太左派知识分子的阵地,与以色列工党立场相近。《最新消息报》创办于 30 年代末,最初是一份晚报。

目前,以色列新闻出版业被三家私营公司垄断。第一家是拥有《国土报》的斯考肯家族,第二家是拥有《最新消息报》的摩西家族,第三家是拥有《晚报》的尼姆罗迪家族。其中,摩西家族和尼姆罗迪家族还拥有自己的杂志和音乐公司。

以色列发行量最大的报纸是《最新消息报》,发行量约 30 万份;排在第二的为《晚报》,发行量约 15 万份,这两家报纸从以色列建国以来一直处在激烈的竞争当中;排在第三的为《国土报》,发行量约 5.5 万份,发行量虽然不大,但是影响力很大,因为其读者群主要为以色列的知识分子。

除了希伯来语,以色列还有许多其他语言的报纸杂志,包括阿拉伯语、俄语、意第绪语、德语、匈牙利语、波兰语和罗马尼亚语等。特别是俄语,由于以色列有一百多万的前苏联移民,以色列有上百份俄语报刊。

以色列的犹太宗教人士也有属于自己的报纸，这些报纸大多从属于宗教政党，比如沙斯党的 Yom Le'Yom、国家宗教党的 Hatzofeh 和圣经旗帜党的 Yated Ne'eman。

以色列最知名的英语报纸为《耶路撒冷邮报》。这份报纸创办于 1932 年，当时名为《巴勒斯坦邮报》，主要阅读者为英国官员、受过高等教育的本地人和生活在中东地区的英语使用者。以色列建国后，这份报纸改名为《耶路撒冷邮报》，成为一份偏左派和支持工党的报纸。1989 年，加拿大人康拉德·布雷克的霍林格传媒集团买下了《耶路撒冷邮报》，主编和 28 名编辑离开了编辑部，而新编辑支持以色列右翼势力，这让该报纸的政治立场发生了大幅转变。《耶路撒冷邮报》的影响力也很大，驻以色列的外交人员和记者都会长期阅读这份报纸。

以色列主要的通讯社有三家：犹太通讯社（JTA），1923 年成立，设在耶路撒冷，每天发希伯来文电讯稿；以色列通讯社（INA），1923 年成立，也在耶路撒冷；以色列联合通讯社（ITIM），1950 年成立，设在特拉维夫。

主要广播电台包括以色列广播管理局领导的"以色列之声"和以色列国防军下属的"以色列国防军之声"。以色列 1948 年成立以色列广播局，总部设在耶路撒冷，每天用希伯来语、阿拉伯语、英语、意第绪语、俄语等 17 种语言对国内外广播"以色列之声"。"以色列国防军之声"1951 年设立，为军方电台，用希伯来语广播。

以色列国营电视台 1968 年开播，总台设在耶路撒冷，每天播放希伯来语和阿拉伯语的彩色电视节目。以色列电视教育中心 1966 年成立，主要播放电视教学课程，包括学校课程和成人教育课程。1986 年以色列开始建立商业电视网。1994 年，政府批准建立了商业电视网，由三家私人机构主持。90年代以来逐步推广使用有线电视，有新闻、电影、音乐、体育等几十个新闻性、娱乐性频道，并能收看周围阿拉伯国家以及法、德、俄、美、英、土耳其、意大利、西班牙等国家的电视节目，约有50个频道。

三、图书馆

以色列的图书馆很多，可分为公用图书馆、学校图书馆和其他性质图书馆。1998年以色列大学校长协会倡导成立了以色列数字信息服务中心，全国大学图书馆实现了计算机联网，通过大学之间的合作使信息资源得到了合理和高效的利用。

以色列国家图书馆前身为犹太国家和大学图书馆，是以色列最大的图书馆。该图书馆位于耶路撒冷希伯来大学的吉瓦特拉姆校区，拥有超过500万册图书，并拥有世界上最庞大的希伯来语文献和犹太文献收藏，其中包括许多稀有的手稿、书籍和文物。

锡安图书馆是于1922年初在雅法市作为市政府图书馆建立的，1977年迁移至现在的贝特·亚利厄拉新址，设有儿童书刊租借和阅览、成人书刊租借和阅览、报纸杂志档案库和书目库等。此外，锡安图书馆还设立了一些特殊的图书馆，如报纸图书馆、阿哈德·哈阿姆图书馆、拉姆巴姆图书馆、图片收藏图书馆、舞蹈图书馆、法律图书馆等。

四、博物馆

以色列全国有200多座大大小小的博物馆，分布在各大都市、城镇和基布兹。这些博物馆里展示有历史文物、艺术作品和手工艺品。2009年，以色列博物馆的访问次数超过400万人次，其中耶路撒冷区约110万人次，海法区约100万人次，特拉维夫区约99万人次。

　　以色列博物馆建于 1965 年，位于耶路撒冷，是以色列的国家级博物馆。以色列博物馆实际上是由多座小型博物馆组成，包括：比扎莱尔工艺美术博物馆，这里展示有比扎莱尔艺术学校历史上的作品；犹太人与人种史展馆，这里的展品反映了散居世界各地各种犹太社团风格；美术陈列馆，既有按时期划分的展室，也有综合性展厅，收藏了来自非洲、北美、南美、大洋洲和远东的艺术精品；考古文物厅，陈列了从史前时期到公元 15 世纪的展品；雕塑公园，展出了 60 多件雕塑作品；"圣书之殿"馆，收藏了珍贵的《圣经》手稿，包括《死海古卷》[①]；青年馆，设有美术陈列室、教室、制作室，并有广泛的教育项目；在东耶路撒冷的洛克菲勒展馆，收藏着这个地区的考古文物；在东耶路撒冷的培利艺术中心，专门为阿拉伯少年儿童开办各种项目；蒂奇奥屋，这是在耶路撒冷市中心一座具有百年历史的古宅开设的画廊兼大众咖啡厅。以色列博物馆定期举办各种短期展览，还经常组织活动，从演讲、研讨会、电影放映到室内音乐会和艺术讲座。

　　特拉维夫艺术博物馆建于 1932 年，现馆址是 1971 年开放的。馆中设有中心画廊，综合收藏了古典和现代艺术品。海伦娜·鲁宾斯坦现代艺术展览馆也隶属这个博物馆。

　　艺术之家博物馆建于 1934 年，位于艾因·哈罗德基布兹。这是以色列国内第一座乡村博物馆，收藏着大量世界各地犹太人的绘画、雕塑和民间艺术作品。这里经常举办短期专题展览，并进行各种教育项目与研究。

　　海法博物馆建于 1949 年，它集两个展馆于一座建筑之中：古代艺术馆，专门展览以色列和地中海流域的考古发现；现代艺术馆，展出世界各地从 18 世纪中叶至今的艺术品。这座博物馆下属

―――――――――――――
　　①　1947 年被一个阿拉伯牧羊人所发现，这是现存最大、最古老的记载古犹太文字的文物。

还有史前陈列馆、国家海事陈列馆和季科京日本艺术陈列馆。陈列馆空间虽小但布置精当，临时展和常年展都有举办。

以色列故土博物馆建于 1953 年，位于拉马特阿维夫。其综合性馆藏反映了这一地区在考古学、人类学和历史学方面的发现。馆内分别展出玻璃器皿、陶器、铸币、民俗、铜器等，此外，还设有天文馆。"男人和手艺"这部分展览，展出了古代编织、珠宝和陶器的制作工艺以及研磨谷物和烤面包的方法。博物馆还包括一个挖掘出来的泰尔·考西尔洞穴遗址，里面有 12 层明显的人类文明遗迹。博物馆下属还有特拉维夫－雅法历史陈列馆和独立大厅。1948 年以色列建国就是在独立大厅宣布的，这两处都位于特拉维夫市中心。

大流散博物馆位于特拉维夫大学，建于 1978 年。大流散博物馆是世界上最大的专门展出犹太民族及其历史的博物馆之一。博物馆的展品包括照片、文件、电影、音乐、地图等，通过这些展品讲述犹太人流散的历史，展示不同时期不同地区犹太人的会堂、住房和作坊。当然，博物馆也收集了大量与犹太人流散历史相关的电影和音乐。

耶路撒冷大卫塔历史博物馆建于 1988 年，坐落在城堡遗迹即这座城市的一个重要的历史和考古遗址上。馆中收藏了第一圣殿时期（公元前 960 年—公元前 586 年）以来的文物、哈斯蒙尼王朝时期（公元前 1 世纪）的塔和城墙的部分遗迹，以及希律王（公元前 37 年—公元前 4 年）建造的巨塔地基。这个博物馆概括了耶路撒冷这座城市从最初作为迦南人的城市到现在的 4000 年的历史。展览按各个时期划分，每个展室都顺着一条时间主线来描述主要事件，此外还运用地图、录像带、全息图、图画和模型等方式来加强展览效果。临时展不一定具有主题，有时会借助展馆漂亮的环境展出雕塑、装置艺术和其他作品。

以色列大屠杀纪念馆位于耶路撒冷，旨在使人们永远记住 600 万犹太人死于大屠杀的历史。纪念馆于 2005 年进行了翻修和扩建，它包括一家画廊、刻有被害者名单的大厅、犹太人救助者正义大道、一座档案馆、中央纪念馆、儿童纪念馆及被毁灭社团幽谷。由摩西·萨福迪设计的这座纪念馆旨在为参观者带来一种全方位的感官、情感和心智体验。

五、考古

以色列能拥有如此发达的博物馆体系，离不开考古研究和文物保护工作的作用。

在以色列故土上进行的考古调查始于 19 世纪中叶。研究《圣经》的学者们当时对这片土地进行了勘察，以期找到《圣经》中提到过的地点的遗址。19 世纪末 20 世纪初，许多残存的古墙被挖掘出来，从而奠定了科学考古调查的基础。

在英国托管时期（1917—1948 年），考古活动进一步扩大；以色列建国以后，考古活动得到了更大程度的加强。以色列的考古活动涉及对国家的所有历史遗址进行系统性的调查——从史前到奥斯曼帝国统治的末期。大量的历史遗物就是已在这块故土上留下了印迹的多种文化的见证。

以色列的考古研究更加有力地证明了这个国家就是三种伟大的一神宗教的精神遗产的家园。它明确地揭示了犹太民族、《圣经》和以色列故土之间的历史联系，将犹太民族在自己的祖国留下的文化遗产的遗址展现了出来。这些人们如今可以用眼看到的、曾深埋地下的历史遗址，将植根于祖国大地上的犹太民族的过去、现在和将来有形地联系在一起。

在遍及全国的所有历史遗址中都可见到这一不可截断的历史链环：在圣经时代的城市哈特佐尔、美吉多、基色、舒姆龙、贝尔谢巴和达恩；在第二圣殿时期的城市太巴列、塞佛里斯和加马拉；在犹太人为自由而斗争的地方马萨达要塞和希律古堡；在死海旁的艾赛尼派教徒文化遗址等。

　　以色列的首都耶路撒冷一直是考古活动的中心，许多古迹都聚集于此。以色列所有的古代遗址都受到法律的保护。无论是以色列国内考古队还是来自国外的考古队，他们的采掘活动都必须由以色列政府主管文物的部门签发许可证，这就保证了对国家文物的保护。以色列的文物法规定，每一处建筑工地都要进行考古遗址检查，必要时还应进行挖掘检查。国家还有保护涉及公众利益文物的权力，一些比较重要的文物在耶路撒冷的以色列博物馆展出。

　　据历史记载，犹太王国3000多年前在耶路撒冷建一神教大圣殿，但鲜有考古证明。2012年12月，以色列文物局宣布，在耶路撒冷附近发现旧约圣经时期犹太王国早期文物，包括2750年前神庙祭坛遗址和祭祀陶器，首次考古证实第一圣殿存在。

六、体育

　　体育在以色列也有着重要的地位，以色列的体育运动发展可以追溯到建国以前。希律王在位期间曾鼓励犹太人从事拳击、射箭和赛跑运动，但在大流散时期，体育在犹太文化中并不占重要地位。到19世纪时这一情况有所改变，德国和奥地利的许多犹太人开始积极参与德国的体育比赛，东欧的犹太社团为了防御暴徒的袭击也开始提倡从事体育锻炼，从而加强犹太人的自卫能力。

　　在19世纪20年代，许多犹太政党都成立了自己的体育组织，1923年，犹太总工会成立了工人联盟体育组织。建国后，以色列在1953年成立了学术体育协会（Academic Sports Association）。在80年代以前，以色列的体育事业一直同政治有着密切联系，80年代后，许多体育团体都去政治化，许多运动队和俱乐部都成了民间组织。

大多数以色列人强调体育在培养健康的身体和心灵上的重要性。以色列义务兵役制度的实施使几乎所有年满 18 岁的以色列公民都必须加入以色列国防军服役，这客观上不利于以色列竞技项目的发展。

以色列最受欢迎的运动是足球，以色列超级足球联赛每年能吸引大量观众。1967 年特拉维夫工人队获得首届亚洲冠军俱乐部杯冠军；在 2001 年到 2002 年的欧洲联盟杯中，特拉维夫工人队淘汰切尔西、帕尔玛等豪门球队闯入半决赛。以色列另一支具有国际知名度的俱乐部球队是海法马卡比队，2002 年海法马卡比队成为首支闯入欧联分组赛的以色列球队。以色列国家足球队曾获得 1964 年亚洲杯冠军，并闯进过 1970 年世界杯。2008 年 11 月，以色列国家队在国际足联的世界排名中排在第十五位，这也是到日前为止以色列足球队在国际足联的最高排名。2013 年 10 月，以色列在国际足联的世界排名中排在第 69 位。

篮球在以色列有很多爱好者。特拉维夫马卡比队不但是以色列国内最强的一支篮球队，还在世界篮坛占有一席之地。这支队伍分别在 1977 年、1981 年、2001 年、2004 年和 2005 年五次获得欧洲篮球联赛冠军。目前，以色列篮球明星欧米·卡斯比效力于美国职业篮球联赛的休斯敦火箭队。

在田径赛场上，以色列最著名的是撑竿跳运动员阿韦尔布赫。他获得了三次欧锦赛撑竿跳高冠军，并在 1999 年和 2001 年世界竞标赛上为以色列赢得了奖牌。以色列在柔道、皮划艇、花样滑冰等项目上都曾获得过奥运会奖牌。

国际象棋在以色列也深受广大人民群众的喜爱，以色列的国际象棋大师获得过许多奖项，2005 年国际象棋世锦赛就是在以色列举办的。以色列南部城市贝尔谢巴是以色列国际象棋的中心，这里许多孩子在幼儿园就开始学习国际象棋。

马卡比运动会（Maccabiah Games）被称为犹太人的奥林匹克运动会，在以色列每4年举行1次。1932年以色列举办了首届马卡比运动会，并得到国际奥委会批准。1938年的马卡比运动会被英国政府取消，1950年马卡比运动会重新恢复，从1957年开始，该项赛事每4年就举行1次，参赛选手是来自全世界各个国家的犹太人。除了马卡比运动会，以色列每年还在特拉维夫、耶路撒冷、死海和太巴列湖举行马拉松赛，吸引了来自世界各地的运动员。

以色列政府鼓励体育事业的发展，但遗憾的是，以色列体育事业的发展常常受到政治的牵连，许多以色列运动员和以色列球队都被禁止参加一些国际赛事。1978年亚运会由于受到阿拉伯国家施压以色列被禁止参赛，从那以后以色列也退出了亚洲的各项体育赛事，1994年欧足联同意以色列参加欧洲的赛事。在奥运会等大型赛事中一些阿拉伯国家选手曾拒绝和以色列运动员同场竞技，有的国家甚至明令禁止其运动员参加以色列举办的比赛。长跑运动员塞勒姆·贾赫尔就因为参加了以色列的环太巴列湖马拉松赛而被取消巴林国籍。1972年的慕尼黑奥运会上，8名巴勒斯坦"黑九月"分子突然袭击了奥运村，抓住9名以色列运动员和2名以色列保安人员，把他们作为人质，要挟以色列当局释放正在关押的256名巴勒斯坦人。德国警方全力营救，未能成功，11名人质全部被杀害，酿成了震惊世界的"慕尼黑惨案"。

第七章　政治制度

中东是当今世界一个相对缺乏政治稳定性的地区。中东区域国家可大致分为循序渐进型、外力改造型和战乱整合型。但以色列与整个中东政治地图有着截然不同的色调，它在建国后就摆脱了神权政治和政教合一的羁绊，建立起多党制和三权分立的议会民主制国家。

第一节　政治发展进程

以色列的政治制度起源于建国前的犹太复国主义运动，移民是以色列政治发展的主要推动力，巴勒斯坦伊休夫[①]是以色列最早的政治模式。

1917年《贝尔福宣言》赞成巴勒斯坦的犹太人成立"民族之家"，推进了犹太复国主义运动的发展。第一次世界大战后，英国对巴勒斯坦地施行委任统治，英国效仿奥斯曼土耳其帝国时期的制度颁布了巴勒斯坦法，规定在委任统治当局法律的制约下，任何宗

---

① 1897年第一次世界复国主义组织代表大会后，长期深埋在犹太人心中的回乡情结转化为移民巴勒斯坦地的实际行动，来到巴勒斯坦的犹太人面对恶劣的自然环境，形成一个个犹太社团，这些社团被称为伊休夫，其运作形式也为后来以色列的议会民主制的形成奠定了基础。

教团体和刑事司法权的组织在其内部事务上可享有自治权。根据该法令，犹太复国主义者选举产生的代表大会和民族委员会便成为犹太社团享有法人地位的政治机构，履行地方政府的各项职能。与此同时，为了协调犹太复国主义组织与委任统治当局以及巴勒斯坦犹太人与世界各地犹太人的关系，促进世界各地犹太人向巴勒斯坦的移民，1929 年犹太代办处成立，成为伊休夫代表大会和民族委员会的平行机构，其主要职责是吸收移民，购买和分配土地，以及为巴勒斯坦的犹太人筹集资产。

在英国委任统治时期，犹太移民形成了各种代表不同复国主义力量的党派，每个党派具有很强的独立性，为了协调这些党派之间的利益，伊休夫自治机构采取了多党派议会民主制。

1947 年联合国分治决议通过后，犹太人立即开始筹备建国事宜，伊休夫民族委员会和犹太代办处成立了全国委员会，同时从中选出 13 名代表成立了以本 - 古里安为首的执行委员会，全国委员会的职能相当于临时议会，执行委员会的职能则相当于临时政府。

1948 年 5 月 14 日以色列宣布建国，建立起以议会民主制、多党并存、三权分立为主要特征的现代政治体制。许多建国前的组织都将大部分职能移交给新成立的政府，如犹太代办处，建国后该组织只保留协调移民工作的职能。1968 年以色列政府设立了移民安置部，使犹太代办处的吸收和安置移民的责任分开，至此，犹太代办处只负责犹太人的移入事务，而具体的吸收和安置则由移民安置部实施。

建国以后，以色列的第一代领导人主要为工党的政治精英，这批领导人大多是在第二次移民潮期间来到巴勒斯坦地的阿什肯纳兹人。他们在建国前就积累了丰富的政治管理经验，这些经验让他们成功地实现了对以色列将近 30 年的统治，整个以色列政治发展进程也因此深深地烙上了工党的印迹。他们为以色列政治注入了集体主义和自由主义这两种看似相悖的思想元素，基布兹和莫沙夫的建立正是工党政治家们集体主义政治理念的体现。

随着以色列经济的发展，以本－古里安为首的工党领导人逐渐把民族主义放在优先于社会主义的地位，实施国家主义，加强政府和国家的权威，成功实现了从国家机器到国家意识的构建。在与阿拉伯国家关系的处理上，工党强调与邻国签订合约，实现和平。工党属于以色列的左翼政党，但在具体实践中也非常强调军事实力的运用，建国以来几次大规模的中东战争都是在工党统治时期爆发的。

1977 年以后以色列工党统治时期结束，利库德集团上台。利库德集团并非一个统一的政党，而是许多政党的联合，其中包括加哈尔集团、大以色列运动、国家党、自由中心党等政治派别。该党派在巴以问题上采取强硬立场，在经济上倾向于自由经济，在文化上主张犹太文化的全面复兴。

以色列这种由政党主导的政治模式对于以色列政治进程的发展也起到了消极作用，由于党派分化、组合现象频繁，不同政党的政治方针和治国方略差异较大，以色列的政治发展具有较大的摇摆性。

此外，以色列是一个政教分离的国家，以色列《独立宣言》中明确指出，以色列是一个世俗国家而非神权国家，但宗教也对以色列政治有较大影响。宗教政党是以色列政党体系中一股强大的力量，常常和第一大党组阁，参与到以色列的政治生活中；宗教在以色列司法体系中也占有重要地位，在涉及家庭婚姻的问题上以色列世俗法院无权干预；在教育体系中，宗教教育也保持了相对的独立。这些都不利于以色列政治现代化进程的推进。

第二节　国旗、国徽、国歌、首都

一、国旗

以色列国旗呈长方形，长与宽之比约为 3∶2。旗底为白色，上下各有一条蓝色宽带。蓝白两色来自犹太教徒祈祷时用的披肩的颜色。白色旗面正中是一个蓝色的六角星，这是古以色列国王大卫王之星，象征国家的权力。

图10　以色列的国旗　　　　图11　以色列的国徽

二、国徽

以色列国徽为长方形盾徽。蓝色盾面上有一个七杈烛台，据记载此烛台为耶路撒冷圣殿中点燃祭坛的物件，以色列国徽中所采用的烛台形状和提图斯凯旋门[①]上的相同。烛台两旁饰以橄榄枝，象征犹太人对和平的渴望。烛台下方用希伯来文写着"以色列"。

三、国歌

以色列的国歌名为《希望之歌》，音译为《提克瓦》，歌词来自纳夫塔里·赫尔茨·因伯尔的诗歌《我们的希望》中的第一段。

---

① 提图斯凯旋门是意大利罗马市古罗马广场东南圣道上的一座大理石单拱凯旋门，由图密善皇帝兴建于兄长提图斯去世后不久，纪念在公元70年征服和摧毁耶路撒冷这一历史事件。

该诗作于 1878 年，共有九段。曲作者为犹太人纳夫塔里·赫尔茨·伊姆贝尔。以色列国歌采用犹太民族传统曲调谱成，在 1897年第一届世界犹太复国主义者大会上首次使用。以色列建国后将其确定为国歌。

כל עוד בלבב פנימה

נפש יהודי הומיה

ולפאתי מזרח קדימה

עין לציון צופיה

עוד לא אבדה תקוותנו

התקווה בת שנות אלפים

להיות עם חופשי בארצנו

ארץ ציון וירושלים

歌词译文为：

只要我们心中，

还藏着犹太人的灵魂，

朝着东方的眼睛，

还注视着锡安山顶，

几千年的希望，

就不会化为泡影，

我们将在自己的国土上成为自由的人民，

立足在锡安和耶路撒冷。

四、首都

1948 年以色列在特拉维夫宣布成立，1950 年迁往耶路撒冷，但未得到国际社会普遍承认。1980 年 7 月 30 日以色列议会通过法案，宣布耶路撒冷是以色列 "永恒的不可分割的首都"，但以色列大部分政府部门所在地仍在特拉维夫。对于耶路撒冷的地位和归属，阿拉伯国家同以色列一直有争议，阿拉伯国家要求以色列撤出 1967 年以来它所占领的一切阿拉伯领土，包括东耶路撒冷。目前，绝大多数同以色列有外交关系的国家都将使馆设在特拉维夫。

五、独立日与《独立宣言》

以色列在 1948 年 5 月 14 日宣布独立，这一天因此成为以色列的独立日。以色列虽然在日常生活中采用公历，但是民族节日均采用犹太历。按照犹太历，以色列独立日是在以珥月第五天。

《独立宣言》由本 - 古里安于独立日宣读，是以色列重要的法律文件，全文如下：

> 犹太民族是在以色列地形成的。在这片土地上，犹太民族的精神、宗教和民族特性得到了塑造；在这片土地上，犹太民族曾过着自由而独立的生活；在这片土地上，犹太民族创造了一种具有民族和世界意义的文化，并把永恒的《圣经》奉献给了世界。

> 在被暴力驱逐出以色列故土后，流散到世界各地的犹太人对故土忠心耿耿，始终不渝地希望返回故土，在那里重新获得政治自由，从没有为此停止过祈祷。

> 基于这一历史和传统联系，世世代代的犹太人为加强他们与古老家园的联系一直奋斗不息。在最近的几代人中，他们大批地返回以色列故土。

> 无论是作为拓荒者和保卫者的老兵，还是作为突破封锁的新抵达者，这些犹太人使荒地变成了良田，复活了希伯来语，

兴建了城市与村庄，并创建了一个具有自身经济、文化的不断发展的社会。他们希望和平，但也做好了保卫自身的准备。他们为该地区所有居民带来了进步的佳音，并决心获得政治上的独立。

在西奥多·赫茨尔建立犹太国思想鼓舞下，第一届犹太复国主义者代表大会于犹太历 5657 年（公元 1897 年）召开，并公开宣布：犹太民族具有在自己的国土上恢复自己国家的权利。

这一权利为 1917 年 11 月 2 日的《贝尔福宣言》所承认，后来又为国联的委任统治所肯定。而委任统治就是对犹太民族与以色列故土的历史联系，以及对犹太民族有权在那里重建民族之家要求给予的国际承认。

在我们这个时代发生的导致欧洲几百万犹太人惨遭杀害的大屠杀再一次表明，为解决犹太民族无家可归和缺乏主权这一问题，有必要重新建立一个犹太人的国家。这个犹太人的国家将对所有犹太人敞开大门，并且确保犹太民族在国际大家庭中享有平等的地位。

尽管面对种种艰难困苦和危险，在可怕的纳粹大屠杀中幸存下来的欧洲犹太人，与其他国家中的犹太人一道，从未放弃回归以色列故土的努力，从未放弃在其民族土地上享有尊严、自由和诚实劳动、生活的权利。

在第二次世界大战期间，以色列故土的犹太人全力以赴，参加了爱好自由人民反对罪恶纳粹势力的斗争。他们以自己战士的鲜血，以自己对战争胜利的贡献，赢得了创立联合国诸民族一员的权利。

1947 年 11 月 29 日，联合国大会通过了一项要求在以色列故土建立一个犹太人国家的决议，并号召这一地区的人民主动采取一切必要措施来贯彻这项决议。联合国对犹太民族建立自己国家合法权利的承认是不容改变的。

像所有其他民族一样，在自己的主权国家里自己决定自己的命运是犹太民族的天然权利。

为此，我们，全国委员会的委员，代表以色列故土的犹太人民和犹太复国主义运动，在英国委任统治结束之日，在这里集会，根据我们天然的和历史的权利以及联合国大会决议，宣告在以色列故土上建立一个犹太人的国家——以色列国。

我们决定：从今天午夜，犹太历 5708 年以珥月六日，即 1948 年 5 月 15 日零时委任统治结束之时起到根据宪法产生的国家机关接管政权为止（不迟于 1948 年 10 月 1 日），全国委员会将行使国家临时委员会的职权，它的执行机关——全国行政委员会将行使犹太人国家临时政府的职权。这一犹太人国家取名为以色列国。

以色列国将向散居世界各国的犹太人敞开移居的大门，将全力促进国家的发展以造福所有的居民。

以色列国将按照以色列先知所憧憬的自由、正义与和平原则作为立国基础，将保证全体公民，不分宗教、信仰、种族和性别，享有最充分的社会和政治平等权，将保证宗教、信仰、语言、教育和文化的自由，将保证保护所有宗教的圣地，并将恪守联合国宪章的各项原则。

以色列国准备同联合国的专门机构和代表合作，履行 1947 年 11 月 29 日大会决议，并且为建立整个以色列地的经济一体化而努力。

我们请求联合国协助犹太民族建立他们的国家，并接纳以色列加入国际大家庭。

尽管几个月来我们一直遭到猛烈的攻击，我们仍号召生活在以色列地的阿拉伯居民起来维护和平，并在享有平等公民权利以及在各种临时和永久的国家机关中拥有相应代表权的基础上为国家的发展建设贡献出他们的力量。

我们向所有邻邦及其人民伸出和平、和睦、友邦之手，敦请他们与已经在自己故土上独立的犹太民族以互助精神合作。以色列国准备在为整个中东的进步而共同努力中作出自己的贡献。

我们号召散居在世界各国的犹太人团结在以色列的犹太人周围，协助我们完成移居和重建的使命，并同我们一道为实现世代以来的梦想——重振以色列——而奋斗。

怀着对以色列磐石的信念，我们在今天，在安息日的前夕，在犹太历 5708 年以珥月五日，即 1948 年 5 月 14 日，在祖国的土地上，在特拉维夫城，在国家临时委员会的这次会议上，为宣言签名作证。

第三节　宪法

以色列至今没有独立的宪法体系。1947 年 11 月 29 日联合国大会通过的关于巴以分治的第 181 号决议，呼吁以色列制宪会议制定一部民主宪法，以色列《独立宣言》中也重申了联合国大会决议的这一原则。1949 年 1 月 25 日以色列成立了立宪会议，同年 3 月 8 日，立宪会议转变为第一届以色列议会，即克奈塞特。立宪会议制定了《过渡法》，这部法律具有一定临时宪法的性质，但完整的成文宪法一直未能成功颁布，这同以色列当时特定的历史和社会环境有关。

从 1949 年 5 月到 12 月，克奈塞特的宪法、法律和司法委员会开了八次关于讨论宪法制定的会议，许多人反对成文宪法，其中包括以色列第一任总理本－古里安。他认为《独立宣言》已经将某些宪法的原则涵盖在内，1949年制宪议会通过的《过渡法》已经在这一问题上对联合国承担了义务。以色列正处于一个移民大量涌入的特殊时期，各种社会特性还没有稳定下来，因此没有必要急着制订一部非常精确的宪法。以色列国是面向全世界犹太人的，一套固定的宪法不适用于大量仍然在海外的犹太人，因此他认为以色列应该先从制订基本法入手。

当然，除了这些政治上的考虑外，宗教也是以色列没有成文法的重要原因。对于宪法与宗教法规之间的关系在以色列内部有着激烈的争论。世俗主义者认为以色列应该成为一个纯粹的西方自由主义国家，宗教主义者认为《圣经》优越于任何人造的宪法。面对这种分歧，搁置成文宪法的撰写自然成了当时历史环境下的权宜之计。

经过辩论，以色列第一届议会于1950年6月13日通过了由进步党议员伊扎尔·哈拉里提出的一项折中方案：把制宪的过程由一步到位改成逐步到位，即先单独就立法、司法、行政等领域分别制定一些基本法，最后再将这些基本法合成为一部完整的宪法。在"哈拉里建议"的指导下，议会已通过了14项基本法，这些基本法涉及议会、总统、政府、首都、军队、立法、司法、国家检察、土地、经济、人权等方面，明确了以色列行政、立法和司法之间的关系。

这14部基本法包括：《议会法》（1958年12月2日通过）；《以色列土地：人民土地法》（1960年7月25日通过）；《国家总统法》（1964年6月16日通过）；《政府法》（1968年通过，已失效）；《国家经济法》（1975年7月21日通过）；《军队法》（1976年3月31日通过）；《以色列首都耶路撒冷法》（1980年12月13日通过）；

《司法法》（1984 年 2 月 28 日通过）；《检察长法》（1988 年 2 月 25 日通过）；《人的尊严和自由法》（1992 年 3 月 17 日通过）；《政府法》（1992 年通过，已失效）；《职业自由法》（1992 年通过，已失效）；《职业自由法》（1994 年 3 月 9 日通过）；《政府法》（2001 年通过）。

除了这 14 部基本法，以色列还有许多具有法律效力的法律文件，包括《独立宣言》、《司法与行政条令》、《回归法》、《国籍法》和《判例法》等，这些法律既继承了西方民主与法治的思想，又有利于维护犹太文化的传统。

用基本法来代替宪法在以色列的好处在于，基本法修改起来不会带来像修改宪法那样大的"震动效应"。但这样的"分卷法"也有其自身缺陷，在缺少宏观性宪法框架的情况下，在包括以色列应该采取什么样的安全战略和政策、什么情况下可以对外出兵等原则性问题上，政府往往无章可循。

以色列虽然没有一部成文宪法，却不失为一个法治国家。1980 年以色列颁布的《法规的基础》规定："当法律问题通过法令、判例和类推还得不到解决时，法院可以依据以色列传统的自由、正义、平等与和平的原则做出裁决。"在司法的发展过程中，以色列还确认了一系列公民基本的自由和权利，即言论、集会、宗教和信仰自由以及在未得到公平补偿的情况下个人财产不受剥夺的权利等。这些法律法规广泛保护公民的权利和自由，并确保在法律面前人人平等。在以色列，上至国家领导人，下至平民百姓都同样享有民主权利和同样受到法律的监督。2011 年以色列前总统卡察夫因强奸罪被判 7 年监禁，2014 年以色列前总理奥尔默特因受贿罪被判 6 年监禁，此类案例都充分体现了以色列法律的公平性。

第四节　政治体制

以色列是中东地区唯一一个具有完善的多党制的自由民主制国家，公民拥有各式各样的政治权利和公民自由。以色列施行议会民主制。立法机构、行政机构和司法机构三者之间形成权力制衡，在政体内部，行政机构要得到立法机构的信任，司法机构的独立性得到法律保证。

一、总统

以色列的国家元首是总统，以色列总统被称为"纳西"，这是古犹太国元老院领袖的称号。总统是象征性的国家元首，他超越党派政治，象征着国家的主权。总统职能基本上是礼仪性的，包括参加官方的重要仪式、签署议会通过的法律、向驻外使节授予委任状、接受外国使节的国书、授权大选获胜政党领袖组阁、赦免罪犯或减轻其刑罚等。[1]

总统一般由比较有威望的犹太人担任，每届任期为7年。以色列第一任总统为著名化学家哈伊姆·魏兹曼，现任总统为西蒙·佩雷斯，他于2007年6月13日上任。

以色列历任总统：

哈伊姆·魏兹曼（Chaim Weizmann），1949年2月—1952年11月；

伊扎克·本-兹维（Yitzhak Ben-zvi），1952年12月—1963年4月；

扎勒曼·夏扎尔（Zalman Shazar），1963年5月—1973年

---

[1]　冯基华：《犹太文化与以色列社会政治发展》，北京：社会科学文献出版社，2010年版，第134页。

4 月；

伊弗雷姆·卡齐尔（Ephraim Katzir），1973 年 4 月—1978 年
4 月；

伊扎克·纳冯（Yitzhak Navon），1978 年 4 月—1983 年 5 月；

哈伊姆·赫尔佐克（Chaim Herzog），1983 年 5 月—1993 年
5 月；

埃泽尔·魏兹曼（Ezer Weizman），1993 年 5 月—2000 年 7 月；

摩西·卡察夫（Moshe Katsav），2000 年 8 月—2007 年 6 月；

西蒙·佩雷斯（Shimon Peres），2007 年 7 月至今。

二、议会①

（一）克奈塞特

以色列议会被称为"克奈塞特"，希伯来语意为"大聚会"，是
沿袭公元前 6 世纪犹太人代议机构的希伯来语称谓。克奈塞特的有
关传统以及运作方式深受犹太复国主义组织代表大会的影响。1897
年，在瑞士巴塞尔举行了第一届犹太复国主义组织代表大会，大
会通过《世界犹太人复国主义纲领》，其中诸多条款成为今日以色
列议会运作模式的指导思想。1948 年 4 月 8 日，以色列人民委员
会（People's Council）成立，成为以色列议会最早的雏形机构。同
年 5 月 14 日，该机构更名为临时国务委员会（Provisional State
Council），负责新政府立法与选举事务。1948 年 5 月 19 日，委员
会颁布《司法与行政条令》，确立了议会至高无上的权力，规定政
府对议会负责，必须执行议会通过的立法和制定的政策，并向议会
报告其活动。1949 年 1 月 25 日，以色列通过普选产生立宪会议。2
月 16 日通过了《立宪会议过渡法》后，立宪会议自行改为一个一

---

① 以色列议会官方网站是 http://www.knesset.gov.il/main/eng/home.asp。

院制的立法机构——克奈塞特。以色列克奈塞特共有 120 名议员，年满 18 岁的以色列居民即获得选举权，不论种族、信仰、性别。

　　以色列的议会是以色列最高权力机构，拥有立法权，负责制定和修改国家法律，对政治问题表决，批准内阁成员的任命并监督政府工作，选举总统、议长。议会每 4 年选举 1 次，但是可在任期满之前通过不信任案自行解散，要求进行新的选举。议会的主要职能是通过议会全体会议和委员会的形式执行的。以色列议会往往会选举出一个议会发言人来主持会议，议会发言人在政府的建议下制定会议议题。以色列议会大会全过程对媒体和社会公开。以色列议会的委员会包括 12 个常设委员会和 3 个特别委员会。各委员会的委员长在院务委员会推荐下由委员会成员选出。每个委员会都可以把具体议案移交给下属委员会进行讨论，或多个委员会形成联合委员会对特定议案进行讨论和审议。

表3　以色列议会的常设委员会

中文名称	英文名称
院务委员会	House Committee
财政委员会	Finance Committee
外交与国防委员会	Foreign Affairs and Defense Committee
经济委员会	Economic Committee
内政与环境委员会	Internal Affairs and Environment Committee
教育、文化与体育委员会	Education, Culture, and Sports Committee
劳工、福利与散居犹太人事务委员会	Labor, Welfare, and Diaspora Affairs Committee
法律与司法委员会	Constitution, Law and Justice Committee
移民吸收委员会	Committee for Immigration, Absorption
国家审计委员会	State Control Committee
促进妇女地位委员会	Committee on the Status of Women
科学与技术委员会	Science and Technology Committee

表4　以色列议会的特别委员会

中文名称	英文名称
反毒品委员会	The Committee on Drug Abuse
儿童权利委员会	The Committee on the Rights of the Child
外国劳工委员会	The Committee for Foreign Workers

议会最基本的职能是立法，以色列议会讨论的议案可以分成两类，第一类是政府提出的，第二类是议员个人提出的，前者的数量大大超过后者。

在全体会议期间，对政府和议员个人的提案进行一般性辩论。议案需要经过议会的"三读"方可通过，成为法律。"一读"为全体大会上的一般性讨论，之后，议案需要交有关委员会讨论；"二读"由全体会议审议；三读时进行最后表决。以色列议会大多数投票方式都是举手表决，有的议案会采取不记名投票的方式，第十二届议会首次采用了电子计票的方式。在以色列，一般只要议案通过了"二读"，"三读"都可以通过，最后该议案经主管部长、总理和总统签署后成为法律。

除了立法职能外，议会还有问询职能和审计职能。问询职能体现为在常设委员会、特别委员会等平台讨论政府行政决策，并要求政府提供相关信息；审计职能由总审计长执行，总审计长任期7年，负责检查和报告政府机构行为的合法性、正常性、效率、经济状况和道德规范，处理公众提出的投诉。国家审计长只对议会负责，并在年度报告中向议会呈交全部检查结果，被誉为议会监督政府的强有力的一只手。

2012年以色列新当选的审计长沙普拉表示，自己将致力于纠正以色列各级政府机构存在的违规、贪腐或其他不当行为，例如地方政府在提供社会服务时普遍存在效率低、态度差等问题。他表示将监督《政党资助法》的执行，并关注在政党预选过程中的资金使用情况。

（二）地位

以色列是议会民主制国家，政府必须赢得议会的信任，并接受议会的监督。但实际上，由于以色列议员都有自己的党派，党派利益往往高于国家利益，使克奈塞特的职能发挥受到限制。

议会对国家司法机构也有一定影响力。克奈塞特具有取消议员的豁免权，免除总统、国家审计长和总理的职务等准司法功能。议会是司法权力的来源，能够通过制定和修改法律来影响司法程序。最高法院是国家最高司法机关，有权监督政府工作。最高法院如认为议会某项立法对政府司法体系构成威胁，有权取消某项法律，从而与议会基本法某些条款产生冲突。但近年来，最高法院已越来越倾向于避免干涉议会内部事务。

（三）选举制度[①]

以色列的选举制度比较独特，采取单一比例代表制。全国为一个选区，原则上每 4 年进行 1 次选举，但以色列一般都会提前进行选举。议员候选人以政党为单位参加竞选，选民只需将选票投给各自支持的政党。在大选两周后中央选举委员会公布大选结果，并根据各政党的得票数分配议席。只要在大选中获得总票数的 2% 就有资格进入议会，按比例计算选票后，即可分配议席。例如，某党在大选中获得总票数的 30%，那么它应在议会中分得 120 个席位中的 40 个席位，那么该党候选人名单上前 40 人将成为议员，若有人出现意外，则由名单上第 41 人填补，依此类推。在以色列，得票最多的政党党魁即当选总理，负责组阁。2013 年 1 月以色列第 19

---

① 雷钰：《以色列议会选举制度研究》，西北大学博士毕业论文，2004 年。

届议会选举中，内塔尼亚胡领导的利库德集团和"以色列我们的家园"党组成的政党联盟获得31个席位，被授权组阁，内塔尼亚胡也就成为新一任以色列总理。

以色列在建国后选择单一比例代表制有特殊的原因。第一，建国以前犹太复国主义内部组织的选举就采用这种方式，建国后这种方式得到了传承；第二，以色列当时所拥有的人口和土地都非常少，没有必要分区选举；第三，当时的以色列人是从世界各地汇聚而来的犹太人，他们有着不同的文化背景和利益诉求，而比例代表制能够最大限度地让不同的利益诉求得到表达。

单一比例代表制能够充分地调动人民的政治热情，但也存在不少问题。首先，该制度使以色列党派林立，政局混乱。单一比例代表制使得很多小党具有制衡政治全局的作用，因为大党需要小党的支持才能顺利组阁，这极大地影响了以色列政策的稳定性。其次，比例代表制分散了议席，各小党派有各自的利益需求，影响了议会立法的效率。此外，比例代表制使议员脱离选民。在以色列的选举制度中，选民选举的是党派，并不是直接选举候选人，候选人是否能成为议员，最主要的是在党内候选人名单上的名次，这导致议员不用直接对选民负责，这影响到以色列政治的民主性。

当然，相对其他民主国家而言，以色列议会的门槛较低。历史上有上百个党派和集团参加过以色列的大选。但是具有长期影响力的政党具有相对稳定性，如工党、利库德集团等。

表5 第十九届以色列议会选举的党派席位分配

名称	席位数量
利库德集团-以色列我们的家园	31
未来党	19
工党	15
犹太人家园党	12

名称	席位数量
沙斯党	11
圣经犹太教联盟	7
运动党	6
梅雷兹党	6
争取和平与平等民主阵线（以色列共产党）	4
联合阿拉伯名单	4
民族民主联盟	3
前进党	2

第十九届克奈塞特的 120 名议员中有 27 名女性，克奈塞特发言人为尤里·埃德尔斯坦；院务委员会委员长为泽埃夫·埃尔金；财政委员会的委员长为摩西·加夫尼；外交与国防委员会委员长为前外交部长利伯曼。

三、政府

以色列国家的行政权力机构是政府，由总理领导。总理和部长组成政府内阁，各位部长一经批准，即在履行其职务上向总理负责，在其行动上向议会负责。大多数部长负有专职，并主管一个部；不管部部长（Ministers without Portfolio）没有固定的部门，可接受委派负责特别项目。总理亦可兼任部长。政府同议会一样，任期一般为 4 年，但也会因为各种原因被提前解散。

政府是行政机构，它必须得到议会的信任。所谓的信任，就是在议会的 120 名议员中，至少要有 61 名议员支持政府。以色列政府中的部长一般都为议员，这样一来以色列政府和议会在人员上有很大的重复。每次大选后，总统责成议会成员中最大党的党魁在 3 周内组织政府，并任命他为政府首脑，即总理。组阁在以色列是一件非常麻烦的事情，因为新组成的内阁必须获得半数以上议会席位的支持，但是以色列党派林立，建国以来从来没有一个政党在选举中获得过半数以上的席位，所以总理必须联合其他政见类似的政党通过反复的谈判来组成联合内阁，共同执政。1992年，以色列议会曾修改基本法，规定总理选举和议会选举分别进行，总理由全民直选。这一制度从1996年5月大选开始实施。然而，由于头两届总理直选的结果事与愿违，不仅削弱了总理的权威、影响了政府的稳定，议会内小党派的地位也得到增强。2001年3月7日，以色列议会通过基本法修正案，正式取消直接选举总理制度，恢复议会选举制度，被总统授权组阁的议员组阁成功后自动成为总理。

在2013年1月以色列议会第十九次选举后，以色列产生了第三十三届政府，形成了由"利库德集团－以色列我们的家园"、未来党、犹太人家园党和运动党组成的联合政府，部长名额削减到22名，名单如下：

本雅明·内塔尼亚胡为以色列总理，兼任外交部长和以色列公共外交事务部部长；

伊扎克·阿罗诺维奇任以色列公共安全部部长；

乌里·耶胡达·阿里尔任以色列住房和建设部部长；

纳夫塔里·贝内特任以色列宗教服务部部长、工业贸易劳动部部长；

梅尔·科哈恩任以色列社会事务及服务部部长；

杰拉德·埃尔登任以色列通讯部部长和国家安全部部长；

亚尔·格尔曼任以色列卫生部部长；

伊斯拉尔·卡茨任以色列交通、国家基础设施和道路安全部部长；

乌齐·兰多任以色列旅游部部长；

索法·兰德维尔任以色列移民安置部部长；

亚伊尔·拉皮德任以色列财政部部长；

利莫尔·利夫纳特任以色列文化与体育部部长；

齐皮·利夫尼任以色列司法部部长；

乌里·奥尔巴赫任以色列老年公民部部长；

埃米尔·佩雷兹任以色列环保部部长；

雅科夫·佩里任以色列科技部部长；

夏伊·皮隆任以色列教育部部长；

吉迪恩·萨哈尔任以色列内政部部长；

西尔万·沙洛姆任以色列能源与水利部部长、内盖夫和加利利地区发展部部长和区域合作部部长；

亚伊尔·沙米尔任以色列农业和乡村发展部部长；

尤瓦尔·斯坦尼兹任以色列情报部部长、战略部部长和国际关系部部长；

摩西·亚阿隆任以色列国防部部长。

以色列历任总理：

戴维·本－古里安（1948年5月—1963年6月）；

列维·艾希科尔（1963年6月—1969年3月）；

果尔达·梅厄（1969年3月—1974年4月）；

伊扎克·拉宾（1974年5月—1977年4月，辞职；1992年6月—1995年11月，遇刺身亡）；

梅纳赫姆·贝京（1977年5月—1983年10月，辞职）；

伊扎克·沙米尔（1983—1984年；1986年10月—1992年7月）；

希蒙·佩雷斯（1984年9月—1986年10月；1995年11月—1996年6月）；

本雅明·内塔尼亚胡（1996年5月—1999年5月）；

埃胡德·巴拉克（1999年7月—2001年5月）；

阿里埃勒·沙龙（2001 年 3 月—2006 年 1 月）；

埃胡德·奥尔默特（2006 年 1 月—2006 年 5 月，代行总理职务；2006 年 5 月—2008 年 9 月）；

本雅明·内塔尼亚胡（2009 年 3 月— ）。

1. 警察机构

以色列警察隶属于政府的公共安全部。同其他国家警察一样，以色列警察的主要任务也是惩治犯罪、管控交通、维护公共秩序和打击恐怖主义。

在成立之初，以色列警察的主要职责还局限于防范和制止犯罪活动，确保社会秩序。1974 年 5 月 15 日发生在北部加利利地区的马阿特屠杀事件暴露出以色列警察部队应对危机的低效，这一事件直接导致以色列警察部队职能范围的扩大，全面负责起人质解救和防止武装分子从边境渗透的重任。

1948 年到 1984 年以色列警察部队直属于内政部。1984 年，面对有组织犯罪、毒品走私和恐怖袭击的增多，以色列成立了直接隶属于内阁的警察部，统辖全国警察力量，警察人数也大幅增加。

以色列警察部门共有 3.5 万人，不设基层警察部门。除了常备警力外，以色列还有一支人数达到 7 万人的公民志愿警察队，他们的职责是维护当地的治安。以色列警察总部位于耶路撒冷，现任以色列警察长为约哈南·达尼诺。

以色列警察机构主要包括机动特遣部队、边防警卫队（马加夫）、特警分队（亚玛姆），以及随时通过拨打报警热线 100 就能赶到现场的亚萨姆。边防警卫队主要活动在以色列边境地区和约旦河西岸，特警分队主要职责是完成人质援救任务，亚萨姆也是以色列警察的精锐力量，但常常被曝出虐待巴勒斯坦人的丑闻。

2. 监狱

以色列监狱也隶属于政府的公共安全部。2008 年，以色列监狱系统共有 7791 名工作人员。

以色列监狱可分为 3 个区域：内塔尼亚以北的北部区，内塔尼亚到阿什杜德的中部区和阿什克隆以南的南部区。2011 年，关押在以色列监狱的犯人达到 1.77 万人。

以色列现任监狱长为阿哈隆·弗兰克。

2013 年初，澳大利亚媒体曝光了以色列"囚犯 X"事件。"囚犯 X"名为本 - 齐吉尔，拥有澳大利亚和以色列双重国籍，曾效力于以色列情报机构摩萨德。齐吉尔 2010 年初被以色列监狱以假名关押，罪名不详，同年底在狱中身亡，时年 34 岁，以方称其死因为上吊自杀。这一事件引起较大国际影响。

2013 年 2 月 25 日报道，以色列监狱关押的一名巴勒斯坦囚犯贾拉达特 23 日突然死亡，引发 3000 多名巴勒斯坦囚犯绝食一天抗议。希伯伦市等地区的巴勒斯坦民众也就贾拉达特的死举行了抗议活动，抗议者向以色列安全部队投掷石块。

四、司法

以色列的司法体系可以追溯到奥斯曼土耳其帝国法律、英国委任统治时期法律、英国习惯法、犹太教宗教法规和克奈塞特的立法。以色列的司法机构完全独立。为了防止司法受行政和立法的影响，以色列的法官不能参加任何政党，他们没有被选举权，也不能兼任部长职务。此外，为了防止军人专政，以色列还禁止现役军人进入议会，一切行政机关人员必须为文职人员，许多以色列军界高官都是离开军队后再进入政界的。

以色列司法系统由司法部长和最高法院院长共同领导。

（一）法院

法院系统由地方法院、地区法院和最高法院 3 个层次组成。最基层是地方法院，分布于大多数的城市，负责审理民事和一般刑事犯罪。第二层是地区法院，拥有对地方法院的上诉管辖权、对重大民事和刑事案件的初始管辖权。地区法院分布于五座城市：耶路撒冷、特拉维夫、海法、贝尔谢巴和拿撒勒。最高层的法院则是以色列最高法院，位于耶路撒冷，现任院长为阿沙尔·丹·格鲁尼斯。最高法院拥有最终上诉管辖权，对控告政府、政府部长、所有公职官员或机构的案件管辖权，释放非法拘留或监禁者，在其他法院超越权限时宣布其裁决无效等干预权力，还有权裁定议会的法律是否与国家基本法律相抵触。最高法院是最高的上诉法院，也身兼高等法院的功能。以色列地方法院、地区法院和最高法院的法官全部由以色列司法选举委员会选举产生，该委员会有九名成员，包括司法部长、一名内阁成员、两名议员、两名以色列法律协会成员、最高法院院长和其他两名最高法院法官。其中，以色列司法部长为该委员会委员长。

此外，以色列还有宗教法院和包括军事、交通、青少年法院在内的专门法院。以色列的宗教法院可以分为犹太教法院和非犹太教法院。犹太教法院又称拉比法院，其大法官由以色列司法部选出，主要处理犹太人与宗教有关的诉讼和与婚姻有关的案件。非犹太教宗教法院主要为基督教法院和伊斯兰教法院。

以色列军事上诉法院为以色列国防军的最高法院。此外，以色列陆海空三军、各军区和总参谋部也有自己的法院。以色列军事法院主要受理军人违纪与违法案件以及占领领土上与国家安全相关的犯罪案件。

以色列法官为终身制，退休年龄为70岁。2010年，以色列高级法院共有15名法官，地区法院共有163名法官，地方法院共有389名法官，拉比法院有88名法官。

同其他欧陆法系国家一样，以色列并不采取陪审团制度。案件一般由一名法官或三名法官组成的审判组来判定。在以色列，每位犯罪嫌疑人都有权请律师，经济上有困难的犯罪嫌疑人可以委托公设辩护人为其辩护。当地方法院或地区法院宣判结果后，被告人可以向最高法院起诉，申请案件重审，但批准的几率极小，从1948年到2012年只有21起案件被重审。

为了避免遭受占领领土上人民的起诉，以色列并没有加入国际刑事法庭。

以色列是人均拥有律师比例很高的国家，2012年以色列拥有约5.2万名律师，每年从以色列各大法学院毕业的毕业生有2000多名，这使以色列的律师行业竞争非常激烈。

（二）总检察长

以色列总检察长主管政府法律事务，在所有重大刑事、民事和行政案件中享有代表国家的特权。总检察长虽然由政府任命，但他行使职权时独立于政府制度之外。对于包括前以色列总统卡察夫、前外交部长利伯曼等政府高官的起诉工作都是由总检察长来负责。

目前以色列的总检察长为耶胡达·瓦恩斯坦。

第五节　政党制度[①]

以色列是个典型的多党制国家，而且其政党之繁多、新陈代谢之快、相互组合之复杂，是其他许多国家无法比拟的。

一、成因

多党的出现和存在与当时特殊的历史环境有关。世界犹太复国

---

① 庄建青：《以色列政党制度及其对外政策的影响》，青岛大学硕士学位论文，2009年。

主义组织的成员来自世界各地，这些人曾生活在不同的环境和阶层中，拥有不同的政治社会观念，再加上犹太复国主义组织的活动很分散，自然会产生很多派别和政党。当时犹太复国主义运动为了壮大自己的力量也需要包容尽可能多的成员，这为多个政党的形成和存在提供了一个较为有利的环境。

在以色列建国后，这些政治团体纷纷登上了以色列的政治舞台，也就形成了现今以色列的多党制。

二、特点

（一）党派林立

以色列各种类型的政党林立，不时会在政坛出现一些新政党，又由于进入议会的门槛较低，所以进入议会的政党也比较多。因此以色列也不可能形成像英美那样的两党制。在以色列几十年历史上组建的都是联合政府，而在组阁和在治理国家的过程中，一些小党的作用往往超过它自身的力量，起到"关键少数"的作用。

（二）以色列政党具有广泛职能

像许多国家的政党一样，以色列政党积极参加国家的政治活动。主要政党通过自己的内阁成员和议会议员牢牢掌握国家政权，许多政党积极参政议政，内阁成员的参政议政活动受到所在政党的指导和监督，甚至最秘密的内阁情况也要经常向党领导汇报。

在经济方面，几个主要政党都有自己的银行或金融机构，以及若干合作性企业或其他类型的经济协作组织；有自己的预算为移民提供经济、职业和生活上的资助和保证。因此有人认为，以色列政党甚至已从政治组织变成经济托拉斯组织。

文化教育方面，以色列各政党创办学校和诊疗所，出版发行报刊，建立文化中心和犹太会堂，发展住宅建设，设立体育俱乐部等。

因此，除了政治职能，以色列的政党具有非常广泛的社会经济和文化职能。

三、影响

（一）党派的不断分化和组合导致政府的不断更迭

建国以来以色列有几百个党和集团参加议会选举。40多年来，以色列政党变化很大，小党、新党不断涌现，党派的分散化与集团化趋势并存。以色列占领了大片阿拉伯领土之后，由于在对待被占领土问题上的态度不同，各种党派势力相互渗透、交叉，力量重新组合。

另外，新兴政治力量的作用也是不可小视的。1965年以来，特别是1973年十月战争后，以色列政治舞台上出现了一些新兴政治力量，如新兴力量党、公民权利运动、争取变革民主运动等，它们不属于传统阵营中的任何一个阵营，这是以色列政治发展的又一特征。这些新兴党派大多主张对外实行不结盟的和平外交政策，要求结束与阿拉伯国家的对抗，撤出所占阿拉伯领土，与阿拉伯国家和平共处；对内则要求变革，扩大民主，维护公民的权利，实行政教分离，改革单一的比例选举制等。

（二）党派林立导致了中东和平进程的长期性、曲折性和不稳定性

围绕被占领土的归属问题展开的大辩论，使以色列政党两极分化，形成左翼阵营和右翼阵营。很多党内部也因此分成两派，因而又产生新的分化和组合。大以色列运动和泰西亚党就是这种分裂组合的产物。

各党派对被占领土的归属问题的立场主要有三类：第一类为全

部归还，并支持在约旦河西岸和加沙建立巴勒斯坦国，以期实现和解、互相承认、和平共处。第二类为保留部分，大部分归还。持这种立场的政党主张有条件、有保留地归还，即保留一些对以色列安全具有战略价值的地区，其余大部分归还给阿拉伯国家，以此换取同阿拉伯国家的和解与外交上的承认，最终实现中东地区的和平。在这一类主张中最具代表性的是"阿隆计划"。第三类是全部吞并。持这种立场的是极端民族主义政党和宗教党。1967 年第三次中东战争的胜利激发了他们的民族主义。持第一类和第二类立场的政党都主张"以土地换和平"，区别在于归还土地的多少，一般称这两类政党为鸽派。属于这一类的有工党、统一工人党、独立自由党、公民权利运动、梅雷兹党、阿拉伯民主党等。持第三类立场的政党是极端派，寸土不让，主张"以安全换和平"，一般称它为鹰派，属于这一类的有利库德集团、全国宗教党、正教党、卡赫党、祖国党、佐梅特党等。

四、主要政党

以色列人常常自嘲：有 100 个以色列人，就有 100 个政党。以色列的政党可以大致分为右翼政党和中左翼政党。右翼政党包括世俗右翼政党和宗教政党；中左翼政党都是世俗政党，其中还包括阿拉伯政党。右翼政党的代表为利库德集团，左翼政党的代表为以色列工党和梅雷兹党，中间派政党的代表为前进党。

当前活跃在以色列政坛上的主要政党有：

（一）以色列工党

以色列工党简称工党，成立于 1930 年。领导人多属欧洲裔犹太人，较倾向代表来自西方的犹太人利益，而且大部分领导人都有军队背景。其主要创始人有本 - 古里安、果尔达·梅厄等。工党是犹太复国主义运动的领导性力量，在以色列建国中曾起过重要作用，早期控制着世界犹太复国主义组织和犹太办事处，迄今仍控制着犹太工人总工会。以色列建国后，尽管党派众多，在1948年至1977年期间一直是工党执政，80年代工党又两度与利库德集团联合执政。在1992年的大选中工党是获议席最多的大党，在以色列政治生活中有极其重要的影响。

工党最早被称为巴勒斯坦工人党，也叫马帕伊。1968年马帕伊与几个主要的犹太复国主义党派合并为"以色列工党"，1969年又与统一工人党组成"工党联盟"。巴勒斯坦工人党、以色列工党和工党联盟都可以称为"工党"。

受社会犹太复国主义的影响，工党具有一定的社会主义意识形态。但同中东地区其他国家一样都属于民主社会主义，反对暴力革命和无产阶级专政。在经济上实行以私人经济和"合作"经济为基础的混合经济，鼓励私人资本和吸引外国投资。

在中东问题上，工党提出的政策目标是：在《戴维营协议》基础上同巴勒斯坦人就"自治"问题达成协议，自治权限仅限于地方行政，而立法、国防和外交仍由以色列掌握；停止在被占领土上修建移民点，但戈兰高地、约旦河谷和东耶路撒冷的安全移民点除外；在自治3年后被占领土的最终地位问题同巴勒斯坦人谈判；强调耶路撒冷是以色列统一的不可分割的首都；取消同巴勒斯坦组织接触的禁令，改善同阿拉伯国家的关系。工党明确表示要以安理会242号和338号决议为基础解决巴以问题。

以色列工人党在国家经济建设上的成绩也很显著。但自从1977年大选以来，工党在以色列的影响力呈下降趋势。2011年1月17日，以色列工党主席、国防部长巴拉克宣布退出工党并组建新党"独立党"，内塔尼亚胡政府内三名工党成员也立马宣布辞职。虽然工党成员全部退出政府，但内塔尼亚胡在联合政府中还是占有多数席位，执政地位没有受到威胁。

现在工党党魁为雪莉·亚奇姆维奇，也是工党历史上第一位女性党魁。

（二）利库德集团

利库德集团的全称为以色列全国自由联盟，属于世俗右翼政党的典型代表。利库德集团是在 1973 年由加哈尔集团、自由中心党和国家党组成，成员主要来自东方的犹太人。1977 年大选获胜后执政，结束了工党 29 年的统治，1984 年和 1988 年又两次同工党联合执政。

该党具有强烈的犹太复国主义色彩，代表右翼势力。其强调犹太民族的特性和价值观，积极推行"大以色列计划"，主张以色列应拥有整个巴勒斯坦地区，明确提出该党的中心任务是吸引更多的犹太人移居以色列，继续加强定居点建设，不断扩大耶路撒冷城区，要求巴勒斯坦方面放弃难民回归权，保证耶路撒冷作为以色列首都的完整性。

80 年代该党的沙米尔曾提出了"三不政策"，即不放弃耶路撒冷、不撤回到 1967 年以前的边界线、不允许建立巴勒斯坦国。1991 年马德里中东和会以来，利库德集团仍坚持在"保持现状的基础上实现和平"，反对归还所占领的阿拉伯领土，认为约旦河西岸是以色列不可分割的一部分，耶路撒冷是以色列的"永久首都"，反对同巴解组织直接谈判。在经济上，该党对内鼓励私人资本，发展市场经济，反对国家干预。在文化上支持犹太文化复兴，主要支持者来自东方犹太人和犹太正统派。

1995 年，利库德集团领导人之一戴维·利维宣布退出利库德集团，另行组建"桥"党（Gesher）。大约 20 名利库德集团的骨干人员加入了利维组建的新党。

2005 年利库德集团 40 名议员中有 14 人加入沙龙组建的前进党，包括副总理奥尔默特。前进党的建立使利库德集团内部分裂，实力有所削减。

2009 年议会选举中，内塔尼亚胡领导利库德集团成为第二大党，并在第一大党前进党组阁失败后授命组阁，当选以色列总理。在 2013 年议会选举中，利库德集团与"以色列我们的家园"党联合参选，并赢得大选。

该党现在的领导人为本雅明·内塔尼亚胡。

（三）"以色列我们的家园"党

"以色列我们的家园"党也是属于世俗右翼政党，民族主义色彩强烈，立场偏右。该党代表前苏联犹太移民的利益，但目前该党向更大范围内的以色列民众发展影响力。"以色列我们的家园"党是为参加 1999 年第 15 届议会选举而成立的。在 2009 年的选举中，该党赢得 15 个席位，成为以色列国会第三大党。之后该党与利库德集团等党派组建联合政府，该党领导人阿维格多·利伯曼出任以色列副总理和外交部长。在 2013 年议会选举中，利库德集团与"以色列我们的家园"党赢得大选。

该党认为以色列阿拉伯人影响到以色列的犹太性，主张更多的犹太人移居以色列，其主要的政治纲领包括在社会和经济领域援助弱势群体；主张在当地政府设立新移民的管理机构；增加文职机构的开放性和灵活性；主张政教分离，建立总统体制及国家安全委员会等。

（四）未来党

未来党于 2012 年由拉皮德组建，属于以色列的中间党派。

拉皮德曾经是以色列著名记者和电视主持人，并且是以色列《新消息报》的专栏作家。2012 年 1 月，拉皮德退出新闻行业，开始从政，组建未来党。未来党在2013年以色列国会选举前募集到了1350万新谢克尔，并在1月的第十九次议会选举中异军突起，获得了19个席位，成为以色列第二大党，并进入联合政府，拉皮德本人也成为以色列财政部长。

（五）沙斯党

沙斯党成立于1984年，全名为塞法拉迪圣经保卫者联盟。最初为小型的政治团体，现在为以色列第四大党。1984年起，该党数次参与利库德集团、以色列工党组建的联合政府。该党现任领导人为埃利·伊沙伊；该党创始人为奥瓦迪亚·约瑟夫，现在为该党精神领袖。该党的支持者都多为东方犹太人和塞法拉迪人。

该党主要关心本党以及选民在宗教、社会及经济方面的利益。在巴以冲突等问题上最初立场比较温和，但后来右翼倾向变得明显，反对约旦河西岸定居点建设的冻结。在宗教上持正统派立场。

（六）圣经犹太教联盟

圣经犹太教联盟是由以色列正教党和圣经旗帜党这两个极端正统教派于1992年联合组成的。不同于沙斯党，圣经犹太教联盟的支持者多是来自欧洲和美国。该党领导人为梅尔·珀拉斯，在2009年的大选中获得5个席位，该党在宗教和国家关系上愿意维持现状，反对同巴勒斯坦谈判，反对巴勒斯坦建国，并支持以色列定居点的修建。

（七）全国联盟党

全国联盟党成立于2008年，是在第15届议会选举中组成的右翼政党。该党领导人、前高科技富翁贝内特很受右翼选民欢迎。该政党立场强硬，反对通过政治谈判解决中东问题，反对巴勒斯坦建国，反对沙龙的单边撤离计划，反对《奥斯陆协议》，呼吁把巴勒斯坦难民分流到阿拉伯国家，坚持犹太国属性。此外，该党还认为阿里亚是以色列和复国主义的核心，因此应该鼓励向以色列移民的工作。该党主张通过对国民的犹太教育来加强以色列犹太人同海外犹太人之间的联系。在环境保护方面，该党态度很积极，主张在沙漠地带植树造林，对水污染实行零容忍制度。

（八）梅雷兹集团

梅雷兹集团是近年由公民权利运动、统一工人党和变革党联合组成的，全称为"民主以色列党"。该党代表左翼力量，1992年大选中获议会中的12个议席，成为以色列议会中第三大势力。该党主张在联合国安理会242号决议和338号决议的基础上解决阿以问题，让巴勒斯坦人实行完全自治，由巴勒斯坦人自己决定自己的命运；认为约旦河西岸和戈兰高地的定居点是解决阿以问题的障碍，而继续修建定居点将使局势进一步恶化；主张巴以相互承认。主要领导人为舒拉米特·阿洛尼。

（九）前进党

2005年11月，时任以色列总理的沙龙创建了前进党。为区别于右翼色彩的利库德集团和左翼色彩的工党，前进党奉行在自由经济政策的基础上兼顾社会公正的中间路线，希望引领以色列走向一条新的道路。

前进党成员大多数来自利库德集团，其政治纲领主要包括：主张推进巴以和平进程，划定巴以永久边界，并确保犹太人在以色列的多数地位；接受与巴方的和平谈判，但在和谈无果的情况下，准备采取单边行动从约旦河西岸大部分地区撤军，保留在西岸的大型定居点，加快隔离墙建设并单方面划定巴以边界。

2006年1月4日沙龙突然中风昏迷后，奥尔默特出任代总理。2008年5月，奥尔默特涉嫌受贿被曝光后，齐皮·利夫尼当选前进党主席。2012年3月前进党的党内初选中，沙乌勒·莫法兹击败齐皮·利夫尼当选新一任党主席。成为党魁后，莫法兹立即宣布要参与下一届的总统竞选。但在2013年的选举中，前进党仅仅获得两个席位，成为议会中最小的党派。

第六节　以色列政治的特殊性

一、联合政府

联合政府是以色列政治中最有特色的地方，也是理解以色列政治的关键。因为以色列政府必须得到大多数议员的信任，而自建国以来，以色列任何一个政党都得不到如此多的席位，因此组成联合政府成为必然的选择。联合政府组成的过程是一个利益博弈的复杂过程，大党为了实现执政，必须要通过谈判让一个或多个小党加入联合政府，并做出利益的承诺。联合政党执政政府的稳定性比不上一党执政。因为在联合执政政府中，政府首脑不但要保持党内的团结，同时还要处理同联合政府中其他党的分歧。这一政治制度导致的必然后果就是小党在以色列政治互动中往往发挥着超出它们实际力量的作用，在以色列政坛，这一角色往往由宗教党来承担。

以色列的联合政府制度是存在很多问题的。首先，以色列总理的权力受到党派政治的严重制约。为了实现组阁和维持政府的稳定，以色列总理必须在坚持本党利益的基础上对小党进行妥协。其次，以色列政府内阁本身也是议会政治权利分配的体现，部长的任命更多是基于党派政治博弈而不是基于国家利益，许多部长甚至只对其所在党派负责，将国家和选民的利益置于脑后，单个议员在立法上的自由度很低，个人的投票必须完全同政党的立场一致，只有这样才能保证联合政府的稳定性。最后，联合政府的稳定性也非常脆弱。联合政府中任何一个党派的退出都可能导致内阁危机。自建国以来，大多数内阁都提前解散，这大大影响了以色列政府决策的连贯性。

二、政党政治

政党政治是以色列复杂政治局面背后的又一原因。以色列的许多政党都可以追溯到建国前，以色列的建国也同政党活动有着密切关系。

以色列政党之多是其他许多国家无法比拟的。比如在1999年有31个政党参与了第十五届议会选举，2003年有27个政党参加了第十六届议会选举。有的分析人士认为，如此多的政党只会削弱以色列政治的稳定性，以色列只需要一个左翼政党、一个右翼政党、一个宗教政党和一个阿拉伯政党就足够了。但事情并非如此简单，以色列政党的复杂局面其实从侧面体现了以色列社会的复杂性，各种利益相互交错，即便是宗教政党也会分为持有不同意见的不同派别，根本无法笼统地简化为4个政党。同社会的密切联系让以色列政党不仅仅是议会选举和立法的工具，更是整个社会体系的一个有机组成部分，它覆盖其成员生活的方方面面，这一点对理解以色列政治体系的运转非常关键。

三、意识形态

以色列是一个不同意识形态的大聚集体。不同于美国社会的"大熔炉"作用，以色列没有试图将不同群体的意识形态进行融合，而是保持着"拼图"一样的各种意识形态的本色，实现各种意识形态的共处。了解这些不同的意识形态不但能够帮助我们更好地把握以色列政党，还能让我们对以色列的社会有更深刻的理解。

总体说来在以色列的历史上主要存在着这么几对相互对立的意

识形态：自由经济和社会主义经济，对待阿拉伯的左翼思想和右翼思想，宗教和世俗，亲苏联思想和亲西方思想，在国家合法性问题上的复国主义思想和反复国主义思想。[①]

通过这10种对立思想的相互组合，我们基本上可以让以色列所有的政党都对号入座。这些意识形态是可以同时具有的，比如说利库德集团在经济问题上主张自由经济，在对阿问题上采取强硬立场，拥护犹太复国主义。仔细观察各个政党，我们不难发现许多政党在意识形态上都存在根本性的对立，这就是为什么在以色列联合政府的组成是如此的困难。当然，随着苏联的解体，亲苏和亲西方的碰撞已经没有了。但是苏联解体后大量俄裔移民的涌入也给以色列的社会融合带来了巨大的挑战，以至于苏联移民成了以色列政坛上一支不可忽视的力量。

四、利益集团

利益集团是基于共同利益要求而组成的社会团体。在以色列，有的利益集团规模很大，如俄裔犹太人的利益集团；有的规模很小，如为领取养老金的老年人服务的利益集团。利益集团在以色列充当联结机制的角色，它能够影响政府的行为，并把政府的观点传达给公众。当然，同许多其他西方国家相比，以色列利益集团的作用不是很大，因为它很多职能已经让渡给了政府。

在以色列最大的利益集团是属于劳动者的，这就是成立于1920年的以色列总工会。它相当于全国劳动者的工会，但实际上它的职能已经远远超出了这些。以色列总工会有自己的房产、议

---

① 以色列是在犹太复国主义思潮和运动中诞生的。随着国家的建立，复国主义并没有成为历史，而是继续在以色列社会发挥着巨大的整合作用。除了犹太复国主义，在建国前就影响着以色列的还有社会主义思想和西方自由主义思想。

员、报纸、出版社和学校，已经成为以色列社会构造中的一部分。[①]
特别是在 1977 年大选之前，以色列工党一直在议会中占统治地位，
而以色列总工会和工党在管理层上有大量的重叠。

　　除了总工会，以色列另外一个重要的利益集团就是军队。通
过研究以色列军队和地方的互动关系，人们发现以色列国防军对以
色列社会具有巨大的影响力。因为以色列大多数成年男子要么是
现役军人，要么是预备役军人，因此军队的观点具有较大的政治影
响力。许多在军队有较高威望的人也成了政治领导人，如摩西·达
杨、拉宾、佩雷斯等。

　　第三个需要考虑的利益集团并不在以色列本土，而是分布在世
界各地的海外犹太人。他们通过犹太代办处、世界犹太复国主义组
织和美国犹太委员会等机制来实现对以色列政治的影响，这些集团
每年都会为以色列提供大量的资金。

　　最后我们需要关注以色列少数民族利益集团和阿拉伯利益集
团。它们的影响力在逐渐扩大。在建国之初以色列政治被西方犹太
人主导，但这一形式随着东方犹太人的大量移入而被打破，他们也
在形成自己的利益集团，要求同等的政治权利、经济地位和教育机
会。沙斯党代表的就是东方犹太人的利益。

五、政治右倾[②]

　　进入新世纪以来，以色列政坛右翼势力一直占主导作用。左翼
的工党的影响力一直在下降。在 2009 年大选中，右翼政党在议会
占有的席位超过半数，具有明显优势；中左翼阵营遭受重挫，在议
会 120 个席位中，中左翼政党只占 55 席，其中前进党 28 席，工党

　　① 赵继运：《以色列总工会研究》，西北大学硕士学位论文，2009 年。
　　② 陈双庆：《以色列政治生态右倾与中东局势》，载《现代国际关系》，2009 年
第 3 期。

13 席，梅雷兹党 3 席，另外 3 个阿拉伯小党共获得 11 席。

2013 年的大选中，中左翼政党的势力有所回升。其中，世俗中间派政党"未来党"赢得了 19 席，一跃成为议会第二大党；而左翼大党工党也赢得了 17 个席位，名列第三。但以色列安全形势的变化使得各党派对外政策之差异空前缩小。包括中左翼政党在内的各主要政党及其领导人在涉及以色列安全问题方面的态度，均无一例外地趋于强硬。中间党派前进党党纲明确指出：在伊核问题上，力求组建国际和地区联盟，共同应对来自伊朗的威胁；在反恐问题上，对来自哈马斯和黎巴嫩真主党的威胁实行坚决、果断的回击，通过制定长期的经济、外交和军事战略逐步推翻哈马斯政权。工党党纲也强调，在伊朗核问题上，应运用一切合法手段使伊朗在国际社会受到孤立，并消除其核威胁；对威胁以色列国家和民众安全的暴力和恐怖袭击坚决予以回击。

以色列非政府组织耶沙委员会则是以色列右翼势力的代表，该组织维护定居者的利益，反对以色列在领土问题上有任何妥协。领导人为丹尼·达扬。耶沙委员会成立于 1970 年，是信仰者集团的继承者。

以色列政治之所以呈现出如此强烈的右倾倾向，有多方面原因。其中最根本的原因还是近几年来以色列的安全环境恶化，民众的不安全感急剧上升。这表现在不断增加的来自加沙地带和真主党的对以色列武装袭击和伊核问题上。以色列政治右倾化不但会使中东和平进程面临更大困难，还会对美国和以色列的关系提出考验，并随时可能让以色列的地区安全状况恶化。

但从 2013 年大选中我们可以看到一些积极的变化。虽然利库德集团和"以色列我们的家园"党组成的政党联盟获得了议会 120 席中的最多席位，但是仅获得了 31 席，大大低于之前的预期。包括该联盟在内的以色列右翼政党席位基本和中左翼政党持平，刚刚达到组成联盟政府所需要的 61 席的席位数。内塔尼亚胡虽然为利库德集团保住了外长、国防部长和内政部长等重要职位，但总体来看，利库德集团在内阁中仅保住了 10 个部长职位，不到 22 个部长总数的一半。这些变化可能会有利于未来几年中东和平进程的推进。

第八章　国民经济

以色列是中东地区经济发展程度最高的国家，拥有成熟的市场体制。尽管没有丰富的资源，以色列还是发展出了完备的农业和工业体系，进入到世界发达国家行列。2012年，以色列在联合国发布的人类发展指数排名中排在世界第十六位，属于"高度发达国家"。[①] 2012年，在世界经济论坛的全球竞争力报告中，以色列排在世界第26位。

第一节　经济现状

以色列的农业科技含量高，以滴灌设备、新品种开发等闻名于世，农产品不但能够满足国内市场，还能大量出口欧美，享有欧洲"冬季厨房"的美誉。以色列的农村经济组织颇具特色，主要以公有制"基布兹"和半公有制合作社"莫沙夫"为主，以色列现有基布兹将近300个，约12.3万人，莫沙夫有400多个，约23万人。

以色列工业比较发达，机械化、自动化程度高，是国民经济的支柱产业。工业部门主要有军火、电子、钻石加工、化工、纺织、机械、设备、建筑等。其中军火、电子、钻石加工业的发展最为迅

---

① 《2013年人类发展报告》，联合国发展计划署。

速；军火业从一般武器到导弹等高新技术武器一应俱全，是世界著名的军火出口国；以色列钻石加工业发达，出口量位居世界第一。但由于资源相对匮乏，包括石油、原材料、摩托车、未切割钻石在内的物资都需要大量进口。

在所有制上，1948年到70年代初，以色列的生产资料所有者主要为政府、私企和以色列总工会，其中，政府和以色列总工会在经济体系中占主导地位，特别是在第三产业领域，以色列总工会下属的企业几乎垄断了公共交通、农业生产、市场营销、保险、银行等领域，政府则主要控制了以色列国防工业、以色列航空公司、冶炼厂、以色列电力和以星综合航运有限公司。在20世纪70年代以色列政府启动了私有化改革，80年代和90年代，在利库德政府领导下，私有化改革进程明显增快，以色列总工会下属的许多企业也在90年代完成了私有化改革。2013年，以色列在世界经济自由度指数排名中以66.9分排在第51位。①

2008年经济危机席卷全球。以色列政府在危机之前的几年一直采取稳健的财政政策，培育出合理的金融体系和银行业，因此和其他发达国家相比，以色列更好地应对了这场经济危机。2010年以色列加入经济合作和发展组织，进一步扩大了全球经济的参与程度。目前，以色列已同欧盟、美国、欧洲自由贸易联盟、土耳其、墨西哥、加拿大、约旦、埃及和南方共同市场贸易集团签订了自由贸易协定。

根据以色列中央统计局数据，2011年，以色列的GDP总量为8718亿谢克，较2010年增长4.6%，人均GDP为112298谢克，相当于3.1万美元，居世界第27位，较2010年增长2.7%。

2010年，以色列私人消费开支较2009年增长5.3%，2011年

① 详见 http://www.heritage.org/index/ranking。

较 2010 年增长 2.8%。2011 年，人均私人消费开支为 65820 谢克，较 2010 年增长了 1.9%，以色列政府消费支出为 2.11 亿谢克，同比增长了 2.9%；平均通货膨胀率为 2%；失业率下降到 5.6%，为 30 年来最低，劳动力需求增长。

第二节　经济发展历程

以色列建国以来克服了许多阻碍经济发展的严重困难，并实现了经济的迅速发展，从一个以农业为主的国家迅速发展成为一个高度工业化和经济多样化的国家。以色列经济发展从经济发展史的角度主要经历了以下几个阶段：

一、建国前犹太社团的经济状况

这一时期，农业是犹太社团经济的基础。犹太移民把购置土地、发展农业作为基本的经济发展政策，积极从巴勒斯坦阿拉伯人手中购买土地。柑橘是犹太农业的重要产品。除了农业，犹太社团也积极开展工业活动，经营范围涉及建筑、电力、化工、农业机械、钻石加工、冶金、烟草、食品等方面。1920 年巴勒斯坦犹太工人总会的成立，为犹太社团经济的发展发挥了巨大作用，到 30 年代后期巴勒斯坦 4/5 的工业都掌握在犹太人手中。1930 年，巴勒斯坦钾肥公司成立，1934 年，阿塔纺织厂成立。在第二次世界大战期间，为了配合前线，巴勒斯坦地的各大工厂为反法西斯军队供应了大量武器和食品，当地经济得到进一步发展。

二、经济快速增长阶段

1948 年至 1973 年属于以色列经济在政府引导下的快速增长阶段。

在建国初期，以色列不但经历了第一次中东战争，还需要接收大量来自世界各地的移民，经济面临着巨大的挑战，国家外汇储备严重不足，国内失业率居高不下。以色列政府通过节俭政策和对资源的集中分配，让国家度过了这一困难时期，从 1952 年开始，以色列经济开始走出困难期，迎来高速发展。

德国对以色列的战争赔款也发挥了重要作用，1956 年，来自德国的赔款收入甚至占到以色列财政收入的 87.5%。[①] 此外，来自境外犹太人对以色列的捐助数额也非常可观，以色列政府正是利用这些资源大力发展工农业，投资建设了哈德拉电厂、国家输水工程、海水淡化厂和位于海法、阿什杜德和埃拉特的海港，初步建成了一套完整的国家基础设施，实现了国民经济的稳步发展。

在此阶段，以色列政府对经济进行了全面的干预和控制，利用廉价劳动力创建了为本国市场服务及生产进口替代型产品的工业，快速工业化刺激了经济的迅速发展。以色列政府大力发展农业与相关基础产业，在国内实行资源配给与物价控制制度，大力开发资源，扩大生产规模，到 1951 年，可耕地面积已由 1948 年的约 160 万杜纳姆（1 杜纳姆 =1.4 亩）增至 335 万杜纳姆，粮食自给率达到 50%。20 世纪 60 年代，以色列棉花种植面积迅速增长，国家大力发展纺织行业，纺织产品出口曾占出口总量的 12%，仅次于钻石出口。到 90 年代，由于东亚国家具有明显廉价劳动力优势，以色列纺织行业的利润大幅降低，以色列许多纺织厂倒闭或承包给以色列阿拉伯人。

这一时期以色列较好地利用了国外犹太社团和亲犹国家的经济援助，并成功且迅速地使移民从事生产性活动。但这一时期以色列经济也出现过许多问题，由于战争状态、移民增加以及国内建设的

---

① 林国明：《犹太人社团与以色列对德国的战争索赔》，东北师范大学博士学位论文，2005 年。

扩大，通货膨胀严重，政府赤字上升，社会购买力下降，失业率激增，投机倒把活动猖獗。1952年新政府及时推出了"新经济政策"，通过采取削减国内开支、贬值货币、缩小物资配给范围、放宽物价限制和扩大贸易自由化等措施，扭转了经济局势；1966年因进口减少出现经济衰退；1967年第三次中东战争后，经济形势得以缓解。

总之，1948年建国到20世纪70年代初这一时期，以色列经济虽然出现过几次徘徊，但总体上保持了较快的增长势头，50年代的年平均增长率为11.1%，60年代为9%，人民的生活水平得到大幅度提高，20年的经济奇迹让以色列进入发达国家行列。

三、经济结构调整阶段

1973年至1989年以色列经济处于结构调整阶段。

1973年至1985年以色列经济增长放缓，GDP年平均增长率仅为2%。70年代，以色列社会内部矛盾激化，东方犹太人和西方犹太人之间社会地位和经济水平悬殊，黑豹组织（Israeli Black Panther）的游行示威活动引起了政府的重视，因此政府加大了对社会保障领域的投入。70年代初正值以色列经济开始朝出口型转变的阶段，但1973年的阿以战争打乱了这种变化的正常进展，战争使政府在军事领域的支出大增，通货膨胀和外债不断增长；1973—1979年阿拉伯国家对以色列实施禁运，以色列石油进口成本大幅增长；以色列接收的移民在这一时期也大幅减少；1983年，以色列出现了银行股危机，四只以色列国内最大的银行股因业绩不佳而被国有化。

尽管美国对以色列从贷款转向赠送的援助方式及时控制了以色列外债的继续增长，但以色列总的经济形势至1985年仍在恶化，具体表现在经济速度放缓、通货膨胀严重、贸易逆差过大等，而导致这些现象的原因包括国防开支的增加及经济投资的下降，国际能源涨价导致世界性的经济衰退，经济体制中的弊端日益显露以及资源经济的优势已消耗殆尽等。

1984 年 9 月，以色列工党与利库德集团开始共同执政。1985 年，新政府开始推行一揽子的稳定经济的改革方案，包括缩减食品补贴、教育卫生经费以及建立犹太定居点的预算，增加出口、限制进口，并冻结物价、贬值货币等，以上措施取得了显著成效，经济形势明显好转，这些措施成为其他国家解决经济危机效仿的模板。但 1987 年底发生的巴勒斯坦人民大起义使经济形势再度恶化。1988 年底，以色列政府在原有的改革政策基础上，又采取了鼓励信贷、降低银行利率、限制工资增长及裁减职员、增加各种税收等措施，使以色列经济于 1990 年开始复苏。1988 年以色列国民生产总值（GNP）达到 350 亿美元，人均约 7800 美元，在亚洲仅低于中东一些石油国家和东亚的日本，相当于新加坡的经济实力，基本达到了一个中等发达国家的水平。

四、和平进程推动经济发展

20 世纪 90 年代以来，中东和平进程的推进，大大改变了以色列经济发展的国际环境，大批前苏联移民的进入尤其是大批技术人才与资金的引进为以色列经济注入了新鲜的活力。1990 年以色列 GDP 年增长率为 6%，1992 年增至 6.7%。

90 年代以来，以色列经济中的高科技含量也越来越高，西方经济学家称以色列正向一个商业高科技社会演变。这一时期以色列的经济结构已呈现后工业化国家特征。1995 年，以色列的 GDP 构成中，第一产业占 3%，第二产业占 29%，第三产业占 68%，第三产业所占比重超过第一和第二产业所占比重之和。同时，以色列的外贸总额在 90 年代持续增长，人均外贸额跃居世界前列，进出口商品中的科技含量不断提高，外贸区域不断扩展，可以说，90 年代是以色列经济发展的黄金时期，也是以色列经济政策获得成功的关键时期。

五、曲折发展阶段

90 年代中期至今以色列经济处于曲折发展阶段。

由于受到和平进程受阻、移民大幅减少、耐用品消费及房地产业投资下降等因素的影响，90 年代中后期的经济增长较 90 年代前期放缓，1990 年到 1994 年以色列 GDP 年增长率为 6%，1995 年到 1999 年 GDP 年增长率下降到 4%。2000 年 GDP 增长率恢复到 8.7%，但 2000 年 10 月，由于国家安全形势恶化，经济增长再度放缓，2001 年和 2002 年以色列经济出现萧条。2004 年到 2007 年这一段时间，由于地区安全局势的好转和国际贸易的发展，以色列经济发展较快，GDP 年平均增长率为 5.5%，进入以色列的投资也大幅增长，据以色列制造业协会的统计，2006 年进入以色列的投资资金总计 130 亿美元。2009 年受全球经济危机影响，以色列 GDP 增长降至 1.1%，但仍好于大多数西方国家。2010 年以色列经济迅速走出低谷，GDP 增长回升到 5%。2011 年，以色列的 GDP 总量为 2459 亿美元，人均 GDP 为 3.2 万美元。

2010 年以色列私人消费开支增长 5.3%，2011 年增长 3.8%。1995 年到 2011 年私人消费开支的平均增长率为 4.1%。

以色列中央统计局 2013 年 3 月 10 日公布的数据显示，以色列经济在 2012 年增长了 3.1%，为 2009 年以来最低的增长率。经济发展放缓的原因是以色列对欧洲和美国出口减少。出口占以色列国民生产总值的 40%，具有重要地位，而以色列 2012 年的出口仅增长 0.1%，远低于 2011 年的 5.5%。为刺激经济增长和鼓励出口，以色列银行 2013 年年初已逐渐把利率从 2011 年的 3.25% 下调至 1.75%。

以色列经济虽然增长放缓，但表现仍强于其他经济合作与发展组织成员。数据显示，其他 34 个经合组织成员在 2012 年的平均经济增长率为 1.4%。

第三节　各产业部门情况

一、工业

二战前巴勒斯坦地的工业主要表现为农具制造、修理和农产品加工的作坊。在二战中为适应盟军的需要，加速发展了轻工业，尤其是服装和罐头食品。以色列建国后的头 10 余年，就在此基础上着手发展传统工业，自 1967 年起，以色列政府把力量集中在高增值制成品上，开发基于本国科学水平和技术革新的产品，包括电子医疗设备、农业技术、通讯设施、精制药品、太阳能产品、电子计算机硬件和软件以及钻石加工等，尤其是钻石加工工业，其出口各种磨光钻石和小宝石已跃居世界同行业之首。70 年代后，以色列的电子、光学和航空工程成为其主要工业。化工工业也是以色列工业中的重要组成部分，经过几十年发展已成为以色列国民经济支柱产业之一，涵盖矿产和化肥、石油化工、农业化工、制药以及化妆品五大主要领域。2009 年化工产业产值占以色列工业总产值的 26%，并同时为农业、塑料业、纺织业、金属业等其他经济部门提供了大量原料。以色列化工企业主要集中在南部的内盖夫 - 死海地区，北部的阿卡 - 海法地区和中部沿海的阿什杜德也有部分化工厂。

2010 年以色列工业产品进出口总额为 801 亿美元。除钻石外，以色列主要出口的工业产品包括：通信医疗和科学仪器、医药产品、电子元件和计算机、机器设备、基础金属品和交通设备。主要进口产品为：原材料类的燃料、机电制造用料、化工用料、橡胶塑料、钢铁和食品原料，以及投资品类的机器设备和商用小汽车，消费品类的家具电器、食品饮料、服装鞋类和交通设备等。

二、农业

在漫长的流散时期，以色列人没有自己的土地，犹太复国主义运动兴起后，拥有属于自己的土地，并在这片土地上劳动是许多犹太人的梦想。阿莫司·艾龙在《以色列人：建国者和他们的子孙们》中写道："早期来到巴勒斯坦地的犹太人相信，一个国家，要像树木一样，扎根在土地里，而千百年来的反犹主义的根本原因就是，那些生活在东欧的犹太人的职业没有建立在土地上。"

以色列政府规定，农业用地在任何情况下都不能被出售，只能租赁，每次租期49年，最长不得超过97年，可续租。政府还规定，包括兴建住宅在内的所有跟土地有关的开发计划都要经过国家土地管理局审批，以避免滥用耕地。

以色列一半以上的土地被沙漠覆盖，降雨量少于150毫米，在这样的自然条件下以色列工程师发明了高效节水滴灌法。滴灌技术除节水外，还能节省化肥和农药，减少盐分集结。滴灌系统基本由电脑控制，定时、定量给作物浇水，实现了标准化生产。以色列农业部门认为把农药和化肥使用量降到最低程度也是保护耕地的重要内容，在以色列，农业生产者一般不会偷用化肥或农药，因为这很容易通过对样品和土壤的检查来发现，一旦被发现，处罚相当严厉。以色列农业生产效率很高，目前，以色列农业不仅能基本满足国内需要，还大量出口优质水果、蔬菜、花卉和棉花，农业出口额达15.06亿美元，占出口总量的2.4%左右，有"欧洲菜篮子"美誉，成为不毛之地上的一朵亮丽的奇葩。

以色列农产品主要分两大类：第一类是农作物和园艺花卉（约占农业总产值的56.6%），主要包括棉花、小麦、香料、花生、蔬菜、水果、柑橘、花卉等;第二类是牲畜产品(约占农业总产值的43.4%),主要包括牛、羊、家禽、乳制品、蛋和水海产品等。以色列与欧盟和美国均签有自由贸易协议,欧美国家是以色列主要农产品出口国。以色列的农业产值占 GDP 总量的 2.8% 左右,农产品能满足国内市场的大部分需要,但受土地限制,以色列部分农作物还是需要进口,包括谷物、油籽、肉类产品、咖啡、可可粉和糖。由于担心 21 世纪中叶发生全球粮食危机,2012 年 4 月,以色列农业部牵头成立了一个部际委员会,专门研究应对粮食危机的策略。

以色列的农业生化技术、土壤曝晒和工业废水与农业的持续利用等领域走在世界前列,并建成世界最大的硝酸钾化肥生产工厂。以色列在出口农产品的同时,还出口农业技术,在其国际合作项目中,农业技术合作占 1/3,每年平均有来自 50 个国家的 6000 多人到该国学习农业技术和传播技术。

2010 年以色列农业面积为 283 万度纳姆,农产品进出口总额为 21 亿美元,其中出口 14 亿美元,进口 7 亿美元,同比分别增长了 74%、105% 和 33%。蔬菜及作物、水果和花卉三大类出口分别为 6.3 亿美元、4 亿美元和 1.2 亿美元。

三、第三产业

一个国家或地区的经济是否发达,突出的标志就是看它的第三产业是否繁荣和兴盛。在 20 世纪 90 年代,以色列第三产业所用劳动力占到全国总劳动力的一半,其产值已约占国内净产值的 60%。进入新世纪后,以色列的第三产业进一步发展,以色列中央统计局的统计数据显示,2010 年,以色列第一产业占 GDP 的比重为 21.4%,第二产业占 GDP 的比重为 2.5%,第三产业占 GDP 的比重为 76.1%。根据以色列出口与国际合作协会发布的数据,以色列 2012 年服务贸易出口总额为 300 亿美元,同比增长 11%,在 82 个统计服务贸易出口额的国家中列第 14 位，排在美国、瑞士和瑞典之前；商务服务出口额达 200 亿美元，同比增长 15%，其中研发和软件服务贡献 11%。研发服务增长 47%，编程和计算机服务增长 12%。编程和计算机服务出口额达 77 亿美元，占服务出口总额的 25%。

服务业在以色列经济中具有举足轻重的地位，2010 年，服务贸易进出口总额为 422.9 亿美元。其中，交通服务业进口 57.6 亿美元，出口 42.2 亿美元；旅游业进口 34.1 亿美元，出口 47.7 亿美元；通信服务业进口 3.1 亿美元，出口 2.84 亿美元；保险服务业进口 4.07 亿美元，出口 2500 万美元。

自 1999 年起，以色列成为服务出口的顺差国。然而，由于安全局势的恶化，服务产业也因此受到严重影响，出口持续下滑，这一势头一直持续到 2002 年末。此后，以色列服务贸易进出口额不断增加。2006 年至 2010 年期间，以色列货物贸易逆差平均为 33.4 亿美元，服务贸易顺差平均为 41.9 亿美元。服务贸易的强劲发展有效地保证了以色列的贸易平衡。

以色列主要的服务类别包括了金融和商业服务、餐厅和宾馆业、住房服务、交通和电信业等。

商业服务业主要涵盖专业服务、电脑及相关服务、研发服务、房地产服务、租赁服务、其他商业服务等领域。2010 年，以色列在商业服务业领域全国营业总额达 1969 亿谢克尔①（约合 532 亿美

---

① 新谢克尔（希伯来语：שקל חדש；英语：New Sheqel。货币符号：₪；英文缩写：NIS）是以色列的官方货币。在希伯来语中，新谢克尔通常简写为 ש"ח。

在第一圣殿时期，谢克尔是用来衡量具体重量的。《托拉》（犹太律法）规定年龄在 20 岁以上的男人必须捐出一半谢克尔重量的金属用于修建犹太圣殿。公元前 516 年第二圣殿建立后，谢克尔不再用来衡量重量，而成为一种钱币。19 世纪末犹太复国主义运动兴起后，为复国主义组织缴纳会费的证书被称为"谢克尔"，"谢克尔"的持有人获得犹太复国主义者代表大会的投票权和被选举权。以色列自建国后继承了英

元），较 2009 年增长了 12%。以色列中央银行认为，商业服务产业大幅增长的主要原因在于强劲的国内需求。

金融服务业主要包括保险、银行、证券等金融服务产业。以色列的金融服务产业主要由三大部分组成：（1）银行系统、机构投资者（养老金、保险公司、公积金）以及其他金融机构（包括投资基金、信贷公司、共同基金、基金管理者、承销商等）；（2）货币、外汇和证券市场等组成的金融市场；（3）支付和结算系统。2010 年，以色列金融服务和保险业营业额较 2009 年增长了 11%，达 292 亿谢克尔（约合 78.9 亿美元）。该领域增加了 10% 的就业人数，实际支付工资金额也增加了 4.5%，增长率在各产业排名第一。

旅游业主要包括饭店和餐饮、旅行社经营、导游服务等。旅游业对于以色列具有十分重要的经济、社会和政治意义，是以色列经济和安全形势的晴雨表。以色列国土面积虽然狭小，但地形、地貌丰富多样，人文历史底蕴深厚，拥有耶路撒冷、拿撒勒、海法等宗教圣地和历史古迹，以及死海、红海、地中海等自然风光，因此每年都吸引无数的外国游客来此观光，是全球著名的旅游胜地。

交通服务业主要包括海上运输、内陆航运、空运、空间运输、铁路运输、道路运输、管道运输及各运输方式的附属服务。为执行以色列政府的交通管理政策，以色列继续加大对综合交通系统的建设，强调交通的安全性，并不断提高公共交通在整个交通体系中的

国授权的法定货币巴勒斯坦镑，经历了从巴勒斯坦镑到以色列镑，从以色列镑到谢克尔，再到新谢克尔共三次货币变革。目前原有的以色列镑及谢克尔都不再作为法定货币，不能在以色列银行进行兑换。

新谢克尔发行面值 20、50、100、200 的纸币和面值 1、2、5、10 的硬币。单位更小的货币被称为阿古拉，100 阿古拉相当于 1 谢克尔。10 阿古拉和 50 阿古拉的硬币是用铜铸造的。目前，1 以色列新谢克尔折合人民币 1.6755 元，折合美元 0.2731 美元。

份额。公交巴士是以色列的主要公交工具。2009 年，以色列国内公交乘客达 65.4 亿人次。

通信业主要包括邮政服务、快递服务、电信服务、视听服务等。目前，以色列的通讯产业主要由几大集团经营，主要包括了 Bezeq 集团、Hot 集团、IDB 集团和 Partner 集团。2009 年，以色列电信市场总额约为 320 亿谢克尔，其中 59% 的市场份额为手机市场。2010 年，以色列国内共有 12500 部公用电话，约 452 万互联网用户，987.5 万手机用户，为世界上国民手机拥有率最高的国家之一。

第四节　以色列第三产业中的重要行业

一、旅游业

旅游业是以色列第三产业的重要组成部分。以色列政府近年来大力开拓本国旅游市场，将旅游业作为经济增长和提升就业率的重要产业。2000 年，有 250 万人次的游客来到以色列，这些游客主要来自美国、欧洲、大洋洲、亚洲和非洲，但 2001 年，随着以色列国内安全局势的恶化，旅游业收入大幅下降，2001 年以色列入境游客不到 120 万，旅游业收入下降了 47%。除了受第二次巴勒斯坦人民大起义，"9·11"事件对以色列旅游业也有一定的影响。近几年，随着以色列经济的强劲发展和安全局势的好转，以色列出入境旅游人数呈上升趋势。尽管受 2008 年金融危机的影响，上升势头在 2008 年至 2009 年初期间有所回落，但是随着世界经济形势的好转，以色列旅游业出现回暖，甚至超过了 2008 年金融危机之前的水平。

2008 年，来以色列旅游的外国游客高达 300 万人次，90% 以上游客来自欧洲和美洲。2010年来以色列旅游的外国游客数为345万人次，以色列接待游客的旅馆有332家，总房间数为46927间，入住率达到66.4%。2010年，外国游客赴以旅游带来150亿谢克尔（约合40.5亿美元）的收入。以色列人非常喜欢旅游，2010年，以色列有240万人出国旅游，达到总人口的1/3。

以色列入境人数和出境人数在一定程度上能反映出以色列的安全形势，每当巴以局势紧张时，首先受到冲击的就是旅游业，比如在2001年，以色列出境人次达到350万，但入境人次不到100万。2011年以色列出境人次为440万左右，入境人次为340万左右。其中，入境以色列旅游的外国人中人数最多的是美国人，达到58万人次，其次是来自独联体国家的人，达到36万人次，接下来依次为法国人、德国人、英国人、意大利人、乌克兰人、加拿大人、波兰人和荷兰人。

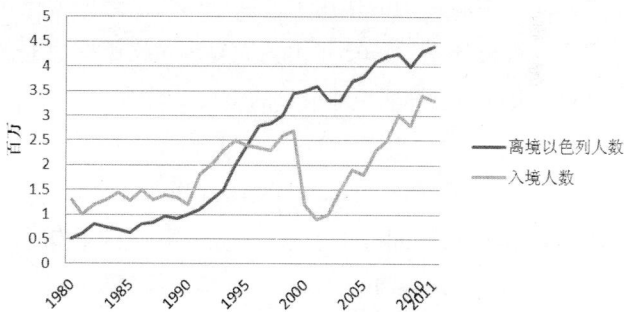

图12 1980—2011年以色列出入境人数变化

以中央统计局数据显示，2013年上半年，访以人数创历史新高，达170万人，较2012年、2011年和2010年同期分别增长了1%、8%和6%。其中，140万人为外国游客。2012年，共计2万中国游客到访以色列。2013年前5个月，到访以色列的中国游客同比增加了27%。鉴于此，以色列旅游部已经将中国定为重要的旅游市场开拓国。为进一步宣传以色列，以旅游部中国办事处于2013年7月7日至7月12日，在北京、上海和广州等城市开始了以色列旅游宣传"路演"，活动包括召开赴以旅游研讨会、中以旅行社圆桌会议等。为配合"路演"，以色列旅游部还专门制作了中文版的相关以色列公司简介。在政府层面，以色列旅游部表示将为中国游客提供自由行签证，简化公务签证手续，并简化北京、上海、广州等地居民办理银行担保的手续。随着越来越多中国人或企业到以色列旅游、投资，对银联卡跨境支付服务的需求也日益凸显，2014年5月银联国际宣布其与以色列国民卡有限公司已签署合作协议，约定年内实现银联卡（卡号以62开头）在以色列市场商户和ATM的受理。

二、银行业

在犹太复国主义运动的作用下，以色列建国之前就已经形成了相对健全的银行体系，1902年由犹太复国主义组织成立的盎格鲁－巴勒斯坦银行是巴勒斯坦地最早的银行。目前，以色列的金融业集中程度比较高，工人银行（Bank Hapoalim）、国民银行（Bank Leumi）、以色列贴现银行（Israel Discount Bank Ltd.）、联合东方银行（United Mizrahi Bank Ltd.）和以色列第一国际银行（First International Bank of Israel Ltd.）是以色列5家主要的银行集团，2012年，5家主要银行占有以色列94%的市场。最大的工人银行和国民银行占有58%的市场。政府拥有国民银行和贴现银行的控股权。

在建国以后，以色列政府对银行有高度控制权，1983年银行股票危机后，以色列政府卖掉了大量银行股份。从1948年到1954年，以色列货币印刷和管理职能一直由财政部执行。1954年8月24日以色列中央银行成立，成为以色列银行体系的最高监管部门和经济宏观调控手段的重要执行部门，1978年，外汇管理权也移交至央行。2010年，以色列中央银行被瑞士洛桑国际管理学院（IMD）国际竞争力年鉴评为世界上效率最高的中央银行。

历届央行行长：

大卫·霍洛维茨，1954—1971年；

摩西·桑巴儿，1971—1976年；

阿尔侬·加夫尼，1976—1981年；

摩西·门德尔鲍姆，1982—1986年；

迈克·布鲁诺，1986—1991年；

雅各·A.佛伦克尔，1991—2000年；

大卫·克莱恩，2000—2005年；

斯坦利·费希尔，2005年—2013年6月[①]；

卡尼特·弗拉格，2013年10月至今。

（一）工人银行集团

工人银行集团是以色列最大的银行集团，包括5家商业银行、1家抵押银行和1家投资金融银行。该集团的核心机构工人银行成立于1929年，是以色列最大的银行，总资产超过550亿美元，在伦敦及特拉维夫证交所同时上市，在欧美地区设有29家海外分支机构，业务涉及贸易、集团融资和私人银行服务。该行有2500多家联系银行遍布世界各地。集团的国内业务涉及投资银行业、抵

---

① 据新华社专电，以色列中央银行2013年1月29日发表声明说，央行行长斯坦利·费希尔向总理本雅明·内塔尼亚胡递交辞呈，定于2013年6月30日离职。费希尔没有解释辞职原因。他2005年出任以色列央行行长，第二个行长任期原定2015年结束。内塔尼亚胡当天在一份声明中感谢费希尔担任央行行长期间做出的贡献。他说："费希尔教授在以色列经济增长和取得的经济成果中发挥主要作用……他的经验、智慧和国际社会关系打开通向世界经济的大门，帮助以色列经济在全球经济危机时期取得许多成就。"2013年10月，以色列政府宣布任命卡尼特·弗拉格为该国央行行长，其成为以色列首位女性央行行长。

押、信用卡、对冲基金及养老基金、信托服务以及证券管理。此外，集团还通过其所持有的各种非金融资产参与其他非金融业务，如保险、高科技、旅游、房地产等。集团共有329家分支机构、9个业务中心、50多个私人银行点以及一个专门为主要公司客户提供服务的体系。

（二）国民银行集团

国民银行集团是以色列第二大银行集团，包括2家商业银行、1家商人银行、1家抵押银行、1家投资金融银行和1家金融机构。其核心机构国民银行1902年成立于伦敦，原名盎格鲁-巴勒斯坦公司，由犹太复国主义运动创始人赫泽尔及其继任者沃尔夫森创立。银行在一战期间通过发行记名法郎支票得到很大发展，并在战后参与了巴勒斯坦的所有主要经济项目。以色列建国后，盎格鲁-巴勒斯坦银行被授权印制货币，并担任政府的财政代理。目前，国民银行共有近300家分支机构，其国内业务涉及本币和外币存款、基金管理、长短期融资、信用险、房地产、保险、抵押、银行及信托服务，以及为旅游者和外国居民开设免税外币存款账户等。其国际业务包括现金管理、顾客借贷、金融衍生工具、离岸银行业务和信托服务、网上银行业务和私人银行业务，以及贸易融资等。银行在欧洲、北美、拉美、澳大利亚、中国香港和南非设有40家分支机构，总资产超过2140亿谢克尔，约合530亿美元。

（三）以色列贴现银行集团

以色列贴现银行集团包括3家商业银行和1家抵押银行。其中成立于1935年的以色列贴现银行是以色列第三大银行，总资产近1200亿谢克尔（约合296亿美元）。其在本土及美欧设有260多家分支机构，其中在纽约的子公司纽约以色列贴现银行是以色列最大的海外银行机构，总资产达52亿美元。贴现银行的业务范围包括存贷款业务、投资银行服务、风险资本基金、对冲基金、网上电子银行服务、私人银行服务、金融衍生工具、租赁、项目融资、银行信用、投资顾问和证券管理、信托服务，以及为国际贸易金融服务等。其在以色列设有 1 个私人银行中心和 4 个国际私人银行中心，为以色列本土居民和海外居民提供私人银行服务。此外，贴现银行还设有 7 个业务中心，为中型公司提供银行服务。

（四）以色列第一国际银行集团

以色列第一国际银行集团包括 2 家商业银行、2 家抵押银行和 1 家投资金融银行，由第一国际银行控股有限公司控股。第一国际银行是以色列第四大商业银行，成立于 1975 年，总资产约 640 亿谢克尔（约合 158 亿美元），在全国共设有 81 家分支机构，业务范围包括经常账户、定期存款、储蓄计划、商业贷款、抵押、信用卡、金融服务、中介服务、资产管理、对冲基金和养老基金，以及保险服务。第一国际银行主要有 2 家海外子公司，分别设在伦敦和苏黎世。英国分行主要从事商业银行服务，苏黎世分行则侧重于提供国际私人银行服务，同时也提供商业银行服务。近年来，第一国际银行发展较快，银行采取了新的商业发展政策，致力于发展虚拟银行业务，包括建立信用卡银行体系及利用互联网和手机提供各类银行服务。

（五）联合东方银行集团

联合东方银行集团包括 1 家商业银行、2 家抵押银行、1 家投资金融银行和 3 家金融机构，总资产 687 亿谢克尔（约合 170 亿美元）。集团业务包括商业银行服务、抵押服务及包括对冲基金在内的各类金融服务等。2000 年该集团大力发展网络银行业务，目前已初步建立起网络银行体系，并计划继续扩大其服务范围，网络银行业务将成为整个银行业务的一个重要组成部分。该集团的联合东方银行成立于 1923 年，目前在苏黎世、伦敦、洛杉矶和开曼群岛设有四家海外子公司和分行，并在德国设有代表处，提供一系列公司及私人银行服务，包括为以色列公司提供银行服务、为以色列的国际贸易活动融资、为国际私人银行服务等；苏黎世子公司专门提供国际私人银行服务，伦敦分行另外还提供本地信用和财团贷款服务。

三、能源经济[①]

以色列虽然地处中东，但石油资源几乎为零，而且石油进口路线常常受制于人。由于巴以问题悬而未决，以色列一直处于阿拉伯国家敌意的环视之下，很难直接从海湾富油国进口石油。第一次中东战争中，摩苏尔—海法的输油线被伊拉克关闭。

在 2009 年以前，以色列的能源需求完全通过进口满足，每年在这方面的支出占到国内生产总值的 5%。在交通方面，以色列主要是依靠柴油和汽油进口；在发电方面，以色列主要是靠煤炭进口。2009 年以后，天然气油田的发现大大缓解了以色列的能源压力。

自 1948 年以色列建国起，能源就一直被视为国家安全中的一件大事，建国之初以色列主要从北海、乍得、安哥拉、墨西哥等地进口石油，从美国、澳大利亚及南非等进口煤炭；第三次中东战争以色列攫取了阿拉伯国家的大片领土，不但进一步激起了阿拉伯民族主义的复兴，也加剧了以色列在国际上的孤立，以色列开始从与美国传统友好的中东国家寻找能源供给，加强了与土耳其和伊朗的经济联系。1968 年，以色列通过伊朗－以色列合资公司（EAPC）经横穿以色列石油线从红海进口伊朗石油，同时也在被占的埃及西

---

① 王新刚：《以色列国家能源战略的特点》，载《人文杂志》，2010 年第 4 期。

奈半岛攫取石油，但巴列维王朝在1979年被推翻后，伊朗关闭了该石油线，《埃以和平协定》签订，西奈归还埃及，以色列随即也失去了在西奈半岛开采石油的权利，但《埃以和平协定》中也规定以色列有权争取获得埃及国内需求之外的石油，并在另一个附加文件中规定美国在危机时期确保以色列的石油供应。这些举措维持了3次中东战争和国内经济发展的能源需求，保障了以色列战争机器的正常运行和20世纪50—60年代以及70年代早期经济的高速增长。

1975年9月1日，以色列与美国签署了《美以谅解备忘录》，美国承诺在其资源、国会授权和拨款的权限内，尽力对以色列的装备和其他防务武器、能源和经济需求全面负责，并规定美国在危机时期确保以色列的石油供应。20世纪80年代，在两次石油危机打击下，西方经济出现了高通货膨胀和增长乏力的局面，由于对美依赖性强，以色列也出现了高通货膨胀和支付失衡的问题。经济年均增长率从1953年到1973年的10%降到了从1975年到1985年的3.2%。为了降低经济成本，以色列试图说服伊拉克重启摩苏尔—海法的输油线，但受到伊朗和叙利亚的阻挠。

20世纪90年代以来，随着以色列经济实体增大及能源消耗量增加，埃及已无法满足以色列的石油需求，以色列开始立足本国寻找能源问题的解决办法。1980年，以色列通过立法规定，所有房屋和建筑必须使用太阳能热水器，以色列也成为世界上唯一一个在法律上规定民用建筑必须安装太阳能热水器的国家，太阳能热水器的普及率高达90%，其人均使用太阳能热水器面积居世界首位。此外，以色列逐渐对高度集中的能源部门进行改革，同时结合以色列蕴藏大量页岩油的现状，运用俄罗斯犹太移民摩歇·格维尔兹的发明，从页岩油中提炼石油。

步入21世纪，尤其从2003年开始，国际原油价格大幅攀升，对于以色列来说，能源和原材料成本一直很高，通胀压力和经济增长之间的矛盾本来就很大。2003年1月1日以色列取消了资本管制，新谢克尔（以色列货币）成为自由兑换通货，也在客观上加剧了这一矛盾。在这样的形势下，以色列的能源战略进一步调整，拓展传统能源进口渠道，增加从俄罗斯和里海国家（哈萨克斯坦、土库曼斯坦等）的石油进口；加大石油勘探力度，发展页岩油的存储勘测；积极发展核能；加大天然气的进口和开发。以色列的天然气主要来自埃及和俄罗斯，1999年发现第一个海上气田及随后发现多个气田改变了以色列能源进口的格局，2009—2010年以色列私营公司与美国公司合作，先后在塔马尔、利维坦等地中海海域勘探发现大型气田，据估计拥有超过25万亿立方英尺的天然气储量，2012年以色列谢曼油气资源公司计划未来10年内在其位于地中海沿岸的首个油田开采1.25亿桶原油。

东地中海海域、地区大量天然气资源的发现已经带来了广泛的经济和政治影响，影响范围不仅覆盖以色列，同时还包括该地区的其他国家及以色列的主要贸易伙伴。未来以色列很可能成为能源输出国，并利用能源优势与其他国家建立更友好的新型关系，欧洲可能成为以色列天然气出口的主要目的地，从而减小其对俄罗斯天然气的依赖。2013年6月23日，以色列内阁决定将本国天然气产量的40%用于出口。以色列国内就是否出口天然气展开了激烈争论，政府为此成立了专门委员会研究相关政策。对于政府40%天然气用出口的决定，天然气开采商认为以色列国内市场太小，无法保证未来的投资收益，希望能够争取更高的出口份额。社会团体和环保人士则认为以色列普通民众有权从天然气储备中获得更大利益。

2013年以色列政府出台了十年规划，在总理办公室下设立了

"能源选择计划"（Fuel Choices Initiative）[①]办公室，通过利用本国的创新和技术优势，进一步提升以色列在全球交通领域替代能源中的地位和作用。以色列"能源选择计划"的长期目标是：减少在交通领域对石油的依赖，发展多种可选择的绿色交通工具。以色列政府"能源选择计划"主要有三个方面的具体目标：（1）减少石油消耗在以色列交通领域的比重：争取到 2020 年对石油的依赖减少 30%，到 2025 年减少 60%；（2）将以色列发展成为石油替代技术的技术知识和产业中心；（3）增强全球在替代能源产业方面的意识，并进一步促进以色列在此领域的研发活动，并构建一个全球合作的替代能源发展网络。该计划的主要策略包括政府扶持、鼓励技术研发和转化、分阶段推进替代能源方案和促进全球企业合作和技术交流。

为了弥补能源缺口，以色列能源部门 2012 年宣布将进一步发展太阳能，以期实现其 2009 年提出的可再生能源发展目标，即 2014 年可再生能源发电量占总发电量的 5%、2020 年占总发电量的 10%。

以色列一方面开放新能源，另一方面尽可能降低能源消耗，2012 年在以色列政府内阁做出鼓励政府公务用车采购向绿色环保方向转变决定后不久，政府采购局就准备采购一批混合动力汽车。目前，以色列警方有 100 多辆警用车均为丰田普锐斯混合动力车。以色列政府各级市政部门、政府所创办的企业以及政府机构都将扩大混合动力汽车采购的规模。

以色列努力提高其能效比的另一个方法是"智能电网技术"。这种技术旨在监控家庭和建筑物里的用电量，让用户及供电商都准确知道用电高峰和用电低谷的信息。该技术可以让用户和供电商都

---

① 详见 http://www.fuelchoicesinitiative.com/。

能更加有效地用电，减少用户的用电成本，减轻电力系统的压力。

以色列在能源上对美国的倚重非常明显，2001 年的阿富汗战争让美国势力成功插入中亚地区，从而加快了里海地区的石油与天然气向地中海输出的工程进程；美国在 2007 年 12 月通过了《美以能源合作法案》，旨在减轻美以对外国石油的依赖，加强在可再生能源、能源替代和能源效率方面的合作。

总之，以色列通过追随美国的中东战略，以美以联盟为基础，从美国盟友阵营寻找能源出路；以科技创新为导向，减轻能源进口造成的国际支付失衡和走能源多元化的可持续发展道路；强化国内能源部门的私有化改革以及多项权衡后的核能发展战略，成功地弥补了其在石油等能源上的先天不足。

第五节　对外贸易

一、概况

以色列由于国内市场小，因此其经济属于在原料、能源和产品销售市场方面严重依靠国际市场的外向型经济。以色列自建国以来就非常重视对外贸易，它在国民经济发展过程中起着举足轻重的作用。以色列 26% 的出口物资运往欧盟各国，38% 运往美国，18% 运往亚洲。主要贸易伙伴有 23 个，先后与美国、欧盟、加拿大、斯洛伐克、捷克、土耳其、匈牙利、波兰、斯洛文尼亚签订了《自由贸易协定》，工业产品可以免税进入，农产品享受优惠关税待遇。以色列享有澳大利亚、美国、奥地利、加拿大、日本、芬兰、新西兰等国提供的普惠制待遇。2010 年，欧盟是以最大贸易伙伴，双方贸易额为 357.9 亿美元；美国是以最大单一贸易伙伴国，两国贸易额为 252 亿美元。

　　1958 年政府成立了以色列出口协会（Israel Export Institute）。该协会的成立，主要旨在促进以色列的出口贸易，为外国厂家、新闻界和商业团体提供接触以色列制造业、商业和新闻界的机会，扩大以色列与其他国家的交流与合作。出口协会主要有 4 个业务部门：市场部、信息部、出口服务部和展览部。该协会现有 2600 多个会员，占以色列出口商总数的 90%。

　　1962 年，以色列成为关贸总协定成员国，在乌拉圭回合谈判关于 1995 年建立世界贸易组织过程中发挥了积极作用。

　　以色列于 1991 年开始实行贸易自由化政策，把自由贸易作为一种手段来增强以色列国内市场竞争、改善资源分配和提高工业效率。以色列工业贸易劳动部对外贸易管理局负责制订以对外贸易政策，促进出口，扩大现有市场和拓展新市场，改善以在国际市场上贸易环境。

　　目前以色列贸易政策的目标是：扩大国际经贸协议网络，促进贸易发展，推动市场准入和抵制非关税壁垒；扩大出口和促进基础建设投资；积极改善引资环境；提高以色列高科技产业在国内外市场的竞争力。

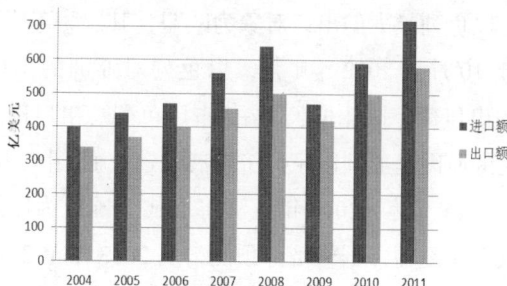

图13　2004—2011年以色列进出口贸易

　　从 2004 年到 2011 年，以色列的进口总额一直大于出口总额，2009 年受全球经济形势的影响，以色列的进出口总额均出现负增长。2011 年，以色列对外贸易总额为 1308 亿美元，同比增长 20%，其中出口额为 572.6 亿美元，进口额为 735.4 亿美元。在以色列进口产品中，进口额最大的是原材料，达到 270 亿美元，其次是能源，大概为 140 亿美元，紧随其后的是投资品、钻石和消费品。在以色列出口贸易中，70.5% 为商品出口，29.5% 为服务出口。出口商品中大部分为制造业产品，其次为钻石出口。

2013 年 1 月 14 日，以色列中央统计局发布以色列 2012 年对外贸易初步数据。受欧债危机及全球经济增长放缓影响，以色列出口乏力，货物贸易逆差达 183 亿美元，增长 24.9%（以谢克尔计算为 702 亿谢克尔，增长 34.6%）。以色列 2012 年货物进出口总额为 1264 亿美元，其中出口 540 亿美元，进口 723 亿美元，分别减少 4%、7.1% 和 0.7%。钻石进出口分别减少 25.6% 和 32%，制造业产品出口减少 3.2%，农产品出口增长 2.3%，其他产品出口减少 46.3%。进口增长主要来自燃料（增长 17.9%）和原材料（增长 2%）。剔除钻石、船舶和航空器后，进出口总额为 1099 亿美元，增长 0.3%，其中出口 457 亿美元，减少 3.1%，进口 642 亿美元，增长 2.8%。

目前，以色列最大的出口对象为欧盟，其次为美国[①]和亚洲国家。2011 年 10 月至 2012 年 1 月，以色列对亚洲的出口额首次超过对美国的出口额，同比增长 9%，占以色列总出口额的 21%。出现这一变化的原因是亚洲国家经济发展迅速，而美国国内经济不景气。以色列经济部称，2014 年亚洲将取代美国成为以第二大出口目的地，仅次于欧盟。据经济部预测，从 2013 年至 2018 年，亚洲占以色列总出口额的比例将从 21% 增长至 24.5%，欧盟和美国占比从 63% 下降至 59.9%，其他国家占比从 16% 下降至 15.5%。而十

---

① 如果单纯按照国家的标准划分，美国仍是以色列最大的贸易伙伴。

年前，亚洲出口额占比仅为 15%，而美国约占 1/3。为促进对亚洲出口，以色列经济部采取了一系列措施，如增加驻亚洲地区商务参赞的数量，与中国和印度商议签署自由贸易协定等。以色列的亚洲出口市场主要是中国和印度。向中国出口最多的以色列公司是英特尔以色列公司、以色列死海化工公司、奥宝科技公司[1]、伊斯卡公司[2]、TowerJazz 公司[3] 和 Nilit 公司[4]。

二、发展历程

以色列的出口贸易随时间的推移而变化其模式，在对外经营方式上也因对象的不同而灵活多样。

在 20 世纪 50 年代，以色列的输出主要是劳务、农业初级产品、轻工产品和传统工业品，其中劳务占贸易额的 2/5，包括国际民航企业、商船队、保险业、旅游业等的收入；商品输出占 3/5，包括农产品（各种水果和蔬菜）、工业品（磨光钻石、化学制品、轮胎、纺织品、机器、车轮、胶合板、水泥、纸张）以及加工食品等的收入。

60 年代至 90 年代，以色列的出口商品构成发生变化，燃料、矿产品、金属制品和以农产品为主的初级产品的出口比重下降，工业机械、运输设备、电子产品、军火武器大量增加出口。80 年代中期，高科技产品出口已远远超过了传统工业、工艺产品。

以色列建国后经历数次大规模战争，局部冲突此起彼伏，暴力事件更是不断。为此，以色列长期保持对安防产业的高投入，其技术和人员也得以在较为恶劣的安全环境中进行实战检测，安防企业

---

① 奥宝科技公司网址 http://www.orbotech.com/Sch/D8_Doc/MenuID/1154/。

② 伊斯卡公司网址 http://iscar.cut35.com/。

③ TowerJazz 公司网址 http://www.jazzsemi.com/。

④ Nilit 公司网址 http://www.nilit.com/。

因此逐步形成了自身的技术优势。特别是"9·11"事件以后，国际安保市场需求大大增长，安防产业现已成为以色列发展最快、出口系列产品最多的产业之一。以色列有超过300家安防技术公司以及大量具备实战经验的军、警退役人员，可提供量身定制的安防咨询以及相关产品和技术，包括：机场和民航安全、边境安全、公共场所和商业设施安全、反恐和人身安全、突发情况应对管理系统、安全城市项目、国际体育赛事安保、生物安防、信息技术安全、网络反恐以及安防培训等等。主要相关企业包括：梅尔集团的智能安全城市集成系统、NICE公司的安保解决方案、慧卫公司[①]的安保情报解决方案以及LOTAN HLS&Defense公司[②]的基建安保项目等。

三、对外贸易关系

1. 与美国贸易关系

美国是以色列最大的贸易伙伴，2010年两国双边贸易额为245亿美元。美国出口到以色列的主要产品包括电脑、集成电路、飞机零件、武器、小麦和汽车等。以色列出口到美国的主要产品包括钻石、珠宝、复印设备和电信设备等。1985年美国和以色列签订自由贸易协定，1996年两国又签订了农业贸易协定，进一步消除了农产品的贸易壁垒。

2. 与欧盟贸易关系

1975年，以色列与欧共体（欧盟的前身）签订了自由贸易协定，以色列与欧盟国家关系因此而得到很大发展。在过去30年里欧盟已成为以色列最大的贸易伙伴。1995年11月，以色列与欧盟签订了包括原产地规则重新认定和以色列在欧盟科研框架计划成员地位等联合协议。

---

① 慧卫公司网址 http://www.verint.com.cn/Be-Verint/。

② LOTAN HLS&Defense 公司网址 http://www.lotansecurity.com/。

从 2011 年 10 月到 2012 年 1 月，以色列向欧盟的出口额高达 50 亿美元，占到以色列出口总量的 35%。

3. 与阿拉伯国家贸易关系

从 1948 年建国到 1995 年，以色列同阿拉伯国家基本没有贸易往来。在这段时间里阿拉伯国家对以色列的抵制包括 3 个层面：首先，阿拉伯国家拒绝和以色列有直接贸易往来；其次，阿拉伯国家拒绝同任何开设在以色列的公司有任何经济联系；再次，阿拉伯国家拒绝同与以色列有过经济合作的公司发生经济联系。但 90 年代以来，随着巴以局势的缓和，许多阿拉伯国家同以色列开始发展贸易关系。

4. 与世界贸易组织的关系

1962 年，以色列成为关贸总协定成员国，在乌拉圭回合谈判关于 1995 年建立世界贸易组织过程中发挥了积极作用。以色列是世界贸易组织政府采购协议的签署国之一，该协议在成员国间相互提供政府采购市场准入。以色列在基础电信和财经服务谈判中十分活跃，并承担着重要义务。作为其贸易自由化政策和多边贸易承诺的一部分，以色列还参加了国际电信联合会（ITA），在最惠国待遇基础上主动消除电信设备和计算机及相关设备的关税。

5. 与经济合作与发展组织的关系

以色列经济发达，已基本符合经济合作与发展组织正式成员的条件。2010 年以色列正式加入经济合作与发展组织，并积极参与该组织的许多委员会和工作组。经合组织吸纳了全球最发达的经济体，以色列从 2007 年起就申请加入经合组织，3 年后终于如愿以偿，加入该组织将为以色列吸引外国投资提供更多机会。

6. 欧洲－地中海伙伴关系（Euro–Mediterranean Partnership）

1995 年在西班牙巴塞罗那举行的欧洲－地中海外长会议标志着建立欧洲－地中海伙伴关系的开端，也称巴塞罗那进程，形成了一个欧盟 15 个成员国和 12 个地中海南岸国家之间的政治经济和社会关系框架。以色列积极参与了欧洲 - 地中海伙伴关系的各种论坛和委员会。

7. 与北美自由贸易协定（NAFTA）的关系

北美自由贸易协定是一个包括美国、加拿大和墨西哥在内的经济同盟，以色列与各成员国单独签有自贸协定。

第六节　经济体制中的特殊组织形式

一、基布兹

基布兹是一种建立在平等和公有原则之上的社会经济框架，最早的基布兹是建立于 1909 年的达加尼亚基布兹。

基布兹不但为以色列的建国立下了汗马功劳，在以色列建国之后也发挥着巨大的作用，成为以色列农业的主要组织形式之一。建国后，以色列实行土地国有化，基布兹向国家租赁了 35 万英亩的土地，占全国土地的 35%，而基布兹生产的农产品却占全国农产品的 60%，占全国出口农产品的 40%。从 60 年代开始，基布兹大力兴办工业，有的基布兹还从事高科技产业开发，工业产值早已超过农业产值，其对以色列经济的贡献比重远远超过了它所占的人口比重。

基布兹是按照集体主义的原则运行的，具有一定的共产主义色彩。基布兹所使用的耕地、住宅用地及工业用地都属于国家所有，是通过民族基金会承租过来的。基布兹成员各尽所能，按需分配，但脑力劳动与体力劳动之间、不同工种之间、领导与平民之间没有收入上的差距。基布兹建立了各种必要的公共生活设施，基本上是免费为成员提供衣、食、住、行、医疗卫生及文化教育等方面的服务；在管理上基布兹实行直接的民主管理，全体成员共同参与。在早期的基布兹，每天晚上成员们都会坐在一起，共同商讨管理中的种种问题。基布兹特别重视儿童的教育，这一点继承了犹太民族注重教育的优良传统，每个基布兹都设有自己的托儿所、幼儿园和青少年之家，较大的一些基布兹办有中学。

目前，在以色列大约有260个基布兹，一半基布兹的人口不超过1000人，总人口只占以色列全国人口的1.5%，是人口非常少的一个群体，但影响力很大。基布兹的耕地面积为全国耕地的35%，农业产值占全国总产值的40%，以色列全国50%的小麦、55.4%的牛肉和80.4%的棉花产自"基布兹"。此外，它的工业产值也占全国的7%。

在现代思潮的影响下，以色列的基布兹也出现了危机。首先，对于在稳定与富足的环境中成长起来的年轻一代，面对现代生活的挑战与西方享乐主义思潮的侵袭，他们的传统意识与集体主义观念日渐淡薄。在他们看来，基布兹只不过是一种激进的理想主义选择，早已不符合当今社会的潮流了，他们向往外面的精彩世界。其次，基布兹的基本原则受到冲击，比如私有化现象越来越严重。此外，基布兹按需分配的原则也很难实践，不少人对这种不同分工、不同劳动而领取同等报酬的"大锅饭现象"很难保持心态的平衡。这一系列的危机让基布兹在国民生产中的地位下降，许多基布兹都存在资金上的危机。1962年以色列成立基布兹工业协会，其成员包括以色列基布兹中400多个工业企业，该协会负责协调、处理基布兹运动面临的各种问题，为其成员提供咨询、培训、公关等服务。

20世纪70年代，以色列的基布兹已经历了从单一发展农业到工农业、旅游业全面发展的转型。单靠农业收成已无法满足基布兹的生存需要，基布兹必须改变经营理念，扩大经营领域，在这一指导思想下，有的基布兹成立了滴灌公司，有的基布兹则建起了温泉度假胜地。此外，为了吸引年轻人，基布兹成员工资不用完全上缴，而是根据收入上缴累进税。

在以色列，申请加入基布兹需要通过一定的流程，委员会会仔细筛选简历，经过一系列面谈，确定申请人正直勤勉，有和大家一致的价值观等，才邀请合格候选人来基布兹演讲，向所有成员讲述自己要加入的原因，如果匿名投票通过的话，就可以正式加入基布兹了。

二、莫沙夫

以色列农村的另一组织形式为莫沙夫，最早出现于1921年。莫沙夫是以土地国有、家庭经营、合作互助、集体销售为基本特征的一种社会组织形式。它形成于第二次阿里亚中，主要先驱是劳工犹太复国主义者。莫沙夫在强调集体主义的同时，又注重发挥个人和家庭的作用，实际上就是介于基布兹与个人劳动者之间的农村组织形式。有人称莫沙夫为"半社会主义性质的农业合作社"，其人口大概占以色列总人口的3%。

以色列的莫沙夫可分为两种形式。最普通的形式是奥夫蒂姆莫沙夫，农田由家庭独立自主经营，生活也以家庭为基础，一切消费方面的事务都由个人决定，自由处理劳动所得，合作仅限于购买种子、化肥、销售产品及重型机器的使用等。另一种形式为希土菲里莫沙夫。它结合了基布兹的经济结构和莫沙夫的生活方式，是一种将生产和消费分离的经营形式。生活以家庭为基础，生产以集体为基础。土地作为整体进行大片耕作，工业集体经营，所有成员按不同分工从事集体劳动。每个成员都处于某种股东地位，分配则根据莫沙夫的收入状况和每户人家的劳力情况来决定。

莫沙夫的资金来源是多方面的，包括对成员征收的税收、经营收入、个人存款、银行贷款等。但在20世纪80年代中期，莫沙夫遇到了严重的财政危机，许多合作社和个体农户面临破产，为此莫沙夫对其内部结构进行了改革，在自愿和互助的基础上加强了莫沙夫之间的经济合作，从而摆脱了危机。

大多数莫沙夫具有以下特点：

第一，多功能的合作社。莫沙夫是典型的多功能合作社，具有生产、存贷款、物资供应、储存、加工、消费和技术服务等功能。它既是行政村又是合作社。

第二，家庭经营。与基布兹的集体生产经营不同，家庭是莫沙夫生产生活的基本单位。

第三，民主管理。莫沙夫的成员均有权参与莫沙夫的管理，包括参加代表大会和管理委员会的选举，等等。

第四，政府强有力的支持。以色列早在 1933 年就颁布了第一部合作组织法案，为农业合作组织奠定了法律基础，1958 年又颁布了有关农村合作组织施政地位的法律。

第五，经济制度安排。建立基金、保险等，其中一项是针对自然灾害的保险基金，对自然灾害引起的农业损失进行补偿。另外，农业和商业银行通过信用、贷款和补助等方式为农民发展生产提供资金支持。

第六，技术支持。农业技术委员会联合组织各类农业合作社开展技术创新、试验、示范和推广应用，形成技术服务网络和农民合作组织体系间的协作机制。

总之，莫沙夫在开发土地、发展生产、吸引移民、建设新国家方面做出了重大贡献。由于莫沙夫与基布兹相比把公有制和个人积极性更好地结合起来，因此它不仅在以色列建国以后获得了较快的发展，而且也引起了一些发展中国家的兴趣。为此，莫沙夫运动组织通过举办学习班、接待外国参观者和与外交部联合创办援外志愿者运动组织等方式向一些国家传播了莫沙夫经验。

三、以色列总工会

以色列总工会的前身是巴勒斯坦犹太工人总工会，巴勒斯坦犹太工人总工会是特殊历史条件下犹太复国主义思想和社会主义理论相结合的产物，1966 年改称以色列工人总工会。1994 年工党竞选失利，新的领导阶层对总工会进行了重大变革，组织的名称也改为新总工会。

1920 年前后，巴勒斯坦的犹太工人约 7000 人，经过工人组织的反复商议与联合后，决定于同年 12 月成立工人总工会，犹太工人总工会将由按照行业组成的工人联合会组成，所有不剥削他人劳动的工人都能成为总工会的成员。除了在非政治的基础上促进工会组织的发展外，总工会还决定进行其他活动，如购买土地、承包工程、改善工作条件、提供职业培训、提高劳动生产率、加强贸易合作等。会议还决定成立一家工人银行，资助工人运动。

巴勒斯坦犹太工人总工会最显著的特点是它具有工会与雇主的双重身份。早在 1923 年犹太工人总工会就成立了自己的产业管理部门"以色列劳工总合作协会"，又称"工人公司"。总工会以直接创办和参股等方式拥有一批在经济中举足轻重的企业，这些企业的产权全部或部分归总工会所有。此后，犹太工人总工会管理的企业迅速增加。以色列建国前，它在安置移民、建立集体农场、组织农产品销售、负责购买消费品、经营承包机构、发放失业救济金、建立医院学校、开展文化活动等方面，发挥了重要作用。

建国后，总工会把大部分权利交给了政府，保留了在工农业生产等方面的职能，在政党政治中从属于以色列工党。1977 年以后，由于受到利库德政府及以后历届政府在经济领域引进的竞争机制的影响，总工会对所属企业进行了私有化改革。80 年代以来，总工会企业因资金、体制方面的原因而不断出现矛盾与问题，突出表现在生产的低效益上，因此，要求改革的呼声越来越高。1994年《国家健康保险法》颁布后，总工会失去了和医疗服务的联系，会员根基发生严重动摇，其影响力急剧下降，总工会的职能开始向传统的西方工会职能转变。90年代以来，总工会主要通过罢工来实现自己的目标，但是这种大规模的罢工也足以让以色列的经济陷入瘫痪状态，所以政府在进行经济立法时仍然不敢忽视总工会的要求。

以色列总工会培养了大批重要政治人物，以色列很多重要领袖如本－古里安、梅厄夫人、艾希科尔、拉冯、佩雷茨等都曾在总工会中任职。

第七节　以色列经济发展的成就、问题与前景

一、经济成功的原因

从1948年建国至今60余年来，以色列作为一个国土狭小、资源匮乏、沙漠广阔、人口有限的新生国家，虽然经历了五次中东战争和数十次武装流血冲突，但仍然保持高速发展的态势，成为世界上典型的"微型强国"。

以色列经济成功的原因可以分为外在原因和内在原因，在外在原因方面，以美国为首西方国家对以色列的经济和军事援助对以色列经济的稳定和发展起到了至关重要的作用，贸易赤字和财政亏空是长期困扰以色列经济发展的问题，大量的外援则在相当大的程度上弥补了伤疤，使以色列经济在贸易赤字和财政亏空等经济危机中能摆脱困境。其中，特别是美国援助帮助以色列经济数次渡过难关，而美国的军事援助帮助以色列经济摆脱了沉重的国防开支负担，美国援助以色列时间之长、数额巨大，为各国对外援助史所罕见。在1948—2003年财政年间，美国供给以色列经济贷款15.17亿

美元，经济赠款 297.10 亿美元，军事贷款 112.13 亿美元，军事赠款 447.11 亿美元，四项合计 871.49 亿美元。以色列获得的援助不仅绝对数量巨大，而且人均数量也远远高于其他受援国。[①]

分散在世界其他国家的犹太人也为以色列经济的发展做出了巨大贡献。到 1967 年为止，以色列还得到了世界各国犹太人的捐款 17.4 亿美元，通过向各国政府和银行贷款以及发行债券共筹集到 19.4 亿美元。根据布兰戴斯大学 2012 年的一份研究报告显示，在过去 12 年中美国犹太人对以色列非营利组织的捐款数额翻了一番，这一结果也否定了人们普遍认为的美国犹太人对以捐款减少的观点。仅在 2007 年，美国犹太代办处和其他友好组织对以色列各组织的捐款数额就达到 21 亿美元。

联邦德国赔款也是外资中数量不少的援助之一。在以色列建国之初，对于是否接受联邦德国赔款存在许多争议，但最后政府以微弱的多数通过表示接受赔款的决议。1952 年 9 月，以色列政府与联邦德国谈判达成《德国赔款协定》，德国赔款分为国家赔款和向受害者家属赔款两种形式。截至 2007 年，德国政府共向以色列政府和以色列个人支付了 250 亿欧元的赔款。

其次，在克服战争给经济带来的消极因素同时，以色列成功地利用了战争对于经济发展的积极作用，刺激了国防军事工业的发展，特别是在 1967 年，以色列当时的主要武器供应国法国宣布对以色列实行武器禁运后，为了弥补禁运造成的武器缺口，以色列增加了国内军工生产，大大促进了以色列国防军事工业的发展，不仅为军事工业提供巨大的国内市场，而且还开辟了广阔的国际市场。由于军队规模相对较大，军队培养了如计算机程序编制员、机械师、司机和技工等多种人才，这些军队培养的人才成为以色列技术

---

① 储永正：《美国对以色列军援政策的变化及其成因》，载《西亚非洲》，2011 年第 9 期。

人力资本的一个重要来源。虽然战争在表层上给以色列经济带来了沉重的负担，但从长远来看，以色列所经历的战争与其经济发展及整个现代化进程之间有着一种极其微妙的互动关系。

再次，以色列建国前后大量的移民为以色列经济发展提供了人力基础。移民对经济的积极作用体现在以下几点：（1）移民为以色列提供了大量的劳动力资源，特别是科技人才。几十年来，从欧、美、苏等国来的移民中高科技人才使以色列的科学教育从一开始就建立在很高的起点上。（2）人口的增加能够刺激生产、扩大需求。大规模的移民浪潮极大地刺激了日常生活用品、住房、教育、卫生等服务领域的需求。（3）外来的移民带来了大量的资金，如 1950—1967 年，移民共带来了 8.85 亿美元。

最后，在建国初期，巴勒斯坦人的土地和资产以及英国委任统治时期留下来的物质资产和制度资产也为以色列经济发展打下了较好的基础。第一次中东战争和第三次中东战争期间大量生活在巴勒斯坦地的巴勒斯坦人离开了故土，成为生活在约旦边界和叙利亚边界的巴勒斯坦难民，他们留下了许多无法带走的财产，其中包括房产。对于刚刚建国的以色列，这些都是非常重要的资源。即便是在建国后，以色列的犹太人也侵占了大量以色列阿拉伯人的土地和其他资源，这使以色列阿拉伯人的生活水平也远远低于犹太人。英国委任统治时期留下来的物质资产和制度资产也是以色列建国后能站稳脚跟、实现经济发展的重要基础。

以色列经济成功也有其内在因素：

第一，犹太民族的凝聚力和精神力量发挥了巨大作用。犹太教的信仰使犹太人拥有精神上的共同疆界，千百年的犹太历史文化及宗教文化锤炼形成了犹太民族精神，深刻体现出以极强的群体意识为主的抗争精神、重商主义传统为主的务实精神、崇尚知识为主的求知精神、强烈的开拓和攻克意识为主的创新精神，它们是以色经济发展的主观隐形性因素。

第二，教育在以色列经济发展中也发挥了不可忽略的作用。发达的教育事业是这个年轻国家创造奇迹的坚强后盾，不仅使以色列涌现出众多具有超凡才能和取得辉煌成就的巨人，还提高了全民族的基本文化素质，促进了不同地区移民的融合。教育也是科技进步的基础，教育培养出尖端的、具有创新力的人力资源是以色列经济最显著的特征，是推动以色列经济发展的主要持久动力。

第三，科学技术为以色列经济的发展提供了强有力的技术支持。以色列各大学大都采取教育科研与社会生产相结合的方式，建立了自己的企业及以高科技产业为主的工业园区。这些企业把科研成果直接转化为技术产品，对促进科研成果的商业化起到了关键作用。如希伯来大学的伊瑟姆研究开发公司及所属的哈尔霍茨维姆科学工业园区、以色列魏兹曼科学研究院所属的魏兹曼科学工业园等都已成为国家高科技产业的摇篮。以色列在电子技术、电脑与软件技术、医学与生物技术、农业技术、化工与生物技术、军事技术、能源与环保技术等领域，具有世界性的领先地位。在21世纪的今天，以色列已作为科技大国而崛起。

第四，政府高效、审时度势的经济政策的实施为以色列经济持续发展提供了强大的制度保障。只要是能促进经济发展的措施，以色列政府都拿来使用。针对国小人少、资源匮乏的状况，政府充分利用以色列人文科技素质高、犹太人遍布世界各地而形成的天然国际商业网络、犹太人的经商传统等独特国情，建立了一种高度外向的经济结构。特别是在工党统治时期政府总能够让处在危机边缘的以色列经济回到正常的轨道上。

第五，持续而稳定增加的研发投入为以色列经济发展提供了源源不断的动力。以色列自1968年实施创新战略至1987年期间，政府用于工业部门的研发支出年均增长率超过14%，并且持续增长。

目前，以色列的研发投入占 GDP 的比重已达到 4.8%，位居世界首位。

第六，健全的法律体系助力以色列经济的发展。1985 年，以色列颁布实施了《产业创新促进法》，明确界定了政府支持产业创新政策的原则、目标和实施细则，提出了政府支持创新的基准原则，即无论企业规模大小、无论私营企业或者国有企业，只要符合"以科学为基础的出口导向型"的产业导向，均可申请政府的研发支持基金。

二、经济问题

以色列国土狭小，资源贫乏，地缘政治环境严峻，但是经过60 余年的发展，现如今以色列已经成为公认的发达国家，同时也是中东地区经济实力最为雄厚的国家之一。与此同时，以色列经济也存在各种问题，如何处理这些问题直接关系到以色列未来经济的发展。

第一，经济对外依赖严重。以色列许多用于现代化建设的资金都来自国外，包括以美国为首的西方国家的援助、德国政府赔款、世界各地犹太人的捐助以及来自国外的投资。从建国到1988 年，以色列从这 4 个渠道获得资金 550 亿美元左右。[①] 另一方面，由于经济规模小，国内市场相对有限，以色列只能通过扩大出口来推动经济的增长，这使得以色列受国际市场和世界经济形势影响较大。2008 年，以色列进口贸易总额超过 600 亿美元，其中出口贸易总额达到 500 亿美元，但 2009 年受世界经济危机的影响，进口贸易总额下降到 480 亿美元左右，出口贸易总额下降到 410 亿美元左右。同样，受欧洲债务危机影响，以色列 2012 年货物和服务出口总额

---

① 肖宪：《中东国家通史·以色列卷》，北京：商务印书馆，2001 年版，第295 页。

为 900 亿美元，比 2011 年下降了 1%。排除钻石业，制造业出口额为 460 亿美元，下降 3%；高科技产品出口额为 380 亿美元，增长 11%。由于对美药品出口下降，对美国出口额为 110 亿美元，下降 6%；受欧债危机和欧元贬值影响，对欧盟出口额为 142 亿美元，下降 7%；但是对亚洲出口额达 95 亿美元，增长了 5%。①

此外，以色列长期财政赤字严重，主要依靠来自国外的贷款来维持财政收支平衡，特别是来自美国的财政支持对以色列起到了至关重要的作用。2012 年以色列财政赤字率为 4.2%，远超 2% 的原定目标。2013 年 5 月，以色列内阁批准了财政部提出的财政赤字目标，为 2013 年和 2014 年设定的赤字目标分别为 4.6% 和 3%。②

第二，以色列经济过于集中。以色列现有国有企业超过 100 家，这些企业主要分布在铁路、电力、军工、邮政、港务等行业，总资产 1830 亿新谢克尔，员工 6 万人。但这些企业总体处于亏损状态。以色列政府一直在国内经济中发挥重要管理作用，每年支付高额财政支出，对货币资本市场严格管理，对贸易采取严格的保护主义政策，并通过补贴、贷款和减免税收等措施扶持以色列企业，致使国营机构庞大，财政赤字居高不下，企业对政府有较强的依赖性。据以色列《国土报》报道，以色列经济集中化委员会于 2012年 3 月 20 日向以色列内阁和中央银行提交最终报告，指出以色列存在经济过度集中化的问题，并提出了解决这一问题的建议，这是以色列第一次正式承认存在经济过度集中化问题。③ 2007 年，出口最多的 10 家大公司④ 占以总出口额 36.4%，2012 年这一比例增长

---

① 详见 http://www.chinadaily.com.cn/hqcj/gjcj/2013-01-04/content_7927985.html。
② 详见 http://www.mofcom.gov.cn/article/i/jyjl/k/201305/20130500121827.shtml。
③ 详见 http://www.mofcom.gov.cn/aarticle/i/jyjl/k/201203/20120308028502.html。
④ 以色列出口最多的 10 家大公司是：英特尔以色列公司、武器用电子器件生产商埃尔比特系统公司（Elbit）、以色列炼油集团（Oil Refineries Ltd.）、世界上最大的仿制药生产商特华制药公司（Teva）、刀具生产商伊斯卡公司（Iscar）、以色列化

到47.7%。2013年第一季度，以总出口额达115亿美元，增长4%，其中10家大公司出口额达57.5亿美元，增长14%，而所有其他公司的出口额则下降了5%。以色列中央银行警告，出口严重依赖少数大公司将对经济造成不利影响。以色列出口与国际协会呼吁政府采取措施缓解这种状况，支持中小企业出口。此外，以色列政府偏重第三产业部门、高科技产业和军工产业的发展，其他民用工业和轻工业部门的发展相对滞后。[①]

第三，以色列的经济受到以色列安全形势的影响。巴以和平进程的停滞导致以色列和阿拉伯国家之间关系难以得到实质性改善，这使得双方经济合作难以得到发展。"以色列是一个小国，它的生存和发展脱离不了其周边环境，在很大程度上要与整个中东地区共存共荣。"[②]未来以色列经济的发展无疑也将和阿以问题密切关联。地区冲突的升级乃至战争的爆发将从根本上打乱以色列的经济秩序，使得投资减少，政府开支剧增。1967—1973年的阿以消耗战将以色列拖入泥潭，并且引发一连串的经济危机，成为工党统治结束的重要原因。在以色列国民经济中，受地区安全局势影响最大的要数旅游业，旅游业的兴旺与否又直接影响到交通与餐饮业的发展。

第四，国内的社会矛盾也会影响到以色列经济的发展。以色列社会存在许多矛盾，包括犹太人和阿拉伯人的矛盾，东方犹太人和西方犹太人之间的矛盾，世俗人士和宗教人士之间的矛盾，新移民与老移民之间的矛盾，这些看似完全属于社会学领域的问题其实都和经济问题有着千丝万缕的联系，许多社会问题最终还是因在利

工集团、马克西姆·阿甘公司、帕斯石油公司（Paz Oil）以色列航空工业公司（IAI）和数字打印机生产商惠普公司。

① 王铁铮主编：《世界现代化历程·中东卷》，南京：江苏人民出版社，2010年版，第372页。

② 肖宪：《中东国家通史·以色列卷》，北京：商务印书馆，2001年版，第300页。

益分配格局中处在不同地位而产生的。目前，由于巴以问题、伊朗核问题等外部矛盾的存在在一定程度上掩盖了以色列国家内部的矛盾，一旦外部矛盾得到某种程度的缓和或解决，内部矛盾将以难以想象的方式爆发出来，这也是以色列政府在未来亟待解决的问题。

三、经济发展前景

以色列经济的未来取决于世界经济的发展形势、以色列经济体制改革的进程、地区安全形势和以色列国内矛盾的处理。

未来以色列经济的发展与地区稳定休戚相关，以至于任何风吹草动也会引发蝴蝶效应，并直接体现在各项经济数据上。中东各国目前处于一种微妙而脆弱的平衡下，各种暗流都在涌动。自从"阿拉伯之春"爆发后，奉行伊斯兰教义的穆斯林兄弟会先后攫取了多个阿拉伯国家的领导权，这也意味着以色列将更难与这些国家建立友谊。以色列北部国家叙利亚的局势同样变化莫测，由于"基地组织"的大规模渗入，导致无论叙利亚内战最终的结果如何，该国都不可能变成一个比较温和的国家，以色列对之也会多加防范。

在经济体制改革方面，以色列将进一步推进私有化进程。据以色列《国土报》报道，以色列政府正计划向公众出售以色列电力公司、国家水务公司、以色列铁路公司、拉斐尔国防系统公司，以及海法、阿什杜德港口公司等19家国有企业部分股份。股份出售后，政府仍将保持对这些企业的控股权。近年来，以色列国企管理中的腐败、高管行政任命等弊端引发民众不满。

全球经济不景气、地缘政治局势紧张都将给以色列经济增长带来不确定性。电力和食品价格上升将在短期内继续扩大通货膨胀。但基于其在强大的教育体制和在科技创新上的比较优势，在今后几年中以色列经济的增长率仍将高于西方国家平均水平，在农业、精密仪器、钻石加工以及金融服务等领域尚有很大的提升空间。只要中东地区不出现较大的政治动荡，以色列将是发达国家中最具活力、最富创造力的国家，以色列经济也将在中东地区一枝独秀，成为世界各国发展的模范。

第九章 军事与国防

以色列自立国以来，一直处在战争的威胁之下，极为恶劣的地缘环境迫使以色列政府长期将强军列为第一要务。在 60 余年的发展历程中经历五次大规模中东战争和规模不等的各种军事冲突，以色列国防军已成为中东地区最为强大的军事力量，对该地区的政治格局产生了深刻的影响。

第一节 以色列国防军概述

一、基本情况

以色列武装力量由正规部队、预备役部队和准军事部队组成。以色列政府从不正式公布以色列国防军的军力，根据全球环球军力组织（Global Fire Power）2012 年的数据统计，以色列国防军拥有现役军人 18.7 万人、预备役部队 56.5 万人。

军队在以色列国民经济体系中占有重要地位，1950 年到 1966 年，以色列的国防预算平均占国内生产总值的 9%，但 1967 年的第三次中东战争和 1973 年的第四次中东战争让国防预算猛增，在 80 年代达到国内生产总值的 24%。之后，随着以色列同埃及和约旦关系的和解，国防预算回落，恢复到了国内生产总值的 9%，保持在

150亿美元左右。根据斯德哥尔摩国际和平研究所统计数据，以色列2010年的国防预算为130亿美元，占国内生产总值的6.3%，这在发达国家里仍是一个非常高的比例。2011年以色列的国防预算为148.9亿美元，2012年以色列的国防预算为153.9亿美元，2013年以色列的国防预算为157亿美元。以色列国防支出的35%用于发放军人工资，在以色列，应征入伍的战士工资很低，每月为3800谢克尔左右，职业军官的平均工资是战士的50倍左右，以色列职业军官的人数在3万人左右。此外，以色列国防军还有7000多名文职人员，他们的工资比职业军官更高。[①]

以色列国防军分陆、海、空3个军种；最高军事权力机构为国防部，最高军事参谋机构为总参谋部。在总理领导下通过3个地区司令部、1个国土前线司令部、2个军种司令部及其所属的14个兵种司令部对全军实施指挥。

以色列国防军的作用并非只局限在军事上，自建国起它还在以色列的民族融合、社会整合、国家意识形态建立、教育发展乃至经济改革方面都做出了巨大贡献。1965年，以色列国防军因为在国民教育上所做出的贡献而被授予以色列奖。

二、发展历史

以色列国防军是一支诞生在战争中的军队，前身为一支名为"哈加纳"[②]的犹太武装。这支武装成立于1920年12月，创始人是一个名叫什洛莫·沙米的美籍犹太人，哈加纳最初主要由一战后移居巴勒斯坦地区的各国犹太籍退伍军人组成。

以色列国防军正式成立于1948年5月31日，在哈加纳的基

---

① 详见 http://www.haaretz.com/business/barak-wants-to-pay-minimum-wage-to-idf-conscripts-1.393937。

② 希伯来语为防御之意。

础上，以色列国防军还吸收了伊尔贡和莱希等准军事组织的武装力量。

在第一次中东战争中以色列有 12 个步兵和装甲旅，战争结束后，部分作战旅编入预备役部队，部分被取消，在此基础上形成了以色列国防军的基本组织形态。以色列在立国之后对各国犹太后裔敞开大门，规定了全民皆有服兵役义务的兵役制，所有战士在兵役结束后仍然要被编入预备役序列，这一制度使得以色列国防军在人数上得以确保。在随后的第二次和第三次中东战争中，中东地区的军事平衡被逐渐打破，以色列国防军无论从军队人员素质还是武器装备上都超过了周边的阿拉伯国家，特别是在第三次中东战争后，以色列国防军凭借以美国为首的西方国家的巨额经济援助和军事援助，已具备了惊人的反应能力和应对局部战争的能力。

20 世纪 60—70 年代，西方资本社会进入了经济发展的黄金时期，位于中东的以色列也搭上了这趟顺风车，其军工企业得以发展和壮大，形成了从研发到实战的一条龙式的军事科研系统，正式跨入了世界级军事强国的行列，进一步奠定了其在中东地区的军事地位。

发生在 70 年代的第四次中东战争对以色列是一个巨大的打击，以色列战无不胜的神话被打破，其国防安全战略也随之发生了变化。70 年代末期随着埃以关系的缓和，以色列国防军的定位重新回到了低烈度战争、城市战和反恐的模式，安全局势有所改善。

以色列国防军是世界上实战经验最为丰富的部队之一。建国以来，以色列国防军参加的主要战争和军事行动包括：1948 年第一次中东战争、1956 年的第二次中东战争、1967 年的第三次中东战争、1967 年到 1970 年的消耗战、1968 年的卡拉马战役①、1973

①　真正交战双方为巴解组织武装力量和以色列国防军。

年"青春之泉"军事行动、1973年第四次中东战争、1976年恩培德拯救人质行动、1978年"利塔尼"军事行动、1982年黎巴嫩战争、1982年到2000年黎以冲突、1987年到1993年的第一次巴勒斯坦人民大起义、2000年到2005年的第二次巴勒斯坦人民大起义、2002年"防卫之盾"军事行动、2006年第二次黎巴嫩战争、2008年到2009年的加沙战争和2012年的"防务之柱"军事行动等。

第二节　编制体制

一、军事决策机构

以色列的主要军事决策机构包括国家安全委员会、以色列安全内阁和外交事务与国防委员会。

国家安全委员会（NSC）是以色列国家安全问题政策的主要形成平台，从属于总理办公室，是在吸取了第四次中东战争经验的基础上，根据4889号政府决议于1999年成立的。该决议规定：国家安全委员会充当总理和政府在国家安全问题上的主要咨询机构，其权力来自政府，并根据总理的指示运行。国家安全委员会讨论和协调军队建设方针、战争计划、战争动员、武器装备生产和采购等重大问题，该委员会有安全政策局、外交政策局和反恐局3个下属机构。

其历届委员长为：

大卫·艾弗里，1999—2002年；

伊弗雷姆·哈勒维，2002—2003年；

乌兹·达扬，2003—2005年；

基奥拉·艾兰德，2005—2006年；

伊兰·米兹拉希，2006—2007年；

丹尼·阿尔蒂提，2007—2009 年；

乌兹·阿拉德，2009—2011 年；

雅科夫·阿米德洛尔，2011 年至今。

但在实际操作中，不同于世界上大多数国家，以色列在安全事务上的主要决策都是安全内阁（The Political-Security Cabinet）做出的。安全内阁的全称是政治与安全内阁，是政府内阁中从事外交和国防政策制定与实施的机构，在战争期间通过安全内阁能够快速而有效地做出决策。安全内阁最初于 1999 年由中间党党魁伊兹哈克·摩迪凯提出。根据他的建议，安全内阁成员应该包括总理、代理总理、副总理、国防部长、财务部长、总参谋长、辛贝特主任和总理军事助理等，并定期举行会议。

安全内阁的成立最早其实可以追溯到赎罪日战争，由总理和部长组成的小组负责战争期间的决策，人们称这个小组为"战时内阁"，后来也被戏称为"果尔达的厨房"，因为当时这个小组经常在女总理果尔达·梅厄家的厨房里做出关键的决策。由于形势紧急，大多数情况下政府都是在事后才对这些决议进行授权的。

目前，以色列的安全内阁成员包括以色列总理兼外交部长内塔尼亚胡、以色列财政部长亚伊尔·拉皮德、以色列国防部长摩西·亚阿隆、以色列司法部长齐皮·利夫尼、以色列工业贸易劳动部长纳夫塔里·贝内特、国家安全部部长杰拉德·埃尔登、以色列总检察长耶胡达·魏因施泰因和以色列国家安全委员会委员长雅科夫·阿米德洛尔。

外交事务与国防委员会（Foreign Affairs and Defense Committee）是议会的一个常设委员会，主要负责国防相关议案的审议，对政府中与国防军事相关部门进行监督，对国防预算进行审批。它同财政委员会一同被认为是议会中最为重要的两个常设委员会。在该委员会之下又设有许多二级委员会，其主要工作都是在二级委员会中进行的。

二、国防部

以色列国防部为以色列政府的组成部分之一，行使军队指挥权，负责以色列国家防卫，其办公室位于特拉维夫。部长由文官担任，平时负责兵力的动员、国防预算、国防科研与军工生产、军队规章制度的颁布等军事行政和技术业务；战时可行使总司令职权，管辖以色列全部的武装力量，包含以色列国防军、以色列军事工业公司、以色列航空工业公司等。

由于安全历来是以色列的头等大事，因此总理有时兼任国防部长，而以色列许多国防部长后来也成为总理。建国以来16位国防部长中有7位当选过总理，这一传统最早开始于本－古里安。

以色列现任国防部长为摩西·亚阿隆，属于鹰派人物，他是继摩西·达扬、拉宾、莫法兹和巴拉克之后第五位曾当过以色列国防军总参谋长的国防部长。摩西·亚阿隆1968年进入以色列国防军，曾当过以色列军事情报局局长、中央司令部司令和国防军副总参谋长。他在2005年沙龙执行单边撤离计划前退伍，在第十八届大选前加入利库德集团，并在党内选举中排在第八位。在上一届政府中，摩西·亚阿隆担任次总理和战略部部长的职位。

表6 以色列历届国防部长

姓名	任职时间
大卫·本－古里安	1948—1954 年
平哈斯·拉冯	1954—1955 年
大卫·本－古里安	1955—1963 年
列维·艾希科尔	1963—1967 年
摩西·达扬	1967—1974 年
希蒙·佩雷斯	1974—1977 年

姓名	任职时间
埃泽尔·魏兹曼	1977—1980 年
梅纳赫姆·贝京	1980—1981 年
阿里埃勒·沙龙	1981—1983 年
梅纳赫姆·贝京	1983 年 2 月 14 日—1983 年 2 月 23 日
摩西·阿伦斯	1983 年 2 月—1984 年 9 月
伊扎克·拉宾	1984 年 9 月 13 日—1990 年 3 月 15 日
摩西·阿伦斯	1990 年 6 月 11 日—1992 年 7 月 13 日
伊扎克·拉宾	1992 年 7 月 13 日—1995 年 11 月 4 日
西蒙·佩雷斯	1995 年 11 月 4 日—1996 年 6 月 18 日
伊扎克·摩迪凯	1996 年 6 月 18 日—1999 年 1 月 25 日
摩西·阿伦斯	1999 年 1 月 27 日—1999 年 6 月 6 日
埃胡德·巴拉克	1999 年 6 月 6 日—2001 年 3 月 7 日
本雅明·本 – 埃利泽	2001 年 3 月 7 日—2002 年 11 月 2 日
沙乌尔·莫法兹	2002 年 11 月 4 日—2006 年 5 月 4 日
阿米尔·佩雷茨	2006 年 5 月 4 日—2007 年 6 月 18 日
埃胡德·巴拉克	2007 年 6 月 18 日—2013 年 3 月 18 日
摩西·亚阿隆	2013 年 3 月 18 日至今

三、总参谋部

总参谋部在军事问题上有重大建议权，总部位于特拉维夫。总参谋长是以色列国防军中唯一一名中将[①]，总参谋长在国防部长的推荐下由政府任命，每届任期为 3 年，但政府经常将总参谋长的任期延长到 4 年，有的情况下还会延长到 5 年。

由于以色列军队地位较高，许多担任过总参谋长的人后来都成为政界和商界的重要人物。建国以来，以色列有两名总参谋长（拉

---

① 唯一的例外出现在第四次中东战争期间。战争爆发后，已经退役的前以色列总参谋长哈伊姆·巴尔勒夫临时恢复了其中将军衔，担任南方司令部司令，在军衔上他和当时的总参谋长大卫·埃拉扎尔平级。

宾和巴拉克）后来成为以色列总理，九名总参谋长成为议员，四名总参谋长（巴拉克、莫法兹、达扬和拉宾）成为国防部长。

表7　以色列历届总参谋长

顺序	名字	时间	原属部队
1	雅科夫·多里	1947—1949 年	哈加纳
2	伊盖尔·亚丁	1949—1952 年	哈加纳
3	摩迪凯·马克莱夫	1952—1953 年	英国军队
4	摩西·达扬	1953—1958 年	哈加纳
5	哈伊姆·拉斯科夫	1958—1961 年	英国军队
6	茨维·祖尔	1961—1964 年	英国军队
7	伊扎克·拉宾	1964—1968 年	哈加纳
8	哈伊姆·巴尔勒夫	1968—1972 年	哈加纳
9	大卫·埃拉扎尔	1972—1974 年	哈加纳
10	摩迪凯·古尔	1974—1978 年	哈加纳
11	拉斐尔·艾丹	1978—1983 年	哈加纳
12	摩西·利未	1983—1987 年	步兵
13	丹·肖姆隆	1987—1991 年	步兵师（伞兵）
14	埃胡德·巴拉克	1991—1995 年	特种侦察部队
15	阿莫隆·沙哈克	1995—1998 年	步兵师（伞兵）
16	沙乌勒·莫法兹	1998—2002 年	步兵师（伞兵）
17	摩西·亚阿隆	2002—2005 年	伞兵和特种侦察部队
18	丹·哈卢茨	2005—2007 年	以色列空军
19	加比·阿什肯纳兹	2007—2011 年	步兵
20	班尼·甘茨	2011 年至今	步兵师（伞兵）

总参谋部下属有 6 个总部局、3 个地区司令部、1 个国土前线司令部和海陆空三军。6 个总部局分别为战略规划局、作战局、情报局、人力资源局、计算服务局和科技后勤局；3 个地区司令部分别为北方司令部、中央司令部和南方司令部。以下是对几个主要军

事单位的简要介绍：

1.国土前线司令部

国土前线司令部于 1992 年 2 月成立，当时海湾战争刚刚结束，这场战争是继第一次中东战争后又一次使以色列腹地遭受到打击的战争。该司令部的主要职责是保护民事安全，在战争期间，国土前线司令部尽最大能力保护公民的生命，指导公民应对以色列有可能经历的危机。国土前线司令部还经常在全球执行各种援救任务，如 2006 年肯尼亚首都内罗毕地震和 2010 年海地地震的援救行动。现任司令为厄尔·艾森伯格将军。

2.北方司令部

北方司令部主要负责以色列北部同黎巴嫩和叙利亚边界安全，其责任区域从最北的赫尔蒙山向南延伸到尼坦亚市。该司令部在 20 世纪 60 年代和 70 年代负责戈兰高地和黎以边界的防御，70 年代和 80 年代主要应对来自巴解组织的威胁，1982 年黎以战争后主要应对来自真主党的威胁。现任司令为亚艾尔·戈兰。

3.中央司令部

在 1948 年第一次中东战争中，中央司令部主要负责应对约旦的军队。目前，中央司令部的主要职责是维护以色列西部沿海地区和约旦河西岸的安全。以色列国土中部最狭窄地带的宽度只有 11 千米，如果没有良好的海基防御能力和约旦河西岸提供的缓冲地带，以色列的地缘劣势将体现得非常明显。目前，该司令部面临的最大挑战是应对来自巴勒斯坦武装分子的渗透和袭击以及巴勒斯坦的人民起义。现任司令为尼赞·阿隆。

4.南方司令部

南方司令部的主要责任是保护以色列南部边界的安全，指挥驻扎在阿拉瓦、内盖夫和埃拉特地区的军事单位。《埃以和平协定》签订后，南方司令部的作战任务大幅度减少。2005 年沙龙单边撤离计划后，以色列同加沙地带的口岸成为哈马斯和其他巴勒斯坦极端组织攻击的目标，控制来自加沙地带的人员渗透以及向加沙地带的武器走私成为南方司令部的重要任务。现任司令为塔尔·拉索。

第三节 军种与兵种

一、陆军

以色列国防军最早只有陆军。目前，以色列陆军人数在 12 万左右，预备役部队人数在 60 万左右。根据环球军力组织 2012 年的统计数据，以色列陆军拥有坦克 3870 辆，装甲车 1775 辆，自行火炮 706 门，牵引火炮 350 门，火箭发射系统 48 套，便携式迫击炮系统 1750 套，便携式反坦克武器 9000 套，后勤车辆 17690 辆。

以色列 1998 年成立陆军司令部统管陆军部队。陆军司令部有 4 个机关单位，分别为负责预算和组织建设的规划部、负责战术和训练的地面部、负责人事管理的人事部和负责武器研发与采购的技术部。在战时，陆军司令部直属总参谋部，只有参谋权，没有指挥权，3 个军区司令部拥有对各军区陆军的指挥权。2000 年以色列试图将 3 个军区的指挥权收归到陆军司令部，但最终该方案没有被采纳。

以色列陆军包括 5 个兵种，分别为步兵、装甲部队、炮兵、工程兵和战地情报部队。其中，步兵和装甲部队属于机动作战部队，炮兵、工程兵和战地情报部队属于支援部队。

（一）步兵

以色列步兵部队包括伞兵旅（属于中央司令部）、哥兰尼步兵旅（属于北方司令部）、纳哈尔旅（属于中央司令部）、吉瓦提旅（属于南方司令部）和幼狮旅（属于中央司令部）。此外，以色列步兵还拥有一些独立营，如由德鲁兹人组成的第 299 独立营，由贝都因人组成的第 585 沙漠侦察营以及男女混编的卡拉卡尔营。

以色列步兵配备的主要武器为 M16 步枪，其中大多为 M16A2 型步枪。2005 年，以色列国防军在部分部队配发由以色列工业公司生产的塔沃尔冲锋枪，未来该冲锋枪可能取代 M16 成为以色列步兵的主战武器。

以色列步兵在连、营单位还会配备包括内盖夫轻机枪、勃朗宁 M2 重机枪和 MK19 榴弹发射器在内的武器。狙击手一般使用 M16A2E3 狙击枪和 M24 狙击手武器系统。对于装甲目标，以色列会使用榴弹、火箭弹和导弹。以色列军级单位装备有包括 RPG-7、M72 反坦克火箭筒在内的反坦克武器，对于装甲更强的坦克，以色列会使用价格更为昂贵的"陶氏"和"长钉"反坦克导弹。

以色列步兵的军用车辆种类很多。机动性较强的为"苏法"吉普车，装甲较好的为"悍马"吉普车。以色列最主要的装甲运输车为 M113Z 装甲车，这些装甲车多为 20 世纪 70 年代从美国购买，虽然经过了以色列的改装和升级，但同现代先进装甲车相比较为落后。

（二）装甲部队

以色列装甲部队是以色列最主要的机动部队，主战坦克是装甲部队的核心力量。在战争期间，装甲部队往往充当先锋部队，阻挡敌方装甲部队的入侵；在和平时期，装甲部队往往配合步兵执行各种安全任务。

以色列装甲部队包括第 36 装甲师、第 162 装甲师和第 366 装甲师。

第 36 装甲师是以色列最大的装甲师，驻扎在戈兰高地和北方司令部管辖区域，目前师长为塔米尔·海曼。第 36 装甲师下设第 7

装甲旅和第 188 装甲旅，第 7 装甲旅是以色列国防军的第一支装甲旅，参加了建国以来几乎所有的大型军事行动，在第二次中东战争中立下战功。

第 162 装甲师下设第 401 装甲旅，该装甲旅成立于 1968 年，当时成立的主要目的是为了控制苏伊士运河。2004 年到 2005 年，该部队的马加奇坦克被梅卡瓦 4 坦克替代。

第 366 装甲师属于南方司令部，下设第 406 装甲旅，该装甲旅实际上是以色列装甲部队的训练大队，设有 2 个训练营。石扎佛恩训练营主要负责指挥官的基础培训，马根塞里姆训练营主要负责指挥官的实战训练。

（三）炮兵

以色列炮兵主要负责中距离和远距离火炮攻击，在战争期间，以色列炮兵部队为机动部队提供火力掩护，并摧毁敌方目标。目前以色列炮兵部队的司令为大卫·斯维萨。

以色列炮兵部队最基本的武器装备是 M109 自行火炮，这也是目前世界上装备最多、装备国家最多的自行火炮。此外，以色列还装备有 M270 多管火箭炮、非瞄准线型"长钉"导弹。悍马吉普车和 M113 装甲车常常用来运输这些火炮。在发起进攻前，以色列炮兵部队常使用无人机进行目标侦察和定位。

2010 年，以色列在吸取 2006 年第二次黎巴嫩战争经验的基础上，对炮兵部队进行了改革，不仅装备了新式的自行火炮、精密火箭和导弹以及最先进的指挥、控制、计算机、通讯系统，而且扩大了炮兵的职能，使得炮兵不仅是支援力量，还是战斗部队的一部分。

在以色列国防军过去 10 年间参加过的低强度、不对称战斗中，火力的精确度常常不够，导致了对平民预料外的伤害，并随之给以色列带来了对外关系方面的麻烦。这使得以色列国防军限制了炮火的使用，减少了对其战斗部队的支持。最近，以色列军事工业公司推出了经过弹道修正的 Accular 160 毫米火箭弹，能够打击 40 千米以外的目标，误差低于 10 米。这一出色结果让以色列国防军决定订购该武器，并装备第一个炮兵营，以色列国防军希望这一新的技术能让炮兵部队重新获得在复杂地形和城市反恐任务中使用火力的能力。

（四）作战工程兵

以色列作战工程兵的任务包括地形侦察、道路破坏、修建要塞、爆破、拆弹等。以色列作战工程兵的口号为"永远第一"。

作战工程兵下属单位包括作战工程兵营、战区工程兵部队、工程车辆部队、特别工兵部队、防 NBC 部队和军事工程学校。

（五）战地情报部队

战地情报部队是以色列陆军司令部下最年轻的部队，其主要任务是搜集战地情报，在业务上对总参谋部军事情报局负责。鉴于情报工作的重要性，目前这支部队仍在不断壮大的过程中，现在该部队司令员为艾利·波拉克准将。

战地情报部队的下属单位包括沙哈夫 869 营（属于北方司令部）、尼赞 636 营（属于中央司令部）、内谢尔 414 营（属于南方司令部）、作战情报学校和位于特拉维夫的指挥中心。

战地情报部队的前身为成立于 1993 年的亚哈玛姆部队，该部队负责在战时的侦察工作，隶属于以色列炮兵部队，但直接受总参谋部的指挥，成员戴黑色贝雷帽。在 1982 年到 2000 年的黎以冲突中，亚哈玛姆部队负责搜集战地情报。在 1997 年之前，亚哈玛姆部队的存在是以色列军方机密，但 1997 年 2 月的直升机空难事件中由于有两名亚哈玛姆部队成员，该组织被公开化。2000 年 4 月，亚哈玛姆部队升级为军级单位，2004 年该部队改名为作战情报搜集部队，2009 年 11 月又更名为作战情报部队。

（六）深度部队[①]

2011 年 12 月，以色列军方宣布成立"深度部队"，并在一项声明中说："'深度部队'的首要任务将是把以色列国防军的联合行动扩展为兼具战略深度。"陆海空精英部队将保留各自的特长，不过新成立的"深度部队"会鼓励这些部门在策划行动时进行更密切的合作，并有可能会在伊朗境内采取行动。目前该部队的指挥官为加迪·埃森科特少将。

二、空军

以色列之所以被称为中东地区头号军事强国，固然要归功于其综合的军事实力，但尤为突出的是其强大的空中力量，空军最能体现以军积极防御、以攻为守、将战火引向敌国领土的作战指导思想。以色列空军被认为是中东地区最强大的空军力量，同时也是世界上最出色和成熟的空军之一。它诞生于 1948 年第一次中东战争，其前身是哈加纳的空军部队航空勤务队。

英国委任统治即将结束时，犹太人就很希望建立自己的空军，但是白手起家建空军是一件非常困难的事情。英国禁止向犹太人提供武器，许多欧洲国家迫于英国的压力也执行相同的政策。当时的美国虽然在舆论上站在以色列一边，但严格奉行禁止向中东出口武器的政策，在这种情况下以色列领导人只好另找来源。在这一时期，捷克斯洛伐克和南斯拉夫给以色列提供了很大的帮助，在苏联默许下它们向以色列出口了大量武器，包括梅塞施米特 Bf-109 型飞机。

---

① 详见 http://news.xinhuanet.com/world/2011-12/17/c_122437945.htm。

以军在 20 世纪 70 年代前主要使用法国制造的"神秘"和"幻影"歼击机，利用这些战机以色列空军牢牢控制了战场制空权，成为战胜阿拉伯国家军队的先决条件。70 年代后以色列空军开始大规模换装美国制造的飞机，同时以色列航空工业开始自行设计制造战机。现在，以色列已经成为世界上能生产现代化歼击机的国家之一，其中较突出的是现役的"幼狮"战斗机。根据环球军力组织 2012 年数据统计，以色列空军拥有战斗机 656 架，直升机 138 架，战斗机中最主要的机种为 F-15 战斗机和 F-16 战斗机。

在组织结构上，以色列空军由航空兵和防空兵组成；在行政管理上，以色列空军下设空军参谋部、固定翼部、直升机部、情报部、装备部、人力部、医疗部、指挥部、特别空军部和防控指挥部；在作战上，以色列空军下设拉马特·大卫空军基地、斯多特·米查空军基地、哈特佐尔空军基地、哈泽利姆空军基地、特尔诺夫空军基地、奥夫达空军基地、斯德·多夫空军基地、海法空军基地、拉蒙空军基地、内瓦蒂姆空军基地和帕尔玛钦空军基地。

空军司令负责空军的战备、发展、作战训练和物质技术保障，总部设在特拉维夫。现任空军司令是阿米尔·埃舍尔少将。

三、海军

从地理条件看，以色列没有陆上的进出口通道，却有长长的海岸线，理应建立一支较强大的海军。但事实上，以色列海军在以军中的地位一直低于陆军和空军。这一方面是因为在周边阿拉伯国家中，并不存在一支对以色列构成重大威胁的海上力量；另一方面是由以色列独具特色的军事战略和作战指导思想决定的。

以色列海军的前身是一支"水上连"，其主要任务是从欧洲向巴勒斯坦运送非法移民。1948 年 3 月 17 日，哈加纳参谋长下令成立"海军"，从此开始了以色列海军的正规化历程。

以色列海军的主要任务是应对来自海上的军事打击，保护沿海的战略性基础设施，以及阻止向真主党和哈马斯的武器走私。近年来，以色列海军还参与了阻拦开往加沙的人道主义救援船的行动。以色列海军总部位于海法，现任司令是兰姆·罗斯伯格。

以色列主要的威胁都来自陆地，在领海控制上并没有太多的纷争。在战略打击上，海军难以达到空军的威慑力，更多只是起到辅助作用。以色列海军兵力只有9000人左右，其中海军陆战队只有300人，共有3个主要海军基地，分别在海法、阿什杜德和埃拉特，陆战队的基地在阿特里特。海军的行动海域主要有两个：一是地中海和红海，二是苏伊士湾和亚喀巴湾。

以色列海军现有的舰船种类仍比较单一，尚没有装备包括驱逐舰在内的大型水面舰只，现役的军用船只主要包括潜艇、轻型护卫舰和导弹巡逻艇等。根据环球军事组织2012年数据统计，以色列海军共有舰艇65艘，其中轻型护卫舰3艘，潜艇4艘，其他多为导弹巡逻艇。但以色列海军陆战队的作战能力不可小视，在黎巴嫩战争中，这支部队有效地支援配合了西路主攻部队的作战行动，最终实现了围攻黎巴嫩首都贝鲁特的目的。

目前，以色列的海军下属基地包括海法海军基地、阿特里特海军基地、阿什杜德海军基地、埃拉特海军基地、海法海军训练大队、玛姆塔姆计算中心、海军船厂和位于特拉维夫的海军总部。以色列海军下属舰队包括第三舰队、第七舰队、第十三舰队。第三舰队位于海法军港，主要为导弹舰；第七舰队是以色列的潜艇舰队，成立于1959年；第十三舰队属于突击舰队，负责渡海登岛、反恐、情报搜集、海上人质援救等任务。此外，以色列海军还有雅尔塔木707海上救援部队。

四、核力量

以色列首任总统魏兹曼曾表示："进行核开发是唯一可以生存下去的道路。"

早在 20 世纪 40 年代以色列就决定发展核武器。1950 年，以色列成立了由国防部领导的原子能委员会，由总理亲自任主席，负责全国核研究的计划和管理。同时，以色列魏兹曼研究院成立同位素研究部，以色列的"原子弹之父"厄思斯特·大卫·伯格曼任该院化学部主任。1955 年，以色列政府在与美国签署了和平利用原子能协定后，核研究得到了美国的支持。1957 年 2 月，以色列在里尚齐翁建立了第一座核反应堆。1956 年，以色列与法国达成建设钚反应堆的秘密协议。在法国的协助下，以色列在迪莫纳沙漠中建起核基地，在内盖夫沙漠的迪莫纳建立了核武器设施。虽然 1962 年法国戴高乐政府改变立场，停止与以色列的核合作，但也无法改变以色列研制核武器的势头。国际原子能机构宣称他们相信以色列"是个拥有核子武器的国家"，由于以色列不是《不扩散核武器条约》的签署国，所以以色列核子武器军火库的详细数量一直存有争议。

1962 年，以色列生产出大量可用于制造核弹头的铀。1967 年 6 月，第三次中东战争爆发前夕，以色列曾临时拼装出 2 枚原子弹。1968 年初，当时美国中央情报局负责科技的官员卡尔·杜基特（Karl Duckett）认为以色列已拥有核武器，成为第六个核武器国家。1969 年，时任美国总统的尼克松与时任以色列总理的梅厄夫人达成默契，只要以色列不公开核武器计划、不公开搞核试验，美国将停止对以色列核设施的核查，并默许其核武器计划，不对以色列没有加入《不扩散核武器条约》施压。

以色列核战略的主要特点是发展"三位一体"的核力量结构，加强核武器的威慑力和实战能力；采取"核模糊"政策，既谋求核威慑，也规避"国际合法性"的问题；全力防止中东其他国家拥有核武器。

2013 年 6 月，瑞典斯德哥尔摩国际和平研究所（SIPRI）在一份新的报告中估计，以色列大约有 80 枚战略级的核武器。国际社会对以色列核武库规模的估计从 75 枚到接近 400 枚核弹头。该机构还指出，可能还有较小型的战术核武器未被计入核武库中。以色列一向奉行"核模糊"战略，一方面它不承认拥有核武器，这有助于化解国际压力；另一方面它不否认拥有核武器，这能对周边国家形成核威慑。1986 年末，以色列核科学家瓦努努出逃到英国后透露了以色列发展核武器的秘密，这在一定程度上影响了以色列的"核模糊"战略。以色列从未公开搞过核武器爆炸试验，国际专家们认为，以色列一直在利用超级计算机进行模拟试验。

以色列是中东地区研发中程弹道导弹最为领先的国家之一。基于美国模式，以色列也在努力打造由陆基、空基和海基三大核力量组成的三位一体结构。从 2000 年开始，以色列这种核力量结构逐渐成形。在陆基核力量方面，以色列形成以"杰里科"导弹系列为代表的陆基弹道导弹力量。"杰里科"（Jericho）的弹道导弹系列早在 20 世纪 70 年代便已开始部署，目前已有 3 个系列："杰里科 -1"型、"杰里科 -2"型和"杰里科 -3"型。"杰里科 -2"型导弹从 80 年代中期开始服役，预估射程有至少 1500 千米，可实现对伊朗境内目标的打击；而最新的"杰里科 -3"型导弹则预估至少有 4500 千米射程。2011 年 11 月 2 日，居住在以色列中部的民众亲眼看到一个拖着白色尾迹的不明飞行物直冲天空，虽然以色列国防部称之为"火箭推进系统测试"，但外界几乎一致认为这是以军在试射"杰里科 -3"型弹道导弹。

在空基核力量方面，以色列在 20 世纪 70 年代就拥有一个中队的可携带核武器的 F-4 战机。现在，以色列空基核力量主要由

F-15、F-16、"幼狮"等攻击型核武器运载飞机构成。其中，美式F-15战机投送核弹的半径达1600千米，F-16战机则达到3200千米，"幼狮"战机航程达2400千米。

在海基核力量方面主要是从德国购买的"海豚"级常规攻击潜艇，目前以色列已有五艘潜艇，并准备从德国购买第六艘。

核战略是国家安全战略的重要组成部分，而核威慑战略是核战略的核心。所谓核威慑，就是指以核报复力量为后盾，向可以采取不利于自己行动的敌方进行恫吓，使其相信一旦采取这种行动就将招致毁灭性后果，从而制止其进攻性行为，或迫使其放弃原来的企图。威慑战略一直是以色列军事战略的核心。1973年第四次中东战争的危急时刻，以色列曾威胁使用核武器。但是以色列的核战略具有先天的劣势，由于以色列国土面积小，人口分布集中，因此对核战争的承受能力极低，无法做到用"确保相互摧毁"来维持核平衡。因此以色列通过导弹防御系统来形成拒止性威慑与报复性威慑的结合，代替之前单纯的报复性威慑。

以色列在大力发展核武器的同时，不惜一切代价阻止周边阿拉伯国家和海湾国家拥有核武器，旨在谋求和保持自身以核武器为后盾的战略优势，防止这些国家对以色列构成核威胁。1981年6月7日，以色列空军战斗轰炸机通过长途奔袭，炸毁了伊拉克首都巴格达以南30千米的奥西拉克核反应堆，沉重打击了伊拉克发展核武器的计划。2007年9月6日，以色列空军F-16战斗轰炸机袭击并摧毁了叙利亚北部地区的一个核基地。

以色列核威慑能力也有其局限性。第一，20世纪70年代以来叙利亚、伊朗和埃及等国的生化武器发展迅速，数量质量不断提高，生化武器的生产成本低，技术要求低，其杀伤力和核武器之间的差距也在不断缩小。根据攻击面积来计算，数枚炭疽弹头就可以毁灭以色列。第二，以色列的二次核打击能力弱，伊朗、叙利亚等国的导弹基地和核生化武器研发基地大多比较分散，而且很多位于地下，承受第一次核打击的能力比较强，而以色列的导弹基地和核武器库比较集中，很有可能在第一次敌方的核打击下全部毁灭。

以色列核武器的储备和核战略的运用加剧了该地区的紧张局势。以色列目前是中东地区唯一还未签署《不扩散核武器条约》的国家，成为国际核不扩散体系无法实现全球化的主要障碍之一。如果以色列不断秘密充实其核武库、改进核武器性能，必将刺激其阿拉伯和伊斯兰邻国寻求获得核武器，从而大大加剧中东核军备竞赛的危险，为未来可能的阿以冲突留下隐患。

五、军事院校

以色列目前共有各类军事院校约30所，已形成了由初级军官学校、指挥参谋学院和国防学院组成的三级院校培训体系。

以色列初级军官学校包括中央军校、海军舰艇学校、空军航空学校，分别由陆军司令部和海、空军司令部管辖。初级院校一般要担负本兵种新兵训练和军官军士专业培训的双重任务。院校机关一般设作训、情报、人力、军需、军械、医务等部门。以色列中央军校是以色列军队培养陆、海、空三军基层军官的学校。

中级院校主要为指挥参谋学院，成立于1954年，是以色列培养陆、海、空三军战役战术指挥及参谋人员的专门学校。培养对象为具有晋升潜力的上尉到中校级军官，毕业后作为部队营、旅主官和总部中层领导的候选对象。1991年前，学院直接隶属总参谋部作战部训练局，1991年体制调整后，改由国防学院领导。

国防学院为以色列国防军的最高军事学府，成立于1962年，主要培训能在以色列国防军及国防和安全机构的高级职位上进行战略决策的人才。它既是学习和研究以色列国防和安全问题的最高机构，也是以色列国防和安全决策层的高级智囊。

以色列军事院校由两个系统分别领导。初级院校由各军兵种领导,军兵种司令对本军兵种院校的工作负责。中高级院校由国防学院院长统一领导。国防学院院长就国防学院和指挥参谋学院工作向总参谋长直接负责,并负责协调全军的院校工作。

六、情报机构

以色列的情报机构闻名世界,其情报系统主要由阿穆恩、摩萨德和辛贝特 3 个机构构成。

(一)阿穆恩

阿穆恩是"以色列军事情报局"的简称,从属于以色列的总参谋部,是以色列国防体系中的最高情报机构,也是规模最大的情报机构。其下设 6 个处,分别为情报搜集处、情报生产处、对外关系处、安全与军事审查处、海军情报处和空军情报处,后两个处在业务上从属于阿穆恩,在行政上从属于海空军。

以色列国防军的情报部门对以色列政治决策的影响很大,阿穆恩局长负责为以色列总理和内阁提供形势分析报告,由于以色列安全委员会效率较低,以色列决策机构对军事情报机构的报告依赖很大。

在第四次中东战争中,埃及和叙利亚军队对以色列发起突袭,阿穆恩在情报判断上犯下了致命错误,让以色列蒙受了巨大的损失。在 1982 年的黎巴嫩战争中,阿穆恩正确地判断了当时以色列所依靠的基督教民兵的脆弱性,并成功地预测到叙利亚驻军会卷入战争。

(二)摩萨德

摩萨德全称为"以色列情报和特殊使命局",是伴随着犹太复国主义运动的发展和以色列国的成立而形成的,其前身是"哈加纳"的情报机构"沙亚"。建国后摩萨德是外交部政治司的组成部分，1951年独立出来，逐渐成为可以直接向总理报告的重要情报机构。

在以色列情报界，摩萨德与辛贝特同属政府情报机构，但由于摩萨德局长同时兼任情报与安全委员会主席职务，是总理的首席情报顾问，因此实际上它发挥着以色列中央情报机构的作用，是以色列最重要的情报机构。

摩萨德的主要职责包括搜集阿拉伯国家的政治军事情报，组织针对阿拉伯国家的宣传活动，关注世界主要大国的政治、军事动向等。摩萨德分为8个主要部门，包括研究处、技术处、技术行动处、行动计划和协调处、情报搜集处、政治行动和联络处、训练处及行政处。

图14　摩萨德机构标志

50多年来，中东五次大战以色列占尽上风，摩萨德功不可没。它的眼线遍布对方的中枢高层，知己知彼使以色列国防军如虎添翼。50年代，摩萨德得到赫鲁晓夫反斯大林的秘密报告，向美国公布后随即震动全球。60年代，摩萨德跨国跟踪，把二战中屠杀犹太人的战犯艾希曼①从阿根廷带回受审。

---

① 阿道夫·艾希曼（Adolf Eichmann，1906年3月19日—1962年6月1日），纳粹德国的高官，也是在犹太人大屠杀中执行"最终方案"的主要负责者。

（三）辛贝特

辛贝特是"以色列国家安全总局"的简称。在职能划分上，阿穆恩和摩萨德对外，而辛贝特对内，主要负责反间、维稳和安保工作，具体包括逮捕和审问恐怖分子，负责约旦河西岸和加沙地带反恐行动和反间行动的情报保障，为以色列重要任务和地点（包括驻外使馆）提供安全保障。辛贝特有 3 个下属部门，分别为阿拉伯事务部、非阿拉伯事务部和安保部。辛贝特在第一次中东战争时成立，从属于以色列国防军，由哈雷尔指挥。后来它从以色列国防军中分离出去，从属于总理办公室。在六日战争后，辛贝特最主要的任务是获取约旦河西岸和加沙地带恐怖分子的情报。1995 年，辛贝特没能阻止阿米尔对总理拉宾的暗杀，在已经得到了阿米尔的行动计划的情况下，情报人员得出阿米尔不会动手的结论，辛贝特局长卡尔米·吉龙因为这一事件辞职。

除了以上 3 个主要情报机构以外，以色列还有其他从事情报工作的单位，包括研究和政治计划处以及情报与安全委员会。前者隶属于以色列外交部，主要负责情报分析，尤其是有关政治情报和国际形势的评估和判断，为外交政策和战略决策提供情报参考；后者又被称为情报局长联席会议"瓦拉希"，主要职责是协调各个情报机构的工作，但实际上它只能发挥情报协调的传统作用，对各情报机构的工作并没有监督权，是各个情报机构之间相互通气和情报汇总的重要渠道。

第四节　军事工业

一、军事工业概况

军事工业在以色列的国民经济中占有非常重要的地位。

　　以色列现代国防工业发展开始于20世纪20年代早期。面对来自阿拉伯人的威胁，犹太组织开始自制手榴弹和爆炸装置；20世纪30年代初期"哈加纳"建立了一批秘密的轻武器制造工厂；1948年以色列军事工业公司成立；以色列独立后的头20年，军事工业公司为其国防军生产了大量基础型武器装备，其中包括著名的"乌齐"冲锋枪。

　　第三次中东战争期间，法国对以色列实施了武器销售禁令，取消了"幻影"飞机的订单。在美国成为其战斗机主要供应者的同时，以色列一面自行研制生产新武器，一面改进现役装备，使国防工业进入一个新的发展阶段，许多军事工业公司从轻型武器制造者转变为尖端武器系统的生产商。到70年代，以色列已建立起一批具有研究设计和生产改进能力的综合军工企业，75%的武器能够自给。80年代，以色列积极开发人造卫星、中程导弹、先进战斗轰炸机和导弹艇、高科技电子等技术项目，国防工业取得长足发展。90年代，以色列按计划有步骤地对国防工业实施改革，使其由政府包揽向市场经济转化，努力扩大出口和拓展军转民项目。同时，以色列军工企业还密切跟踪国际军品市场的发展趋势，积极发展军事高科技项目。在充分发挥本国军工企业最大潜力的同时，以色列还加强与美英等国军工厂的合作，共同研制最先进的武器装备，使得以色列军工企业掌握了许多最先进的技术。

　　斯德哥尔摩国际和平研究所2010年评选的世界军工百强企业中以色列企业占了三席，分别为埃比特武器开发公司、以色列航宇工业公司和拉斐尔尖端国防系统公司。目前，以色列从事武器装备研制和生产的公司达150多家，分为兵器工业、军用航空工业、导弹与航天工业、核工业和信息产业五大类，这些公司包括国营、私营和合资企业三大类，其中国营占80%。以色列政府有三家主要的国防公司，分别为以色列航宇工业公司（IAI）、以色列军事工业公司（IMI）以及拉斐尔尖端国防系统公司（Rafael）。这三家公司产品范围很广，不仅有常规武器，还有先进防卫电子系统。以色列还有大量私有和合资的防务公司，比较著名的有塔德兰公司，生产包括指挥控制设备、战略战术电信、电子战、通讯情报系统及微型飞行器、光电夜视模拟器在内的20多种产品。先进的国防工业让以色列成为一个军火出口大国。目前，军火出口已经成为以色列主要的财政收入之一。从属于国防部的以色列国防部对外军事援助和武器出口办公室负责以色列国防出口和合作的调控和管理。

2004—2011年间，以色列签署了价值129亿美元的武器转让协议，世界排名第八，以色列的武器主要出口至发展中国家。2004—2011年间，以色列与发展中国家签订的武器转让协议达87亿美元，世界排名第七。以色列也是世界最大的武器进口国之一，主要是从美国进口。

以军工企业近年平均每年出口额约70亿美元，约占全部销售额的85%，主要出口目标是亚洲和拉丁美洲国家。而2008年金融危机以来，各国政府将国防开支转投到其他领域，军工市场需求萎缩。为巩固其在世界军火市场的地位，以色列国防部高级官员正在与一些国家的军方就出口以色列最先进的主战坦克进行磋商。

以色列国防部总司长尤迪·沙尼表示，推动武器出口是以色列国防部重要职责，未来几年将增加对中小型国防企业的投资和补助。以色列重点开拓阿塞拜疆、波兰、越南、巴西等市场，力争达到年出口额100亿美元的目标。

美国战略国防情报网站发布报告《以色列国防工业的未来——2017年前市场吸引力、竞争前景与展望》显示，2012年，以色列国防市场价值131亿美元，是中东第三大市场。2007—2011年间，传感器、装甲车辆和导弹是出口最多的产品，分别占32%、22.8%和22.8%。2013—2017年间，全球无人机需求将增加，以提高监视能力，应对恐怖活动和大规模杀伤性武器扩散。据中国国防科技信息网报道，以色列已经成为全球最大的无人机出口国。根据 Frost & Sullivan 公司[①]一份市场调查报告，2005 年至 2012 年，以色列无人机出口额已高达 46.2 亿美元，无人机出口额已占该国国防产品出口额的近 10%，这一数字有望继续增加。英国是以色列无人机系统的最大买家，此外印度和巴西也是以色列无人机的重要出口国。

在 2013 年，以色列政府由于急于摆脱财政赤字的困局，财政部提出方案，建议将以色列两大国防军工企业的部分股份上市公开发行，以增加财政收入。

二、主要武器装备

以色列国防军配备有先进的武器装备，其中既有"阿帕奇"直升机，F-15 和 F-16 战斗机等美国装备，也有"梅卡瓦"系列坦克和"幼狮"战斗机等以色列自主研发的武器。在众多的武器装备中，我们选取了一些具有代表性的进行着重介绍。

（一）"乌齐"冲锋枪

1948 年阿以战争中，以色列人发现他们自己缺乏一支有效的冲锋枪。为此，1949 年由以色列陆军中尉乌齐·盖尔（Uziel Gal）参照捷克斯洛伐克 Vz23 系列冲锋枪和 ZK476 式冲锋枪的结构特点，并充分考虑到中东地区的沙漠环境条件，将弹夹与手把合二为一，成功设计了一支冲锋枪——UZI 9 毫米冲锋枪。50 年代初定型后，"乌齐"冲锋枪由以色列军事工业公司生产，并作为以色列军队的制式冲锋枪。德国和比利时等国军队也装备此枪，其现已成为西方国家广泛使用的一种冲锋枪。

以色列军事工业公司在"乌齐"9 毫米冲锋枪的基础上研制

---

① Frost & Sullivan 公司网址 http://www.frost.com/。

而成多种衍生枪种，这其中包括"乌齐"9毫米轻型冲锋枪、"乌齐"9毫米微型冲锋枪和"乌齐"9毫米手枪。

（二）Tamnun 便携式指挥控制系统[①]

以色列国防军在 2013 年 3 月集成 Tamnun 便携式指挥控制系统。第一支使用这套系统的部队将是以色列国防军地面部队的情报收集分队。Tamnun 便携式指挥控制系统由美国制造，包括一套运行指挥控制应用程序的加密任务计算机以及一个 6.5 英寸的计算机显示屏。该系统计划用于旅级指挥官及以上的部队和特种部队，它将会被集成到以色列埃尔比特系统公司研发的数字陆军计划系统中。Tamnun 便携式指挥控制系统特别适合在恶劣的作战环境和战术作战环境中使用。

（三）"梅卡瓦"坦克

以色列人设计的"梅卡瓦"主战坦克算得上是当今世界上最具活力、最有特色的主战坦克。从 1978 年装备以色列军队以来，它亲历了巴以爆发的多次冲突，而且在这期间从"梅卡瓦 -1"型到"梅卡瓦 -4"型发展了四代。2002 年 6 月，在耶路撒冷举行的一次武器展示会上，以色列国防部向外界展示了其新一代主战坦克"梅卡瓦 -4"型的样车，该坦克外形独特、性能出众，给与会者留下了深刻的印象。当时，已是 70 岁高龄的"梅卡瓦之父"塔尔将军曾有这样的评价："梅卡瓦 -4"型坦克是经过实战检验的第四代战车，它代表了当代坦克设计的包括防护、火力、机动性及指挥控制等方面从量变到质变的飞跃。

（四）"萨布拉"坦克

1998 年，以色列面向国际市场推出了名为"萨布拉"（Sabra）

---

① 详见 http://military.china.com.cn/2013-03/06/content_28148677.htm。

的主战坦克。"萨布拉"装有1门120毫米滑膛炮，和"梅卡瓦-MK3"的主炮相似，与M60坦克原先装备的105毫米主炮相比射程更远、穿甲能力更强。此外，该炮具有较强的通用性，弹药基数42发，可发射包括尾翼稳定脱壳穿甲弹在内的北约标准120毫米滑膛炮弹药。

在整车的防护方面，"萨布拉"主战坦克几乎是照搬"马加奇-7"型坦克的现成装备，其中包括一套以色列国产的自动灭火抑爆系统、一台威胁告警器和烟幕榴弹发射系统。此外，为了提高坦克的战场生存力，其采用了名为"第三眼"的红外激光报警器。经过一番改动，"马加奇"这款具有近30年车龄的老坦克彻底改头换面，凭着扎实的基础、大威力的火炮、优秀的火控系统和独特的"塑身"装甲，一跃成为可以与世界上最先进主战坦克相抗衡的新锐战车。

(五)"战利品"主动防御系统

"战利品"系统主要为坦克和装甲车提供主动防御保护，该系统包括一套由4个平板天线组成的雷达系统，天线可布置在车辆或炮塔四周，从而形成半球形的雷达探测区域。同时，系统的对抗装置发射器也安装在车辆或炮塔的两侧，一旦雷达捕获到威胁，即开始跟踪直到该威胁将要击中车辆时，"战利品"系统随即击发1—2个对抗装置发射器，从而形成对车辆的360度防护。发射器所发射的对抗装置是一种反导弹导弹，可对来袭的弹药实施拦截或引爆空心装药战斗部，从而阻止其形成穿甲射流。为每辆坦克安装一套"战利品"系统的成本在20万—30万美元。除了保护坦克外，"战利品"系统还可用于加强M113等装甲输送车辆的防护能力。

(六)F-15战机

以空军F-15系列战斗机目前主要承担制空和拦截任务，大部分部署在其政治中心特拉维夫附近的基地。F-15 设计时的目标之一就是在高空以高速拦截入侵领空的假想敌——"米格 -25"战斗机。在 20 世纪 70 年代末,以色列的邻国正装备了这种苏制高速战斗机,因此以色列是美国之外第一个装备 F-15 重型制空战斗机的国家。以色列不仅是 F-15 的第一个国外用户,还是世界上第一个将 F-15 投入实战的国家。在 1982 年的第五次中东战争中,以 F-15 为中坚的以色列空军迅速摧毁了叙利亚的空军力量。

F-15 推重比大,翼载小,机动性能好,装备有良好的机载电子设备,特别适用于近距格斗和超视距导弹攻击,是目前世界上一流的制空战斗机。在率先装备 F-15A/B 之后,以色列空军于 80 年代中期开始装备 F-15C/D 改进型,1997 年开始装备 F-15I,[①] 其性能与配置明显强于美国提供给沙特的 F-15S 战斗机。

目前,以军装备有约 100 架 F-15 系列战斗机。

(七)F-16 战机

以色列空军对地攻击任务主要由 F-16 多用途战斗机完成。

以军的第一批 F-16A/B 战斗机是与 F-15A/B 同时引进的。在 1982 年贝卡谷地之战中,在电子战飞机和预警机的配合下一举摧毁叙利亚部署在谷地的 19 个"萨姆 -6"防空导弹营;1981 年以色列 F-16 战机远程奔袭伊拉克,绕过伊拉克的防空体系,摧毁了伊拉克的核设施。

目前,以色列空军装备有约 200 架 F-16 系列战斗机。

(八)无人机

大型长航时无人机可以说是当今世界衡量一个国家在无人机

---

① 以色列 F-15I 战斗机是 F-15E"攻击鹰"的以色列版本,武器与电子设备稍有不同。双座的 F-15I 被以色列称为"雷电",它结合了新式独特的武器、电子设备,电子战和通信能力强。

领域是不是一流强国的"标尺",美国的"全球鹰"无人机就是一款典型机型。以色列也是少数几个拥有大型长航时无人机的国家之一,其"苍鹭 TP"和"赫尔墨斯 -900"都堪称是世界领先的大型无人机。

"苍鹭 TP"无人机于 2007 年下半年首次试飞,2012 年初投入使用。据研制方以色列航宇工业公司称,该型无人机的研发历时 10 年,是以色列空军迄今为止尺寸最大、续航力最强也是机载设备最完善的无人机。"苍鹭 TP"最大升限超过 12000 米,最大飞行速度每小时 234 千米,可连续飞行 20 小时,足以执行远距离飞行任务。"苍鹭 TP"无人机配备有遥控和自动驾驶系统,可搭载数百公斤的电子设备。"赫尔墨斯 -900"于 2009 年试飞,2010 年交付以色列空军。其最大飞行速度为每小时 220 千米,连续飞行时间长达 36 小时,机腹下有设备舱,可携带 300 公斤载荷。

以色列在陆军用小型无人机领域也有很多成果。"云雀"系列就是最早投入实战使用的小型手抛式无人机,已被澳大利亚、加拿大、法国、墨西哥等国购买并装备本国军队。"幽灵"和"黑豹"则是 2 种最新推出的小型无人机。在 2010 年的欧洲萨托利防务装备展上,以色列展示了新一代自杀攻击无人机——"哈洛普"。"哈洛普"采用廉价的活塞式发动机,机翼折叠后可以收纳在发射箱内,机头下方装有侦察设备吊舱。在实施自杀攻击前,"哈洛普"还可以作为无人侦察机使用。无人机不仅可以用来侦察情报和消灭敌人,也可以用来救人。2004 年,以色列开始研制"空中马骡"垂直起降救护无人机,2009 年原型机公开试飞,并且很快得到了以色列军方的订货。

(九)"费尔康"空中预警系统

以色列的"费尔康"空中预警系统具有较高的知名度,该系统可以安装在飞机的顶部或侧翼，提供360度全方位的侦察，可以探察上千千米之外低空飞行的目标，比常规雷达更快更准确。

"费尔康"系统包括电子对抗组件（以保护飞机免受攻击）和电子情报侦察（以对敌电子辐射源进行定位和识别）等，其作用与北约和英美的E-3预警机相似。"费尔康"预警机能同时跟踪多达50个目标并引导12架战斗机作战。预警机还有电子自卫系统，防止自己被跟踪。

（十）"海豚"级潜艇

"海豚"级潜艇是以色列海军的柴电常规动力潜艇，具有核打击能力。"海豚"级潜艇由德国基尔的哈德威造船厂（HDW）设计，并由哈德威造船厂和蒂森北海工厂（TNSW）共同负责建造。"海豚"级潜艇曾被认为是当时世界上最先进的常规动力潜艇，它是在德国最畅销的209级1400型潜艇和德国海军自用型212级柴电潜艇的基础上改进而成的。该潜艇艇体结构采用传统的单壳体，线型经过优化设计呈良好的流线型，整个外形呈短粗状，貌似海豚，故称"海豚"级。

1991年以色列向德国签订三艘"海豚"级潜艇的合约，其中两艘由德国赠送，一艘为共同出资建造。第一艘"海豚"号在1998年服役，第二艘"黎凡塞"号于1999年服役，第三艘"泰库玛"号于2000年服役。

在局势变幻无常的中东地区，以色列"海豚"级潜艇一直在国家安全中扮演重要角色。一方面"海豚"级潜艇可以守卫海岸线，防止来自黎巴嫩和加沙地带的渗透者从海上进入以色列；另一方面以色列海军可以凭借"海豚"级潜艇在与埃及、利比亚等国海军的冲突中轻而易举地取得较大优势。

在2006年，以色列决定追加两艘"海豚"级潜艇订单。这两艘"海豚"级潜艇对原有的"海豚"级进行了升级，主要增加了AIP[①]系统。2012年3月，德国国防部长在与以色列国防部长谈判后确认德国将出售第6艘具备核能力的"海豚"级潜艇，以色列海军准备组建由6艘潜艇组成的潜艇编队。

（十一）无人水面艇

为了对付极端分子的海上袭击，以色列早在2003年就开始研制无人水面艇（USV），并先后推出了多型无人水面艇，如"保护者"（Protector）、"黄貂鱼"（Stingray）等。作为未来海上的一种新型装备，以色列无人水面艇采用了大量的先进技术，包括选用新材料、突出隐身性、实现模块化设计等。以色列海军已经对"保护者"无人水面艇进行了多次海试，海试工作也卓有成效，能够替代Dabur级巡逻艇执行水面巡逻任务，减少国防军的人员伤亡。无人水面艇在执行反恐、情报侦察和监视、水雷战、反潜战和火力支援等多种任务方面都具有非常广阔的应用前景。

三、导弹防御系统

以色列安全局势严峻，一直受到来自叙利亚和伊朗导弹袭击的威胁。在2006年的第二次黎巴嫩战争期间，黎巴嫩真主党武装向以色列北部地区发射了大约4000枚火箭弹，造成了44名平民死亡，迫使25万以色列人被疏散至其他地区；在以色列南部地区，从2000年至2008年，哈马斯从加沙地带总共向以色列发射了超过4000枚火箭弹和4000发迫击炮弹，大多数是用射程更远的122毫米发射器发射的"卡桑"（Qassams）火箭弹，将近100万生活在以色列南部的以色列人在其火力覆盖范围之内。20世纪80年代中期

---

① Air Independent Propulsion System，即不依赖空气的推进系统，该项技术能够大大延长其潜水时间。

以来，以色列还面临弹道导弹的威胁，在海湾战争期间，伊拉克曾对以色列发起弹道导弹攻击。为了应对这些威胁，以色列自1986年开始研制战区导弹防御系统（TMD）。目前，以色列在美国的支持下，已经成为世界上反导系统部署最为密集的国家。其反导系统不但数量庞大，而且系统种类齐全。以色列的导弹防御系统由4个部分组成：

（一）"铁穹"防御系统

"铁穹"防御系统是以色列导弹防御系统的第一层，属于底层拦截系统。该系统是以色列国有军工企业拉斐尔尖端国防系统公司研发的全天候、机动型火箭拦截系统，主要用于拦截"喀秋莎"和"卡桑"等射程在5—70千米内的火箭弹。整个系统由发射、雷达、操控和监测等装置组成，可自动探测来袭火箭弹并发射导弹在空中进行拦截。

以色列"铁穹"系统在2012年11月的加沙冲突中成功拦截火箭弹的表现引人注目，拦截火箭弹的成功率高达85%，以军工产业也希望借此促进军工产品出口。① 2013年1月，以色列国防部试验了升级后的"铁穹"防御系统，国防部表示试验非常成功，升级后的"铁穹"防御系统能够防御射程更远的火箭弹袭击。

（二）"爱国者"导弹防御系统

"爱国者"导弹防御系统是以色列的第二层防御系统，属于低层防御系统。该防御系统由美国雷神公司（Raytheon）向以色列提供。主要任务是对来袭敌方导弹进行中空末段拦截，特别是对射程在300千米左右的短程弹道导弹拦截效果较好。

1991年以色列首次部署"爱国者"导弹，目前装备7个"爱

---

① 详见 http://www.chinanews.com/gj/2012/11-30/4372509.shtml。

国者"PAC-2 型导弹连，不过"爱国者"PAC-2 拦截率还不高，海湾战争中，"爱国者"PAC-2 导弹拦截"飞毛腿"导弹的成功率仅为 9%。2007 年 8 月 23 日，以色列宣布将从美国购买最新的"爱国者"PAC-3 型导弹防御系统。[①]"爱国者"PAC-3 系统较"爱国者"PAC-2 系统无论是雷达，还是导弹均有更多改进。

（三）"大卫投石索"导弹防御系统

"大卫投石索"导弹防御系统又称"魔术棒"导弹防御系统，是以色列导弹防御系统的第三层。该系统由美国和以色列共同投资研发，其动能拦截器由以色列拉斐尔尖端国防系统公司和美国雷神公司联合研制。该系统功能全面，从巡航导弹、火箭弹到近程弹道导弹均在其防御范围，因此被以色列寄予厚望。

"大卫投石索"系统可能在 2014 年被投入使用，拦截射程在70—300 千米的短程导弹，也可以拦截"箭式"导弹防御系统漏掉的远程导弹，每枚拦截弹的造价超过 100 万美元。2012 年 11 月，以色列和美国联合研发的"大卫投石索"中程导弹防御系统首次接受测试，成功拦截靶弹。[②]以色列官员说，"大卫投石索"将填补"铁穹"短程导弹防御系统和"箭-Ⅱ"型远程导弹防御系统之间的空隙，共同组成以色列多层次反导体系。

（四）"箭式"导弹防御系统

"箭式"导弹防御系统为以色列导弹防御系统的第四层。

1998 年，由于阿拉伯国家采购了地对地导弹，以色列和美国在 1986 年签署了关于共同研发"箭式"导弹防御系统的谅解备忘录，这一计划也是美国星球大战计划中的一部分。1991 年海湾战争中以色列的"爱国者"导弹系统未能成功拦截伊拉克发射的"侯

---

① 详见 http://news.sohu.com/20070823/n251748407.shtml。

② 详见 http://news.xinhuanet.com/world/2012-11/27/c_124007057.htm。

赛因"导弹，这进一步加快了"箭式"导弹防御系统的研发进度。
"箭式"反导弹系统由以色列航空工业公司与美国波音公司联合生
产，被认为是目前世界上性能最强大的现役战术反导系统之一，可
监测到正在接近的导弹，并发射导弹将其摧毁。该导弹防御系统主
要用于应对伊朗等敌对国家的中远程导弹。^①据美联社 2013 年 2 月
25 日消息，以色列在与美军联合军演过程中，首次成功测试了其新
一代"箭式"反导弹系统。

第五节　兵役制度与动员制度

一、兵役制度

以色列根据少而精的常备军和数量较多的预备役部队相结合的
原则，形成了一整套独具特色的兵役制度。1949 年，以色列制定了
《兵役法》，该法在 1959 年正式颁布实行。目前，以色列实行义务
兵役制，同时也招募少量的职业军人，服现役期满后转入预备役。
鉴于特殊的地理环境和历史原因，以色列长期以来奉行以实力求生
存的方针，强调要始终保持一支在本地区"具有威慑力"的军队。
以色列人口有限，因此挖掘人力资源的潜力、保证充足的兵源成为
以色列兵役制度所要解决的首要问题。

（一）义务兵役为主

自 1959 年《兵役法》正式颁布以来，以色列就一直实行以义
务兵役为主的兵役制度。《兵役法》规定，凡 18—29 岁的男性公
民，无特殊情况均需服现役。18—26 岁的男子服役期为 36 个月，
27—29 岁的男子服役期为 24 个月。超过 45 岁的男子不服现役，但

---

① 伊朗"流星"弹道导弹可携带核弹头，射程达 2000 千米左右，以色列在其
射程之内。

要担负民防和地区防卫勤务。18—26 岁的女性公民无特殊情况都要服兵役，服役期为 24 个月。《兵役法》还规定：公民如超过上述规定的服役年龄，仍可能被征召，但服役期可缩短；服义务兵役仅限于犹太族和德鲁兹人，伊斯兰教徒和基督教徒可志愿服役。实行以义务兵役为主、志愿兵役为辅的兵役制度有利于兵源的补充和储备，在以色列，通常适龄男子应征服役率高达 85%—90%，适龄女子应征率也高达 50%。

（二）志愿兵役为辅

以色列公民在服完义务兵役后，除大部分人转入预备兵役外，部分人员可通过签约成为职业军人。以色列国防军中服志愿兵役的人员主要是各级指挥官和部队中的专业技术骨干，职业军人服役期通常为 20 年，在服役满 20 年后有权要求退休，也可延长服役期，但最长不超过 30 年。

（三）女子服义务兵役

世界上其他一些发达军事国家如美、俄、日、英、法等都有女兵服役，但均为服志愿兵役。以色列则明确规定，18—26 岁的女性公民无特殊情况均应服义务兵役，在实际执行中，以色列适龄女性应征服役率可达 50%。女性在以色列军队中主要担负辅助性工作，但岗位的分布相当广泛，如医生、驾驶员、计算机操作员等，有的甚至还担任部队基础训练的教官。近年来，以色列女兵也逐渐进入到作战部队，1995 年，一名 23 岁的南美女性移民持有飞机驾驶执照，但加入以色列空军未果，最终她以歧视女性为名义起诉军方并获胜。此后，以国防军遵照最高法院的精神逐渐向女性开放了更多的岗位。2004 年，以军还成立了男女混编的"野猫"独立营，主要负责在埃以边界执行巡逻任务。

二、国防动员制度

国防动员能力是衡量一个国家综合国力的重要指标，历史证明当遇到巨大的战争威胁时，只有那些具有强大国防动员能力的国家才能躲过亡国灭种的灾难。以色列由于国小人少，平时无力保持庞大的常备军，因此在第一次中东战争后以色列就创立了"全民皆兵，迅速动员"的国防体制，一方面保持精干的训练有素、装备精良的现役和预备役正规部队，另一方面也注重培养全民的战争动员意识和军事常识。

以色列强有力的国防动员体制有着一系列思想与制度保障。

第一，全面深入的国防军教育是国防动员的基础。在以色列，学校教育、大众传媒都努力宣传犹太复国主义思想和爱国主义思想，大大增强了以色列人的忧患意识和国家意识。

第二，以色列拥有完善的动员体制。以色列在军队和地方都有相应的动员机构，在世界其他地方还分布着近800万犹太人，为了能够迅速动员组织犹太人回国参战，以色列国防军拥有一套吸收海外犹太人参军入伍的制度。以色列全国被划分为14个动员区，建立了就地征召、就地储备、就地动员的机制，公民在所在区应征服现役，退役后被编入该区预备役，战时被编入原服役部队。固定的编组保证了人员的稳定，预备役部队的战友和首长基本上和他们服现役时一样。对预备役人员的管理实现了高度自动化和规范化，动员时每个人到何地集中、到何部报到，都有明确的规定。各种地方交通工具平时也登记在案，动员时立即纳入军队后勤系统，到指定地点待命。以色列国防军的男性军人在退伍后直接转为预备役部队成员，在年满54岁之前，预备役军人每年都要进行一段时间的集中训练，女军人退伍后虽然也会被算作预备役部队编制，但她们一般不会被召回部队训练。

第三，以色列国防军拥有快速动员反应能力。在战争一开始，以色列立即向全国发布总动员令，采取多种应急动员措施，尽一切可能把动员预备役部队投入战斗的时间缩短。为此，他们打破常规，采取了许多非常措施。第四次中东战争初期，以色列常备军遭到惨败，面对危局，以立即发布动员令，不到 20 小时，部分预备役部队就开赴前线投入战斗。48 小时后，全国就动员了 30 万预备役人员，约占当时总人口的 7.9%，使以军兵力由 11 万人迅速增加到 40 余万人，为以色列转败为胜奠定了兵力基础。

第六节　国防安全战略[①]

国家安全战略是指综合运用和发展国家的各方面力量，为实现国家安全目标而进行的全局性筹划与指导。以色列比当今世界上任何一个国家都更关心安全问题。自从 1948 年建国以来以色列所经历的多场战争给它带来了深远的影响。首先，战争让安全问题成为以色列外交决策的核心，在以色列，几乎所有的外交工作都是围绕安全问题展开的。其次，长期的战争让以色列同周边国家的关系非常紧张，除了埃及和约旦，其他所有邻国都没有同以色列达成和解，这给以色列留下了极为恶劣的地缘环境。再次，长期的战争也固化了以色列同超级大国的互动模式，美以双边关系变得越来越紧密，形成了非常紧密的战略关系，几乎每一任美国总统都会表达其维护美以特殊关系的决心。最后，长期的战争也让以色列在国防安全方面消耗了大量的资源。1973 年以色列的国防开支将近占到国家总开支的 50%，达到了历史最高点；2002 年以色列国防开支占国家开支的 15.77%，远高于世界大多数国家；2012 年以色列的国防

---

① 孙小虎：《21 世纪以色列国家安全战略研究》，西北大学硕士学位论文，2009 年。

预算为 145 亿美元，远远高于其他部门的预算。

一、总体安全战略

从总体上看，以色列的国防安全战略包括先发制人、速战速决、威慑战略、武器质量性优势和高度戒备与快速动员战略。

以色列总体安全战略的根本依据是以色列在地缘、资源和人口上的劣势。当 1948 年 5 月 4 日以色列在特拉维夫宣布建国时，以色列已经被阿拉伯国家重重包围。经过第一次中东战争，以色列打破了阿拉伯国家的封锁，但这场战争的胜利以及后来以色列军事力量的迅猛发展并不能改变这样一个事实，那就是以色列在人员、资源和战略纵深上的先天劣势。以色列的国防安全战略正是基于这些不容乐观的事实之上的。1948 年到 1973 年的 20 多年间，以色列同埃及、叙利亚、约旦、伊拉克等国都有过持续、大规模的军事冲突和对峙。以色列三面受敌的严峻安全环境在 70 年代末得以缓解，可以说，1973 年的第四次中东战争是以色列国家安全战略的重要转折点，这次战争之后，以色列不再寻求在西奈半岛建立防御纵深，而是开始通过以土地换和平的方式与埃及实现关系正常化。埃及、约旦同以色列的和平协定签订后，叙利亚难以独自对以色列进行军事行动，以色列同邻国发生大规模军事冲突的可能性基本上消除，这一变化也对以色列的国家安全战略演变产生了巨大的影响。在这之后，以色列所面对的威胁在性质和空间上都发生了变化，以色列需要面对的主要是非常规战争的威胁，包括恐怖主义袭击和携带非常规弹头的弹道导弹攻击。巴勒斯坦的各种军事组织、活跃在黎以边界的真主党以及伊朗成为以色列的主要对手。

虽然冲突的模式发生了变化，但是以色列脆弱的地缘政治环境丝毫没有改变。以色列领土狭小，缺少战略缓冲地带，不管是来自北边叙利亚和黎巴嫩的进攻，还是来自东边约旦的入侵，一旦突破了第一道防线，就可以直抵特拉维夫，在数小时内达到地中海沿岸，让以色列在很短时间内失去主权。这就是为什么以色列在国防安全战略上比任何一个国家都更强调先发制人和威慑。

人口的劣势也是以色列要解决的一大难题。从 1948 年到 2013 年之间，以色列人口虽然奇迹般地从 60 万增长到将近 800 万，但它敌对国的人口总数已经超过了 1 亿人，能够承受长时间的作战。为了解决人员上的劣势，以色列一方面努力吸收犹太移民，另一方面实行快速动员制、全民义务兵役制与预备兵役制相结合的兵役制，使用先发制人、速战速决的军事战略，以最小的损失和最快的速度结束战斗。这一战略我们可以清晰地从 1956 年第二次中东战争、1967 年第三次中东战争、1982 年和 2006 年的黎巴嫩战争中看出来。

与先发制人、速战速决相辅相成的是威慑战略，具体表现为核威慑和常规威慑，而威慑战略的核心是核威慑。海湾战争中萨达姆在攻击以色列时没有使用生化武器弹头同以色列迪莫纳的核基地有着非常密切的关系。

为了确保核威慑能力，以色列还在努力建设其第二次打击能力。2000 年 6 月 19 日，以色列的"海豚"级潜艇在印度洋成功进行核巡航导弹的潜射试验，并准确命中 1800 千米远的目标。2012 年 3 月，以色列国防部长同德国国防部长德迈齐埃签订了一份军事协议，德国将向以色列海军出售第六艘"海豚"级潜艇，以色列官方表示这笔交易对以色列有着重大的战略意义。新型潜艇上装备有射程达 1500 千米并可携带核弹头的巡航导弹。

以色列另一个实现威慑的途径就是常规威慑，具体而言是保持对阿拉伯国家绝对的技术优势。美国所承诺给以色列的"军事质量性优势"（Qualitative Military Edge）也是理解中东地区军事态势的一个重要概念。近年来整个中东地区军费开支高速增长，1996 年到

2005 年，中东地区军费增加 61%，以色列邻国的军费增长要快于以色列，为了保证以色列军事实力的优势，单靠军队和武器的数量显然无法实现，这就是为什么以色列特别强调技术上的绝对优势。以色列也拥有独立自主的技术研发与产品生产链，具有世界一流的精确制导、无人飞行机、空间通讯和侦察技术，这些技术上的绝对优势确保了以色列能够在一个"友好度"极低的环境里生存下来。在武器质量性优势中最为核心的是导弹防御系统，这包括"铁穹"导弹防御系统、"大卫投石索"导弹防御系统和"箭式"导弹防御系统等。

二、面对不同安全威胁的战略

以色列所面对的安全威胁大致可分为大规模杀伤性武器、常规战争和非传统安全威胁。

大规模杀伤性武器主要包括生化武器和核武器，目前，叙利亚、埃及和伊朗都具有较强的导弹发射能力。伊朗的"流星 -3"导弹射程超过 2000 千米，可以覆盖以色列全境。此外，伊朗核问题也在 2011 年底急剧升温，成为世界关注的焦点。一旦伊朗拥有核武器，将成为地区内第一个可以毁灭以色列的敌对国家。对于国土狭小、人口稠密的以色列而言，来自这些国家的战略性威胁直接影响到以色列的生存。叙利亚方面，从 2011 年开始的内战仍在持续，政府军若危急之下使用大规模杀伤性武器或让其库存的大规模杀伤性武器流入中东军火市场，将对地区的安全和稳定产生巨大的冲击。为了应对大规模杀伤性武器的威胁，以色列的主要战略是积极防御，这表现在研发和部署多级导弹防御系统上。但是"箭式"导弹的最大拦截高度为 50 千米，"爱国者"PAC-3 的拦截高度为 15—20 千米，都属于末段拦截，这样的高度对付单弹头的常规弹头还是可以的，但对大多数大规模杀伤性武器作用很有限，特别是对于生物化学武器，拦截高度至少应该在 50 千米以上。在应对核武器方面，以色列在 1981 年摧毁了伊拉克奥希拉克核反应堆；在 2007 年秘密空袭行动中摧毁了叙利亚的核物资，但对于伊朗问题，由于美国的施压和技术上的困难，以色列至今未对伊朗实施军事打击。

常规战争方面，随着《埃以和平协定》的签订，阿拉伯国家联合起来同以色列发生常规战争的可能性已经越来越小。在 1982 年黎以战争之后，巴解组织也基本上已不具备同以色列发生常规战争的能力，目前只有叙利亚和伊朗援助下的真主党有可能同以色列爆发一定规模的战争。

以色列所面临的非传统安全威胁主要来自加沙地带的恐怖主义组织和极端势力，其中以哈马斯和伊斯兰圣战组织为主。这类威胁虽然不会对以色列国家的生存造成威胁，但会影响以色列平民的生命安全。2012 年 3 月，伊斯兰圣战组织与以色列为期四天的冲突已导致 25 名加沙人死亡，以色列则遭到了近 200 枚火箭弹的袭击。为了应对非传统安全威胁，以色列主要采取的策略是定点清除和隔离墙的建设，此外，以色列还对国防军军事体制和装备进行了改进，从而更好地适应未来的低烈度战争。

三、网络战战略

以色列国防部决定在未来 5 年内优先发展网络战实力，以提升该国未来军事和情报的能力。由于网络战士需求越来越大，以色列军方不仅从国内挑选，还要从国外搜寻网络人才。该计划将接受 16—18 岁之间的优秀学生，将通过 3 年的课程学习，使他们具有拦截恶意攻击的能力并掌握网络安全技术。以色列将在该项目上投资 3.2 亿美元。

以色列国防军将网络定义为陆、海、空、天外的第五作战领域。以色列国防军已经成立了负责网络战的司令部，联合情报部队和远程信息处理部队共同抵御网络攻击。

早在 20 世纪 90 年代，以色列就意识到互联网将迅速成为另一战场，义务兵役制优先挑选网络人才入伍。以色列现有 10 多个网战小组，几乎都是无人知晓的秘密机构。这些小组为各种军事、情报和政府机构服务。

以色列国防军网站上公布了军方对"网络战"的定义及作战目标，军方首次正式承认把网络战作为攻击手段。在以色列网络安全国际会议上国防部长巴拉克表示，以色列要用互联网进行攻防，"我们正准备成为世界网络战的前沿阵地"。

虽然此前媒体甚少提及网络部队，但事实上以色列网络战实力非常强大。美国和以色列网络机构合作密切，曾经让伊朗网络瘫痪的"震网"病毒制造者就被指同以色列有关。

第七节　军地关系

以色列军队和地方的关系也是一个非常值得研究的问题。

一方面，以色列国防军一开始就是一个严格从属于政府的部门，军人受文官的指挥。军队的去政治化和第一任总理兼国防部长的本－古里安有着密切的关系。1948 年他在接受国防部长职位后说："在临时政府委任我主管国防事务时，我已对临时政府声明，只有符合以下条件我才接受这个职位：（1）即将组建的军队及其所有下属机构都从属于人民政府，并且只能从属于人民政府；（2）所有军队人员……只能根据人民政府明确规定的权限行事。"也就是说，本－古里安在一开始就确立了军队的去政治化和文官对军队的绝对领导。多年来这一点也已成为以色列社会的共识，自建国以来以色列也从未发生过军事政变。

另外一方面，以色列国防军又同以色列政治有着非常密切的联系。在以色列没有什么比国防安全更重要的事情，以色列的外交事务甚至政治活动都是围绕着安全问题展开的。在军事安全方面，大到国防战略，小到一次援救行动的演练，以色列总理都会参与其中。在这一背景下，对安全战略有着较大决策权，并对以色列的生存做出了重大贡献的军队自然会有较高的政治影响力，许多以色列领导人以前都是以色列国防军的将军。

文官对国防军的权威是非常稳固的。2001 年 10 月，以色列国防军在军事行动中伤及巴勒斯坦平民，其中 18 人死亡，并且大多是青少年，时任外交部长的佩雷斯马上批评以色列国防军领导人有意破坏他同阿拉法特努力争取来的双边停火协议。当时总参谋部一名以色列军官声称以色列国防军反对外交部和阿拉法特的会谈，佩雷斯马上指责了军方的言论，这一事件让以色列军队和文官的关系变得空前紧张，但不久后以色列国防部长本雅明·艾利泽马上出来道歉，认为自己应当承担所有责任。

以色列军地关系有领导权上对立的一面，也有职能上统一的一面。以色列国防军除了完成最基本的安全任务外，还承担了许多社会角色。以色列全民都要服兵役，基于这一点，以色列的开国之父们早就看到了以色列国防军在社会融合上可以发挥巨大作用，并使之成为一个弱化阶级差异和新移民融合的绝佳场所。以色列国防军还为士兵和军官提供语言和文化教育，甚至还为地方人员提供医疗和教育服务。

在经济方面，以色列军事工业为以色列科技和经济的发展也做出了卓越的贡献。以色列在因特网、医疗电子和机器人等领域设计的许多高科技产品都源于国防技术的开发：导弹制导技术用于机器人剪草机，制造迫击炮的部件用于不锈钢厨房设备，维生素胶囊大小的发射机和照相机供医生诊断使用等等。以色列军转民产品在国际市场上享有很高的声誉，也为其创造了高额的外汇流入。军事工业向民用的转型，大大推动了以色列整个国民经济的快速发展。

在以色列，服兵役的经历对每个公民都非常重要。首先，以色列国防军人的军龄直接同其社会福利挂钩，服役时间越长福利越高；其次，服兵役还是成为以色列公民的一个重要内容，那些逃避了兵役的人在以色列就业市场和住房政策上有时会受到歧视。

第十章　以色列社会

　　以色列是一个充满矛盾的国家，巴以冲突在一定程度上掩盖了以色列社会内部的矛盾。以色列著名学者丹·霍洛维茨和摩西·里塞克在他们合著的《乌托邦的麻烦》中将以色列描述为"超载政治体"。他们认为，以色列内部的社会冲突和边缘化团体的挫折感已经严重到让以色列民主制度陷入瘫痪的地步，来自不同民族、宗教、意识形态和文化的冲突都被政治化，面对这些矛盾和冲突，以色列政府已经很难实现基本的管理职能，实现资源的优化配置。能否很好地解决这些社会问题，成为决定以色列未来的重要因素。本章将以色列社会的主要矛盾进行了梳理，这些矛盾包括以色列犹太人和以色列阿拉伯人的矛盾、东方犹太人和西方犹太人的矛盾、宗教势力和世俗人士的矛盾、左翼势力和右翼势力的矛盾、移民与非移民的矛盾以及社会贫富矛盾。

第一节　社会发展简史

　　犹太复国主义最初的目的就是把所有的犹太人团结在建国的统一战线上，后来工党成为复国主义的主导力量，将社会主义、集体精神、世俗主义以及务实精神糅合在一起，打造成早期以色列人的集体民族意识。在当时的情境下，虽然不同派别也会有意识形态上的冲突，但没有什么比实现建国更重要，工党的一党独大也保证了民族意志的统一性。

在建国初期，以色列社会中集体主义倾向非常明显，国家对人民的要求也很高。不同人群的地位在很大程度上是根据他们为国家所做贡献决定的，而服兵役是为国家做贡献的主要方式。犹太人和非犹太人之间的服兵役比例是不同的，非犹太人中大多数阿拉伯人是没有权利服兵役的，此外，即便是在犹太人内部也存在比例不平衡的现象，以色列国防军中大多数为世俗的西方犹太人。

以色列社会分化在 20 世纪 70 年代早期变得明显起来，这同工党影响力的下降有着密切关系。1977 年利库德集团的执政结束了工党 29 年的统治，这也意味着许多以前被工党掩藏的社会矛盾被暴露出来，首先表现出来的就是围绕对 1967 年战争占领领土的处理，左派和右派人士在这个问题上出现严重对立。之后，犹太人和非犹太人、宗教人士和世俗人士、东方犹太人、塞法拉迪人和西方犹太人之间的矛盾以及不同社会阶层的人们之间的矛盾都显现出来，这些矛盾的存在严重削弱了政府的政治管理能力。

1982 年爆发的黎巴嫩战争也加大了以色列社会内部的裂痕。这次战争以色列获得的战争红利极少，相反，战后阿拉法特在阿拉伯世界的政治合法性得到提升，真主党也在这场战争中成长起来。在战争初期，大多数以色列人都认为这是一场强加于以色列的战争，但随着战争时间的不断延长和战争费用的不断累积，以色列公众对这场战争的必要性和正义性展开了激烈的讨论。这场讨论让社会分化更为严重，许多公众认为以色列是在没有受到任何外部威胁的情况下主动开战的。在贝鲁特大屠杀中，以色列军队更是放任基督教民兵杀害 3000 名巴勒斯坦难民，许多以色列人为此进行反战游行，有的国防军战士甚至拒绝上战场。

进入新世纪以来，贫富差距拉大和生活成本高涨成为以色列社会的焦点议题。很多大学毕业生、退伍士兵、年轻夫妇无力购置住房，不得不与父母甚至祖父母同住，愈演愈烈的通货膨胀使工薪阶层生活成本大幅度提高。2010年6月至次年6月的消费者物价指数（CPI）上涨4.2%，超过政府设定的3%警戒线。在过去5年，食品、水、汽油、房价、房租价格的涨幅远远超过以色列人均收入的涨幅。由于国内收入分配体系出现结构性矛盾，大型垄断商业组织的存在和收入分配的鸿沟将广大老百姓挡在分享经济发展成果的大门之外。

第二节　犹太人和阿拉伯人

这里所说的犹太人和阿拉伯人的矛盾是指以色列犹太人和以色列阿拉伯人之间的矛盾。以色列阿拉伯人原本是阿拉伯世界的一部分，千百年来他们在巴勒斯坦繁衍生息，成为这块土地的主人。随着犹太复国主义的兴起和1948年以色列国在巴勒斯坦的建立，部分阿拉伯人被纳入到以色列的政治版图之中，并成为以色列的公民。尽管依然生活在原有的土地上，但是这些阿拉伯人的身份发生了根本性的变化，他们由自己土地上的主人沦为新国家的少数族类，他们的国家在和他们的民族战斗。

1948年战争前及战争中大量阿拉伯人出逃，沦为难民，但也有许多阿拉伯人选择留在世代生活的土地上，到战争结束有15.6万阿拉伯人生活在以色列，到1949年中期，共有18.6万阿拉伯人成为以色列公民。1967年第三次中东战争后，以色列合并东耶路撒冷，兼并了戈兰高地，又有大量阿拉伯人留在了被占领土上。所以，正如巴勒斯坦难民可以分为1948年难民和1967年难民，以色列阿拉伯人也可以分为1948年阿拉伯人和1967年阿拉伯人。根据以色列统计局的数据，2010年以色列阿拉伯人超过157万人，占人口总数的 20.4%，他们其中大部分人都认同自己在民族上属于阿拉伯人，在国籍上属于以色列人，他们绝大多数人在约旦河西岸、加沙地带或约旦、叙利亚、黎巴嫩的难民营中有亲属，这些以色列阿拉伯人对以色列国家认同感有限，在以色列阿拉伯人中，德鲁兹人对以色列的认同程度最高。

以色列政府对待以色列阿拉伯人并没有一套非常明确和连贯的政策，各政府部门在这个问题上也缺少协调。总的来说，在建国初期，以色列对阿拉伯人的政策可以概括为"孤立"和"分化"，正是这些政策造成以籍阿拉伯人的"二等公民"地位。孤立政策包括经济孤立、社会孤立和舆论孤立。在经济上，以色列政府优先发展犹太经济，通过建国后的一系列法律将阿拉伯人的土地转为国有资产，并没收了大量阿拉伯宗教用地，对阿拉伯地区提供的经济援助很少，对阿拉伯人在犹太地区的就业也进行了一些限制。[①] 在社会方面，以色列政府对阿拉伯人采取了分而治之的策略，将阿拉伯人集中到专门的街区居住，阿拉伯人和犹太人之间也缺乏信任，更谈不上平等。[②] 在加利利等阿拉伯人口聚集的地方，政府实施"犹太化"政策，增加这些区域犹太人的比例，防止阿拉伯人寻求自治。以色列政府在舆论宣传上也对阿拉伯人充满了偏见，否认巴勒斯坦人是一个统一的民族。

---

① 以色列阿拉伯人所接受的教育远远不如犹太人，即便很好的教育也很难带来他们就业状况和经济地位的改善，因为以色列军事工业及与之相关的服务产业也常常以安全为由将他们拒之门外，犹太私人企业和政府部门也不愿录用阿拉伯人。在学术职务、技术人员和经理等需要较高文化素质的职业中，犹太男子所占的比例远远高于阿拉伯男子。而在工人这一职业中，阿拉伯男子的数量比犹太男子多 1 倍。

② 据《国土报》2012 年 10 月的报道，"对话"调查公司在以色列新年夜进行的一次民意调查显示：69% 的犹太人反对约旦河西岸的阿拉伯人拥有选举权；59% 的犹太人希望政府部门在录取公务员上偏向犹太人；42% 的犹太人不愿意同阿拉伯人住在同一社区中，并且不愿意他们的孩子同阿拉伯人的孩子在同一个教室上课。

　　分化政策指的是以色列政府通过强化以色列阿拉伯人不同社团之间的差异性来避免他们形成反对政府的合力，具体来说包括扶植不同的阿拉伯附属党，使以色列国内难以出现一个联合的阿拉伯政治机构或实体。以色列政府还用兵役制度来分化阿拉伯人口，德鲁兹人和切尔克斯人在 20 世纪 60 年代第三次中东战争前后开始施行义务兵役制，后来对贝都因人也开始施行义务兵役制，但其他阿拉伯人仍然没有服兵役的权利。在教育方面，以色列政府重视对德鲁兹人等少数民族进行民族建设，给予德鲁兹人比人口比例高得多的政治代表权。

　　在管理方式上，从 1948 年到 1966 年以色列对阿拉伯人施行的是军事统治。工党政府通过隶属于国防部的军政府来管理阿拉伯地区，从严格意义上说这一时期的阿拉伯人算不上以色列公民。该军政府下设 3 个司令部：北方司令部、中央司令部和南部司令部，分别管辖加利利海法地区、小三角地区和内盖夫地区的阿拉伯人。在军政府的管理下，阿拉伯人的行动自由受到限制，阿拉伯居民进入别的村庄必须提前获得批准，在许可证上注明有效日期、目的地、路线和返回时间；在政治方面，以色列政府禁止阿拉伯政党的出现，阿拉伯人只能通过参加犹太复国主义政党或共产党参政；在经济方面，政府不允许阿拉伯社团形成独立的经济体系，使其成为犹太经济的附庸；在教育方面，阿拉伯学校的课本和教学计划是以色列教育部制定的，对老师的选择也要经过以色列安全部门的考察。军政府的统治遭到来自阿拉伯人和犹太左翼政党的一致反对。1962 年以色列首先解除了对德鲁兹人的军管，1966 年军政府彻底解散。

　　1966 年到 1977 年被称为工党的文官统治时期。1966 年军管结束后，以色列的犹太人和阿拉伯人之间的关系并没有因此迅速得到改善，对阿拉伯人的管理由总理阿拉伯事务顾问和工党以及总工会的阿拉伯司负责。在这段时期，政府注意力主要放在如何处理 1967

年战争所占领土的问题上，对阿拉伯人的权益不是特别重视。但这一时期政府对阿拉伯人的经济援助增加，各政党为了获得更多的选票也不断拉拢阿拉伯人。

1977 年贝京领导的利库德集团执政后，政府虽然比工党时期更强调民族融合，但在阿拉伯问题上他们关心的是犹太人的安全，而不是阿拉伯地区的发展和阿拉伯人的生活。1985 年，以色列议会通过《基本法修正案》，在法律上明令禁止那些没有明确承认以色列是犹太民族国家的人参加议会选举。该修正案在理论上排除了以色列阿拉伯公民获取与犹太人平等权利的可能性。

以色列犹太人和以色列阿拉伯人之间的矛盾不但体现在制度设置上，还体现在具体的冲突上。建国以来，土地问题常常成为犹太人和阿拉伯人之间矛盾的爆发点。在 20 世纪 50 年代和 60 年代，以色列利用各种方法获得阿拉伯人的大量土地。70 年代随着巴勒斯坦人民族意识的提高，他们对以色列政府的歧视性土地征收制度开始有了强烈的反应。1976 年 3 月 30 日在全国范围内爆发了针对土地问题的冲突，导致 6 名巴勒斯坦人死亡，一百多人受伤，这一天被确定为"土地日"，每年这一天巴勒斯坦人都会举行不同程度的游行示威活动。在 2012 年 3 月 30 日，约旦河西岸、加沙地带以及东耶路撒冷的巴勒斯坦人举行大规模的游行活动。以色列方面也因此加强防卫，当天双方在不少地区发生冲突，致使 1 名巴勒斯坦人死亡，上百人受伤。除了土地日，在以色列和以色列占领土地的阿拉伯人还会在"灾难日"和"挫折日"举行游行示威。前者是为了纪念当年的第一次中东战争和民族厄运而举办的巴勒斯坦国家的民族纪念日，时间在每年的 5 月 15 日；后者是纪念 1967 年的第三次中东战争，时间在每年的 6 月 5 日。

以色列阿拉伯人在就业、资源分配等诸多方面都受到不公正待遇。阿拉伯人没有独立的经济体系，完全依附于犹太人的经济，可以说他们只能算是以色列的二等公民。阿维格多·利伯曼认为："在中东取得和平的最好方法是使犹太人和阿拉伯人分开生活，包括目前生活在以色列的阿拉伯人"。他还说："以色列的125万阿拉伯人是一个问题，必须从犹太国家分离出去。作为犹太人的国家我们建立了以色列，我希望以色列是犹太复国主义者的国家，我们将在不远的将来看到这样一个国家。"

阿拉伯人的人口对以色列来说也是一个非常敏感的问题。因为在以色列，阿拉伯人口出生率要高于犹太人。在以色列北部的加利利地区和绿线附近聚集着大量以色列阿拉伯人，有文章指出，2035年以色列阿拉伯人的人口将超过犹太人，抹杀以色列的犹太性。因此以色列政坛一向把阿拉伯人看成是一个巨大的隐患、一个人口统计学上的定时炸弹。

以色列阿拉伯人也在不断争取自己的权益。1975年阿拉伯乡镇长全国委员会成立，80年代中期以后全国委员会开始向一个全国性的政治机构发展，1989年它公开发表了自己的政治主张：以色列的阿拉伯民众是巴勒斯坦阿拉伯民族的一个组成部分，同时也是国家的组成部分。1987年全国委员会改名为"阿拉伯事务最高监督委员会"，包括所有阿拉伯团体、党派和参加犹太复国主义政党的阿拉伯人。它积极维护阿拉伯人权益的斗争，使阿拉伯人在政治中形成一股不可忽视的力量。阿拉伯人的政党在议会中有一定的席位，阿拉伯议员虽不能左右议会局势，但至少可发表自己的政见。以色列阿拉伯人也开始拥有自己的政党，以色列比较大的阿拉伯政党一共有3个，分别是犹太人和阿拉伯人联合组建的以色列新共产党、联合阿拉伯名单（又称为塔阿勒党）和民族民主联盟（又称为巴拉德党）。在2013年1月的大选中，以色列新共产党和联合阿拉伯名单都获得了4个席位，民族民主联盟获得了3个席位。

虽然拥有自己的政党，但以色列阿拉伯人对于通过选举来改变自己的政治命运没有太大信心。在以色列建国后的第一到第六次议会选举中，阿拉伯人选民的投票率都在 80% 以上，甚至超过了犹太人的投票率。2013 年大选之前，阿拉伯国家联盟也一度呼吁以色列的阿拉伯少数民族踊跃投票，以防政权落入极右政党手中，但以色列海法大学于 2012 年 12 月做的最新调查显示，以色列籍阿拉伯人这次投票率可能首度不及 50%，创下历来最低纪录。

　　总之，在以色列，犹太人和阿拉伯人之间的矛盾是根深蒂固的，其中既有宗教信仰上的冲突，也有历史和民族的因素，而这一矛盾比其他矛盾更为突出，可以说是以色列社会中最为尖锐的社会矛盾。近几年来，尽管以色列经济逐渐恢复，但阿拉伯贫困人口并没有减少，阿拉伯人与犹太人之间的贫富差距在扩大，这将成为长期困扰以色列的社会问题。

第三节　东方犹太人和西方犹太人

　　以色列的犹太人主要分为阿什肯纳兹人、塞法拉迪人和东方犹太人，其中塞法拉迪人有时会被笼统地归类到东方犹太人当中。在 19 世纪末，巴勒斯坦地大多数犹太人为塞法拉迪人，而以色列建国时，这一区域的犹太人当中，阿什肯纳兹人占到了总人数的 77%。但西方犹太人数量上的优势并没有持续下去，以色列建国后大量来自中东和北非地区的东方犹太人移民到以色列，到 20 世纪 70 年代，虽然阿什肯纳兹人仍然享有更高的社会地位，但其数量已经比不上东方犹太人。东方犹太人和西方犹太人之间的矛盾是以色列社会一个非常严峻的问题。

　　以色列宣告成立时，犹太人口的主体来自欧洲，特别是东欧的犹太人。建国以后，由于东方犹太人的自然增长率要高于西方犹太人，西方犹太人在全体犹太人中的百分比正在逐渐下降，1961 年为

52.1%，1983年为40%，1988年底为36.4%。但90年代初的苏联移民又加大了以色列西方犹太人的比例。

"阿什肯纳兹"这一称呼原来是指中欧说意第绪语的犹太人，今天在以色列泛指所有来自欧美、澳大利亚和南非的犹太人。早在2000年前犹太国灭亡以后，大批犹太人流散到西欧及中欧各国，随着中世纪欧洲宗教矛盾的激化，宗教裁判所在各地相继出现，犹太人被视为"异教徒"和"出卖耶稣"的罪人而受到迫害，西欧和中欧的犹太人被迫向东迁移至东欧各国。18—19世纪俄罗斯等国的反犹排犹浪潮不断高涨，一部分犹太人又被迫远渡重洋，移居到美洲、大洋洲及南非等地。虽然在11世纪时，西方犹太人只占当时全世界犹太人总数的3%，但到1931年时，这一比例已上升至92%，现在这个比例大概在80%左右，除了以色列，大多数西方犹太人生活在美国。

西方犹太人是犹太复国主义的核心力量，建国初期他们成为以色列犹太人中的多数，在1948年犹太定居者中占80%。阿什肯纳兹人大都文化水平较高，经济和社会地位也很高，并且以色列建国时的第一代领导人大多属于这类犹太人。

在宗教信仰方面，阿什肯纳兹人虽然多宣布是正统派，但虔诚者比塞法拉迪人要少得多，非信仰者和只遵守某些传统律法的人为数不少，而且其犹太社团内部联系松散，宗教活动也较开明、自由。阿什肯纳兹人拥有自己的犹太会堂，自有一套宗教仪式，有自己的拉比法庭和大拉比，西方犹太人大拉比的地位在拉比总署中居首位。目前，西方犹太人仍处在以色列社会的上层，在国家的政治、经济生活中发挥着重要作用。

塞法拉迪人指15世纪以前曾生活在西班牙，后流散到地中海沿岸各国的犹太人后裔。历史上西班牙曾是犹太社团十分活跃的国家，但从15世纪开始，那里的犹太人受到宗教裁判所的迫害，大批西班牙犹太人遭驱逐，他们流散到欧洲、中东、美洲主要港口和经济中心。在随后 500 多年的变迁中，生活在西方各国的塞法拉迪人在体貌特征上与阿什肯纳兹人几乎没有什么区别，而生活在摩洛哥等北非诸国和土耳其等西亚国家的塞法拉迪人与东方犹太人几乎没有差别，只是生活习俗上保留了古西班牙犹太人的习惯，并以其祖先在 15 世纪前为伊比利亚半岛的繁荣所做的光辉业绩为荣。因此他们既不承认自己是阿什肯纳兹人，也不承认是东方犹太人，他们在宗教信仰上多属于正统派，信仰虔诚，塞法拉迪人的大拉比的地位仅次于阿什肯纳兹人的大拉比。

一般认为，东方犹太人主要是指第二圣殿被毁后流散到中东和北非的犹太人后裔。在古代巴比伦帝国衰落以后，原居住在巴比伦的犹太人有一小部分返回巴勒斯坦，大多数则流散到中东及北非地区伊斯兰教国家，一小部分东移到印度和中国的开封，还有一些人在 19 世纪末和 20 世纪初移居巴勒斯坦。以色列建国后大部分东方犹太人迁到以色列，20 世纪 50 年代更是出现移民高潮，让以色列社会分裂为东西方犹太人两个阵营。但实际上，"东方犹太人"是在犹太复国主义意识形态下被创造出来的"想象共同体"。在以色列建国以前，他们散居在阿拉伯伊斯兰文化圈中的不同国家里，除了宗教信仰，他们文化传统和生活习俗均有较大差异。然而在回到以色列后，这些来自伊斯兰世界的犹太人则被西方犹太人统称为"东方犹太人"，这一称呼本身具有一定的西方本位主义。

东方犹太人本来平静地生活在阿拉伯世界，人们并没有把他们当作一个特殊的民族，而只是把他们看作有着特殊信仰的阿拉伯人。但犹太复国主义的兴起和以色列的建国让犹太人和阿拉伯人之间出现了严重的对立，这些生活在阿拉伯世界的犹太人突然和主流社会格格不入。可以说，正是以色列的建国打破了中东犹太人多个世纪以来同阿拉伯人的和平共存的局面，许多阿拉伯国家开始驱逐犹太人。移民以色列对东方犹太人来说是一个痛苦的过程，他们处在犹太身份和阿拉伯文化的夹缝中，经受着传统文化和西方现代文化双重挤压，处于主动融入以色列社会和被主流社会排挤的矛盾之中。

西方犹太人讲意第绪语、波兰语、德语、英语等语言，而东方犹太人讲阿拉伯语。他们的文化教育水平较低，传统的社团机制支配着他们的思想，他们对犹太复国主义没有什么激情，对按照西方模式建立起来的以色列社会也感到陌生，因而他们的经济、政治地位也较低。

以色列建国初期，大批亚非犹太移民涌入以色列，根据当时以色列政府的"人口疏散计划"，大批来自亚非国家的东方犹太人被安排到新城市和农村，导致在东西方犹太人之间形成地理分布上的隔阂。大多数东方犹太人居住在落后的南方和北方，西方犹太人则居住在经济发达的中部沿海地区，特别是特拉维夫。由于安置移民新建城市和莫沙夫生活艰苦，很多东方犹太人来到大城市寻找出路，导致在这些城市周边形成贫民区，造成明显的贫富差异。除了经济上的差异，东西方犹太人在教育上也存在严重的不平等，所受教育的差异性直接影响到职业，西方犹太人大多从事白领行业，而东方犹太人则更多是从事技术性、半技术性、非技术性职业和服务业，这种差别在以色列第二代犹太人中表现得更加明显。

许多新移民来的东方犹太人从事偷盗、抢劫、强奸、杀人、贩毒等活动，据以色列一项调查显示，有东方背景的犹太人犯罪率远远高于其他犹太社团，其中又以摩洛哥犹太人最为突出。而对于这些东方犹太人而言，由于处于以色列社会的下层，他们常常以参加反政府的示威和投票支持反对党来发泄他们的不满。其中最著名的是以色列黑豹党，该党由来自中东地区的东方犹太人第二代移民组成，1971年由萨蒂亚·玛西亚诺成立。以色列黑豹党的宗旨是消除收入、教育、就业、住房、服役等方面对东方犹太人的不平等和歧视。1971 年 5 月 18 日，5000 多名黑豹党示威者聚集在耶路撒冷的锡安广场，反对以色列政府对东方犹太人的种族歧视，在示威过程中同以色列军警发生冲突。

70 年代以后，随着在以色列出生的新一代的成长，东方犹太人的政治、经济地位逐渐上升，尤其是在地方政府和地方议会中的比例增大，政治影响力也在不断上升，利库德集团的执政就同东方犹太人有着密切关系。

总而言之，东西方犹太人在教育、职业、收入、政治观点、宗教信仰、民族认同等方面都存在巨大的差异，这种差异直接影响到犹太民族和以色列国家的稳定性。虽然以色列政府也试图通过以色列国防军等平台贯彻类似于美国的民族熔炉政策，但以色列社会更多是像由不同材质的板块拼合而成的后现代艺术作品，缺少统一的色调和风格。

第四节　宗教与世俗

宗教和世俗的矛盾具体表现为宗教人士特别是极端正统派与世俗人士之间的矛盾。

在巴勒斯坦这块土地，宗教对国家事务一直有着较大的影响力。奥斯曼帝国统治时期宗教团体就被赋予了对宗教事务和个人事务如婚姻及遗产继承问题的司法管辖权，这种体系在第一次世界大战之后英国托管当局统治巴勒斯坦时继续延续。

在当今的以色列社会，宗教势力对人们的政治和生活仍然有着很大的影响力。最高拉比委员会拥有最高的宗教权威，可解释律法，监督拉比法庭。以色列在全国 9 个地方设置了拉比法庭，有 90 名法官，拉比法庭在以色列的社会中起着特殊的作用。犹太教的影响渗透在政治、文化和日常生活的各个领域，犹太教虽然没有被明确定义为以色列的国教，基本法也规定以色列实行宗教自由政策，但犹太教在以色列实际上享有国教地位。以色列著名犹太教大拉比奥瓦迪亚·约瑟夫在当地时间 2013 年 10 月 7 日在耶路撒冷逝世，当天有超过 80 万以色列人涌上街头参加他的葬礼，其规模超过了任何一次反战或社会游行，由此可见犹太教对以色列社会的影响有多么深远。

在政治领域，以色列政府中设有宗教事务部，直接管理各宗教委员会的行政事务，监督各宗教团体的财政收支，负责犹太会堂的修建等。此外，宗教党充当着关键少数的作用，发挥远远超过其实际力量的作用，让政府的右翼倾向非常明显。

在文化方面，犹太教十分重视《圣经》、《塔木德》等犹太宗教经典的普及教育，即使在以色列的世俗教育中也渗透着犹太教传统文化的精髓。历届以色列政府都很重视宗教教育和宗教文化的宣传。国家设有国立宗教学校，所有的学校都设有宗教必修课，要求学生学习《旧约圣经》及律法书。此外，还设置各类宗教学院，以培养犹太拉比及其他神职人员。各类宗教组织还出版大量的宗教书籍、报刊，有些拉比还直接担任出版社的主编。

在日常生活方面，犹太人从摇篮到坟墓，包括日常生活中的衣食住行、婚丧嫁娶无不受到宗教律法的约束。

面对宗教强大的影响力，以色列的世俗力量也同其进行了长期的对抗。所谓世俗人士，可以理解为守基本宗教法规的犹太人，他们在安息日休息，在各大民族节日上读相应的经典，但他们并不信仰上帝，有的世俗者认为他们说希伯来语、生活在以色列这一事实本身就是他们对犹太教的实践了。2012 年，以色列国内围绕极端正统派犹太人是否需要服役展开了激烈的讨论。在以色列，极端正统派在以色列大约有 60 万人，他们终日研读《旧约圣经》，靠国家补贴为生。2012年2月，以色列最高法院裁定2002年通过的规定极端正统派犹太人能免服兵役的"塔尔法律"违宪，必须在2012年8月1日作废，到2013年8月，大约将有3000名极端正统犹太人参军入伍。①

　　宗教和国家之间的关系在以色列是一个充满争议的问题。宗教人士和世俗人士之间首先争论的焦点是宗教在以色列和个人生活中的影响到底应该有多大。很多世俗犹太复国主义分子的意图不是创造一个基于宗教律法的社会，而是创造一个新的基于以色列土地、希伯来语、犹太人的历史符号与仪式包括神学在内的犹太文献的价值观和思想的犹太新文化，传统的犹太元素变成民族文化的一部分。世俗犹太复国主义分子希望将犹太教规限制在宗教范围之内，而宗教犹太复国主义分子试图将犹太律法扩展到国家政治、文化和日常生活的各个领域，且最终目标是要将以色列变成　个以《托拉》为宪法的神权国家，双方之间的差异难以弥合。

　　此外，在犹太人的定义上，宗教人士和世俗人士也存在分歧，世俗犹太人认为，任何犹太人，无论年龄或婚姻状况，都可以定居以色列。1952年的国籍法规定，依照回归法进入以色列的犹太人自动获得以色列公民的身份，但以色列正统派一度要求改变这种确定方法，遭到世俗人士和保守派的反对。

　　由于极端正统派犹太教徒毕生研读犹太教经典《旧约圣经》和《塔木德》，拒绝参加社会工作，拒绝服兵役，他们的生活一般靠政府的资助来维持，其中一半是助学金，一半是给其子女的补贴，两项合计共占家庭收入的70%，其余的则是其配偶的收入。尽管得到政府的资助，仍有超过一半的哈西德派人士生活在贫困线之下，他们已成为以色列犹太人内部一个在经济上最为贫困的群体。另一

---

① 详见 http://www.jpost.com/Defense/3000-ultra-Orthodox-enlisted-into-IDF。

方面，随着哈西德派人口的不断增长，国家也面临着愈益沉重的财政压力。许多世俗人士认为他们是社会和国家的蛀虫，而极端正统派犹太教徒认为自己是在精神上为国家做贡献，比世俗人士更为神圣。

总之，以色列一方面是一个政治体制和政治文明极为先进的国家，并有着世界领先的经济、科技和军事水平；但另一方面，宗教势力对国家仍有较大影响，传统与现代的并存形成极为强烈的反差，这在世界上其他国家非常少见。

第五节　左翼和右翼

以色列在战争中诞生并长期处于战争之中，安全问题是其政治的核心。左翼与右翼是在以色列生存问题和地区安全问题上的两种相互对立的取向，由于以色列公民对政治的参与度很高，因此以色列人也可以被笼统地划分为左翼和右翼，双方就阿以冲突、巴勒斯坦建国等问题存在不同的观点。前者在巴以问题上主张和平谈判，"以土地换和平"，并关注阿拉伯人的生存权益；后者在巴以问题上态度强硬，主张以"安全换和平"，推行大以色列计划，支持定居点的建设。

目前，以色列右翼势力的影响明显大于左翼势力。从历史层面看，以色列右翼势力长期存在是犹太人长期居无定所、屡遭迫害的结果，犹太人不管是生活在基督教社会，还是生活在其他宗教信仰社会，即使是在现代西方社会，都不时成为社会上一些人嫉妒、憎恨和迫害的对象，这催生了犹太复国主义运动，推动犹太民族国家的建立。从宗教文化层面看，它也是犹太民族的特性和文化积淀使然，犹太文明具有很强的内聚力和生命力，犹太教是犹太文明的内核，包括以色列人是上帝的特选子等教义成为右翼势力的思想渊源。从现实层面看，长期的战争环境和不安定因素使犹太人产生了对国家安全的担忧与恐惧，巴以和平进程的受阻让许多以色列人对和平方式产生了怀疑。从政治制度上看，以色列的民主制度和选举方式也为右翼势力发挥政治作用提供了平台。最后，国际社会尤其是美国对以色列的支持，也助长了右翼势力的发展。

在以色列，右翼政党和组织是右翼势力的主要代表。他们主要分为两类：世俗右翼政党、组织和宗教政党、组织。以色列最具代表性的极右派政党为卡赫运动，由梅易尔·卡哈纳博士于1969年创建。该组织主张将"以色列土地"上的阿拉伯人全部驱逐，不允许建立巴勒斯坦国，试图重现"圣经以色列"时代；建立犹太移民点，消除犹、阿和睦的思想，根除犹太人反向移民的现象。

1979年《埃以和平协定》签订后，以色列将西奈半岛归还埃及，居住在西奈半岛的以色列人回到以色列，这成为以色列"土地换和平"的第一次实践，但是这一事件并没有实现巴以间的和平，因为以色列同埃及之间的矛盾和以色列同巴勒斯坦之间的矛盾的性质是不同的。以色列通过放弃西奈半岛这个缓冲地带来换取南部的安全，但以色列很难通过放弃约旦河西岸来换取同巴勒斯坦人的和平共处。随着以色列同埃及、约旦的和解，阿以冲突开始逐渐向最开始的巴以冲突回归。

同社会成员一样，以色列的政党也可以分为左翼政党和右翼政党，宗教政党大多属于右翼党。近年来，以色列社会整体上有走向右翼的倾向，《耶路撒冷邮报》2009年2月11日公布的一份选民调查结果显示，以色列30%的选民支持右翼政党，13%的人认同中右翼党派，23%—24%的人支持中间路线，13%的人是中左翼人士，只有6%的人自称左翼选民。在以色列第18届议会选举中，前进党虽然以1个席位的微弱优势战胜利库德集团，但最终因为以利库德集团为代表的右翼党派一共获得超过半数的席位而失去了组阁权。巴以和平谈判进程停滞，针对以色列国内和定居点的恐怖袭击不断，哈马斯在巴勒斯坦的影响不断扩大，所有这些都为右翼势力的增长提供了条件。

第六节　移民问题

移民问题一直牵动以色列的政治神经。以色列自建国以来就大力吸引来自世界各地的犹太移民，但移民单独形成一个较大利益集团的现象还是在苏联移民来到以色列之后，苏联东欧移民移居以色列始于 20 世纪 70 年代，[①] 1989 年沙米尔政府为了推行"大以色列计划"，进一步向苏联东欧犹太移民敞开了大门，时逢东欧剧变和苏联解体，因而形成大规模移民浪潮。在 1989—2002 年间，大约有 90 万人从前苏联地区抵达以色列。加上在 70 年代来的移民，总计有 100 多万苏联东欧移民移居以色列，成为以色列的最大移民群体。

对待移民以色列政府之前采用的是"间接吸收"政策，即移民的安置和吸收完全由政府机构、犹太代办处和相应的慈善机构来负责，移民几乎完全是在被动的情况下被整合进主流社会。这种"间接吸收"的方式曾招致东方犹太人的强烈不满并遗留下许多严重的社会问题。利库德政府对新来的前苏联犹太人尝试采用了"直接吸收"的政策，给每个移民发放一定数额的现金，然后由他们自由选择居住地、购房、寻找工作等。"直接吸收"政策对以色列的住房市场造成了强烈的冲击，然而头几年的艰难期过去之后，该政策被证明是成功的，截至 1996 年，86% 的苏联移民已经拥有自己的住房。

---

① 周承：《冷战结束前后以色列新一代俄裔犹太移民的形成及其影响研究》，上海外国语大学博士学位论文，2007 年。

大量的苏联移民为以色列社会的融合带来了巨大的挑战，特别是在住房和就业上。从政治层面上看，由于无法在短时间里妥善安置如此之多的移民，引发许多社会问题。利益受损的新移民和老移民都对政府产生了不满，并通过手中选票将这种情绪予以发泄，从而导致在1992年大选中利库德集团的失败和工党的上台。苏联东欧移民在政治舞台上的影响力也很大。1996年苏联东欧移民组建的"以色列移民党"获得7个席位，并参与执政；在1999年大选中又获得6个席位。苏联东欧移民在1999年大选前还组建了"以色列我们的家园"党，在第15届议会选举中赢得4个席位，之后加入全国联盟党；在2003年1月的第16届议会大选中获得7个席位；在2006年3月的大选中，"以色列我们的家园"党一举获得11个席位；在2009年的大选中获得15个席位，跃居第3大党，党魁利伯曼还担任了以色列外交部长和副总理职位，其政治立场右翼倾向极为明显，对以色列对中东问题的政策也产生了一定影响。

新一代俄裔犹太移民在身份认同建构过程中对以色列所产生的影响体现在诸多方面。

首先，他们优化了人口结构，提高了人口素质。新一代俄裔犹太移民来到以色列，以其庞大的数量保证了犹太人作为犹太国家主体民族的强势地位，遏制了因非犹太人增长而引起的以色列人口结构上的非犹太化趋势。大批高素质的俄裔犹太移民为以色列的经济建设和社会发展输送和储备了宝贵的人力资源，劳动人口中高比例的科学家和工程师为以色列成为"世界第二硅谷"奠定了人才基础。

第二，他们推动了科技进步，促进了经济发展。俄裔犹太移民中的科学家、工程师和技术员，掌握着苏联或俄罗斯联邦的先进科学技术，这些技术往往在世界范围内都是领先的。在以色列政府的支持下，俄裔科学家、工程师将这些技术运用于以色列的国防工业、能源工业、电子工业，很快取得了令人振奋的成效，促进了以科技为主要支撑的国民经济的发展。

第三，他们冲击了以色列主体社会特性，从而形成了一个特有群体。在苏联移民大批移居以色列之前，苏联的犹太人与异族通婚的比例已经到 70% 左右，所以大多数苏联犹太人的犹太教信仰都不是很虔诚，而且 20 世纪 90 年代移居以色列的苏联犹太人不同于 70 年代的苏联移民，他们移民以色列大多是出于实用主义考虑，他们的首选目的地大多是美国和欧洲，以色列只是一个次优选择。此外，苏联犹太人身上所载负的俄罗斯特征对以色列社会的犹太特性造成了不小冲击，苏联犹太移民日常生活中的非犹太化倾向非常明显，尤其在饮食和娱乐方面突破了许多犹太教禁忌。苏联移民形成了一个相对独立的团体，拥有属于自己的广播、报纸和电视，并建立了属于自己的政党和教育体系。

第四，他们投入政治活动，进入政坛高层。由于与犹太社会存在文化差异，新一代俄裔犹太移民在形成初期遭受过以色列本土民众的排斥，他们组建政党维护利益的呼声日渐强烈。以利伯曼为代表的移民领袖顺应了这一要求，建立了俄裔犹太移民自己的政党，积极投入以色列的政治活动。20 世纪 90 年代中期以后，具有庞大俄裔选民基础的移民党、家园党先后加入以色列政府的执政联盟，成为一支不可小觑的政治力量。

第五，参与政策制定，影响政坛构成。俄裔犹太移民政党领袖进入政府以后，握有了内外政策制定与实施的话语权。自 1996 年起，俄裔犹太移民的选票流向成为影响工党和利库德集团能否上台执政的重要因素，如果失去这一群体的支持，政府就将陷入执政危机。

第六，坚持强硬立场，制约中东和谈。出于维护自身利益的需要，俄裔犹太移民在对巴、对阿关系上，多持鹰派立场，主张以强硬的手段维护犹太国家的生存资源，尤其是土地资源和淡水资源，反对拆除定居点。这在客观上阻碍了巴以关系、阿以关系的改善，成为中东和平进程中的负面因素。

第七，积极发挥桥梁纽带作用，推动与俄美等国关系的发展。对原住国和对移居国的双重认同，促使俄裔犹太移民充分发挥桥梁作用，积极推动以色列和俄罗斯联邦在经贸、文化等领域开展交流合作。

除了苏联移民问题，以色列还面临反向移民的问题，以色列反向移民指以色列人的移出，是一个与以色列吸收移民的过程始终相伴随的现象。对于移出者的数量，很难给出一个确切的数字，因为以色列从不保留这方面的记录与档案，据不完全估计，自建国以来，大约有10%—15%的犹太人离开了以色列。到20世纪80年代，大约有超过30万的以色列公民定居在国外；到2004年，这一数字已达到76万，超过以色列总人口的1/10。

其实移出的现象从第一次移民潮后就出现了，20世纪50年代早期是以色列犹太人移出比例最高的一个阶段，他们大多数是大屠杀的幸存者，在以色列生活了几个月或几年后转而奔向他国。20世纪70年代反向移民也很严重，欧美国家驻以色列使馆前经常排着长长的等待出境的队伍；2000年第二次"因提法达"爆发后，由于自杀性爆炸事件频发，经济持续滑坡，以色列吸收移民的数量明显减少，从2000年的6.1万人减少到2003年的2.5万人，许多以色列人也纷纷前往其他国家定居，出现反向移民，其中苏联犹太人比例较大。面对这一与以色列的建国目标相悖的现象，以色列政府也曾制订了一些计划，试图通过鼓励移出者再回来定居的方式扭转这一形势。

犹太人从以色列移出常被看作是对犹太民族事业的背离，应该受到谴责和蔑视，以色列总理拉宾甚至称他们为"堕落的懦夫"。

但随着时间推移，移出者承受的心理压力已大大减弱，一个重要的原因是以色列已日益成为一个更加开放和自由的社会，逐步接受了"居住地的选择是一个私人的问题"的观念。

第七节 社会保险体系和贫富矛盾

以色列社会保障制度在伊休夫时期就初步建立。当时履行社保职责的组织包括犹太总工会和犹太民族委员会等，通过吸收移民，发展经济，这些组织为建国后社会保障制度的确立和发展奠定了坚实的基础。

1948 年以色列国家建立后，工党政府以国家的形式正式接管社会保障制度，以色列社保制度得到新的发展。1949 年，工党政府成立国家社会福利部；1953 年底，以色列议会通过了第一个全国社会保险计划，并成立全国保险协会。

1977 年以后，以色列政局发生巨大变化，社会保障制度也随之不断调整，普遍的以社会救济为主的保障制度发展为以市场为导向的社会保障制度。1982 年，《收入支持福利法》正式实施，该法律明文规定，每一个 18 岁以上以色列公民都可享有以收入为支持的社会保障和福利权利，但每一个要求福利权利的以色列公民需要承担相应的义务。《收入支持福利法》第一次为公民享有国家社会保障的权利提供了一个立法依据，影响深远。在医疗保险方面，以色列在 1995 年开始实行《全国医疗保险法》。该法律规定凡以色列公民和长期居民只要投保人每月交纳不超过其收入 4.8% 的医疗保险税，不论年龄和健康状况如何，都可享受包括就医和住院在内的标准化医疗服务。在以色列有几个大医疗系统，每个系统在全国各地都有自己的医院。每人持自己的医疗磁卡，可到全国本系统的任一医院看病。每人可以选择医疗系统，因此在不同的医疗系统间存在着激烈的竞争。另外，每人都有自己的保健医生。

在就业方面，1977 年以后，国家加大了失业保险的力度，不断扩大失业保险范围，1991 年，失业保险金增加到失业前工资的 70%。在进一步促进就业的同时，以色列政府不断提高工人待遇。1987 年 4 月，国家颁布了《最低工资法》，把自动调节机制和平均工资结合起来以确定工人的最低工资。2001 年 4 月 1 日，以色列调整工人最低工资标准，最低工资为每月 3266.58 谢克尔，每小时 17.58 谢克尔。

以色列社会保障制度发展至今已成熟，但仍存在着许多问题。首先，公共事业部门人员比重过大，办事效率低。其次，各个保险条件过于宽松，一定程度上阻碍了生产的发展。最后，以色列社会保障制度具有较强的排他性，对于境内阿拉伯人和外国人的保障不足，境内阿拉伯人的福利水平远低了当地犹太人。对于外国人，以色列实行先付费后治疗的政策，而且治疗费用昂贵。

以色列的社会保险制度能够起到保护弱势群体的作用，但并未能缩小以色列的贫富差距，经济公平性、生活成本等关乎民生的问题目前已发展为以色列亟待解决的难题。2011 年，正当"阿拉伯之春"在中东地区迅速蔓延之时，以色列也出现了严重的社会问题。8 月 6 日晚，以色列至少 30 万民众走上了特拉维夫等大城市的街头，举行大规模游行示威，抗议政府应对高房价不力，不少人还将帐篷扎到大街上。在抗议活动中，示威者的诉求也从最初的降低房价问题，扩展到减税、增加照顾小孩休息日、提高薪水等。为解决日益激化的社会危机，内塔尼亚胡成立社会和经济改革委员会，就解决民众反映强烈的社会问题提出方案。该委员会在 2011 年 9 月提出内容广泛的社会改革报告，建议政府削减高昂的国防预算，实施拖延已久的社会福利改革计划。该改革计划的主要内容包括将义务教育时间提前到三岁，削减国防预算，提高对高收入者和公司的征税，加强劳动法的实施力度，推动住房改革等。

以色列房价非常高。美国消费者新闻与商业频道（CNBC）公布了一项由地产研究机构开展的"全球最热房地产市场"调查，该调查比较了全球热门房地产市场2006年到2011年的房价涨幅，并公布了十大"最热房地产市场"，其中以色列名列第三。相关数据显示，以色列房地产价格在这5年间累计涨幅达到54.5%，目前，以色列平均房价相当于以色列人132个月的工资，是世界上相对房屋价格最高的国家之一。以特拉维夫市中心为例，100平方米的3室房屋售价高达100万美元，月租需要约3500美元。根据以色列中央统计局的数据，2011年，以色列新增家庭38000户，其中17000户住进了自己购买的房屋，剩余的21000人选择了租房，约占新增家庭总数的55%。以色列家庭买房的观念强烈，新增家庭选择租房的主要原因还是难以支付目前以色列的高房价，而房地产价格之所以高居不下，一方面是因为基布兹和莫沙夫对年轻人的吸引力越来越小，大量年轻人涌入特拉维夫和耶路撒冷等大城市，扩大了购房需求；另一方面，欧美国家经济不景气，犹太商人出现回国潮，他们在大城市投资房产也推高了房价。

以色列的税收也高过许多国家。耶路撒冷市场研究院2011年发布研究报告称以色列车辆购置税为83%加增值税，为世界最高。购买汽车所缴纳的所有税率共达113%—128%，是欧洲大多数国家的5倍，导致以色列每千人拥有车辆数仅为325辆，远远低于欧洲每千人500辆的水平。

2012年10月以色列中央统计局发布统计数据显示，2010年有31%的以色列民众面临贫困问题，高于2000年的27%，接近欧盟平均比例（16%）的2倍，甚至高于欧盟经济情况最差的希腊（20%）和西班牙（21%）。40%的以色列人认为依赖工资难以维持生计，经济合作与发展组织国家这一比例为24%。以色列人就业率和受教育程度较高，造成贫困的主要原因是生活成本较高而工资收入较低。

以色列 2012 年底失业率为 7%，失业人口达 24.7 万人。以色列 2011 年底失业率为 5.4%，失业人口为 17.4 万人。2010 年，以色列共有 304 万个就业岗位。其中以色列人占据了其中 96% 的岗位，月平均工资达到 8414 谢克尔；非以色列人占据了 4% 的岗位，在非以色列人占据的岗位中，外国人占据了 82800 个岗位，占非以色列人的 71%，巴勒斯坦人占据了 34300 个岗位，占非以色列人的 29%。

总之，目前以色列面临着包括贫富差距在内的诸多社会问题，人民迫切希望政府能够改变现状。2013 年大选时，未来党党魁拉皮德提出了包括政府系统改革、提高教育质量、通过扶持小企业带动经济发展以及增加住房补贴等一系列竞选纲领。打内政牌是未来党能够异军突起成为第二大党的重要原因。

第十一章 对外关系

以色列已同世界上159个国家建立了外交关系，在世界各国设有常驻使馆76所，总领事馆20所，并在联合国、欧盟设有代表团。以色列主要外交决策部门包括总理办公室、外交部和议会下设的外交与国防委员会。以色列外交目标主要是维护与美国的战略盟友地位，保持与西方国家传统的友好关系，积极发展与俄罗斯和独联体各国关系，力图实现同阿拉伯国家和解，拓展与非洲、亚洲各国的关系。

第一节 以色列对外关系发展史

半个多世纪以来，以色列的外交政策主要经历了由在东西方冷战中实行中立政策，到向美国一边倒，进而在美以特殊关系基础上推行全方位外交这样一条发展轨迹。

在以色列建国之初，国内可谓一贫如洗，在国际上孤立无援，且处于周边阿拉伯国家的军事包围和政治孤立之中。谋求国际社会的承认，尤其是大国的支持成为以色列面临的一项迫切战略任务。当时冷战格局尚未完全形成，客观上为以色列在美苏方之间实行一种"均衡外交"提供了外部环境。在第一次中东战争中，当以色列处于生死存亡的紧要关头，正是在苏联的默许下，一些关键武器装备通过东欧国家进入以色列。在以色列加入联合国的问题上苏联也给予了有力支持。

然而，以色列的这种"中立"政策并没能持续很久。20世纪50年代，美苏对抗加剧，以苏关系不断恶化，以色列的"中立"外交逐渐丧失了回旋余地，在这种情况下，以色列果断地进行外交转型，倒向美国，这一外交转变为日后美以关系的发展奠定了基础。到冷战结束前，美以关系大致经历了从肯尼迪时期开始向以色列出售防御性武器到约翰逊时期开始出售进攻性武器，进而发展到里根时期美以战略合作关系的过程。

20世纪80年代中后期，为顺应国际形势缓和的大趋势，摆脱外交孤立状况，减轻对美国的过分依赖，以色列开始推行全方位外交政策：在维持同西方国家传统友谊的基础上，积极发展同苏联、中亚国家和东欧国家的关系，拓展与非洲、亚洲和拉美国家的交往，推动中东和平进程，改善同阿拉伯世界的关系。90年代初，以色列致力于进一步改善与发展同西欧、拉丁美洲和非洲国家的关系，在亚洲、大洋洲及东欧地区取得了明显的外交突破，先后与许多东欧国家恢复外交往来，同中国、印度等亚洲国家也实现建交，并在大洋洲与9个新独立的岛国建立了外交关系。中东和平进程的启动也为以色列赢得了许多外交主动权，《奥斯陆协议》签订后，以色列同约旦签署了和平协定，和土耳其形成战略盟友关系，地区安全局势有所改善。

以色列积极运用其科技优势开展外交合作，1958年以色列外交部成立以色列国际合作中心——马沙夫，推广以色列同第三世界国家的科技合作。通过短期培训和学术交流等形式，以色列帮助140多个发展中国家应对贫困、医疗、食品安全、幼儿教育、沙漠化等问题，为以色列赢得了较好的国际声誉。

以色列还积极运用对外军售来开拓外交空间。在拉丁美洲，通过军售方式，以色列确立和发展了同哥伦比亚、巴拿马、危地马拉、萨尔瓦多、尼加拉瓜、阿根廷和智利等国的外交关系，^① 拉丁美洲成为以色列的主要军火市场。冷战结束后，以色列军事外交的对象更加具有全球性。近年来，印以关系迅猛发展，特别是两国的军事合作更是达到了前所未有的程度。以色列每年向印度出口价值约 10 亿甚至几十亿美元的武器。2004 年，以色列便向印度出售了3 套"费尔康"空中预警系统，总价值达 11 亿美元。2008 年，此前牢牢占据印度第二大高技术武器供应国地位的以色列超过俄罗斯，成为第一大供应国。

以色列凭借极具现实主义的外交政策和外交哲学，不但在极其恶劣的地缘政治环境下生存了下来，而且还成了一个地区强国，其全方位外交更是取得了很好的效果，但最近几年，随着以色列和土耳其关系恶化、叙利亚局势动荡以及政治上伊斯兰势力在埃及等中东国家的崛起，以色列又面临着非常困窘的外交处境。

第二节　以色列和各大国的关系

一、以色列与美国

犹太人和美国有很深的历史渊源。1881 年，大批俄国和东欧犹太人来到美国，美国取代俄国成为世界上犹太人人数最多的国家，随着美国犹太人地位的上升，犹太人在美国的影响力也不断增长。在巴勒斯坦地，以本－古里安为首的领导人也敏锐地察觉到了美国的重要性。

1948 年 5 月 14 日，在以色列宣布建国 11 分钟后，美国总统

---

① 萨尔瓦多甚至同意将其大使馆从特拉维夫迁到以色列政府宣布为该国统一首都的耶路撒冷。

杜鲁门就承认了以色列，两国迅速建交。美国和以色列之间的特殊关系是整个国际关系史上所罕见的，对中东地缘政治的稳定和中东局势的发展产生了重大影响。美以之所以可以形成如此紧密的且不需要成文条约确保的双边关系有许多原因，这其中既有国家利益上的契合，也有意识形态上的相似，还有美国犹太人院外游说集团的作用。

（一）发展历程

美以关系的发展大致可分为 5 个时期。

第一时期从以色列宣布建国开始持续到 60 年代。美国是第一个承认以色列的国家，面对英法等传统大国的衰弱和苏联共产主义势力的扩张，战后美国有意加强其在中东地区的战略部署，抢占真空地带，但当时欧洲是美苏两强的主战场，而且随着朝鲜战争和越南战争的爆发，美国的注意力又被吸引到东亚，没有足够的精力来关注中东。另一方面，二战后的美国虽然在绝对实力上远远超过了英法等传统强国，但美国缺乏英法等国因为长期殖民统治而积累下来的控制中东的经验，在中东缺少影响力，也没有出台积极的中东政策。这一时期，以色列和美国在战略利益上缺少契合点，为了对抗苏联，美国需要阿拉伯国家的支持，因此在许多问题上美国对以色列采取较为强硬的外交政策，包括参与对中东地区的武器禁运。这一时期两国的双边关系以民间交流为主，在战略层面上相当疏远，以色列多次要求与美国建立直接的双边战略关系，但都被美国拒绝。

在艾森豪威尔的第二个任期，随着中东局势的变化和阿拉伯民族主义运动的兴起，美国对之前的以色列政策进行了调整，加强了同以色列的互动，为之后肯尼迪对以军事援助计划的实施奠定了基础。

第二阶段是从 20 世纪 60 年代持续到尼克松政府上台前。这一时期美以关系出现回暖势头，在战略上实现了初步合作。以色列不失时机再次提出希望得到美国军事援助的要求，这一次肯尼迪政府给予了积极的回应，不但向以色列提供了先进的"霍克"防空导弹，还多次在公开场合对以色列的安全做出承诺。到约翰逊总统时期，美以关系变得更加密切，1964 年 3 月 11 日，美国和以色列达成一项谅解备忘录，重申美国对以色列生存和安全的承诺，这标志着美以特殊战略关系的建立。但是这时的特殊关系还不够稳定，仍然出现过反复，直到尼克松政府上台后美以特殊关系才最终确定。

第三阶段从尼克松上台持续到 20 世纪 70 年代末期。这一时期美以关系变得日益亲密，美以特殊关系基本定型。约旦危机之后，美国看到了以色列的战略价值，提升了与以色列的合作关系，以色列成为美国在中东对抗苏联和激进阿拉伯国家的重要战略资产。1970 年 12 月 22 日，美国和以色列签订了《主要国防发展资料交换协议》，美国同意以色列自行生产美国武器，这对以色列军事工业的发展起到了重要作用。美国对以色列的援助也在这一时期出现了革命性的突破，军事援助的规模出现了几次大的升级，不仅向以色列提供防御武器，还向以色列出售当时最先进的战斗机，美国对以色列援助的机制化也是在这一时期完成。

第四阶段是从 20 世纪 70 年代末期持续到冷战结束。这一时期美以关系得到全面发展，在里根总统任期内两国的战略合作达到全盛时期。在整个 80 年代美国向以色列提供的各项援助都显著增加，据统计，从 1980 年到 1989 年美国向以色列提供的援助总额约为 281 亿美元，是过去 30 年总额的 2 倍多。1985 年以色列和美国签订自由贸易协定，这也是美国签订的第一个自由贸易协定，该协定奠定了美以经济合作关系的基础，以色列因此成为美国在中东地区最大的贸易伙伴之一，美国也因此成为以色列最主要的出口国；

1986年5月，以色列国防部长拉宾和美国国防部长温伯克签署了以色列参加星球大战计划的备忘录，这是美国对以色列政治与科技的认可；1988年4月，美以正式签署了《战略合作谅解备忘录》，确立了美以之间的军事、政治、经济、战略和情报等方面的全面合作关系，并且首次确定了两国军事合作的性质和规模。

第五阶段是从冷战结束持续至今。冷战结束后，以色列作为美国在中东抗衡苏联的筹码作用不复存在，但是随着海湾战争的结束，中东和平进程的重新启动，以色列的地位再度受到重视。2001年"9·11"事件后，以色列在反恐上又同美国形成统一战线。在冷战结束后的10多年时间里，美以关系总体上仍然比较稳定，美国继续在一些原则性问题上执行偏袒以色列的政策，为以色列提供高额援助。除了经济和军事援助，以色列还通过其他渠道得到美国援助资金，这包括国防部预算开支、以色列利息收入、美国驻以色列学校及医院开支和以色列被勾销的贷款。作为回报，以色列也继续执行追随美国的外交政策。但双方在巴以和平、以色列攻击伊朗核设施等方面存在一定分歧，自从1979年伊朗发生伊斯兰革命以来，美国的中东政策加强了同土耳其和海湾国家联盟关系的建立，这在一定程度上也让以色列有了一些危机感。

近年来，以色列和美国高层互访频繁，2012年1月，美参谋长联席会议主席邓普西访问以色列。2月，以副总理兼外长利伯曼、副总理兼国防部长巴拉克访问美国；美国家安全顾问多尼隆访问以色列。3月，以色列总统佩雷斯、总理内塔尼亚胡、国防军总参谋长甘茨访问美国。4月，以总统佩雷斯、副总理兼国防部长巴拉克访问美国。7月，美国务卿克林顿访问以色列。8月，美国国防部长帕内塔访问以色列。9月，以总理内塔尼亚胡访问美国。11月，以国家安全事务助理、国家安全委员会主席阿米德罗尔，国防部长巴拉克访问美国。2013年3月，美国总统奥巴马访问以色列。美国国务卿克里也频繁穿梭于以色列和巴勒斯坦之间，试图重启和平谈判。

美国和以色列虽然建立了坚固的特殊关系，但在美国国内已有许多学者认为美以关系对美国而言弊大于利，以米尔斯海默和瓦尔特为代表的学者认为美国对以政策被犹太院外集团操纵，美国为支持以色列付出了高昂的政治和安全代价，以色列已成为美国的负担。

（二）美以特殊关系的成因

1. 国家利益

美国和以色列之所以会有如此坚固的国家关系，最根本的原因是国家利益的契合。

美国在中东的主要战略诉求包括：第一，确保中东石油的自由流动，稳定石油价格。第二，维护中东地区的稳定。中东地区具有不稳定的特点，而一个动荡的中东不符合美国利益。20 世纪 90 年代后，美国抓住苏联解体和海湾战争结束的有利形势建立起海湾安全体系，其基本概念是由美国为中东一系列相对弱小的国家提供安全保障，而作为回报，这些国家为美国提供有效的政治、经济和基础设施支持。第三，确保以色列的生存和安全。美以关系是美国中东政策的重要组成部分，美国历届政府和国会对以色列的支持已经形成一种传统。第四，保证亲美的中东国家的安全。这些国家大多为美国石油进口国，而且许多海湾国家把大部分出售石油所获得的利润投资到西方，特别是投资到美国和英国，所以这些国家对美国至关重要。第五，推行大中东民主计划。美国认为西方的社会体系、政治制度和价值观具有普世性，民主国家更有利于和平的实现。

以色列对美国有着重要的战略意义。以色列是美国保证中东石油安全的重要桥头堡，是中东地区民主的示范区，是控制伊斯兰极端势力的先锋力量，还能帮美国在不断爆发的阿以冲突中测试新式武器并提出改进意见，以及为美国提供丰富的情报资源。

美国对以色列的重要性更是不言而喻，美国向以色列承诺在军事上相对于阿拉伯国家拥有"质量性优势"，美国致力于保证以色列的生存和安全，每年向以色列提供大量贷款和经济援助。

2. 文化认同

文化因素也是理解美以特殊关系的一个重要视角。国际关系建构主义理论是20世纪90年代发展起来的将社会学中的认同、文化、观念等概念引入国际政治研究的理论。该理论认为，国际社会的本质是一个社会，社会成员的主观因素对国际关系的塑造起着决定性作用。从建构主义理论的角度看，美以之间在文化上的认同也是美以特殊关系形成的重要原因，美以两国的政治制度相似，民众信仰、历史背景也都有相似的地方，又都是移民国家，所以在多方面有着天然的亲近感。

美国对以色列的支持有着深厚的民众基础，2013年初，美国广播公司（ABC）与《华盛顿邮报》联合做的一项民意调查显示，55%的受访者更同情以色列，而仅有9%的人更同情巴勒斯坦，其余的人不偏不倚，或者未做决定。大部分美国人认为对世俗以色列的支持是上帝赋予他们的责任，把美国对待以色列的问题看成是一个神圣的宗教道德问题，这种宗教感情对美国制定中东政策发挥着重要的作用；美国人的"天定命运论"同犹太教的"上帝选民"思想很相似；美国人开发大西部的拓荒精神与犹太移民开发以色列地的经历有相同之处；双方在政治文化上也有很多共同点，都有极强的民主意识；以色列犹太复国主义的领袖大多来自西方，接受过西方民主政治理念的长期熏陶，所以美国一直以来就将以色列看作西方民主阵营中的一员。

3. 历史因素

除了身份与文化认同上的趋同性，美国在历史上没有出现过欧洲那样严重的反犹主义也增加了以色列对美国的亲近感。从犹太人大流散开始，大多数犹太人都生活在欧洲，欧洲各国的反犹主义此起彼伏，使犹太人在政治、经济和文化上都受到不公正的待遇，即便是在今天，反犹主义仍然在欧洲存在，以色列对各种形式的反犹主义异常敏感。当然，反犹主义在美国也曾一度比较严重。20 世纪20—30 年代，欧洲反犹主义兴起，许多犹太人来到美国，并通过努力融入了美国主流社会，他们取得的成就也引起了部分美国中产阶级的嫉妒，有的人还将反犹与反共结合在一起，当时较为活跃的3K 党就鼓吹将犹太人、黑人和其他少数族裔赶出美国；1920 年，美国汽车大王亨利·福特也大肆宣传反犹书籍《犹太贤达议定书》。但相对于欧洲，美国毕竟是新大陆，不存在欧洲那样根深蒂固的反犹主义传统，后来美国再也没有发生过 20—30 年代那样大规模的反犹浪潮。随着美国犹太人人口不断壮大，社会地位不断提高，许多人已成为美国科技、经济、文化等领域的精英，对美国政治也发挥了来越来越大的影响力。

4. 犹太院外集团

美国国内的犹太院外集团对美以外交关系的影响力也非常大。美国大部分犹太人是来自欧洲的移民或移民后裔，经过几代人的努力，他们在美国经济、政治、法律和教育各界占有很高的地位。早在以色列建国之前，美国的犹太人和犹太人社团就开始影响美国的中东政策，大约六百万的美国犹太人凭借自身在美国的社会地位和力量，通过提供竞选资金，对行政机关、国会和媒体进行游说等途径，对美国的对以政策产生了重要的影响，使之趋向于对以色列有利。

"美国以色列公共事务委员会"连续 4 年被美国《财富》杂志

评为"外交政策第一大院外活动集团"。另外，美国还有势力很大的"以色列游说团"，这些社团通过政治捐助和媒体导向，寻求美国对以色列的无条件支持。在美国政治、经济、文化等领域也有不少耀眼的犹太人，比如前副总统切尼、前联邦储备委员会主席格林斯潘、前国务卿基辛格和奥尔布赖特、前国防部长科恩、前财政部长鲁宾、金融大亨索罗斯、"股神"沃伦·巴菲特、美联社董事会主席唐纳德·纽豪斯等。在美国商界，还有狂热的犹太复国主义出版商莫特·朱克曼、马丁·佩雷茨等。这些人无疑对美国的中东政策的有着巨大的影响力。

虽然美国和以色列的关系很好，但两国在一些敏感问题上也时有摩擦，奥巴马4年任期中，美以在冻结与巴勒斯坦人的谈判、修建犹太人定居点、是否对伊朗进行军事打击等问题上产生严重分歧。在奥巴马2012年大选的时候，以色列总理内塔尼亚胡更是公开支持奥巴马的对手罗姆尼，这为两国未来的双边关系发展埋下了隐患。

二、以色列与俄罗斯

早在斯大林时期，苏联就采取了支持以色列建国的政策，对抗英国在中东地区的势力。1947年，苏联投票赞成联合国大会关于巴勒斯坦分治的决议。以色列宣布建国三天后，苏联就给予了以色列法律上的承认，之后，苏联和以色列建立了外交关系。

1952年底，捷克斯洛伐克在布拉格审判有犹太血统的捷共总书记斯兰斯基，之后，苏联又因为"医生阴谋"事件拘捕了许多著名犹太医生，以色列国内爆发反对苏联的抗议，苏联公使馆发生爆炸，苏联宣布与以色列断交。1955年，以色列和苏联关系进一步恶化，这一年，埃及和苏联达成军事贸易合作，其他华约组织国家也展开对埃及的武器出口，从此埃及在军火上不再完全依靠以美国为首的西方国家，苏联的援助国也从埃及逐渐扩展到叙利亚、伊拉克、阿尔及利亚、利比亚和也门等国，以色列和苏联关系迅速恶化，在第二次中东战争和第四次中东战争中苏联还一度威胁要对以色列发动军事行动。1967 年第三次中东战争后，苏联和以色列的关系进一步恶化。1975 年，在苏联的策划下，联合国大会通过了一项将犹太复国主义与种族主义相提并论的决议。

1990 年 9 月 30 日，苏联外长谢瓦尔德纳泽和以色列外长利维在美国会晤后，宣布苏、以两国恢复领事级外交关系。同月，以色列宣布承认波罗的海三国独立。10 月 18 日，苏联外长潘金访问以色列，正式签署两国恢复大使级外交关系的协议。12 月，以色列宣布承认独联体所有国家，并相继同独联体 15 个共和国全部建立了外交关系，此后大量苏联犹太人迁往以色列。

苏联解体后，以色列和俄罗斯双边关系稳步发展。俄罗斯是中东问题"四方机制"①成员之一，在以色列生活的一百多万前苏联犹太人也同俄罗斯有着深刻的文化认同，在以色列，俄语是除了希伯来语和阿拉伯语外使用最多的日常语言。2010 年 2 月，以总理内塔尼亚胡访问俄罗斯。5 月，以色列总统佩雷斯访俄。9 月，以色列副总理兼国防部长巴拉克访问俄罗斯。以航空工业公司与俄方签署 4 亿美元合同，将连续 3 年向俄出售无人机。11 月，俄第一副总理祖布科夫访问以色列。2011 年 3 月，内塔尼亚胡总理访问俄罗斯。以科技部与俄罗斯航天局签署有关运载火箭、遥感等领域合作协议。2012 年 4 月，以国家安全事务助理阿米德罗尔访俄。6 月，俄总统普京访问以色列。

近年来，以色列和俄罗斯就对中东国家军售问题出现过多次摩擦。2006 年，以色列军队在黎巴嫩南部发现真主党拥有苏制反坦克

---

① 四方机制成员包括美国、俄罗斯、欧盟和联合国。

系统，以色列随即对俄罗斯的军售行为发出抗议；2010 年 9 月，以色列指责俄罗斯向叙利亚出售反舰巡航导弹的计划，称这些先进武器可能落入黎巴嫩真主党武装之手，对以色列安全构成威胁；2013 年 5 月，俄罗斯准备向叙利亚交付 S-300 防空导弹，这种导弹可以击落巡航导弹和入侵的以色列或西方飞机，6 月，以色列外交部副部长埃尔金在接受《生意人报》采访时表示，向叙利亚出口 S-300 防空系统最终会让以色列上空的所有飞机变得脆弱。以色列国防部长摩西·亚阿隆则表示，俄罗斯目前还没有向叙利亚供应 S-300 防空系统，[①]如果这些导弹系统出现在叙利亚，特拉维夫政府知道应该采取何种措施。

目前，以色列和俄罗斯建立有全面外交关系。以色列在俄罗斯莫斯科设有大使馆，在叶卡捷琳堡设有总领事馆；俄罗斯在以色列特拉维夫设有大使馆，在海法设有领事馆。

第三节　以色列和各大洲的关系

一、以色列与欧洲

以色列与欧洲国家的关系非常复杂：一方面欧洲的反犹主义最为根深蒂固，犹太人在欧洲也经历了惨痛的大屠杀；但另一方面，犹太人同欧洲又有着千丝万缕的关系，犹太复国主义就孕育于欧洲，早期犹太复国主义运动的代表人物大多来自欧洲，以色列和欧洲国家还具有相似的政体和共同的社会价值观，这些共同点是以色列同西欧国家发展关系的基础。

欧洲和以色列之间的经济联系大于政治联系。以色列建国以

---

① S-300 防空系统被视为世界上最完善的防空系统之一，它不仅能击落飞机，还能击落弹道导弹。该系统能同时向 6 个目标射击，最大射程为 200 千米。

来，由于周边大多数阿拉伯国家对以实行经济抵制，欧洲成为以重要贸易伙伴。在政治上，欧洲各国支持政治解决阿以冲突，积极参加中东和平进程。欧盟是中东问题"四方机制"的成员之一。

在当今的欧洲国家中，法国、英国和德国是最具影响力的国家，因此法以、英以和德以关系也是比较重要的几对双边关系。

以色列和法国建立有全面外交关系。以色列在法国巴黎设有大使馆，在马赛设有总领事馆；法国在以色列特拉维夫设有大使馆，在耶路撒冷设有总领事馆。法国是除美国以外犹太人分布最多的国家，大概有 50 万犹太人生活在这里。二战后初期以色列为了制约阿拉伯国家，试图拉近同法国的双边关系，深陷阿尔及利亚的法国也希望利用以色列力量来压制阿拉伯国家，所以在建国初期以色列和法国在军事和经济领域展开了广泛合作，法国向以色列提供了幻影战斗机，并帮助以色列在迪莫纳建立了核基地。60 年代后，戴高乐重新回到政坛，法国开始施行自主外交政策，加上 1962 年法国撤出阿尔及利亚，两国之间的战略合作大幅减少，双方军事、政治联系迅速冷却。1967 年第三次中东战争爆发时，戴高乐政府对以色列实施了武器禁运，但两国在经济、科技和文化上的联系继续保持发展趋势，80 年代以来法国试图通过推进中东和平进程来提高其在环地中海地区的地位。在 1982 年黎巴嫩战争中，法国极力促成巴解组织部队撤出贝鲁特，招致阿拉伯世界的敌视。法国总统佛朗索瓦·密特朗在位期间，法国和以色列关系得到提升，密特朗也是第一位访问以色列的法国总统。1995 年希拉克上台，由于他全力支持巴解组织，法以关系有所倒退。2007 年萨科齐上台后，法以关系得到一定恢复。2012 年，奥朗德上台后访问以色列，在伊核问题上奥朗德坚持以国际社会的制裁和压力而不是武力手段迫使伊朗放弃核武研制。

以色列同英国也有着很深的渊源。从 1920 年到 1948 年，巴勒斯坦地一直由英国统治，英国 1917 年的《贝尔福宣言》对犹太复国主义者梦想的实现有着重要意义。英国对犹政策是以其中东政策为基础的，随着 1939 年白皮书的发表，英犹关系破裂。以色列建国后，英国在以色列西欧政策中的地位低于法国，第二次中东战争后英国在中东的势力更是一落千丈。60 年代，英国在中东政策上更倾向于支持阿拉伯世界，70 年代以来，英国的中东政策主要体现在欧共体政策中。2007 年英国首相托尼·布莱尔出任"中东四方"特使，协助巴勒斯坦方面开展政治与经济改革。目前，以色列和英国建立了全面外交关系，以色列在英国伦敦设有大使馆和总领事馆，英国在以色列特拉维夫设有大使馆，在耶路撒冷和埃拉特设有总领事馆。在经济方面，以色列和英国每年的双边贸易额已超过 20 亿英镑，以色列已成为英国在中东地区第三大出口国。双方投资也稳步增长，以色列在英国有超过 300 家公司。

以色列和德国之间的关系很有特色，以色列建国后曾一度因为德国在二战中犯下的罪行而拒绝同其建立外交关系。1952 年以色列获得德国战争赔款，这笔战争赔款虽然在以色列国内引起了很大的争议，但对当时因为大量移民涌入而承受着巨大压力的以色列经济起到了非常重要的作用。此外，根据德国法律，由于德国在二战中对犹太人的大屠杀，德国有义务保证以色列的存在权。1965 年，德国和以色列正式建交。在军事上德国对以色列进行了技术援助，1959 年到 1967 年，联邦德国向以色列出口了大量武器装备，其中包括"海豚"级潜艇，以色列的"梅卡瓦-4"主战坦克所使用的发动机也为德国生产。以色列也向德国出口了包括"长钉"反坦克导弹在内的一系列武器装备。德国培训以色列军官，尤其是海军潜艇军官，以色列也接受德国军官来以色列接受反恐训练。

目前，德国和以色列保持着较为频繁的高层往来。2008 年德国总理默克尔访问以色列；2010 年，以色列总理内塔尼亚胡访问德国。受大屠杀历史的影响，生活在以色列和世界其他各地的犹太人对德国仍然有着深深的不信任感。许多德国人也开始重新审视以色列和德国之间的关系，2012 年，诺贝尔文学奖获得者、德国著名作家君特·格拉斯在《南德意志报》上发表了一首题为《有些事不得不说》的叙事诗，批评以色列政府掌握核武器，并一直威胁着脆弱的世界和平。[①] 这首诗在德国国内引发激烈的讨论，更引来以色列政府的强烈不满。有人把格拉斯称为反犹分子，以色列政府将其宣布为"不受欢迎的人"，不允许他踏上以色列国土。

以色列与欧盟也有着密切的关系。2000 年以前，以色列和欧盟双边贸易的法律基础为 1975 年的《自由贸易协定》。目前以色列和欧盟双边贸易的法律基础为 1995 年签订、2000 年实施的《欧盟以色列联合协议》，根据该协议，以色列和欧盟共同成立联合理事会和联合委员会，商议双边合作的相关事宜。2004 年 12 月，以与欧盟签订"欧洲近邻政策"协定。

以色列是第一个加入到欧盟科技发展项目框架的非欧洲国家。2004 年，以色列加入欧盟的伽利略计划，这相当于欧洲版本的 GPS 卫星定位系统。

欧盟也积极参与到巴以问题的解决上，欧盟指派中东问题特使，对加沙地带和约旦河西岸的巴勒斯坦人提供人道主义救援。目前，欧盟为巴勒斯坦自治政府的最大援助方。当然，欧盟内部并非铁板一块，在巴以冲突问题上许多国家有不同的意见，但和美国相比，欧盟在巴以问题上的立场更为中立，比如在耶路撒冷问题上，欧盟认为以色列在东耶路撒冷建筑的住宅区都应算作定居点，东耶路撒冷严格意义上是巴勒斯坦被占领土，而不能算是以色列的领土。对于以色列对加沙地带的封锁，欧盟多次提出谴责和抗议，作

---

① 详见 http://finance.sina.com.cn/roll/20120412/092211806166.shtml。

为回应，以色列也曾指责欧盟支持反对以色列的非政府组织。

2011 年，当巴勒斯坦民族权力机构为巴勒斯坦在联合国寻求成员国地位时，欧盟内部出现了不同的反应。同年，联合国通过了允许巴勒斯坦以正式成员国的身份参与联合国教科文组织的决议，在欧盟国家中，14 个国家投了反对票，11 个国家投了赞成票，还有 11 个国家投了弃权票。

二、以色列与亚洲

近年来随着亚洲国家的快速发展，以色列和亚洲国家在经济发展上的互补性越来越强。

以色列同大多数亚洲国家都建立有外交关系，以色列同亚洲国家在科研、农业发展和教育等领域具有广泛的合作空间。从民族交往的角度看，以色列和亚洲国家在历史上没有像欧洲那样出现过严重的反犹主义；从地理的角度看，以色列也是亚洲的一部分，特拉维夫距离印度只有 4 个小时的航程；从历史的角度看，以色列同许多亚洲国家有着相似的命运，都是二战后在西方大国的侵略与殖民中诞生；从政治的角度看，许多亚洲国家也同以色列一样，也面临着来自伊斯兰激进主义的威胁。2012 年被以色列政府定为"亚洲之年"（The Year of Asia in Israel），在政府牵头下以色列成立了亚洲科学夏令营，吸引了 220 名亚洲学生来到以色列参加学术讨论和学习。

在诸多亚洲国家中，中国和印度这两个金砖国家对以色列而言有着格外重要的意义。

自 1992 年印以建交以来，以色列成为印度在许多事务上的重要合作伙伴，2010 年印以双边贸易额达到 48 亿美元，印度是以色列第六大贸易伙伴。国防合作在印以关系中占据重要地位，2004 年以色列向印度出售"费尔康"预警系统，同年，印度帮助以色列将卫星发射成功，大大加强了以色列的太空情报搜集能力。另外，两国在现代农业、纳米、生物技术、空间、水处理、新能源等高新技术领域合作发展迅速，2010 年自以色列赴印度旅游的游客接近 4 万人。此外，两国正筹备在 5 年内建成自由贸易区，从而实现双边贸易额突破 150 亿美元的大关。2013 年 5 月，以色列与印度卡纳塔克邦签署了研发协议，这是以色列与印度诸邦签署的第一个研发协议。协议目的在于促进双方商贸、技术和经济关系发展，利用卡纳塔克邦丰富的人力资源和以色列的创新能力，互利共赢。据以色列《耶路撒冷邮报》报道，2013 年 7 月，以色列财政部部长拉皮德与印度通信与信息技术部部长西博尔同意设立高科技贸易联合基金。西博尔表示，基金规模尚未确定，印度方面愿意投入 500 万美元，希望以方也投入相当规模资金，同时希望企业投资。基金将用于发挥以色列高科技创新优势和印度高科技制造业能力，加强两国合作。

中以关系近年来也大有进展。以色列总理内塔尼亚胡 2013 年 5 月访问了中国，在为期 5 天的访问中，两国在经济贸易合作方面达成了多项成果，其中包括中以签订的价值 4 亿美元的贸易协议。为落实以总理内塔尼亚胡访华期间与中方达成的协议，以色列内阁于 5 月 19 日批准成立两个高层委员会，[①] 以促进与中国的经济贸易合作。第一个委员会是部级委员会，由总理内塔尼亚胡担任主席，成员包括经济贸易部、财政部、卫生部、农业与农村发展部、交通与国家基础设施部、战略与情报部和能源与水资源部的部长。第二个委员会由总理经济顾问尤金·坎德尔担任主席，成员包括以上各部门的总司长。这两个高层委员会的宗旨是促进中以经贸合作，包括促进双边贸易、双向投资和研发合作等。中国也将成立相对应的

---

① 详见 http://mfa.gov.il/MFA/PressRoom/2013/Pages/Cabinet-communique-19-May-2013.aspx。

委员会。

除了中国和印度，以色列同其他亚洲国家也保持密切的联系。

以色列和韩国1962年建交，近几年来双边关系迅猛发展，2007年两国外交部长实现互访，以色列和韩国的双边贸易额不断增长。以色列同东盟国家关系也得到发展，部分东盟国家如缅甸、泰国和菲律宾同以色列建交时间已超过50年，1993年以色列同越南建交后双边关系迅速发展，特别是在经济、贸易和科技领域。

2009年以色列非盈利性组织"以色列亚洲中心"成立。其主要宗旨是：促进亚洲地区和以色列的相互了解、合作。该机构通过网站及邮件列表发布最新的以色列和亚洲新闻、新闻分析以及各种学术交流项目。为增进中国留学生对以色列社会的了解，以色列亚洲中心2012年5月在耶路撒冷举行了"以色列－亚洲，着眼未来一代领导人计划"大型论坛活动。

三、以色列与非洲

以色列在20世纪50年代中期就同撒哈拉以南的非洲国家建立了关系。

1956年，以色列同加纳建交，次年与埃塞俄比亚和利比亚建交，随后许多非洲国家都同以色列建交。同以色列一样，这些国家大多也都是通过民族解放运动刚刚实现独立的，60年代以色列同非洲国家迎来建交高潮，到70年代，以色列已同33个非洲国家建立了外交关系。

以色列同南非和埃塞俄比亚关系较为密切，早在50年代中期以色列便向南非提供武器，70年代南非购进的以色列武器占以色列武器出口总额的35%。同时以色列还向南非提供了大量包括核技术在内的军事技术援助。此外，以色列还向尼日利亚、肯尼亚等国提供军事训练。

1967 年第三次中东战争后非洲和以色列关系开始降温，1973 年"十月战争"和随后的石油危机后，在阿拉伯国家的施压和非统组织的号召下，非洲 29 个国家相继与以色列断交，只有南非、斯威士兰、来索托、马拉维与以色列保持外交关系。

20 世纪 80 年代，以色列同撒哈拉以南的大多数国家恢复了外交关系，而且随着 90 年代巴以和平进程的推进，以色列同这些非洲国家的双边关系也得到发展，以色列先后与扎伊尔、利比里亚、科特迪瓦、喀麦隆、多哥、肯尼亚、中非、埃塞俄比亚、厄立特里亚、加蓬、刚果、尼日利亚、安哥拉、赞比亚、贝宁、冈比亚、布基纳法索、津巴布韦、博茨瓦纳、毛里塔尼亚等国复交或建交。

2003 年 1 月，乌干达总统穆塞维尼访问以色列，会见了以总统卡察夫、总理沙龙和外长内塔尼亚胡。2004 年 5 月，埃塞俄比亚总理梅莱斯·泽纳维访问以色列。其间，双方签订了贸易与税收协定。这是埃塞俄比亚领导人对以的首次访问。2005 年 7 月，安哥拉总统多斯·桑托斯访问以色列。

2009 年 9 月，以色列外交部长利伯曼访问了非洲国家埃塞俄比亚、肯尼亚、加纳、尼日利亚和乌干达，并同这些国家领导人签订了一系列政治经济合作协议。

四、以色列与拉丁美洲

1947 年联合国 181 号决议通过，20 个拉丁美洲国家中有 13 个都投了赞成票。

20 世纪 50 年代和 60 年代，通过农业、医疗、地区发展技术和经验的输出，以色列同拉丁美洲国家的关系得到发展，拉丁美洲有数千人来到以色列参加培训计划。自 60 年代起，以色列政府要员频繁出访拉美。以色列每年向拉美国家销售军工产品占以军品出口的一半以上，萨尔瓦多等国还聘用以色列军事顾问。

在第三次中东战争后，随着巴以局势的恶化，拉丁美洲国家在联合国及其下属机构中对以色列的支持减少。

以色列同拉丁美洲除古巴以外的其他国家都建立了外交关系，但 2009 年，委内瑞拉和玻利维亚相继宣布与以色列中断外交关系，以抗议以色列对加沙地带发动进攻。部分拉丁美洲国家人民也出现反犹主义行为，阿根廷是拉丁美洲犹太人口最多的国家，该国约有超过 25 万名犹太人。以色列入侵加沙后，当地反犹太人情绪激烈，有些犹太学校甚至被画上纳粹的十字符号，喷上"离开阿根廷"的字样。抗议者还袭击了以色列驻阿根廷大使馆。

以色列同拉丁美洲国家贸易稳步发展，2000 年墨西哥和以色列签订自由贸易协定。以色列出口到拉丁美洲国家的产品主要包括化工产品、软件、农产品、机械和电子产品，以色列从拉丁美洲进口的产品包括肉类、谷类、玉米、糖、可可、咖啡和金属。以色列银行、建筑公司和农业技术公司在该地区也非常活跃。

每年，许多以色列人都会来到中美洲和南美洲地区旅游。

第四节　以色列和周边国家的关系

以色列周边国家大多为阿拉伯国家。阿拉伯国家主要是一个文化、民族和政治概念，一般指以阿拉伯民族为主的国家。他们有统一的语言——阿拉伯语，有统一的文化和风俗习惯，绝大部分信奉伊斯兰教。有些国家虽非以阿拉伯民族为主体，但长期以来与阿拉伯国家建立了紧密的政治、经济、文化、宗教联系，并加入了阿拉伯国家联盟[1]，因此也被称为阿拉伯国家。目前阿拉伯国家和地区

---

① 阿拉伯国家联盟是为了加强阿拉伯国家联合与合作而建立的地区性国际组织。1945 年 3 月，埃及、伊拉克、约旦、黎巴嫩、沙特阿拉伯、叙利亚和也门 7 个阿拉伯国家的代表在开罗举行会议，通过了《阿拉伯国家联盟条约》，宣告联盟成立。

共有 21 个，加上叙利亚，这些国家总面积约 1400 万平方千米，人口总数约 1.5 亿，形成我们常说的阿拉伯世界。

阿拉伯国家整体对以色列的态度经历了下列几个阶段：

从 1948 年以色列建国到 1979 年《埃以和平协定》签署为第一阶段，在这一时期，阿拉伯国家和以色列爆发了多次大规模战争，阿拉伯国家一直希望通过战争将犹太人赶出巴勒斯坦地；从 1979 年到 1991 年马德里和会为第二阶段，在这一时期，由于埃及与以色列单独媾和，阿拉伯国家对以色列的立场严重分裂，埃以和阿拉伯世界国家发生大规模战争的可能性已不复存在，埃及被中止阿拉伯国家联盟成员国资格，阿盟在解决阿以冲突问题上的作用进一步弱化；从 1991 年到 2000 年第二次巴勒斯坦人民大起义为第三阶段，在这一时期，巴以和平进程出现曙光，特别是《奥斯陆协议》的签订，但随着拉宾被刺，内塔尼亚胡上台以及 2000 年第二次巴勒斯坦人民大起义爆发，巴以和平进程陷入僵局；从 2000 年至今，巴以和平进程进入了一个曲折发展的阶段，在这一时期，既出现了"阿拉伯和平倡议"这样积极的信号，也出现了巴勒斯坦内部分裂的消极信号，巴以问题未来发展趋势不明朗。

一、以色列与埃及

在以色列和阿拉伯国家关系中，埃以关系有着至关重要的地位，因为埃及在阿拉伯国家中有着极高的地位和声誉。"无埃及不战，无叙利亚不和"是人们评论中东局势时常常说到的一句话。在 1979 年埃以达成和平协定，以色列把西奈半岛归还给埃及，埃以之间实现了冷和平。《埃以和平协定》的签订基本上确定了以色列和阿拉伯国家之间已经不可能发生大规模常规战争，这对阿以冲突的走向有着非常重大的影响。1980 年 2 月，双方互派大使。1989 年 3 月，以色列撤出西奈半岛最后一块埃及领土塔巴地区。

2000 年 11 月，为对以色列以武力镇压巴勒斯坦平民表示不满，埃及召回驻以大使。2002 年 2 月，以色列驻埃大使向埃及总统递交了国书，标志两国关系转暖。2005 年 3 月，埃驻以色列大使到任。2010 年 7 月，以总理内塔尼亚胡访埃，同年 8 月，以总统佩雷斯访埃。2011 年 1 月，内塔尼亚胡访埃。埃及政局发生变化后，以方对埃及军方承诺继续遵守埃以和约表示欢迎。8 月，以方在追击袭以武装分子过程中误杀数名埃及士兵，引发埃及大规模反以示威。9 月，埃示威民众冲入以驻埃使馆，以色列使馆人员紧急撤离。10 月，以色列国防部长巴拉克就误杀埃及士兵事件向埃方道歉。2012 年 3 月，埃及议会通过决议，要求驱逐以驻埃大使并停止向以输送天然气。4 月，埃及宣布停止向以供应天然气。9 月，埃以重新互派大使。11 月加沙冲突爆发后，埃及召回驻以色列大使以示抗议，以色列驻埃及大使返以。2013 年 7 月以来，埃及国内局势不确定性加剧，以色列国防军随之提升了战备等级。以色列国防军现已将"铁穹"反导系统部署至红海港市埃拉特附近，此地与埃及西奈半岛毗邻。

二、以色列与巴勒斯坦

1993 年 9 月 13 日，以色列同巴解组织相互承认并签署了加沙 - 杰里科先行自治协议。1994 年 5 月 4 日，巴以在开罗正式签署关于巴勒斯坦在加沙、杰里科先行自治的执行协议。1997 年 1 月 15 日，巴以签署了《希伯伦协议》，以色列撤出希伯伦市 80% 的地区。1998 年 10 月 23 日，巴以在美签署怀伊协议，规定以色列从约旦河西岸撤出 13.1% 的土地。12 月 15 日，巴勒斯坦全国委员会通过修宪决议，删除其中的消灭以色列条款。1999 年 9 月，双方就执行怀伊协议签署了《沙姆沙伊赫备忘录》。9 月 13 日，双方启动了最终地位谈判，但因双方在攸关切身利益的重大问题上分歧严重，无果而终。2000年9月起，双方爆发暴力冲突。2001年1月，沙龙政府上台后奉行"安全优先"政策，2002年6月正式决定在西岸地区沿1949年停火线修建"隔离墙"。2007年3月，巴勒斯坦民族联合政府成立，以色列内阁以压倒性多数决定继续实行对巴的抵制政策。以色列表示不会同不接受"三项条件"的巴联合政府谈判，也不会同该政府中曾是以谈判对象的法塔赫成员联系，呼吁国家社会抵制新政府。2007年11月，安纳波利斯中东和平国际会议召开后，巴以开始就巴最终地位问题、落实"路线图"计划等进行谈判。因以色列继续扩建定居点和双方在耶路撒冷、难民和边界等核心问题上分歧严重，谈判未取得实质性进展。

2008年12月27日开始，以色列对哈马斯控制的加沙地带实施代号为"铸铅行动"的大规模军事行动。2009年1月8日，安理会通过1860号决议，要求立即停火。经埃及等各方斡旋，以方和哈马斯等武装派别于1月18日宣布停火。美国奥巴马政府上台后，加大促和力度，并就定居点等问题向以方施压，促成美、以、巴三方首脑会晤。2009年11月，以方宣布暂停约旦河西岸定居点建设10个月的限建令。经美国斡旋，巴以双方于2010年5月启动间接谈判，进而于9月初重启直接谈判。由于以方拒绝延长定居点"限建令"，和谈于10月初再次中断。巴方表示准备将巴勒斯坦独立建国问题提交2011年9月联合国大会审议，以方予以强烈反对。2011年5月，针对巴勒斯坦内部签署和解协议，以方表示将拒绝同哈马斯参与的新一届巴政府进行包括和谈在内的任何接触。5月15日，巴勒斯坦民众举行纪念"灾难日"示威游行，与以军警发生激烈冲突，造成16人死亡，数百人受伤。9月23日，巴勒斯坦民族权力机构主席阿巴斯向联合国秘书长潘基文正式提交巴勒斯坦成为联合国成员国的申请。10月11日，经多方面斡旋，哈马斯与以方就释放以被俘士兵沙利特达成换俘协议。协议于18日执行，沙利特返回以色列，以方释放了首批477名在押巴人。

在美国国务卿克里的斡旋下，巴勒斯坦和以色列2013年7月底恢复中断了3年的和谈，巴以双方共同计划在9个月之内就边界、安全、耶路撒冷、难民和犹太人定居点等最终地位问题达成协议，从而结束巴以长达60多年的冲突。截至2013年10月，此次和谈已进行7轮谈判，所有会谈均在保密状况下进行。巴勒斯坦总统阿巴斯等巴方官员曾多次表示，和谈尚没有取得任何进展。巴勒斯坦民意调查中心2013年10月2日公布的一项调查结果显示，超过半数的巴勒斯坦人认为重启的巴以和谈若失败，将导致第三次巴勒斯坦人武装起义的爆发。

三、以色列与约旦

1967年第二次阿以战争中，以色列占领西岸。1988年7月，侯赛因国王宣布中断同约旦河西岸地区的"法律和行政联系"，这也意味着约旦放弃了对约旦河西岸地区的领土诉求。1994年7月25日，以色列和约旦在华盛顿签署和平条约，宣告结束两国长达46年之久的战争状态。同年11月，以、约建交并互派大使，实现两国关系完全正常化。

1996年以色列和约旦签署贸易协定，以色列在安曼建立现代化的医疗中心；2010年7月，以总理内塔尼亚胡访约；2012年6月，约旦的一家铀矿开采公司在约旦发现了大型铀矿，约旦国内95%的能源需求是靠进口满足的，80%的电力生产靠埃及输送的天然气供应，因此约旦政府向联合国提出了开采铀矿、建核电站的申请，但在以色列的阻挠下，约旦的申请被拒绝。叙利亚内战爆发以来，在与现任叙利亚总统巴沙尔·阿萨德的谈判尝试遭遇失败后，约旦国王阿卜杜拉二世对外宣称：约旦将向以色列开通两条空中航道。这极大增强了以色列对叙利亚的监控能力。2013年7月，约旦国王阿卜杜拉二世在首都安曼会见到访的日本外务大臣岸田文雄时，呼吁国际社会统一立场应对以色列继续扩建其犹太人定居点政策。

四、以色列与黎巴嫩

1982年6月，以色列军队入侵黎巴嫩，1985年6月撤出时在黎南部保留约850平方千米的安全区，扶植约3000人的"南黎军"，并经常同黎巴嫩和巴勒斯坦武装发生冲突。1998年4月，以色列内阁通过决议，提出愿有条件地执行联合国425号决议，从黎南部撤军，但要求黎在安全问题上做出承诺，遭黎巴嫩和叙利亚拒绝。2000年5月，以色列单方面从黎南部撤军，但黎巴嫩和叙利亚坚持以色列应撤出谢巴地区。2006年7月，黎真主党武装人员潜入以北部一以军据点，摧毁一辆以军装甲车，打死3名、绑架2名以军士兵。随即以色列对黎发动大规模军事行动，即第二次黎巴嫩战争。8月11日，联合国安理会一致通过1701号决议，要求黎以停火。8月14日，黎以正式停火。10月1日，以色列国防军宣布完全撤出黎巴嫩。

五、以色列与叙利亚

1991年11月，以色列议会通过《捍卫戈兰高地法》。1992年9月，以色列首次表明以"土地换和平"的原则也适用于戈兰高地。之后，叙以和谈断断续续地进行。1996年，叙以谈判中断。1999年，双方恢复了中断近4年的谈判，但未取得突破。2001年2月，沙龙当选以总理后，提出无条件恢复谈判的要求，但遭到叙利亚拒绝。2002年2月，叙总统巴沙尔表示叙利亚愿就戈兰高地问题与以色列达成和平协议。2003年5月，以色列总理办公室证实，伊拉克战争前，以色列与叙利亚在约旦进行了接触，但以方拒绝叙方立即重开谈判的建议。2008 年 5 月，以叙双方宣布在土耳其斡旋下展开非直接谈判，谈判进行了四轮，因 2008 年底的加沙冲突中止。2011 年叙利亚内战爆发以来，中东地区的安全局势严重恶化，其危机随时可能外溢到其他国家和地区。2011 年 6 月 5 日，巴勒斯坦和叙利亚示威者在戈兰高地集会纪念第三次中东战争爆发 44 周年，与以军发生冲突，造成 20 多人死亡。2012 年 11 月，为报复叙利亚迫击炮弹落入戈兰高地停火线以方一侧，以军对叙进行了警示性炮击。叙利亚政府 2013 年 1 月 30 日发表声明，指控以色列战机当天凌晨越境空袭叙边境区一个军事研究中心，这是自 1973 年十月战争后，以军 40 年来对叙黎边境区首次轰炸。美方情报机构称叙利亚政府在 2013 年 8 月 21 日大马士革郊区的袭击事件中使用了化学武器，导致 1429 名平民丧生，其中包括至少 426 名儿童。奥巴马政府准备对叙利亚政府军进行惩罚性打击，但在俄罗斯斡旋下，美俄达成叙利亚放弃化武的协议，俄罗斯的这一外交动作对以色列施加了巨大压力，因为以色列拒绝加入《禁止化学武器公约》的主要借口就是叙利亚的化武，以色列声称叙利亚是其邻国，有敌意，且拥有大量化武，以色列需要有能力报复。

六、以色列与其他阿拉伯国家

1994 年，摩洛哥与以色列互设利益办事处；海湾六国解除对以色列间接经济制裁；多数阿拉伯国家和以色列一起参加了第一届中东北非经济首脑会议；以总理拉宾首次应邀访问阿曼。1995 年 10 月，除叙利亚、黎巴嫩、伊拉克、利比亚等国外，大多数阿拉伯国家参加了在安曼召开的第二届中东北非经济首脑会议，阿以双方签订了许多实质性协议和合同。1996 年 1 月，以色列外长巴拉克首次正式访问摩洛哥；4 月，以色列总理佩雷斯访问卡塔尔、阿曼；4—5 月，以色列和突尼斯互设利益办公室。1999 年 7 月，以总统魏兹曼、总理巴拉克、外长利维和地区合作部长佩雷斯率团出席了摩洛哥国王哈桑二世的葬礼，在此期间，巴拉克总理会见了阿尔及利亚总统布特弗利卡。10月，毛里塔尼亚与以色列建交。[①] 2000 年10 月，摩洛哥、突尼斯、阿曼冻结与以色列的关系。2002 年2 月，沙特王储提出关于中东和平的新建议，即以色列从 1967 年阿拉伯被占领土上全部撤军，阿拉伯国家同以实现关系正常化，受到国际社会的普遍欢迎。2002 年第 14 次阿拉伯国家首脑会议通过以沙特和平建议为基础的"阿拉伯和平倡议"，并将其确定为与以色列谈判解决阿以争端的基本原则，倡议要求以色列遵守联合国有关决议，全面撤出 1967 年以来占领的所有阿拉伯领土，接受建立以东耶路撒冷为首都的、拥有主权的、独立的巴勒斯坦国，并根据联合国第 194 号决议公正解决巴勒斯坦难民问题。在此基础上，阿拉伯国家将同以色列签署和平协议，并在实现全面和平的前提下逐步与以色列建立正常关系。2011 年，"阿拉伯和平倡议"后续行动委员会数次举行会议，支持巴勒斯坦 9 月将建国问题提交联合国并寻求成为联合国成员国。

七、以色列与非阿拉伯国家[②]

在以色列周边具有战略意义的国家还有伊朗和土耳其。伊朗和土耳其都属于伊斯兰世界，伊斯兰世界的概念不同于阿拉伯世界，阿拉伯世界主要指加入到阿拉伯国家联盟的国家，伊斯兰世界的范畴则更广，包括土耳其、伊朗、马来西亚等国家。阿拉伯世界从民族的角度界定范围，而伊斯兰世界是从信仰的角度来界定，实际上，阿拉伯国家的穆斯林只占全世界穆斯林人口的 1/3 左右。

[①] 2010 年 3 月以色列和毛里塔尼亚断交。
[②] 孙德刚：《以色列与伊朗关系评析》，载《现代国际关系》，2009 年第 5 期。

（一）以色列与伊朗

1947 年，伊朗是联合国巴勒斯坦特别委员会 11 个成员国之一，负责研究巴以问题的解决方案，最终，8 个国家同意分治决议，而伊朗则成为反对该决议的 3 个国家之一，伊朗认为巴勒斯坦应当建立犹太人和阿拉伯人组成的联邦国家。

从 1948 年以色列建国到 1979 年巴列维王朝被推翻这段时间，以色列同伊朗一直保持着非常密切的关系，伊朗是继土耳其之后第二个承认以色列的伊斯兰国家。1948 年以色列建国后，以色列曾利用伊朗作为一个中转站，把伊拉克的犹太人送往以色列。1950 年 3 月，伊朗在事实上承认了以色列的国家地位，但受到伊朗国内保守势力的反对，两国没能正式建交。1958 年以色列提出了"外围联盟"的政治策略，希望与包括伊朗在内的中东地区非阿拉伯国家结成联盟，1963 年巴列维推行的"白色革命"导致国内局势不稳定，而与此同时伊朗同阿拉伯国家的关系恶化，导致以色列和伊朗有了更多合作的战略必要性。

在六日战争中，伊朗为以色列提供了大量的石油，两国在军事领域也展开了密切的合作，伊朗石油也是通过经过以色列的阿什克隆—埃拉特输油管运往欧洲市场的。

1979 年伊斯兰革命后，巴列维王朝垮台，巴列维国王被迫流亡国外，宗教领袖霍梅尼回国建立了政教合一的伊斯兰共和国。由于巴列维王朝与美国的特殊关系和美国在阿以问题上对以色列的偏袒和支持，霍梅尼把反对巴列维国王的斗争总是与反美、反以交织在一起，因此霍梅尼对以色列国家的理解与认识就决定了伊朗与以色列的关系与巴列维时期相比必然会发生根本性改变。霍梅尼称以色列为"伊斯兰的敌人"、"小撒旦"，断绝了同以色列的官方联系，但实际上，两国在私下仍保持有武器交易，包括在两伊战争期间，双方出于国际利益的考虑，以色列仍然为伊朗提供了武器装备。

伊朗还是真主党和哈马斯的重要资助者，不但为这两个组织提供资金和武器，还给予它们巨大的政治支持，而真主党和哈马斯都是以消灭以色列为目的的军事组织。

2001年"9·11"事件后，美国发动全球反恐战争，把伊朗列在支持国际恐怖主义国家的黑名单之首，还把伊朗称为"邪恶轴心"。阿富汗战争和伊拉克战争使得美国和以色列已经在事实上形成了对伊朗的包围态势，从而导致了伊朗的地缘安全环境急剧恶化，随着伊朗安全环境的恶化，伊朗国内保守派势力进一步加强。

伊朗核问题也牵动着以色列和美国的神经。2003年初，伊朗宣布提炼出核电站燃料铀；2004年11月底，伊朗宣布中止铀浓缩活动，这使得伊朗核问题一度缓解。可是到了2006年年初，伊朗再次恢复了已中止两年多的核燃料研究，伊朗核问题再次引发局势紧张。对伊朗可能拥有核武器的忧虑让以色列人倍感焦虑，以色列官员和军事将领多次在公开场合呼吁国际社会向伊朗施加政治和经济压力，并且暗示，如果国际社会施压无法阻止伊朗核武器计划，以色列可能将单方面动用武力，打击伊朗的核设施；而伊朗也不甘示弱，不断进行军事演习，显示其封锁霍尔木兹海峡和攻击以色列的军事实力。以色列一旦对伊朗全面开战，不仅会对中东局势产生深远影响，而且对地区地缘环境和全球安全格局都将产生重大而直接的震动和影响。在伊朗核问题上，美国和以色列存在一定分歧，以色列倾向于进行军事打击，而美国更倾向于通过外交手段和经济手段解决伊朗核问题。2013年3月，奥巴马在第二任期第一个出访的国家就是以色列，在同内塔尼亚胡会面时奥巴马表示，现在仍然有时间以外交方式解决伊朗核问题，但每个国家都"有权采取任何军事行动"保护自己。

2013年7月，伊朗总统鲁哈尼发出了积极信号，奥巴马政府正寻求与其举行直接谈判，讨论化解伊朗核危机。在第 68 届联合国大会一般性辩论上，以色列总理本雅明·内塔尼亚胡称伊朗新总统哈桑·鲁哈尼为"披着羊皮的狼"，试图借诡计缓和与西方国家的关系，宣称以色列即使孤军作战也要阻止伊朗获得核武器。伊朗常驻联合国副代表当场反驳，坚称伊朗履行核不扩散义务，同时警告以方伊朗有能力回应任何袭击。美国国防部长哈格尔 2013 年 10 月 8 日向以色列许诺，将对伊朗保持冷静并密切关注伊朗核项目，以防止伊朗发展核武器。

（二）以色列与土耳其①

在第一次中东战争中，土耳其保持中立。1949 年 3 月，以色列和土耳其建立外交关系，土耳其是第一个承认以色列的伊斯兰国家。

1955 年，土耳其同伊拉克组成亲美反苏的巴格达条约组织，成为美国的准盟友。

1956 年 11 月，第二次中东战争爆发，土耳其将其在驻以色列公馆降级为代办，并称以色列是中东和平最大的威胁。

1958 年，以色列总理本－古里安秘密会见土耳其总理阿德南·曼德列斯，讨论建立军事合作关系，共同应对纳赛尔主义和苏联共产主义威胁。

1967 年第三次中东战争期间，土耳其谴责以色列的侵略行为，并呼吁以色列撤出占领领土，但在关于把以色列定义为"侵略国家"的投票中，土耳其投了弃权票。

1963 年，土耳其驻以色列代办处重新升级为公馆，1980 年 1 月进一步升级为大使馆。以色列在土耳其首都安卡拉设有大使馆，

---

① 章波：《冷战时期土耳其和以色列关系述评》，载《西亚非洲》，2010 年第 8 期。

在土耳其第一大城市伊斯坦布尔设有总领事馆。

20世纪90年代初，随着巴以和平进程的推进，土耳其和以色列之间关系进一步升温，2002年土耳其伊斯兰政党正义与发展党上台后加大了对叙利亚和以色列谈判、伊朗核问题和巴勒斯坦问题的关注和调停，土耳其的综合国力和地区影响力在这一时期也大幅度提升。

2005年，土耳其总理埃尔多安访问以色列，加强了两国间商贸和军事合作关系，在访以期间，埃尔多安还参观了以色列大屠杀纪念馆。在同以色列总理沙龙的会谈中，埃尔多安表示，土耳其正义与发展党认为反犹主义是反人类的罪行，伊朗追求核武器不但是对以色列的威胁，也是对全世界的威胁。

但2008年到2009年以色列对加沙发动的战争让土耳其和以色列的关系迅速恶化。2009年10月，在土耳其举行的"安纳托利亚之鹰"演习中，土耳其拒绝以色列参加。作为回应，以色列总理内塔尼亚胡表示，土耳其无法成为以色列与叙利亚之间的调停者。同年，土耳其总理埃尔多安和以色列总统佩雷斯在达沃斯论坛上展开唇枪舌剑，埃尔多安愤然离场。

2010年5月底，以色列国防军武力拦截了驶往加沙地带的"蓝色马尔马拉"号，造成8名土耳其人和1名土耳其裔美国人丧生。土方要求以色列为袭击事件道歉并赔偿损失，但遭到以方拒绝。土耳其随后宣布降格与以色列的外交关系至二等秘书规格，并中止双方一切军事协议，土以关系因此陷入低谷。埃尔多安曾多次表示，在以色列政府公开道歉之前，双边关系不会恢复到正常状态。

2012年11月，以色列对加沙地带发动"防务之柱"军事行动。土耳其总理埃尔多安指责以色列领导人试图"消灭加沙地带的巴勒斯坦人"，以色列的行动是"恐怖主义"，是试图"种族清洗"的举动。

2013 年 3 月，土耳其和以色列之间的政治关系有所改善，以色列总理办公室 3 月 22 日证实，以色列总理内塔尼亚胡当天与土耳其总理埃尔多安同意两国关系恢复到正常状态，互派大使，土耳其也同意取消对前以军将领的法律诉讼。内塔尼亚胡还就以军 2010 年武力拦截土耳其救援船导致土耳其人死亡事件向埃尔多安道歉，土耳其也接受了以色列的道歉。联合国秘书长潘基文 22 日通过发言人发表声明，对以色列和土耳其政府当天同意双边关系恢复正常化表示欢迎。土以关系的缓和一方面符合两国共同利益，另一方面和美国的斡旋有着密切关系。在中东地区动荡，特别是叙利亚局势恶化之际，两个重要战略伙伴关系恶化，非常不利于美国维持中东地区战略平衡。

在经贸方面，早在 20 世纪 50 年代两国就成为重要贸易伙伴。1996 年土耳其和以色列签订《自由贸易协定》，1997 年实施《避免双重征税条约》，1998 年签订《双边投资条约》。2011 年上半年，土以双边贸易额达到 20 亿美元，较 2010 年上半年增长 26%。土耳其已成为以色列第六大出口国，以色列出口到土耳其的产品主要为化工产品、高科技产品和军事物资，以色列从土耳其进口蔬菜、饮料和香烟等产品。

在军事方面，以色列军事工业公司帮助土耳其改造了土耳其的 F4 "鬼怪" 式战机和 M60 坦克。但 2010 年人道主义救援船事件后，土耳其暂停了许多双边军事协议和军购合同。

第五节　以色列和联合国的关系

以色列的诞生同联合国有着密切的关系，在建国初期以色列和联合国的关系很好。1947 年 1 月 29 日，联合国大会以 2/3 的多数通过了 "巴勒斯坦将来治理问题的决议"，即联合国 181 号决议。

同时，这一决议对犹太人极为有利：1947年，犹太人占有的土地面积仅占巴勒斯坦总面积的7%，但是分治决议划给犹太国的面积占巴勒斯坦总面积的56%。

这个决议引起阿拉伯国家的强烈反对，以色列建国次日，即1948年5月15日，以埃及等国为首的阿拉伯联军对以色列发动了第一次中东战争，战争初期局势对以色列极为不利，但联合国的两次调停协议为以色列争取了宝贵的时间，通过有效的国防动员和武器进口，以色列最终取得了战争的胜利，新生的政权得到了巩固。

1949年5月11日，以色列被联合国接纳为第59个成员国。但以色列与联合国的关系在1949年底由密切走向了紧张，这种转变的导火线在于耶路撒冷问题。1949年12月13日，以色列议会通过决议，宣布耶路撒冷为其首都并且决定将政府迁往耶路撒冷。而就在四天之前，联合国大会通过了关于耶路撒冷国际化的决议即303号决议，该决议的主要内容是重申耶路撒冷永久国际化。1950年1月23日，以色列议会通过决议，将耶路撒冷确定为其永久首都。联合国大会、安理会和教科文组织先后通过了120项以上的决议，反对以色列占领并且改变耶路撒冷的历史地位。

但以色列一直置这些决议于不顾，1980年以色列议会通过《基本法：耶路撒冷——以色列的永久首都》，从法律上将耶路撒冷确定为其永久首都。针对以色列的这一行为，联合国通过478号决议，认定以色列的这一立法是对国际法的侵犯。

20世纪60年代和70年代，随着全世界反帝反殖运动的深入，亚非广大殖民地纷纷获得独立，并且在联合国获得自己的席位，联合国成员中的阿拉伯国家也大大增加，广大发展中国家，尤其是阿拉伯国家、穆斯林国家和不结盟运动国家普遍在感情上倾向于巴勒斯坦人民。与此同时，1967年的第三次中东战争极大地激发了巴勒斯坦人的民族感情，他们开始积极获取国际社会的理解、支持和同情。所有这些因素，导致以色列在联合国越发孤立。1975 年 11 月，联合国大会以 72 票对 35 票通过 3379 号决议，认为犹太复国主义是一种种族主义。由于这一决议从根本上否定了以色列作为犹太国家的合法性，它使得以色列与联合国的关系降到了历史最低点。

从 1960 年到 1990 年，联合国通过了数以百计的决议，谴责以色列的侵略行径，以色列在联合国陷入空前的孤立。

20 世纪 90 年代后，随着两极格局的崩溃，国际局势总体上趋向缓和，发展经济成为世界上大多数国家的首要议题。在这一大背景下，以色列和联合国之间的关系逐渐缓和，1991 年 12 月，在美国的协调下，联合国通过决议，否定了"犹太复国主义是一种种族主义"这一提法。1993 年《奥斯陆协议》的签订让人们看到了巴以和平进程的希望，联合国为了全力促进地区和平，谴责以色列的决议大为减少，甚至还对许多决议进行了修订。与此同时，以色列在联合国的活动也越来越频繁，1993 年 6 月，以色列首次获准参加联合国下属机构信息委员会，1993 年 12 月 14 日，联合国大会通过决议，155 个成员国对巴以和谈进程所取得的成就表示赞赏和全力支持，这是联合国历史上第一个涉及中东和平而未对以色列进行谴责的协议。

1994 年，以色列获准参加在安哥拉的维和行动，以色列还在联合国海牙行政法庭、世界卫生组织和人权委员会获得了重要席位。在 1993 年到 1995 年期间，联合国安理会没有通过任何直接谴责以色列的决议，并且安理会还谴责了针对以色列的恐怖主义活动。所有这些都表明以色列与联合国的关系得到了极大的缓和与改善。

但随着巴以和平进程陷入僵局和以色列的犹太定居点计划的展开，以色列与联合国的关系重新下滑。1995 年 12 月，联合国大会以 133 票赞成、1 票反对通过决议，谴责以色列在东耶路撒冷的定居点计划。

进入 21 世纪以来，以色列与联合国的关系有所改善。2000年，按照联合国安理会 425 号决议的要求，以色列完成了从黎巴嫩南部的撤军。此外，以色列还承诺增加其会费份额。

2004 年 11 月，联合国大会通过决议，将每年的 1 月 27 日定为"纳粹大屠杀幸存者国际日"。2005 年 1 月 24 日，联合国大会举行特别会议，纪念纳粹集中营解放 60 周年。2005 年 6 月，以色列常驻联合国代表吉勒曼被选为联合国大会副主席，成为以色列首位出任此职的外交官。

但以色列同联合国之间对立的事件仍时有发生，2006 年 7 月13 日，黎以冲突爆发，联合国随即敦促有关各方保持克制，但得到美国坚决支持的以色列置若罔闻。在美国的偏袒下，7 月 27 日安理会发表"低调"的主席声明，却未能对以色列有所作用。而以色列充分利用赢得的时间，基本上达成其战争目的后，才接受了安理会于 8 月 11 日通过关于解决黎以冲突的第 1701 号决议。

在经历了 2011 年的失败后，2012 年阿巴斯继续展开巴勒斯坦在联合国的入联征程，最终，第 67 届联合国大会于 11 月 29 日以138 票赞成、9 票反对、41 票弃权通过决议，决定在联合国给予巴勒斯坦观察员国地位。中国、土耳其、埃及、巴西、阿尔及利亚、阿根廷等近 70 个国家为该决议草案的共同提案国，法国、俄罗斯、中国等国投了赞成票，德国、英国等国弃权，美国、以色列和加拿大等国投了反对票。

作为"回应"，以色列安全内阁在第二天即 11 月 30 日批准在约旦河西岸和东耶路撒冷犹太人定居点新建 3000 套住房，此外，以色列政府宣布将扣押为巴勒斯坦民族权力机关代收的 1.2 亿美元税金和关税款项，用于偿还拖欠以色列公司的债务。12 月 2 日，联合国秘书长潘基文强烈批评以色列在东耶路撒冷附近开发一个有争议地区的计划，称这给予以色列同巴勒斯坦人实现和平的机会"几乎致命一击"。

2013年10月以色列首次宣布将参与竞争2019年至2020年安理会非常任理事国席位，以色列将会和德国、比利时竞争，争夺分配给西欧国家小组的两个席位。但联合国外交官员怀疑以色列难以如愿以偿，他们引证称，联合国大部分成员国都属于不结盟组织，而这120个国家中有的对以色列持有中立立场，有的甚至明确表示反对。

第十二章 中以关系

　　中华文明和犹太文明虽然位于欧亚大陆的两端，相隔万里，但是都是古老文明的延续，有较为深厚的历史积淀。60 多年来，中国和以色列的双边关系发展却因为受到各方面因素的制约和影响而呈现出非常不寻常的现象。自 1992 年建交以来，两国政治经济关系不断发展，目前，中国已成为以色列的第三大贸易伙伴，双边贸易量与建交时相比增长了近 200 倍，两国在科技、文化、教育、新能源、生物技术、现代农业、环保、信息技术等领域的合作日益扩大和深化。中以务实合作全方位多层次展开，给两国人民带来实实在在的好处。

第一节　中华民族和犹太民族交往史

一、古代交往史

　　中华民族和犹太民族的交往历史悠久。

　　公元 135 年反抗罗马帝国的星辰之子大起义失败后，犹太人进入了漫长的大流散时期，有一部分人大概在汉朝时流散到中国。

　　唐代时，中西交通通畅，基督教、伊斯兰教传入中国，部分犹太人来到中国经商、生活。学者普遍认为，当时的犹太人是沿着陆上丝绸之路进入中国的，后来也有部分犹太人通过海上丝绸之路来到中国。在进入中国后，这些犹太人居住在西安、洛阳、敦煌、开封、广州、宁波等地。

到北宋年间，开封已成为居住在中国的犹太人的中心，由于关于开封犹太社团的记录很多，开封犹太人的相关记录是研究古代犹太人的重要史料。宋代帝王曾友善地对犹太人说："归我中夏，遵守祖风，留遗汴梁。"允许犹太人保持自己的宗教和习俗。开封犹太人称自己信奉"一赐乐业"教，正是以色列的音译。他们由于吃牛羊肉时剔除腿筋不食，因此被人们称为"挑筋教"；他们头缠蓝布，所以又被称为"青帽回回"或"蓝帽回回"①。1163年，开封犹太人建起犹太会堂，当时汉人称之为"一赐乐业教清真寺"。明朝时，著名天主教传教士利玛窦也在开封发现了犹太人的踪迹，他还猜测在开封可能保存有犹太律法《摩西五经》，在当时引起较大轰动。

中国文化具有强大的包容性，开封犹太人也在不自觉中融入了中国主流社会。他们在中国娶妻生子、参加中国的各类科考、担任各级文武官吏，把自己的希伯来名字也改为汉字。宋代犹太人在开封有1000多人，到明代已发展到5000多人，最后以"蓝帽回回"的名义欣然加入中华民族行列。1642年，为抵御李自成农民起义军，驻守开封的明朝将领掘开黄河大堤，整个开封城被淹，大多数犹太人也死于此次大水，后来虽然犹太人又重建了犹太会堂，但犹太社团逐渐没落。

元代由于蒙古征战，陆路交通被拓展，又有一些犹太人来到中

---

① "回回"一词最早出现于北宋沈括的《梦溪笔谈》，起初一般指回鹘人，后来泛指摩尼教徒、景教徒、伊斯兰教徒及其他宗教教徒，是汉人的一种叫法。所不同的是，开封犹太人履行宗教仪式时头戴蓝色帽子，所以被称为"蓝帽回回"，而穆斯林则头戴白色帽子，所以被称为"白帽回回"。

国。19 世纪前，除了开封犹太人社团外，中国还有北京、泉州、洛阳、南京等地有过犹太人居住区，但随着时间的推移，这些犹太人逐渐丧失了其民族特性，融合于满、汉、回等民族中。

明代后期至清代，中国的封建王朝政府闭关锁国，中国的犹太社团和国外失去了联系。中国文化有较强的同化能力，也不存在欧洲的反犹主义，因此许多犹太人选择了同外族通婚，宗教传统也难以维系，以至于最后完全被同化。

二、近代交往史

近代来华犹太人的数量远远超过古代犹太人。

近代犹太人来到中国始于 1840 年。鸦片战争后，许多犹太人来到中国开放的 5 个通商口岸[①]，上海出现中国近代史上最早的犹太人社区，许多塞法拉迪犹太人来到中国的香港和上海，经商创业，并形成了包括沙逊、哈同和嘉道理家族在内的实业大亨。1887 年，沙逊家族的犹太人在上海建立第一座犹太教会堂。到 20 世纪 30 年代，上海犹太社团的人数已近 5000 人，他们拥有自己的社团协会、宗教公务、犹太会堂、学校、医院、养老院、公墓、商会、政治团体、报刊等。[②]

19 世纪末，俄国修建从"满洲"至符拉迪沃斯托克的铁路，加上当时俄国对犹太人的集体迫害，许多俄国犹太人逃亡到哈尔滨。1907 年，他们在哈尔滨建立了犹太会堂；到 1931 年，哈尔滨犹太人总数达到 15000 人，哈尔滨的犹太社团超过当时上海的犹太社团成为中国最大的犹太社团。以色列前总理奥尔默特从小就是在哈尔滨犹太社团长大，他的爷爷是从俄国移居中国哈尔滨的早期

---

① 分别为上海、宁波、福州、厦门、广州。

② 潘光、王健：《一个半世纪以来的上海犹太人》，北京：社会科学文献出版社，2002 年版。

移民。

随着犹太复国主义的兴起，犹太人逐渐成为一股独立的力量进入世界政治的视野。国民党政府同犹太复国主义者保持着较好的关系，1920年，孙中山致信上海犹太复国主义协会创立者埃兹拉，在信中表达了他对犹太复国主义运动的支持和同情。

第二次世界大战对于中国人和犹太人来说都是非常难以回首的一段历史，纳粹德国和日本军国主义分子让世界上61个国家和地区20多亿人卷入战争当中，中国有3500多万同胞死于日本人的屠刀下，犹太人也有600多万同胞被纳粹屠杀。但在这一时期，中国成为犹太人的避难所。任中国驻维也纳总领事的何凤山向数千犹太人发放了前往上海的签证，使他们免遭纳粹的杀害。何凤山被称为"中国的辛德勒"，以色列政府追认他为"义人"，以表彰他在二战期间英勇救助大批可能遭到纳粹屠杀威胁的犹太人。1941年，上海的塞法拉迪人、俄国犹太人和来自欧洲的阿什肯纳兹难民数量超过3万，当时的上海也因此形成远东最大的犹太社团。

1939年2月，国民党政府立法院院长孙科向国民政府提出建议，要求尽可能在我国西南边区划定寄居区域，安置逃亡来华的数万犹太难民，但最后计划没有实现。

1947年联合国对巴勒斯坦分治决议的投票中，中华民国是10个投弃权票的国家之一。以色列在建国后的第二年，国民党政府正式承认以色列。

总之，20世纪30年代初，华东的上海、东北的哈尔滨、华北的天津和华南的香港成为近现代犹太人在中国的主要聚集地和活动中心，但不同于古代居住在中国的犹太人，他们只是侨居中国，并没有融入中国人的生活，更说不上被同化，中国人对犹太人的友好为他们提供了良好的环境。二战后，特别是在1948年以色列建国后，许多犹太人选择回到以色列。1949年新中国成立后，面对各种不确定性，许多犹太人选择移居中国香港、美国和澳大利亚。

第二节　中国和以色列政治关系

一、建交前的中以关系

1948年，以色列宣布建国，包括新华社和《冀中导报》等中国共产党的通讯社和报纸在内的中国舆论界普遍表示欢迎。1949年新中国建立后，中以关系发展进入新时期。1950年1月9日，以色列承认中华人民共和国，成为中东第一个、西方第七个做出这一外交动作的国家，并断绝了同台湾的外交关系。以色列这么早承认新中国政权，与当时需要中国同意东北犹太人的回归有关，也同社会主义国家苏联在以色列建国初期对其的支持有关。此外，犹太人内心对中国人的深刻感激也有一定作用，因为19世纪晚期和20世纪前半叶当犹太人在俄、德两国遭受迫害时，他们在中国的哈尔滨和上海找到了安全的避难所。

1949年，中国和以色列已具备了一定的建交条件，中国政府在建国初期的建交原则是："凡与国民党反动派断绝关系，并对中华人民共和国采取友好态度的外国政府，中华人民共和国中央人民政府可在平等、互利和相互尊重领土主权的基础上，与之谈判、建立外交关系。"就在双方外交人员在莫斯科频繁会晤、筹备建交的时候，1950年6月25日，朝鲜战争爆发，在联合国就朝鲜战争中国为"侵略者"的提案表决时，以色列投了赞成票，之后以色列在对中国实施禁运的决案中也投了赞成票，公开站在了美国一边。以色列甚至派出了一支医疗队到朝鲜半岛，这一行为终止了以色列在建国初期制订的不结盟政策，成为以色列战略上的重大转折点，中以关系也因为这一政治事件发生了较大的转向，中国在官方文件和主流媒体中对以色列从之前的支持走向了反对及予以谴责。

　　1953 年到 1955 年对中以关系来说也是一个较有戏剧性的时期。在这一时期，以色列驻缅甸大使戴维·哈科恩为拉近以色列和中国以及其他亚洲国家的关系做出了努力。哈科恩是以色列总工会的主要人物之一，中国市场对于以色列总工会非常重要，因此他主张以色列改善同中国的关系，并同中国驻缅甸大使姚仲明就建交问题进行了接触。1955 年，以色列经贸团访华，并在沈阳同中国高级领导进行了会谈，中以关系发展出现了新的契机，但 1955 年 4 月的亚非会议将以色列和台湾排除在外，中国选择了发展中阿关系，特别是中埃关系，亚非会议后，以色列政府照会中国外交部，表示"准备同中国建立外交关系"，但周恩来总理指示："同以色列缓建交，但可保持贸易关系。"之后，中以间的政治关系冷淡，直到 1979 年《埃以和平协定》签订后才开始逐渐恢复接触。但需要指出的是，即便在当时，中国也没有否认过以色列的生存权。

　　1956 年，苏伊士运河战争爆发，中国强烈谴责以色列，中以关系完全停滞。当时以色列驻美大使阿巴埃班反对哈科恩的"中美平衡政策"，认为这会损害美以关系的发展。随着阿巴埃班的主张被以色列决策层接受，以色列开始逐渐倒向美国，彻底放弃了其在建国之初确立的不结盟政策。

　　1955 年到 1979 年几乎是中以关系的空白年，唯一的联系是以色列共产党同中国共产党之间的党际联系。但以色列共产党对中国共产党"大跃进"、"文革"以及在东南亚国家"输出革命"都表示不满。这一时期，中国拒绝对以色列人发放签证，除非该以色列人具有双重国籍，但中国人民和世界各国犹太人之间的友谊并没有中断，双方在反对侵略战争、维护世界和平等方面仍然互相支持。

　　70 年代一系列历史事件的发生都为中以关系的恢复提供了条件："文化大革命"的结束和十一届三中全会的召开让中国重新回

到了正确的政治轨道，之前一度停滞的外交工作得到恢复；中美建交为中以关系的发展扫清了障碍；《埃以和平协定》的签订在一定程度上改变了中国对以色列的看法；对越自卫反击战则给中以军火贸易带来了契机。此外，由于 1979 年苏联入侵阿富汗，中国和以色列在反对苏联的霸权主义和民族沙文主义上也达成了默契，两国都为阿富汗的伊斯兰抵抗力量提供了一定援助。当然，受美国的干涉，中以之间的合作，特别是军事上的合作，没能继续保持良好势头。

20 世纪 80 年代中期后，中以之间在经济、贸易、文化、旅游、政党等方面的民间交往迅速发展，这都为双边官方联系的建立提供了条件。1989 年 1 月，中国外长钱其琛在巴黎会见以色列外长阿伦斯，商定两国常驻联合国代表保持经常性接触。

在文化交流方面，由于受冷战时期国际大环境的制约，我国外交以意识形态划线，支持第三世界的阿拉伯国家，中以两国文化上的交往不多，特别是在"文化大革命"期间，中国在中东地区的外交工作几乎完全被搁置，中国和以色列在教育、科技等领域基本没有交往。1978 年中国共产党的十一届三中全会召开后，中国重新启动各个地区的外交工作，同以色列之间的接触也越来越多。值得一提的是，在中以关系史上，民间组织的设置为两国关系的正常化发挥了重要作用，20 世纪 80 年代中期后，中以之间在经济、贸易、文化、旅游、政党等方面的民间交往迅速发展，这都为双边官方联系的建立提供了条件。1989 年，中国国际旅行社代表团访问以色列，决定在特拉维夫设立办事处。以色列科学及人文学院同年也在北京设立联络处，这两个机构实际发挥着领事机构的作用。1988 年至 1989 年间，中国成立了上海犹太学研究会、犹太研究中心、同济大学社会与文化研究所犹太研究室、南京犹太文化研究室等学术机构，专门从事对犹太研究和以色列研究，促进了两国间和两民族间的了解。

二、建交后的中以关系

1992 年 1 月，中以签订《中华人民共和国与以色列国建立大使级外交关系联合公报》，实现正式建交。建交以来，中国和以色列在各个领域都展开了卓有成效的合作。

中以建交后，双边高层互访明显增多。1992 年，中国外交部长钱其琛访问以色列，同年以色列总统赫尔佐克访问中国。1993 年，以色列总理拉宾访问中国。1997 年，中国领导人李岚清、温家宝、钱其琛先后访问以色列。1998 年，以色列总理内塔尼亚胡访华。2003 年，以色列总统卡察夫访华，在会谈期间，胡锦涛指出，中以友好和互利合作是两国人民的共同愿望，符合两国人民的根本利益，也有利于地区和世界的和平、稳定与发展。他建议：（1）继续保持两国高层的接触与沟通，开展不同层次的政治对话与磋商；（2）本着互利互惠、共同发展的原则，加强双边经贸合作；（3）进一步深化双方在科技、文化、教育等领域的交流与合作，鼓励和促进民间友好交往；（4）着眼长远，扩大共识，共同推动两国关系长期健康稳定地发展。2007 年，以色列总统奥尔默特访问中国，庆祝中以建交十五周年，并决定在广州建立一个领事馆。2009 年 4 月，杨洁篪访问了中东的埃及、巴勒斯坦、以色列和叙利亚四国，提出推进中东和平进程的五点建议：（1）有关各方应坚持和谈的大方向，以联合国有关决议、"土地换和平"原则、"路线图"计划、"阿拉伯和平倡议"为基础，坚定推进和谈进程。（2）各方应采取积极措施，尽快恢复局势稳定，不断积累互信，为和平进程向前发展创造条件。（3）要坚持"两国方案"，早日建立独立的巴勒斯坦国，实现巴以"两个国家"和睦相处。这是巴勒斯坦问题的最终出路，也是中东和平与安全的根本保障。（4）国际社会应持续关注中东问题，为各线和谈以及巴内部团结和经济发展提供有力支持。
（5）巴以、叙以、黎以等各线谈判应协调推进，以实现中东地区的
全面和平。作为联合国安理会常任理事国，中方将继续同有关各方
保持密切沟通、协调，为推动中东问题的全面、公正、持久解决发
挥建设性作用。

2013 年 5 月内塔尼亚胡访华，8 日国务院总理李克强在人民
大会堂同以色列总理内塔尼亚胡举行会谈。李克强表示，务实合作
是中以关系发展最快、最具活力、前景最为广阔的领域。双方要努
力提升各领域合作水平，更好造福两国人民。一是扩大双向贸易投
资，提升贸易的层次和附加值。二是深化科技合作。通过共建产业
园区、技术转移中心等方式，实现两国技术和市场的优势对接。欢
迎以方在技术前沿领域加大对华投资。三是做大做强农业合作。中
方愿继续学习借鉴以方农产品选育、畜牧业等方面的先进技术和管
理经验，开展节水旱作领域合作。四是开拓工程承包和劳务合作。
中方鼓励更多有实力的企业赴以参与工程项目建设。[①]

在军事领域，建交以来中以两国间有一定的军事贸易往来，但
受到美国的强力制约，并因此酿造出一系列的外交事件。1992 年以
来，美国对以色列对华出售"幼狮"式战斗机（Lavi）、"费尔康"
预警机（Phalcon）、"哈比"无人机（Harpy）以及"爱国者"导弹
系统都表示了不满。特别是 2000 年的"费尔康"事件，以色列的
违约行为严重损害了两国的政治互信，在之后的 3 年内中方都没有
部长级以上官员访问以色列，两国间也没有大规模军事贸易合作。

近年来，中国和以色列双边关系有所改善，中以军方互访频
繁。2011 年 6 月，中国海军司令员吴胜利访问以色列。2011 年 6
月，以色列国防部长巴拉克访华，在华期间巴拉克会见中国国家和

---

① 详见 http://www.fmprc.gov.cn/ce/ceil/chn/zygx/sbwl/t1039010.htm。

军队的领导人，讨论如何进一步增进以中两国、两军之间的友好合作关系。2011 年 8 月，中央军委委员、总参谋长陈炳德访问以色列，中方代表团与以色列军政首脑进行了密集互动，并考察了以方的部分战备设施。2012 年，以色列国防军总参谋长甘茨访华。

除了军方高层领导互访，中以双方还举行了一系列军事合作：2012 年，中以两国宣布开展"反恐"合作，以色列边防警察在北京进行了大型演练，参加演练的有以色列边防突袭队的 53 名警官；2012 年 8 月，由中国海军第十一批护航编队"青岛"舰、"烟台"舰和"微山湖"舰组成的舰艇出访编队抵达以色列海法港访问。

三、影响中以关系的因素

（一）意识形态

从 20 世纪 50 年代到 90 年代初，整个世界处于冷战时期。所谓冷战，是指美苏两个超级大国以及分别以它们为首的两大集团之间，在政治、经济、军事、外交、意识形态、文化乃至科学技术等方面，既非战争又非和平的对峙状态。在形成冷战的诸多要素中，意识形态是一个最具标志性的要素。

中国在 1949 年成立后，在外交上向社会主义苏联"一边倒"，加入了以苏联为首的社会主义阵营。以色列宣布建国后立即得到美国的承认，六日战争和"黑九月"事件中以色列表现出坚定的亲西方立场和强大的军事潜力，逐渐被纳入以美国为首的资本主义阵营。

在冷战的大背景下，1991 年之前的中以关系中意识形态的痕迹非常强烈。1955 年 4 月的亚非会议召开之前，在以色列驻缅甸大使哈科恩和中国外交家的努力下，中以关系已经具备了一些改善的条件，但在意识形态原则作用下，中国坚决选择了反帝反资本主义立场，同包括中东地区阿拉伯国家在内的广大第三世界国家站在了一起，中以关系因此进入冷淡期。但需要指出的是，意识形态只能说是影响中以关系的因素之一，且具有较强的时代性。冷战结束后，特别是随着中以关系正常化，意识形态的影响力越来越小，国家利益成为影响两国关系的最根本原因。

（二）国家利益

国家利益是现实主义国际关系理论的基本概念。国家利益是国家对外政策的核心，是影响中以关系发展最根本的因素。可以说，正是出于对国家利益的考虑，中国和以色列的双边关系在历史上呈现出既合作又对立的两面性特征。

在 20 世纪 50 年代初，以色列因为在抗美援朝战争中站在了美国一边，中以关系迅速恶化。但以色列在其他领域却又支持了中国，1950 年 9 月 19 日，以色列在联合国大会中为中国加入联合国投了赞成票，加入了让中国政府合法化的 15 国集团，在这种对华政策的两面性上，这一时期的以色列和印度非常相似。

同样，在 20 世纪 70 年代末，中国和越南之间爆发战争，越南得到苏联的军事支持，而以色列由于在第三次和第四次中东战争中截获了大量苏联装备，因此非常熟悉苏联装备，并具备升级武器系统的能力，以色列也因此成为中国进行军事合作的最佳选择。在中以军事合作过程中，中国军队得到升级的装有 105 毫米火炮的 T59 坦克。当时中以并没有建交，但双方出于国家利益考虑，达成了军事贸易协定。据统计，在 20 世纪 70—80 年代，中以之间军火贸易额大概达到 30 亿—40 亿美元。

建交以来，中以经贸合作不断发展的根本原因也是国家利益的契合，中国和以色列在经济上具有较强的互补性，中国在基础建设、高速铁路等方面的优势对以色列有着很强的吸引力，以色列强大的研发能力则可以帮助中国公司突破瓶颈，这种互补性将成为推动两国经济关系快速发展的巨大动力。

（三）美国因素

从世界格局的层面看，美国因素在中以关系的建立和发展过程中影响巨大。可以说，美国因素是中以关系发展过程中最为重要的外因。

在以色列建国后，以色列同美国的关系经历了从一般到特殊的过程。时至今日，美以关系是整个世界上国与国关系中最为坚固的一对双边关系之一，近几十年美国历届总统都表达了维护以色列国家安全的决心，确保以色列的生存和安全是美国中东战略和中东政策的重要内容。

美国作为世界上头号强国，对以色列和中国都有极大的影响力。以色列对美国的依赖性很大，这种依赖体现在很多方面：在经济上，以色列是接受美国援助最多的国家之一，美国的军事援助帮助以色列经济摆脱了沉重的国防开支负担；在政治上，美国给予了以色列巨大的支持，美国几乎否决了联合国安理会上所有不利于以色列的决议；在军事上，以色列得到了美国许多先进的军事科技与装备。美国对以色列的支持一方面为以色列带来了巨大的红利，但另一方面严重影响了其政治自主性，能体现这一点的事件数不胜数：

1954 年中国第一次以五大国之一的身份出席日内瓦会议，之后，中美举行大使级会谈。随着中美关系的缓和，以色列的对华政策也立马变得积极起来，通过驻缅甸大使戴维·哈科恩和中国接触。

在对华军售问题上，以色列受美国影响也很大。2000 年 7 月，中以两国间出现"费尔康"预警机事件。在这一事件发生前，江泽民刚刚访以，巴拉克也对这次交易的成功做出了保证。但最终，在美国的压力下，以色列宣布取消合同，并向中国支付 3.5 亿美元的毁约补偿金。

2004 年中以之间又出现"哈比"无人机事件。"哈比"无人机是以色列航空工业公司在 20 世纪 90 年代研制的可以从卡车上发射、可对雷达系统进行自主攻击的无人机。以色列在 1994 年把"哈比"无人机以每架 5500 万美元的价格出售给中国，按照合同约定，2004 年 12 月"哈比"无人机被运回以色列进行技术升级，但就在这时，美国以"哈比"无人机具有美国技术为由要求以色列扣押无人机并解除合同。这一事件让中以关系降到冰点，从这以后，以色列对华出口的所有产品都要接受美国严格的检查。

当然，我们也不可以过于夸大美国的作用，甚至把以色列看成美国的附属国，特别是在涉及以色列国家安全的问题上。对领土狭小并被阿拉伯世界包围的以色列而言，任何一次错误都可能是致命的，因此，在没有来自美国强烈反对的情况下，以色列往往会做出与美国意志不完全相符和不利于地区稳定的激进行为，如 2006 年第二次黎巴嫩战争、2012 年底对加沙地带展开的"防务之柱"军事行动和约旦河西岸定居点的修建。

（四）阿以局势

在地区层面，对中以关系影响最大的因素是中东局势，具体而言是阿以局势。

在中以关系史上，1979 年中国和以色列能够实现军事贸易上的合作，很大程度上和 1977 年以来阿拉伯国家埃及和以色列的和解有关；同样，1991 年马德里和会的召开标志着巴以和平进程的启动，阿以局势朝着好的方向发展，正是在这种地区环境下，中国和以色列顺利于 1992 年实现了建交。

阿以局势之所以能影响中以关系，主要是因为中国在阿以两方都有较大的利益诉求。以色列方面，中国需要获得以色列的先进技术，良好的中以关系有利于吸引更多的犹太商人来华投资，改善美国犹太院外集团的对华看法，稳定中国和美国之间的良性互动。

在阿拉伯国家方面，中国首要的利益诉求是石油。2011 年，中国石油表观消费量达 4.7 亿吨，石油和原油的对外依存度也均突破 55%，其中大部分石油都来自中东，2005 年中国 58% 的进口石油来自中东。虽然之后中国政府对能源进口分布进行了调整，但中东石油仍然占到中国石油进口总量的 40% 左右。除了石油需求，中国在阿拉伯世界还有重要的政治利益。阿拉伯国家众多，中阿关系的发展对于巩固和发展中国在联合国等平台上的政治影响力也有着至关重要的作用。出于中阿双方的国家利益需求，中国同所有阿拉伯国家均建立了外交关系。中阿双方在各个领域的友好合作关系稳步发展，合作水平也不断提高。2004 年 1 月中阿合作论坛成立，成为中国同阿拉伯国家开展集体对话与务实合作的重要平台。

第三节　中国和以色列合作与交流

一、中以经济合作

自 1992 年建交以来，中国和以色列在经济领域展开了广泛合作。1992 年 10 月，两国签署政府间贸易协定，互相给予贸易最惠国地位，此后，双方还签署了避免双重征税、投资保护、经贸合作、工业研发合作等协定。2005 年以色列政府正式承认中国完全市场经济地位。

中以贸易互补性强、发展迅猛，贸易额逐年增加。1992 年（建交当年）中国和以色列双边贸易额仅为 3000 万美元，到 2008 年双边贸易额为 55.3 亿美元，其中中国出口额为 42.4 亿美元，以色列出口额为12.9亿美元。2011年双边贸易额达97.8亿美元，较2010年增长28%，其中中国对以出口67.4亿美元，自以色列进口30.4亿美元，高新技术产品进出口约占双边贸易总额的1/5。2012年，中以双边贸易额为99.1亿美元，中国已成为以色列第三大出口国，双边投资合作项目不断增多，合作前景光明而广阔。中国对以色列主要出口商品有机电产品、纺织品、服装、鞋类、陶瓷制品等；以色列对中国出口商品除钾肥外均为高技术产品，包括机电产品、医疗仪器及器械和电讯产品等。目前，中国已成为以色列在亚洲的第一大贸易伙伴和全球第三大贸易伙伴。

以色列对华投资始于20世纪80年代中期。2010年，在华以色列企业超过1000家。截至2008年年底，以色列对华直接投资项目达275个，实际投资额约2.03亿美元，投资领域涉及农业、电子通讯、化工、医疗保健、环保和水处理、珠宝钻石等10多个行业。中以两国在风险投资合作方面也进展迅速，2008年1月，中国国家开发银行与以色列贴现银行共同出资成立了3.5亿美元的华亿创业投资基金。

随着中以经贸合作关系的发展，越来越多的中国企业开始赴以投资。随着双边经贸合作水平的不断提高，进入以色列市场的中国产品也越来越多，2010年9月，以色列著名汽车进口企业大卫·鲁宾斯基东方汽车公司（David Lubinsky Group）从中国进口了首批轿车，随着这160辆由上海汽车公司生产的"荣威550"轿车抵达以色列南部港口埃拉特市，中国轿车正式进入了以色列市场。2012年1月30日，产自我国郑州宇通公司的一部客车样车运抵以色列南部港口埃拉特。这是我国第一部进入以色列市场的客车产品，也是近两年来继荣威、长城后第三个打入以色列市场的中国汽车品牌。2012年，中国联想成为以色列笔记本电脑市场最畅销品牌，占据其21.2%的市场份额，较2011年的16.3%有大幅提升。中国联想由此取代戴尔，占据以色列笔记本市场销量的第一名。此外，中国也有许多公司进驻以色列，包括中国土木工程集团有限公司、中国远洋运输集团公司、中国海运、南通国际经济合作公司和中兴集团等。

为寻求与以色列在油页岩技术领域开展合作，吉林省省长助理赵振起于2013年3月率经贸代表团访问以色列，会见以色列工贸部、出口和国际合作协会，拜会以色列能源开发公司和油页岩领域相关专家。以色列能源开发公司的原位裂解开采技术居世界领先地位，目前技术已完成实验室测试阶段，有望于近年正式投入生产应用。

2011年，中国商务部长陈德铭访问以色列。陈德铭指出，在"十二五"期间，中方将通过加强与以色列的合作，并结合中国的实际，对"以色列经验"加以学习和应用。第一，中方将增加引进以色列高科技产品和先进技术，为改造传统产业服务；第二，双方将进一步采取措施，鼓励两国企业开展共同研发合作，提升企业科技研发和创新水平；第三，双方将加强在可再生能源、水资源利用、生物医药、节能减排和电子信息等重点领域的合作；第四，双方将加强智力引进、研讨培训、交流互访等人力资源合作，提高能力建设水平。

2012年，受欧债危机影响，作为以色列传统出口市场的欧洲需求持续低迷。面对这一局势，以色列政府调整目标，将贸易重心转移到中国和印度，希望通过财政资助鼓励企业开拓中国和印度市场的业务，扩大经贸合作，为拉动以色列经济增长注入动力。2012年底，以色列工业贸易劳工部设立了总额为1亿谢克尔（约合2080万美元）的专项经费，用于资助以色列企业向中国和印度出口。对于按规定提交申请并获批准的以色列企业，以色列工贸部将为其在中国和印度开设代表处支付50%的费用。

2013 年 5 月以色列总理内塔尼亚胡访华期间，以色列成立了负责以中经济合作的部长级委员会。2014 年 5 月，该委员会通过了一项旨在推进和扩大以中双边贸易的全面行动计划。根据这项计划，以色列将在 5 年内把对中国的年出口额翻一番，达到 50 亿美元。以色列政府将每年拨款 1400 万美元用于促进以中贸易。此外，以色列将扩大在中国的技术密集型工业、农业、环境保护、能源、水技术和健康等领域的合作，并在每个合作领域与中方联合成立工作组，以提高以色列企业在中国的运营能力，增加以中相互投资。根据这项计划，以色列将在中国设立"指定行动中心"，以色列经贸部也将在中国开设新的负责经济事务的办公室。此外，以色列还考虑对中国商务人士、游客及学者实行新的签证优惠政策。

二、中以科技合作

自 1992 年建交以来，中国和以色列在科技领域也展开了广泛合作。2008 年，两国签署了《高技术领域合作谅解备忘录》，成立了中以高技术合作促进中心，有力推动了两国企业在交流互访、技术转让、投资并购等方面的合作。中国同以色列农业科技公司耐特菲姆农业技术公司有贸易往来，该公司在北京和广州设立分公司，并在上海和南京设立经销商；1994 年，以色列 ECI 电信进入中国，成为中国区主要的通信网络解决方案提供商，为电信运营商、行业客户、政务与防务部门提供广泛服务。2011 年，该公司指定佳杰科技为公司在中国的总分销商。

SDE 公司成立于 1996 年，是世界上领先的海洋波能发电公司。2012 年，以色列 SDE 海洋波浪能发电公司与中国广州合作方签署了金额为 120 万美元的协议，为合作方安装发电能力为每小时 150 千瓦的海洋波能发电装置，这是该公司为该广州公司安装的第二座。根据合作方案，以色列 SDE 公司总共将为广州合作方安装三座发电站，计划修建的第三座发电站发电能力设计为每小时 500千瓦。

以色列 IDE 公司为以色列化工集团子公司，是国际著名海水淡化企业，目前占据了全球 90% 的海水淡化市场份额，在世界范围内承建了 370 多家海水淡化厂。2005 年，IDE 与北大青鸟新能源公司签署了战略合作协议，确立了以色列海水淡化核心品牌与中国企业的全面合作关系。2009 年，IDE 公司与天津国投津能发电有限公司合作，为国投北疆发电厂海水淡化项目一期建造日产 10 万吨的低温多效海水淡化装置项目。2011 年项目竣工投产，是全国已建成的最大的海水淡化项目，也是我国第一个向社会供水的大型海水淡化项目。

2012 年 12 月 5 日，中国东方航空集团总经理刘绍勇与以色列航空公司总裁谢克迪在特拉维夫签署合作备忘录。双方将在双边联运合作的基础上，共同促进销售、地面保障和餐食供应以及货物运输等方面的合作。

2013 年 9 月，以色列特拉维夫大学校长克拉夫特访问中国，与清华大学校长陈吉宁会谈并签署了合作备忘录，确定在未来合作共建交叉创新中心（XIN Center）。在合作的第一阶段，双方将共同投资数百万美元，用于研发生命科学、纳米等高技术。今后，双方的合作领域将扩展至其他领域，并将促进成果的转化与应用。

2013 年 9 月 29 日，汕头大学执行校长顾佩华与以色列理工学院院长佩雷茨·拉维签署协议，创建广东以色列理工技术学院。亚洲商界领袖李嘉诚出席了签约仪式，并宣布为广东以色列理工技术学院的创建捐资 1.3 亿美元，这是以色列理工技术学院有史以来获得的最大一笔捐款。新创立的学院占地面积 33 万平方米，位于汕头大学旁边，计划于 2014—2015 年招收民用和环境工程本科生，以英语教学，在全球招聘师资队伍。自 2014 年起，广东以色列理工技术学院还将与汕头大学一起，共同进行生命科学领域研究，应对诸如医疗等重大社会问题。

2014 年 5 月 20 日至 22 日，首届以色列创新大会在特拉维夫成功举办。中国国务院副总理刘延东出席大会开幕式并致辞。本届创新大会专门举办了中国主题日活动，300 余名中国企业家出席会议。在此期间，中国代表团和以色列方面签署了三项经济合作协议。

农业科技合作是中国和以色列科技合作关系的亮点。中国和以色列在农业领域的合作早在 1992 年两国建交前就已经启动。1995年以色列在华示范农场的建设启动，以色列农业部部长雅各·祖尔参加了开幕式，以色列先进的农业技术在示范农场得到展示。2001年以色列农业部长沙洛姆·辛宏访问中国时，中以示范奶牛场正式启动。许多以色列公司开始来华开展业务，它们将先进的农业技术引入中国的农业领域。1993 年两国农业部签署了《农业合作谅解备忘录》，开展一系列农业合作项目，以色列的滴灌技术在中国得到广泛应用。

"马沙夫"^① 是以色列国际合作中心，下属以色列外交部。马沙夫的目标是消除极端贫困，改进水资源管理，节约饮用水，保证食品安全，增加教育机会，改善医疗卫生，促进地区发展和妇女权益。马沙夫也是中以进行农业合作的重要平台，该组织每年都在中国各地开设很多实地培训课程，其中大部分与农业相关，包括奶牛饲养、蔬菜种植、水果和橄榄种植、灌溉、科学施肥和优质育种等方面课程。

以色列在中国新疆建有旱作农业示范、培训和研发中心；以色列外交部国际合作中心马沙夫也同中国农业大学建有一个中以国际

---

① 详见 http://embassies.gov.il/beijing/mashav/Pages/mashav.aspx。

农业培训中心。

三、中以文化交流

1992 年建交以来，中以两国之间的文化交流和人员往来发展迅速。1992 年 12 月下旬，以色列总统哈伊姆·赫尔佐克访华时曾说："中国人民在犹太民族历史上最黑暗的时期帮助了我们，以色列人民对此不会忘记。"[①] 20 多年来，中以双方签署了多项文化、体育、教育等方面的合作协议和意向备忘录。两国许多城市结成了友好城市。2006 年，北京与特拉维夫结为友好城市；2009 年，武汉市与以色列阿什杜德市结为友好城市；2010 年，益阳市与以色列佩塔提克瓦市结为友好城市；[②] 2012 年，云南保山与以色列塔玛结为友好城市，深圳与以色列海法市结为友好城市。

文化交流方面，1995 年以色列爱乐乐团在北京演出成功；2001 年以色列博物馆主办了一次展示传统中国的展览；2012 年 4 月 2 日 "中国电影周"在特拉维夫电影城隆重开幕，电影周由中国驻以使馆、中国国家广电总局和文化部联合举办，在特拉维夫、耶路撒冷和海法等三座城市放映《风声》、《惊天动地》、《花木兰》、《梅兰芳》、《孔子》、《十月围城》6 部中国影片；2013 年 2 月，北京现代舞团、成都艺术团、中国冰雕、冰上杂技舞蹈团、川菜文化等中国文艺团体纷纷前往以色列献艺，成为中以建交 20 多年来最大阵容的中国文化演出。

为了加深对以色列的认识，中国对于犹太和以色列的研究也不断深入发展。上海社科院历史所、山东大学犹太教与跨宗教研究中

---

① 《色列总统赫尔佐克抵京，杨主席主持仪式宴会欢迎》，载《人民日报》，1992 年 12 月 25 日。

② 在二战期间为犹太人签发"生命签证"的时任中国驻奥地利维也纳总领事何凤山系中国湖南益阳人。

心、中国社会科学院西亚非洲研究所、西北大学中东研究所、上海外国语大学中东研究所等学术研究机构都在犹太学研究和以色列研究方面投入了很大的人力物力，并取得了丰硕的成果。2011 年 10月，中以学术交流促进学会在中国高校首个以色列研究项目在四川外语学院正式启动。来自中国各地的学者和商界人士出席了启动仪式。

中国文化也同样受到以色列人的重视。了解中国文化和学习中文在以色列成了许多人的热心追求，以色列的一些大学纷纷设立中文系、东亚系和中国研究机构，中文课程被列入部分小学、初中和高中的学习课程。近年来，以色列出版了不少关于中国的书籍。中国的京剧团、杂技团、芭蕾舞团在以色列受到人们的热情欢迎。2007 年 5 月 28 日，中国驻以色列大使赵军代表国家汉办，与以色列特拉维夫大学校长伊塔马尔·拉宾诺维奇教授正式签署合作建立孔子学院的协议，这是中国汉办在以色列建立的第一所孔子学院。孔子学院中方合作单位是中国人民大学。[①]

在教育领域，以色列政府鼓励教育面向世界，7 所大学不断提高其招收国际学生的比例。同时，以色列鼓励大学生到国外接受教育，广泛了解世界各国的知识，以色列在中国的各类留学人员主要学习汉语、经济、贸易、中医、法律等专业。

中国的清华大学、北京大学、中国人民大学、复旦大学、南京大学、山东大学、厦门大学等 30 多所大学与以色列希伯来大学、特拉维夫大学、以色列理工学院等 7 所大学签订合作交流协议，为中以教育合作交流奠定了良好的基础。2010 年以来，以色列理工学院开始在中国试招生，该校计划将其列为常规合作项目，以扩大与中国的教育合作。

---

① 详见 http://www.hanban.edu.cn/article/2010-06/10/content_141732.htm。

以色列政府根据其教育发展状况，进一步深化国际战略，加强与中国的教育合作，决定自 2012 年起每年拨款 4000 万谢克尔（约合 7200 万元人民币）向中国提供 250 个奖学金名额。该奖学金包括 100 名本科生、50 名硕士生、100 名博士后。该项目由以色列高等教育委员会具体实施。[①]

中国到以色列的留学人员也在稳步增长。据中国驻以色列使馆教育组统计，中国在以色列留学人员主要分布在以色列 7 所大学和以色列的科研院所、医疗机构等。其中博士后和博士生、硕士生、本科生、访问学者分别占总人数的 57%、24%、18%、1%；自然科学领域留学人员占总人数的 66%，社会科学领域留学人员占 34%。21 世纪初从以色列回国的留学人员，不少已成为本专业的领军人物。

今后，人文交流仍然是中以关系的一个重要组成部分，是对中以政治关系、经济关系和科技关系的重要补充，也是扩大中国在中东地区影响力、塑造大国形象、增强国家软实力的必经之路。

---

① 详见 http://edu.ifeng.com/gundong/detail_2013_01/25/21601253_0.shtml。

第十三章　巴以问题

以色列因为巴以问题而牵动整个世界的神经，通过了解巴以问题产生的历史、矛盾的焦点以及未来的走向，我们能对以色列这个国家及其行为有更深刻的理解。巴以冲突是阿以问题的核心，直到今天仍然没有得到解决。这场冲突在宗教上牵扯到了世界上最主要的几种宗教之间的恩恩怨怨，在文化上纠缠着几大文化圈之间的交锋摩擦，在政治上与冷战时期世界两大意识形态阵营之间的纠葛都有千丝万缕的联系，在经济上则直接与世界经济的大动脉——石油问题的发展环环相扣。总之，各种矛盾和利益的交织，让巴以冲突成为世界上最难解决的问题之一。

第一节　历史

公元 135 年，犹太人反抗罗马统治的巴尔·科赫巴起义失败，犹太人开始了大规模流散异国他乡的漫长历程，这标志着犹太人在巴勒斯坦生活的结束。处在罗马统治之下的巴勒斯坦各民族在 7 世纪之前一直生活在希腊、罗马文明统治之中。公元 7 世纪，随着伊斯兰教的兴起，巴勒斯坦被纳入到阿拉伯帝国势力范围。随着阿拉伯帝国在该地区的长期统治，大多数当地居民都被阿拉伯化和伊斯兰化。16 世纪奥斯曼帝国崛起之后，巴勒斯坦又成为奥斯曼帝国的一部分，在土耳其人统治的这段时间，巴勒斯坦的阿拉伯人仍然保持着其独立的民族文化特色。与此同时，生活在西亚、北非广大地区的犹太人在保持自己特殊信仰的前提下也能够与主流社会和谐共处，并没有遭受基督教世界那样严重的反犹主义的困扰。

然而在欧洲，在反犹主义和民族主义运动的外力作用下，西方犹太人提出了以建立犹太民族之家为目的的犹太复国主义，巴勒斯坦则被他们选为成立犹太民族之家的地点。这时的巴勒斯坦并非荒无人烟，1882 年，生活在巴勒斯坦地的犹太人只有 2.4 万人，占同期巴勒斯坦人口总数的 5%—7%，其余居民大多为阿拉伯人。随着犹太复国主义运动的发展，犹太人源源不断地移民到巴勒斯坦地，严重威胁到了世世代代生活在巴勒斯坦土地上的阿拉伯人的民族利益，激起后者的强烈反抗，两个民族开始争夺在巴勒斯坦这片土地上的生存权。在英国等帝国主义出于各自国家利益对该地区地缘政治的破坏性安排下，两个民族之间对生存空间的争夺逐渐发展为难以解决并长期影响地区安全局势的巴以问题。

1947 年，鉴于犹太人与阿拉伯人之间的暴力冲突不断升级，英国政府决定从巴勒斯坦托管地脱身。1947 年 11 月，联合国大会通过了《1947 年联合国分治方案》，将巴勒斯坦地区分为两个国家，该决议规定：英国于 1948 年 8 月 1 日之前结束在巴勒斯坦的委任统治，并撤出其军队；两个月后，在巴勒斯坦的土地上建立两个国家，即阿拉伯国和犹太国。大卫·本-古里安接受了该方案，但阿拉伯国家联盟拒不承认，犹太人和阿拉伯人随即发生冲突。随着以色列 1948 年宣布建国，阿拉伯国家发动了对以色列的第一次中东战争。

在第一次中东战争之后，阿拉伯国家和以色列又在 1956 年、1967 年和 1973 年进行了三次大规模地区战争，这些战争让巴以问题进一步复杂化。经过这些战争，以色列不但没有被阿拉伯国家消灭，还在美国等西方国家的支持下变得越来越强大。虽然埃及和约旦先后于 1979 年、1994 年与以色列实现和平，但整体上阿以关系仍然没有得到根本性改善。

20 世纪 60—70 年代，巴勒斯坦解放军针对以色列占领军开展了各种形式的武装斗争，他们利用自身规模小、机动灵活等特点，使用地雷和狙击步枪等频繁对驻扎在占领区的以军及其边境巡逻队进行袭击。1970 年 9 月 17 日，驻扎在约旦安曼市内的巴解组织总部及其他遍布在约旦境内的巴解组织武装基地突然遭到约旦军队的攻击，酿成"黑九月"事件，最终巴解组织元气大伤，一万多名战士撤出约旦来到黎巴嫩。1982 年以色列针对黎巴嫩的巴解组织发动了黎巴嫩战争，巴解组织被驱逐出黎巴嫩，前往突尼斯。巴勒斯坦的武装反以斗争从此进入低潮。

冷战结束以后，中东和平进程进入正轨。在"土地换和平"的原则下，巴以双方达成了有限的和解。1993 年 9 月，巴勒斯坦解放组织与以色列在华盛顿签署了巴勒斯坦自治《原则宣言》，允许巴勒斯坦人先行在加沙和杰里科地区实行自治。1994 年 5 月 4 日，巴解组织执委会主席阿拉法特和以色列总理拉宾在埃及首都开罗正式签署了《关于实施加沙－杰里科自治原则宣言》的最后协议。同年 5 月 12 日，以阿拉法特为主席的巴勒斯坦自治领导机构成立，并首先在加沙和杰里科实行自治。

1996 年 1 月 20 日，巴勒斯坦民族权力机构成立。根据巴以关于扩大巴勒斯坦在约旦河西岸自治协议的安排，巴勒斯坦举行历史上首次大选，选举巴勒斯坦民族权力机构主席和巴勒斯坦立法委员会。巴勒斯坦民族权力机构是一个阶段性、过渡性的自治机构，主要负责管理巴自治区内除外交、安全以外的所有民事。阿拉法特当选为民族权力机构主席。2005 年，阿巴斯继任民族权力机构主席。

2006 年立法委员会选举中，哈马斯赢得立法委员会 132 个席位中的 74 席,远远超过其他党派。2 月 18 日,立法委员会宣誓就职并召开第一次会议。会议选举哈马斯领导人阿卜杜勒·阿齐兹·杜维克为立法委员会主席。2007 年,哈马斯和法塔赫爆发冲突,哈马斯夺取了加沙控制权。巴勒斯坦民族权力机构主席阿巴斯宣布解散由哈马斯主导的民族联合政府,在约旦河西岸组建了过渡政府,由萨拉姆·法耶兹担任总理。虽然过渡政府宣布拥有所有巴勒斯坦主权,但加沙地带仍被哈马斯控制,巴勒斯坦内部出现严重的分裂。目前,巴勒斯坦民族权力机构的主要资金来自包括阿拉伯国家联盟在内的国际组织和国家的经济援助,哈马斯则在经济上依靠伊朗等国的支持。

2012 年,法塔赫与哈马斯就组建联合过渡政府等问题签署协议。协议主要内容包括:组建由阿巴斯领导、具有独立职能的联合过渡政府,负责筹备大选和启动加沙地带重建;支持巴勒斯坦解放组织在重组巴勒斯坦民族委员会中发挥作用等。但受中东动荡局势影响,该协议大多数内容未能得到执行。

直到今天,巴以冲突仍在持续。2012 年 11 月,以色列在加沙地带发动了"防务之柱"军事行动,定点清除了哈马斯下属卡桑旅领导人贾巴里,对巴勒斯坦的火箭发射设施和其他军事区域设施实施了毁灭性打击。2013 年 2 月,巴勒斯坦抗议者在拉姆阿拉附近的奥弗监狱外举行示威活动,向在狱中进行绝食抗议的巴勒斯坦囚犯表示支持,要求以色列释放这些囚犯。为驱散示威者,以色列军方使用了催泪弹、闪光弹和橡皮子弹等,约 150 人在冲突中受伤。

此外,近年来,伊朗核问题和"阿拉伯之春"成为人们关注的焦点,巴以问题有被边缘化的危险。以色列一向在伊朗核问题上大做文章,称其严重威胁到以色列的生存权。2012 年 2 月 24 日,中国中东问题特使吴思科在伦敦接受记者采访时表示,不能因中东地区持续一年多的大变革而冲淡对巴勒斯坦和以色列问题的关注,巴以问题仍然是这个地区有全局性影响的核心问题。

2013 年 3 月 22 日，以色列新一届政府成立不久，以色列总理内塔尼亚胡的发言人马克·雷格夫 22 日在耶路撒冷表示，以色列正在努力重启停滞多年的巴以和平谈判，并愿意在和谈中做出历史性的妥协。2013 年 5 月，在美国国务卿克里的积极斡旋下，以色列总理内塔尼亚胡表示，以色列希望重启巴以之间的和平谈判，但由于以色列仍然没有停止定居点的修建，巴以和平前景仍然不明朗。

2013 年 5 月上旬，应中国领导人邀请，巴勒斯坦总统阿巴斯和以色列总理内塔尼亚胡相继访问中国。中国国家主席习近平在与阿巴斯会谈时，阐述了中方关于推动解决巴勒斯坦问题的四点主张。这四点包括：

第一，应该坚持巴勒斯坦独立建国、巴以两国和平共处这一正确方向。建立以 1967 年边界为基础、以东耶路撒冷为首都、拥有完全主权的独立国家是巴勒斯坦人民不可剥夺的权利，也是解决巴勒斯坦问题的关键。同时，以色列的生存权和合理安全关切也应该得到充分尊重。

第二，应该将谈判作为实现巴以和平的唯一途径。巴以双方应该顺应时代潮流，坚持走和谈之路，互谅互让，相向而行。当务之急是在停建定居点、停止针对无辜平民的暴力活动、解除对加沙地带封锁、妥善解决在押巴勒斯坦人问题等方面采取切实措施，为重启和谈创造必要条件。巴勒斯坦内部实现全面和解有助于重启并推进巴以和谈。

第三，应该坚持"土地换和平"等原则不动摇。有关各方应该在"土地换和平"原则、联合国有关决议、"阿拉伯和平倡议"等既有成果基础上，全面推进中东和平进程向前发展。

第四，国际社会应该为推进和平进程提供重要保障。国际社会有关各方应该增强责任感和紧迫感，秉持客观公正立场，积极劝和促谈，并加大对巴勒斯坦人力资源培训、经济建设等方面的援助。

第二节　巴勒斯坦现状

巴勒斯坦地大致指地中海以东、约旦河以西的这一块土地，在历史上也有过其他称呼，如"以色列地"、"圣地"和"黎凡特"①南部地区等。随着历史的变迁，这一地区的具体范围也在不断变化。现在，巴勒斯坦主要指巴勒斯坦人的自治区域。

目前，巴勒斯坦国内生产总值70.86亿美元，人均国内生产总值2541.3美元。巴勒斯坦经济以农业为主，水果、蔬菜和橄榄油是外贸出口的重要部分。巴勒斯坦工业水平很低，规模较小，主要是加工业，如塑料、橡胶、化工、食品、石材、制药、造纸、印刷、建筑、纺织、制衣、家具等。

巴勒斯坦在经济上对以色列依赖非常严重，巴勒斯坦向以色列的出口占出口总量的96%，从以色列进口占进口总量的77.2%。一旦以色列停止与巴勒斯坦的经贸往来，巴方的进出口将完全陷入瘫痪。2011年9月，巴勒斯坦经济部发布了一份名为《以色列占领巴领土造成的经济损失》的报告，这份长达46页的报告认为，以色列的占领对巴每年造成的经济损失超过68亿美元，占目前巴勒斯坦国内生产总值的85%。如果以色列结束对被占领土的控制，巴勒斯坦经济规模将达到目前的2倍。

巴勒斯坦货币管理局（Palestine Monetary Authority，PMA）于1994年底成立，坐落于拉马拉，相当于巴勒斯坦的中央银行，负

---

① 黎凡特是一个不精确的历史上的地理名称，它指的是中东托罗斯山脉以南、地中海东岸、阿拉伯沙漠以北和上美索不达米亚以西的一大片地区。因为形状类似新月，所以也称为"新月地带"。

责制定巴勒斯坦财政政策和监管自治区内的银行。现任局长为杰哈德·沃兹尔（Jihadal-Wazir）。巴勒斯坦至今没有自己的货币，主要使用以色列货币新谢克尔。

国际援助是巴勒斯坦民族权力机构的主要收入来源之一。2008—2010年，巴勒斯坦民族权力机构每年获得的财政援助分别为18亿、14亿和12亿美元，美国和欧盟是其最大的援助方。2011年，由于巴勒斯坦谋求加入联合国，美国冻结部分对巴勒斯坦的援助，巴勒斯坦全年仅获得9.83亿美元援助，出现巨大财政缺口。2012年，中东问题"四方机制"呼吁国际社会向巴勒斯坦提供11亿美元财政援助。但有研究表明，外国的经济援助对于巴勒斯坦经济振兴作用是有限的，有时甚至会起到扭曲经济、鼓励腐败的作用。目前，巴勒斯坦民族权力机构对国际援助的依赖度极高，内部腐败现象严重，行政效率很低。

在军事力量上，根据《奥斯陆协议》，巴勒斯坦自治政府可建立警察部队以保证约旦河西岸和加沙地带的公共秩序和内部安全，但警察部队的规模和武装受到严格限制。目前警察部队约有7.6万人，维持警察部队运行的主要资金来源为美国的经济援助。

在教育上，受巴以冲突影响，巴勒斯坦教育状况总体落后，文盲率达到9.1%。主要大学有比尔宰特大学、纳贾赫国立大学、圣城大学、伯利恒大学等。主要报刊有《耶路撒冷报》、《日子报》、《新生活报》等。官方广播电台为"巴勒斯坦之声"，官方电视台为巴勒斯坦电视台，均从属于巴勒斯坦广播公司。

在对外关系上，巴解组织自成立以来就得到阿拉伯国家和世界许多国家的广泛支持。1974年10月在拉巴特举行的第七届阿盟首脑会议决议承认巴解组织为巴勒斯坦人民的唯一合法代表。1988年11月15日，巴勒斯坦国宣告成立，现已得到137个国家的正式承认。巴解组织原在90多个国家派驻办事处，现多已改为巴勒斯坦国大使馆。2011年10月，巴勒斯坦成为联合国教科文组织正式会员国。2012年11月29日，第67届联大通过决议，授予巴勒斯坦联合国观察员国地位。

埃及是最早支持巴解组织的阿拉伯国家之一，曾是巴解组织开展政治活动的主要基地。1979年埃及和以色列签订《戴维营协议》后，巴解组织中断了同埃及的关系。1987年11月，埃及宣布重新开放巴解组织驻开罗办事处。随着中东和平进程的推进，两国关系实现正常化，阿巴斯当选巴勒斯坦民族权力机构主席后多次访问埃及。近年来，埃及在巴以停火、换俘、巴内部和解等问题上积极斡旋。2011年10月，埃方促成哈马斯同以色列成功换俘，以色列释放1027名在押巴勒斯坦人，换回5年前遭加沙地带武装人员抓捕的以军士兵吉拉德·沙利特。2012年11月以色列开展"防务之柱"军事行动后，埃及明确宣示对巴方支持，同时积极展开斡旋，推动双方实现停火。

巴勒斯坦和约旦在历史、地理、血缘等方面有着特殊关系。约旦是阿拉伯世界唯一给予巴勒斯坦人国籍的国家，现巴勒斯坦人占约旦总人口的60%。约旦曾是巴解组织总部所在地，但1970年，约巴关系恶化，经过冲突后，巴勒斯坦武装被迫全部从约旦撤出。中东和平进程开始后，巴勒斯坦和约旦曾组成联合代表团出席中东和会。阿巴斯当选巴民族权力机构主席后，多次访问约旦。约旦的阿卜杜拉二世国王多次呼吁国际社会推动和平进程，支持巴以和谈，敦促美在中东问题上发挥重要作用。

沙特、科威特等海湾阿拉伯国家曾是巴解组织的主要财政援助国。1990年，由于巴解组织在两伊战争中支持伊朗，沙特等海湾国家同巴解组织关系恶化。1991年3月31日，海湾合作委员会宣布中断对巴解组织的财政援助。但在巴解组织决定出席马德里中东和会后，沙特等海湾国家与巴解组织关系开始缓和，官方往来逐渐恢复，沙特还部分恢复了对巴勒斯坦的经济援助。从 1993 年起，巴解组织同海湾国家关系不断改善。2002 年 4 月 25 日，沙特王储阿卜杜拉访问美国期间向布什总统提出了解决中东问题的 8 点建议。2007 年 2 月，在沙特斡旋下，哈马斯与法塔赫达成"麦加协议"。同年 3 月，在沙特等国推动下，第 19 次阿盟首脑会议重申"阿拉伯和平倡议"，并确定相关工作机制。2012 年 10 月，卡塔尔埃米尔哈马德访问加沙，成为 2006 年以来首位访问加沙的海湾国家元首，他承诺向巴勒斯坦提供 2.54 亿美元援助用于支持加沙经济重建。

　　美国曾长期不承认巴勒斯坦解放组织。1988 年 12 月，在巴解组织宣布接受安理会第 242 号和第 338 号决议并公开谴责恐怖主义之后，美国和巴勒斯坦开始展开对话。1993 年 9 月，巴以签署华盛顿宣言，美随后宣布承认巴解为巴勒斯坦人民的代表。2009 年，美国奥巴马政府上台后积极推动巴以和谈；5 月，阿巴斯访问美国；9 月，美国总统奥巴马促成美、巴、以三方首脑于联大期间在纽约会晤。2010 年，美国副总统拜登、中东特使米切尔等高层官员频繁访巴，最终促成巴勒斯坦于 5 月接受在美主持下与以恢复间接和谈，并于 9 月与以重启直接谈判，后因以色列方面拒绝延长犹太人定居点建设冻结令，谈判中止。2011 年 5 月，美国总统奥巴马在其中东政策演讲中提出巴以两国边界应以 1967 年边界线为基础，通过双方认可的土地置换划定，但坚决反对巴方将独立建国问题诉诸联合国的做法。2012 年 3 月，奥巴马致电阿巴斯，重申推动中东和平进程的承诺。2013 年 3 月奥巴马访问以色列期间表示，建立一个独立的、能够生存的巴勒斯坦是以色列获得持久繁荣的唯一途径，巴勒斯坦人的自决权和正义必须得到承认。

　　巴解组织重视发展与欧盟国家的关系，在 10 多个欧盟国家派驻代表。海湾危机发生后，欧盟国家指责巴解组织在海湾危机中支持伊拉克。海湾战争结束后，欧盟国家与巴解组织关系逐渐恢复。

2006 年哈马斯胜选并组阁后，欧盟要求哈马斯接受"三项条件"，即承认以色列合法存在的权利、放弃针对以色列的暴力袭击、遵守巴解组织与以色列达成的所有协议。2007 年 6 月阿巴斯解散联合政府后，欧盟表示支持阿巴斯。2010 年以来，阿巴斯多次访问英、法、德、西班牙、比利时、希腊等国，寻求欧盟支持巴勒斯坦独立建国。2011 年以来，英、法、西班牙、意大利等国先后宣布将巴驻该国代表机构级别提升为外交使团。但欧盟内部在巴加入联合国等国际组织问题上立场不一。

第三节　主要地区组织

一、巴解组织

巴解组织 1964 年 5 月在耶路撒冷成立；1974 年 10 月在拉巴特举行的第七次阿拉伯首脑会议上被确认为巴勒斯坦唯一合法的代表；1964 年 10 月成立正规军，即巴勒斯坦解放军；1988 年巴勒斯坦建国后，巴勒斯坦解放军改名为巴勒斯坦人民军；1982 年 6 月以色列对黎巴嫩发动入侵，迫使巴解组织撤出贝鲁特，分散到阿尔及利亚、约旦、伊拉克、突尼斯等 8 个国家，巴解组织总部迁到突尼斯；1994 年迁回巴勒斯坦自治地区。

巴解组织最初的目标是通过武装斗争，在政治、经济、军事、文化和思想上消灭犹太复国主义实体，在整个巴勒斯坦土地上建立一个民主的巴勒斯坦国，并曾以约旦、黎巴嫩为基地在被占领土上开展武装斗争。但随着中东形势的变化，巴解组织在巴勒斯坦问题上的立场逐渐趋于温和和务实。1988 年 11 月 15 日，巴解组织全国委员会特别会议通过《政治声明》和《独立宣言》，宣布接受联合国第 242 号、第 338 号决议，并宣告巴勒斯坦国成立，由巴解组织行使国家和政府的职能。

巴解组织在坚持军事斗争的同时，把重点放在政治和外交斗争上，反对采取恐怖主义手段，争取国际社会的广泛支持。巴解组织的目标是在约旦河西岸和加沙地带建立一个以耶路撒冷为首都的巴勒斯坦国。巴解组织是由巴勒斯坦各派别组成的松散联盟，其成员在遵守《巴勒斯坦民族宪章》前提下，可保留自己的组织和政治主张。它们在恢复巴勒斯坦民族权利，建立独立民族国家的大目标上是一致的，但在是否承认以色列和使用什么手段实现大目标方面存在分歧。

巴解组织最高权力机构是巴勒斯坦全国委员会，代表巴境内外的全体巴勒斯坦人。目前，巴勒斯坦全国委员会有委员 669 人，分别为巴勒斯坦各抵抗组织及其他群众组织代表，现任主席为萨利姆·扎农。巴解组织的实际权力由巴解组织执行委员会掌握。1969年到 2004 年，阿拉法特为执行委员会主席；2004 年，阿拉法特去世后，阿巴斯成为执行委员会主席。

目前，巴解组织的成员组织包括：法塔赫、解放巴勒斯坦人民阵线（PFLP）、解放巴勒斯坦民主阵线（DFLP）、巴勒斯坦人民党（PPP）、巴勒斯坦解放阵线（PLF）、阿拉伯解放阵线（ALF）、人民解放战争先锋队（As-Sa'iqa）、巴勒斯坦民主联盟（Fida）、巴勒斯坦人民斗争阵线（PPSF）和巴勒斯坦阿拉伯阵线（PAF）。

历任巴勒斯坦解放组织执行委员会主席：

艾哈迈德·舒凯里，1964 年 6 月 10 日—1967 年 12 月 24 日；

阿卜杜勒·哈米德·萨耶赫，1967 年 12 月 24 日—1969 年 2 月 2 日；

亚西尔·阿拉法特，1969 年 2 月 2 日—2004 年 11 月 11 日；

马哈茂德·阿巴斯，2004 年 10 月 29 日至今。

二、法塔赫

法塔赫的全称是巴勒斯坦民族解放运动，是巴解组织的主流派，也是巴解组织实力最强、影响最大、人数最多的派别，掌控着巴解组织的军事、政治、财务与外交大权，得到阿拉伯国家的广泛承认与支持。法塔赫于 1956 年开始筹建，于 1959 年 10 月 10 日在科威特正式建立。阿拉法特是该组织的创始人之一。法塔赫下属的军事组织是"暴风"突击队。

法塔赫在成立初期主张"在整个巴勒斯坦土地上建立一个以耶路撒冷为首都的民主国家，坚持武装斗争是实现这一目标的唯一方式"。1965 年 1 月 1 日，法塔赫打响武装反对以色列占领的第一枪，标志着巴解组织进入了武装抵抗以色列的新阶段。

随着军事力量的迅速发展壮大，法塔赫在巴勒斯坦人民中的威望日益提高，并受到阿拉伯国家的重视和支持。在 1969 年 2 月举行的第五届巴勒斯坦全国委员会会议上，法塔赫获得 33 个席位，约占总席位的 1/3，阿拉法特也当选为巴解组织执委会主席。从此，法塔赫开始左右巴解组织的内外政策，它所坚持的路线、方针、政策代表着巴解组织内外政策的主流，同时也逐渐为巴勒斯坦其他组织所接受。

20 世纪 80 年代后，随着中东形势的变化和中东和平进程的发展，法塔赫在巴勒斯坦问题上的立场逐渐趋于温和、务实，主张承认以色列的存在，并在"以土地换和平"原则的基础上和平解决阿以冲突。

"阿克萨烈士旅"曾是法塔赫的重要武装力量，大本营设在约旦河西岸城市纳布卢斯和拉姆阿拉，并在约旦河西岸和加沙地带的难民营设有分支机构。阿克萨烈士旅设有"军事部"和"安全部"两个平行部门，其中"军事部"直接负责对以色列目标发动袭击活

动。2007 年 12 月 29 日，巴勒斯坦过渡政府内政部长叶海亚证实
"阿克萨烈士旅"已解散。

2006 年 1 月，长期主导巴政坛的法塔赫在巴立法委员会选举
中失利，并和伊斯兰抵抗运动（哈马斯）于 2007 年在加沙地带发
生大规模冲突。哈马斯夺取了加沙地带控制权，法塔赫退守约旦河
西岸。

三、哈马斯

哈马斯是巴勒斯坦伊斯兰抵抗运动的简称，是一个集宗教性、
政治性为一体的伊斯兰抵抗组织，成立于 1987 年巴勒斯坦人民大
起义期间，创始人为亚辛（Ahmed Yassin）。

哈马斯的政治主张是反对巴以和谈，拒绝承认以色列。该组织
一面从事慈善事业，另一面进行对以色列的攻击活动，经常在以色
列占领区组织和策划反对以色列的示威和恐怖活动，并制造自杀性
爆炸事件，不时绑架或暗杀以色列居民。1989 年，以色列宣布哈马
斯为非法组织，并将其精神领袖亚辛逮捕入狱。"9·11"事件后，
美国和欧盟先后宣布哈马斯为"恐怖组织"，并冻结其财产。

哈马斯获得的经济援助主要来自海湾国家和伊朗。沙特阿拉
伯、科威特、卡塔尔等国对被占领土的巴勒斯坦人的经援中有很大
一部分转给了哈马斯。哈马斯的影响几乎遍及中东伊斯兰国家，在
伊朗、约旦、叙利亚和黎巴嫩等国设有办事处和训练营地。其活动
范围除中东地区外，还扩展到美、英、法、德等西方国家。

哈马斯组织严密，正式成员约 2 万人，拥有约 5600 人的武装
力量。哈马斯的军事力量包括 3 个分支：情报分支机构、追捕机构
和卡桑旅。其中卡桑旅为作战主力，曾策划多起针对以色列目标的
自杀式爆炸袭击事件。2006 年 5 月，哈马斯还组建了一支由 3000
多人组成的准军事力量"特别安全部队"。

1993 年，巴以双方在华盛顿签署了《巴勒斯坦自治原则宣言》，允许巴勒斯坦人在加沙－杰里科地区先行自治。哈马斯对此持反对态度，依然坚持对以色列的武装斗争。巴勒斯坦自治政府成立后，由于和法塔赫立场不同，哈马斯一直拒绝加入巴勒斯坦自治政府。

2000 年 9 月底巴以大规模流血冲突爆发后，哈马斯在以实施的"定点清除"中遭受重创，创始人亚辛及其接班人兰提西等先后被炸身亡。

2008 年 12 月，以色列对哈马斯控制的加沙地带发动大规模空袭。哈马斯几乎所有安全机构及其下属武装派别的训练场所都遭到打击，包括拉扬在内的多名哈马斯高级领导人在空袭中丧生。

2012 年 11 月 14 日，以色列开始对加沙地带发起代号"防务之柱"的军事行动。哈马斯下属卡桑旅领导人贾巴里被以色列国防军定点清除，巴勒斯坦的火箭发射设施和其他军事设施也遭到严重破坏。

2012 年 12 月，在纪念哈马斯成立 25 周年的讲话中，该组织的领袖梅沙尔誓言永不向以色列割让任何领土，也不会承认以色列国。

四、巴勒斯坦伊斯兰圣战组织

巴勒斯坦伊斯兰圣战组织成立于 20 世纪 70 年代末，创建者是在埃及的一批受伊朗伊斯兰革命影响的巴勒斯坦学生，包括法西·什卡克、阿卜杜·阿齐兹·乌代和巴沙尔·穆萨等人，主要成员是加沙地带的巴勒斯坦原教旨主义激进分子。他们对埃及穆斯林兄弟会没有对巴勒斯坦问题给予应有的重视深感失望，并提出了一套成为该组织理论基础的新的思想体系。他们声称伊斯兰世界的统一不是解放巴勒斯坦的前提条件，通过伊斯兰运动使巴勒斯坦得到解放才是阿拉伯和伊斯兰世界的当务之急，解放巴勒斯坦的"圣战"最终将会实现重建统一的伊斯兰世界。由于美国支持以色列，该组织也将美国视为敌人。他们还敌视温和的阿拉伯国家，认为他们已被世俗的西方所腐蚀。

1990年2月，巴勒斯坦伊斯兰圣战组织在埃及袭击了一辆旅游车，造成11人死亡，包括9名以色列人。1991年9月，该组织的部分成员在企图进入埃及实施恐怖行动时被逮捕。此外，巴勒斯坦伊斯兰圣战组织还在约旦河西岸和加沙地带对以色列进行袭击，并威胁要打击在约旦的美国目标。其主要活动地点在以色列、被占领土、约旦、黎巴嫩。该组织得到伊朗、叙利亚的支持和援助。

2011年4月，巴勒斯坦伊斯兰圣战组织宣称，该组织不会加入根据法塔赫和哈马斯在埃及首都开罗达成的和解协议成立的政府。

五、解放巴勒斯坦人民阵线

解放巴勒斯坦人民阵线简称"人阵"，1967年12月成立，创始人是乔治·哈巴什，1993年因反对巴以签署的《巴勒斯坦自治原则宣言》脱离巴解组织。该组织拥有约800人的武装力量，活动范围集中在叙利亚、黎巴嫩、以色列境内和被占领土。该组织的核心刊物为《目标》周刊。

解放巴勒斯坦人民阵线的主要攻击目标是以色列和温和的阿拉伯国家。乔治·哈巴什死后，该组织副总书记穆斯塔法继任总书记。2001年8月27日，以色列国防军以穆斯塔法涉嫌幕后策划针对以色列的恐怖活动为名，用导弹袭击了他在约旦河西岸城市拉马拉的住所，穆斯塔法被炸死。2001年10月17日，"人阵"的极端军事组织"穆斯塔法旅"采取报复行动，暗杀了以色列旅游部长泽维。10月21日，巴勒斯坦最高安全委员会宣布取缔穆斯塔法旅。

第四节　矛盾焦点

一、领土问题

巴勒斯坦国拥有的土地面积是巴以双方博弈的重要焦点，也是制约着巴勒斯坦建国的关键问题。1994年5月4日巴以双方签署了《加沙－杰里科协议》，实现了阿拉伯人口密集的加沙地带和杰里科地区的领土移交；1995年9月28日，双方又签署了《西岸和加沙地带过渡协议》，明确了向巴勒斯坦移交领土的大致范围，但同时意味着以色列不会将巴勒斯坦领土全部交出；1996年11月至年底，以色列向巴勒斯坦方面移交了约旦河西岸城市杰宁、图勒凯尔姆、纳布卢斯、拉马拉、卡勒基利耶和伯利恒地区；1997年1月17日，以色列又根据《希伯伦协议》撤出了希伯伦大部分地区。

根据1993年巴以双方签订的《奥斯陆协议》，巴勒斯坦地区被划分为3个区域：A区是由巴勒斯坦完全控制的区域，B区是由巴勒斯坦实施民事管控、以色列实施军事管控的区域，C区则是由以色列完全控制的区域。截至1997年，巴勒斯坦民族权力机构已经得到全部巴勒斯坦完全控制区（A区）和一部分巴勒斯坦部分控制区（B区），相当于约旦河西岸领土的27%。

1998年10月23日，以色列根据《怀伊协议》，又准备向巴勒斯坦移交13%的领土，但移交工作因局势恶化而被迫中断，实际只移交了2%。2000年3月21日，以色列最终完成了《怀伊协议》剩余部分领土的移交。至此，巴勒斯坦民族权力机构已经控制了约旦河西岸土地的40%，面积约为2350平方千米，其中巴勒斯坦完全控制区（A区）占约旦河西岸土地的18.2%，巴勒斯坦部分控制区（B区）占21.8%，生活在自治区内的巴勒斯坦人已占约旦河西岸和加沙地带全部巴勒斯坦人口的98%。

在加沙地带，巴勒斯坦实际控制区约占70%。在2005年单边撤离计划实施以前，以色列仍然控制着加沙边缘地带和北部、中部、南部的定居点群落，并设有几个军事基地。加沙外海水面和对外通道，特别是通往埃及的拉法海关地区也由以军严格控制。巴勒斯坦自治地区呈点状分布，并未连成一体，这给巴勒斯坦的建国带来了巨大的困难，也造成巴、以矛盾长期得不到解决。由此引发的暴力恐怖活动和阿、以矛盾势必对以色列国家安全和民众安全产生严重的威胁。

二、耶路撒冷归属问题

以色列通过第一次中东战争夺取了耶路撒冷西部的新城，以色列议会于1950年1月宣布耶路撒冷为其永久的首都；在第三次中东战争中以色列又夺取了东耶路撒冷，将整个耶路撒冷完全置于自己的控制之下；1980年3月贝京政府批准耶路撒冷是以色列"永恒的不可分割的首都"的法案。巴解组织也一直强调耶路撒冷是未来巴勒斯坦国不可分割的首都，没有任何回旋余地。直到今天，耶路撒冷问题仍然是巴以和平进程中非常敏感的问题，没有妥善的解决方案。

以色列在耶路撒冷归属问题上态度如此强硬，有着深刻的战略考虑。首先，耶路撒冷是全世界犹太人的精神寄托和民族复兴的中心。对以色列而言，耶路撒冷起着维系犹太人精神安全、促进犹太民族凝聚力的作用。其次，占有东耶路撒冷有利于实现吞并约旦河西岸的大以色列计划。以色列右翼民族主义势力和犹太教正统派认为，从宗教上看，约旦河西岸即被犹太人称为撒玛利亚和犹大的地区是上帝许给犹太人的土地；从地理上看，这里是古以色列王国的组成部分，因此现代以色列国在此拥有无可辩驳的权利。以贝京为代表的该派势力主张永久性吞并被占领土，尤其是约旦河西岸，从而实现"大以色列"蓝图。自 1967 年 6 月 27 日，以色列议会通过兼并东耶路撒冷的法律后，以政府开始在东耶路撒冷及其周边土地兴建多处大规模犹太人居住区。最后，占领耶路撒冷可以延缓和阻挠巴勒斯坦建国。即使是在耶路撒冷问题上做出最大让步的巴拉克也没有放弃以色列对耶路撒冷的主权。

三、难民问题

巴勒斯坦难民主要是指 1948 年巴勒斯坦战争后，被迫离开巴勒斯坦地的大批阿拉伯人。1948 年巴勒斯坦战争和 1967 年"六日战争"是形成巴勒斯坦难民的主要原因。据联合国近东巴勒斯坦难民救济和工程处初步统计，两次战争前后直接造成了大约 70 万和 50 万阿拉伯人沦为难民。巴勒斯坦阿拉伯难民主要分布在以色列、约旦河西岸、加沙地带、约旦、叙利亚、黎巴嫩、埃及等周围阿拉伯国家以及世界其他地区。其中，生活条件最为恶劣的要算居住在加沙和约旦河西岸地区难民营中的巴勒斯坦难民，他们绝大多数没有固定工作，靠救济生活。

难民问题既是阿以矛盾的产物，也是阿以矛盾持续至今的重要原因。2001 年 2 月，以色列右翼利库德集团领导人沙龙就任总理后，坚决不"承认"以色列在难民问题上负有责任，不承认难民有回归的"权利"，不同意难民回到现在属于"以色列"的领土。这其中不仅有自然、历史和经济上的原因，还有安全因素上的考虑。

目前，数以万计的巴勒斯坦难民是中东地区生存和生活条件最恶劣的社会群体。2013 年，受叙利亚内战影响，叙利亚国境内的巴勒斯坦难民在获取人道主义救援物资上面临困难，目前约有 40 万人迫切需要额外的人道主义援助，约有一半叙利亚境内的巴勒斯坦难民因冲突流离失所，已成为叙利亚和该地区内一个非常脆弱的群体。

难民问题是巴以问题中非常棘手的问题。但如果各方都逃避这一问题的话，随着时间的推移，生活在以色列边境国家的难民数量只会越来越多，问题处理的难度变得越来越大。而如果巴勒斯坦难民问题得不到解决，中东和平进程就难以得到保证。

四、犹太定居点问题

犹太人定居点是指 1967 年第三次中东战争后，以色列犹太人在约旦河西岸、戈兰高地和东耶路撒冷地带建立的定居点。

1979 年，以色列最高法院判定在巴勒斯坦人的私人土地上建造定居点是违法的。为了使修建定居点合法化，从 1979 年到 2002 年以色列将 90 万度纳姆的约旦河西岸土地国有化。目前，约旦河西岸有 140 万度纳姆的土地属于国有土地，占到该地区总面积的 26%，这些土地几乎是专门用来建造定居点的。

以色列在西奈半岛和加沙地带也曾修建有定居点，《埃以和平协定》签订后，以色列拆除了西奈半岛上的 18 个定居点，撤出西奈半岛；2005 年，以色列又拆除了加沙地带的 21 个定居点和约旦河西岸的 5 个定居点，并从加沙地带单边撤离。但在 2005 年之后，以色列重新启动了定居点的修建。截至 2010 年，以色列共有 53.5 万人生活在定居点。其中 31.5 万人生活在约旦河西岸的 223 个定居点中，20 万人生活在东耶路撒冷，2 万人生活在戈兰高地。

以色列在被占领土强行修建定居点，遭到包括美国在内的国际社会的强烈反对。2012 年 4 月，联合国秘书长潘基文重申所有修建定居点的活动都违反国际法，这不仅违背了中东和平"路线图"中规定的以色列的责任，也忽视了"中东问题四方机制"要求各方避免挑衅的呼声。然而，以色列一再扩建犹太人定居点，除了考虑到以此吸纳移民促进以色列社会经济发展，还有对于安全战略上的思考：首先，吸纳移民、构建以色列犹太人主体民族，使以色列作为犹太人国家存在的合法性进一步增强；其次，在巴以最终地位谈判开始之前制造更多的既成事实，以打消巴勒斯坦人收回西岸战略要地的念头，并为在东耶路撒冷建立巴勒斯坦国首都设置难以逾越的障碍；最后，通过修建定居点，抢占战略要地，构建战略纵深，保障国家安全。

目前，以色列修建定居点已成为巴以之间启动谈判的主要障碍。巴勒斯坦民族权力机构主席阿巴斯表示，以色列必须停止在被侵占的巴勒斯坦领土上建设犹太人定居点，这是双方恢复和谈的先决条件。

五、建国问题

1993 年 9 月 13 日巴以签署的《以色列与巴勒斯坦原则宣言》，以及 2000 年 9 月 13 日巴以双方在戴维营就"巴勒斯坦永久地位"举行的会谈，都规定了巴勒斯坦建国时间，但巴勒斯坦已两次推迟了预定建国时间。目前，巴勒斯坦何时能成为一个真正意义上主权独立的国家成为巴以和谈中最不确定的因素。

在以色列，即便是最为支持巴以和平进程的人也认为：第一，巴勒斯坦不能拥有军队，只能维持由轻武器武装的警察力量；第二，由以色列控制的约旦河谷"安全带"必须存在，至少要维持到对以色列安全的威胁完全消除；第三，巴勒斯坦不能拥有同其他国家缔结军事同盟或接受外来军事援助的权利；第四，以色列要保留在巴勒斯坦领空的自由飞行权和领水的自由航行权，即保留对整个巴勒斯坦地区的外部安全控制。巴以之间领土相互交错，以色列地形狭长，无战略纵深可言，所以以色列方面认为必须对巴勒斯坦实施军事上的绝对控制，尤其是像约旦河谷地这样对以色列安全直接产生威胁的战略要地。这些条件的设置无疑剥夺了未来巴勒斯坦国的主权，巴勒斯坦只能成为以色列的国中之国。

六、水源问题

巴勒斯坦地区淡水资源极度缺乏，主要淡水资源来自约旦河流域。围绕约旦河水资源的分配和使用问题，巴以之间举行过多次谈判。1995 年 9 月 24 日，巴以双方签署了《关于约旦河西岸和加沙地带的过渡协议》，协议中"原则"部分正式承认巴勒斯坦人对约旦河西岸水权利。但时至今日，协议中所规定的项目真正付诸实施的寥寥无几。

作为中东地区重要的水源，约旦河由于过度利用已接近干涸。1964 年，以色列开始修建水坝，从约旦河水的主要来源加利利海引水。同年，约旦修建一条水渠，从约旦河的另一条主要支流耶尔穆克河引水。叙利亚也建造了水库拦截耶尔穆克河河水。约旦河水量的 70%—90% 都被使用，河水流量大为减少，这导致死海面积不断缩小，死海南端较浅的水域已经全部干涸，现在已经变为盐滩。

目前，以色列控制了约旦河水大部分的使用权。叙利亚、黎巴嫩、约旦和巴勒斯坦加在一起对约旦河水的利用量也比不上以色列一国。以色列对约旦河水资源的大幅度占有和使用严重影响了巴勒斯坦等国家对约旦河水的使用，是阿以矛盾长期得不到合理解决的另一个重要原因。

第五节　影响因素

一、消极因素

从巴以内部讲，第一，双方实力相差悬殊，"以强巴弱"的态势使和谈不可能在平等基础上进行。巴勒斯坦没有太多能够用来谈判的资本，而以色列则在拥有既得利益的情况下不断拖延谈判的进程。

第二，巴勒斯坦内部的分裂也为巴以问题的解决设置了障碍。法塔赫长期是巴解组织的主流派，2006年前巴勒斯坦自治政府也一直由法塔赫控制，哈马斯成为在野的主要反对派。巴勒斯坦自治政府成立后，由于和法塔赫立场不同，哈马斯一直拒绝加入巴勒斯坦自治政府。2006年，哈马斯在巴勒斯坦大选中击败法塔赫获胜，组建了新的巴勒斯坦自治政府。2007年，哈马斯通过武力把法塔赫势力赶出加沙，以阿巴斯为首的巴勒斯坦民族权力机构只得退居约旦河西岸，巴勒斯坦由此出现了两个政治实体各据一方的分裂局面，巴勒斯坦领土和行政的分裂状态成为巴以和平进程的一大障碍。2013年5月，法塔赫与哈马斯在埃及首都开罗达成和解协议，同意在未来3个月内组建联合政府。如果联合政府组建完成，将结束自2007年以来巴勒斯坦内部法塔赫与哈马斯分裂的局面。①

第三，巴以双方都有激进力量，反对和谈。以色列方面反对和谈的主要是右翼势力和宗教势力，巴勒斯坦方面反对和谈的主要为哈马斯、伊斯兰吉哈德等极端组织。在拉宾和巴拉克执政期间，中东和平进程稳步前行。为阻挠和平进程的发展势头，右翼势力积极推动定居运动的发展，阻挠拆除任何犹太定居点。1994年2月，一名犹太极端分子甚至混入约旦河西岸希伯伦的易卜拉欣清真寺，用自动步枪疯狂向数百名做礼拜的穆斯林扫射，当场打死40多人。1995年11月4日，以色列犹太极端分子阿米尔在特拉维夫制造了刺杀总理拉宾的事件，和平进程几乎遭到致命性打击。1999年，工党领袖巴拉克上台后承诺重启中东和平进程，在2000年的戴维营中做出了以色列有史以来最大的让步，但右翼领袖沙龙随即强行闯

① 详见 http://news.sina.com.cn/o/2013-05-16/151427142906.shtml。

入阿克萨清真寺，引发了巴以大规模流血冲突。最后巴以双方迫于各自内部的压力，会谈无果而终，在右翼势力的强大压力下巴拉克提前下台。2002年10月，美国提出了中东和平"路线图"计划，以色列右翼势力强烈反对，全国联盟党立即抛出"迁移理论"，认为将巴勒斯坦阿拉伯人分散并转移到周边阿拉伯国家进行安置是巴勒斯坦问题唯一"人道和公正的解决办法"。

在地区层面，伊朗和叙利亚是影响巴以和平进程的重要外部因素。出于宗教原因和政策取向，伊朗同叙利亚、真主党、哈马斯的关系都很密切，并对它们提供经济和军事支持。2011年以来以色列一直在讨论对伊朗实施军事打击，伊朗则通过军事演习做出回应。2013年3月，伊朗最高领袖哈梅内伊警告说："如果伊朗的核设施遭到来自以色列的攻击，那么伊朗将摧毁以色列城市特拉维夫和海法。"自叙利亚内战以来，以色列已经对叙利亚发起了多次空袭，以阻止其将先进武器运送给黎巴嫩真主党。巴沙尔则表示，如果以色列在未来再对叙利亚发起空袭，叙方将以相同的方式回应。

在国际层面上，美国都在中东地区起到不容忽视的作用。美国在中东事务中起一种主导作用，无论是过去的马德里中东和会还是"四方会谈"提出的"路线图计划"，美国都是积极的参与者和倡导者。但一个立场不公的调停者是难以发挥建设性作用的，美国行事的双重标准及一味偏袒以色列的政策，使其在中东地区失去了阿拉伯国家的信任。在美国，无论哪一届总统上台，在中东问题上免不了信誓旦旦，发誓要推进中东和平进程，但最后都难以实现。从这个角度看，美国在巴以和谈上的主导性反而成为影响巴以和平进程的消极因素。

二、积极因素

国家层面、地区层面和全球政治层面都存在解决巴以问题的积极因素。

从国家层面看，首先，巴以问题迟迟得不到解决，最大的受害者还是以色列和巴勒斯坦的人民。来自以色列和巴勒斯坦内部倡导和平的力量是解决巴以问题的积极力量之一。

2012年3月15日，新一届政府的组建工作终于尘埃落定，新一届内阁由右翼的"利库德集团－以色列我们的家园"、中间派政党未来党、极右翼政党犹太人家园以及中左翼政党运动党成员组成。支持巴以和平的运动党主席利夫尼将在新内阁中作为首席谈判代表主导巴以和谈，未来党也表示支持巴以和谈，这对巴以和平进程的推进是一个积极的信号。

在以色列内部也存在许多代表左翼势力的非政府组织。以色列占领区人权资料中心（B'Tselem）是以色列一个非政府组织，专门负责监督以色列占领地区的人权问题。该中心成立于1989年2月3日，最初的组织者包括记者、学者、律师和议员在内的以色列公众人物。以色列许多右翼政党都对该组织提出强烈抗议，前以色列外长利伯曼称占领区人权资料中心在纵容恐怖主义，削弱以色列的国防能力。

立即和平组织（Peace Now）也是以色列一个非常著名的左翼非政府组织，成立于1978年贝京和萨达特谈判之际，在1982年黎巴嫩战争后立即和平组织强烈谴责在以色列国防军纵容下发生的贝鲁特大屠杀事件，在当年的游行示威活动中，以色列全国10%的民众都走上了街头，这是目前为止以色列规模最大的民众示威活动。该组织赞成以色列放弃在约旦河西岸的占领领土，支持以色列通过两国方案解决巴以问题。

1982年以色列入侵黎巴嫩后不久，"母亲不再沉默"（Mothers against Silence）宣告成立，不久后更名为"父母不再沉默"（Parents against Silence）。其发起人和参与者都是普通的以色列民众，而他们的孩子大多在以色列国防军服役并参加了对黎巴嫩的作战。"父母不再沉默"运动要求政府从黎巴嫩撤军，将他们的孩子安全地带回家。该运动虽然时间很短，但是意义重大，因为传统的以色列家庭将自己的孩子在国防军中服役看作一种荣耀，"父母不再沉默"运动第一次向这种传统发出了挑战，这在以色列社会中无疑具有重大的影响力。

"打破沉寂"组织由以色列退伍士兵成立，该组织的主要任务是让那些在约旦河西岸服过役的以色列国防军士兵讲述那里发生的事情。2004 年，"打破沉寂"组织启动了一个名为"战士们，大胆说出来"的口录工程，收录了几百个国防军战士的录音材料，他们试图通过公开他们的经历来让以色列人知道在冲突中巴勒斯坦人如何被虐待、巴勒斯坦的财产如何被毁坏，让以色列社会面对这些真实而残忍的事实。

20 世纪 90 年代以来，以色列出现了许多有西方背景的和平运动和以妇女为主导的非政府组织，前者包括 1998 年成立的"中东和平研究院"（Peace Research Institute in Middle East）、2000 年成立的"中东公民大会"（Middle East Citizen Assembly）和 2004 年成立的"耶路撒冷和平缔造者"（Jerusalem Peacemaker）；后者包括"姐妹会"、"黑衣妇女"和"白衣妇女"组织。总体上看，在巴以双方政治力量分散的形势下，以色列左翼非政府组织发挥的力量有限，但作为一支重要的社会力量它确实为中东地区的和平做出了贡献，保存着中东和平的希望，并为之进行不懈的努力。

在地区层面，阿拉伯国家是推进巴以和平进程的重要力量。海湾阿拉伯国家一直是巴勒斯坦自治政府重要的财政支持者。在今后巴以谈判解决巴勒斯坦难民和经济发展等问题上，海湾阿拉伯国家的经济援助是不可缺少的，他们在政治上的努力也非常重要。2002年提出"阿拉伯和平倡议"就是解决巴以问题很好的尝试。

2002年，沙特王储阿卜杜拉在访问美国期间向布什总统提出了解决中东问题的8点建议。这些建议包括：以色列撤出最近侵占的巴勒斯坦控制区；以色列结束对拉姆阿拉的围困；向中东地区派驻多国维持和平部队；向被以军破坏的巴勒斯坦地区的重建提供国际援助；放弃暴力；以色列和巴勒斯坦民族权力机构立即进行政治谈判；以色列停止在巴勒斯坦领土建立犹太人定居点；实施联合国安理会1967年通过的第242号决议，以色列从阿拉伯被占领土上撤军，以换取阿拉伯国家承认以色列的生存权。

埃及作为重要的阿拉伯国家，在调解巴勒斯坦内部冲突、保障巴勒斯坦安全方面起的作用是其他阿拉伯国家难以取代的。

在国际层面，欧盟、中国和联合国将在解决巴以问题上发挥重要作用。

欧盟不仅是巴勒斯坦重要的财政支持者，也是以色列最重要的贸易伙伴，以英、法为代表的欧盟国家近年来在中东问题上发出的声音越来越多。有欧盟、俄罗斯参与的中东问题"四方会谈"机制应继续在解决巴以冲突问题上发挥作用。随着欧洲国家穆斯林人口的增加和穆斯林参政意识的提高，相对于美国，欧盟在处理中东问题上的立场会更为公正。

中国在巴以问题上一向支持巴勒斯坦人民建立一个在1967年边界基础上、具有完全主权的巴勒斯坦国的合法权利。中国一贯主张巴以双方在联合国有关决议、"土地换和平"原则、"阿拉伯和平倡议"和中东和平"路线图"计划等基础上，通过对话与谈判化解分歧，最终实现巴勒斯坦独立建国，巴以两个国家和平共处。对于停滞不前的中东和平进程，中国敦促以色列停止在约旦河西岸和东耶路撒冷兴建定居点，为继续和谈创造有利气氛。同时，中国也呼吁以色列着力改善巴勒斯坦人民尤其是加沙地带居民的生存环境。但由于中东地区不涉及中国的核心利益，中国在解决巴以问题上参与程度不高。中国综合国力的不断上升对中国解决国际争端提出了更高的要求，中东地区对中国的战略重要性也与日俱增。2012年中国石油净进口量2.84亿吨，同比增长7.3%，石油对外依存度达58%，预计2013年中国石油对外依存度将超过60%。在中国进口的石油中，来自中东的石油占到了一半，因此，中东地区的稳定对中国的石油安全有着至关重要的作用。

联合国是历史上巴勒斯坦分治的缔造者，从道义上说联合国应该积极推进"两国方案"的实施。联合国安理会第242号和第338号决议迄今仍然是全面解决阿以冲突问题的重要国际文件。2011年，巴勒斯坦加入联合国教科文组织；2012年，联合国大会表决通过巴勒斯坦联合国观察员国申请，这都是对巴勒斯坦建国权的肯定。联合国秘书长潘基文2013年2月5日出席巴勒斯坦人民行使不可剥夺权利委员会会议并发表讲话指出，以色列近日完成了议会选举并正在组建新政府，他期待着以色列新政府参与到共同寻求和平的努力中来，早日与巴勒斯坦方面通过谈判实现"两国方案"。①

第六节　解决途径

巴以问题严重阻碍了以色列国家的正常化和巴勒斯坦人民的建国诉求。2010年9月1日，世界著名经济学家、以色列中央银行行长斯坦利·费希尔在耶路撒冷举行的世界犹太人大会董事会年会上发表演讲时称，虽然当前以色列经济形势较好，但经济潜力尚未完全得到发挥，一旦巴以和谈取得进展，地区安全形势改观，国家实现和平，以色列经济基础将更为牢固，经济增长将更为迅速。

解决巴以冲突问题公认的最可行办法是两国方案。所谓两国方

---

① 详见 http://news.21cn.com/caiji/roll/a/2013/0206/08/14633313.shtml。

案，即巴勒斯坦人建立自己的国家，与以色列国共处。美国奥巴马政府也认为建立独立的巴勒斯坦国、巴以两国共存是解决中东问题最佳而且是唯一的途径。2013 年 1 月，巴勒斯坦民族权力机构主席府发言人阿布·鲁代纳表示，巴方愿意与任何遵守"两国方案"的以色列政府打交道。

"两国方案"其实并不是一件新鲜事物，联合国 181 号决议本质上就是两国方案的体现。只是随着巴以冲突的恶化和和平进程的受阻，巴勒斯坦离建国的目标越来越远。

巴解组织最初的目标是通过武装斗争，在整个巴勒斯坦土地上建立一个民主的巴勒斯坦国。可见，巴解组织最初也不承认以色列，当然也不会赞成两国方案，但随着国际和中东形势的变化，巴解组织在巴勒斯坦问题上的立场逐渐趋于温和与务实。1988 年 11 月，巴解组织全国委员会宣布接受联合国第 242 号、第 338 号决议。1991 年后，随着马德里和会的召开和《奥斯陆协议》的签订，和平进程顺利推进，以阿拉法特为代表的巴解组织主流派法塔赫逐步转向通过政治谈判谋求建国的道路。同样，1993 年，以色列解除禁止与巴解组织接触的禁令。按照《奥斯陆协议》的规定，巴以双方应该在 1999 年 5 月完成巴勒斯坦自治最终地位的谈判，但由于双方在一系列重大原则问题上的谈判迟迟不能取得突破，巴勒斯坦建国问题一拖再拖。

美国、欧盟国家和中国也是两国方案的重要支持者，2011 年 8 月，中国中东问题特使吴思科在开罗访问时强调，在两国方案的基础上解决巴勒斯坦问题是中国的一贯立场。中方支持建立一个以东耶路撒冷为首都的、享有完全主权、独立的巴勒斯坦国。

然而，两国方案在巴以双方内部均存在较大阻力。巴勒斯坦方面，由于所处的环境不同，生活在巴勒斯坦被占领土上的巴勒斯坦人与生活在约旦、叙利亚和黎巴嫩等阿拉伯国家难民营中的巴勒斯坦人存在截然不同的政治诉求。生活在约旦、叙利亚和黎巴嫩等阿拉伯国家难民营中的巴勒斯坦人大都来自 1967 年前被以色列占领的地区，对他们来说，只有赶走犹太复国主义者，消灭以色列，解放巴勒斯坦全境，他们才能返回自己的家园。然而，对居住在被占领土上的巴勒斯坦人来说，他们至少仍居住在巴勒斯坦的土地上，最迫切需要解决的问题是摆脱以色列的占领与统治。如果以色列结束对约旦河西岸和加沙地带的控制，以军士兵撤离并退回到 1967 年以前的地方，他们的诉求就已基本得到满足。因此，作为一个政治集团，他们更愿意接受一项两国并存的解决方案。

从以色列的官方表态看，在美国已明确表态支持两国方案的情况下，内塔尼亚胡并没有公开反对巴勒斯坦建国，但他常常回避两国方案，或对该方案的实施提出苛刻条件。内塔尼亚胡认为，巴勒斯坦国不仅没有统一的领土，而且不能拥有军队和安全控制权，流亡国外的巴勒斯坦难民也没有回归权。这根本不符合现代主权国家的要求，其本质是对两国方案的变相反对。总之，巴以两国方案的实现与否直接关系到巴以问题的解决，这也应该成为国际社会共同关注和共同解决的关键问题。

参考文献

（一）中文文献

［1］艾兰·佩普. 现代巴勒斯坦史［M］. 王健，秦颖，罗锐，译. 上海：上海人民出版社，2010.

［2］巴尔·纳维. 世界犹太人历史：从《创世记》到二十一世纪［M］. 刘精忠，等，译. 北京：中国人民大学出版社，2007.

［3］陈双庆. 以色列政治生态右倾与中东局势［J］. 现代国际关系，2009（3）.

［4］陈贻绎. 希伯来语圣经导论［M］. 北京：北京大学出版社，2011.

［5］储永正. 美国对以色列军援政策的变化及其成因［J］. 西亚非洲，2011（9）.

［6］冯基华. 犹太文化与以色列社会政治发展［M］. 北京：社会科学文献出版社，2010.

［7］华威. 当代中国以色列关系研究［D］. 吉林：吉林大学，2004.

［8］黄陵渝. 犹太教学［M］. 北京：当代世界出版社，2000.

［9］雷钰，黄民兴，等. 列国志：以色列［M］. 北京：社会

科学文献出版社，2011.

［10］雷钰. 以色列议会选举制度研究［D］. 西安：西北大学，2004.

［11］李洁宇. 论以美特殊关系的根源：以色列总理决策的"理性"成因［M］. 上海：上海交通大学出版社，2012.

［12］李倩倩. 以色列社会保障制度研究［D］. 西安：西北大学，2011.

［13］李伟建. 以色列与美国关系研究［M］. 北京：时事出版社，2006.

［14］李志芬. 以色列阿拉伯人社会地位之探析［D］. 西安：西北大学，2006.

［15］林国明. 犹太人社团与以色列对德国的战争索赔［D］. 长春：东北师范大学，2005.

［16］米尔斯海默·沃尔特. 以色列游说集团与美国对外政策［M］. 王传兴，译. 上海：上海人民出版社，2009.

［17］诺亚·卢卡斯. 以色列现代史［M］. 杜先菊，彭艳，译. 北京：商务印书馆，1997.

［18］潘光，陈超南，余建华. 犹太文明［M］. 北京：中国社会科学出版社，1999.

［19］潘光. 犹太研究在中国——三十年回顾：1978—2008［M］. 上海：上海社会科学院出版社，2008.

［20］彭树智. 中东国家通史：以色列卷［M］. 北京：商务印书馆，2001.

［21］宋陶立. 以色列高等教育研究［D］. 开封：河南大学，2011.

［22］孙德刚. 以色列与伊朗关系评析［J］. 现代国际关系，2009（5）.

［23］孙小虎. 21 世纪以色列国家安全战略研究［D］. 西安：西北大学，2009.

［24］唐娜·罗森塔尔. 以色列人：特殊国土上的普通人［M］. 徐文晓，程伟民，译. 上海：华东师范大学出版社，2009.

［25］王京烈. 解读中东：理论构建与实证研究［M］. 北京：世界图书出版公司，2011.

［26］王联. 中东政治与社会［M］. 北京：北京大学出版社，2009.

［27］王铁铮. 世界现代化历程：中东卷［M］. 南京：江苏人民出版社，2010.

［28］王新刚. 以色列国家能源战略的特点［J］. 人文杂志，2010（4）.

［29］西奥多·赫茨尔. 犹太国［M］. 肖宪，译. 北京：商务印书馆，1993.

［30］夏立平. 论以色列核政策与核战略的特点和影响［J］. 西亚非洲，2009（4）.

［31］雅各·瑞德·马库斯. 美国犹太人：1585—1990 年［M］. 杨波，宋立宏，徐娅囡，译. 上海：上海人民出版社，2004.

［32］阎瑞松. 以色列政治［M］. 西安：西北大学出版社，1995.

［33］杨苏曼. 今日以色列［M］. 北京：中国工人出版社，2007.

［34］以色列概况［Z］. 以色列新闻中心，2003.

［35］虞卫东. 当代以色列社会与文化［M］. 上海：上海外语教育出版社，2006.

［36］张和清. 以色列文化［M］. 武汉：湖北人民出版社，

2011.

［37］张倩红. 以色列史［M］. 北京：人民出版社，2008.

［38］章波. 冷战时期土耳其和以色列关系述评［J］. 西亚非洲，2010（8）.

［39］赵继运. 以色列总工会研究［D］. 西安：西北大学，2009.

［40］赵伟明. 以色列经济［M］. 上海：上海外语教育出版社，1998.

［41］钟志清. 当代以色列作家研究［M］. 北京：人民文学出版社，2006.

［42］周承. 冷战结束前后以色列新一代俄裔犹太移民的形成及其影响研究［D］. 上海：上海外国语大学，2007.

［43］周承. 以色列新一代俄裔犹太移民的形成及影响［M］. 北京：时事出版社，2010.

［44］朱丹. 以色列核力量发展模式［J］. 西亚非洲，2003（2）.

［45］庄建青. 以色列政党制度及其对外政策的影响［D］. 青岛：青岛大学，2009.

（二）外文文献

［1］Bernard Reich. A Brief History of Israel [M]. New York: Facts On File, Inc., 2008.

［2］Dan Senor, Saul Singer. Start-up Nation: The Story of Israel's Economic Miracle [M]. New York: Twelve, 2011.

［3］Howard M. Sachar. A History of Israel: From the Rise of Zionism to Our Time [M]. New York: Alfred A. Knopf, 2007.

［4］Itamar Rabinovich, Jehuda Reinharz. Israel in the Middle East:

Documents and Readings on Society, Politics, and Foreign Relations, Pre-1948 to the Present [M]. Waltham: Brandeis University Press, 2007.

〔5〕Martin Gilbert. Israel: A History [M]. Santa Barbara: McNally & Loftin Publishers, 2008.

〔6〕Rebecca L. Torstrick. Culture and Policy in Israel [M]. Westport: Greenwood Press, 2004.

〔7〕Ze'ev Drory. The Israel Defence Force and the Foundation of Israel [M]. New York: Routledge Curzon, 2005.

〔53〕2011 ,תל-אביב אוניברסיטת, 2011 לישראל אסטרטגית הערכה

〔54〕2012 ,לסטטיסטיקה המרכזית הלשכה, במספרים ישראל

（三）参考网站

〔1〕中国外交部网址 http://www.fmprc.gov.cn

〔2〕美国中央情报局世界各国国情报告网址 http://www.cia.gov/library/publications/the-world-factbook/

〔3〕耶路撒冷邮报网址 http://www.jpost.com/

〔4〕以色列国家安全研究学会网址 http://www.inss.org.il/

〔5〕以色列国土报网址 http://www.haaretz.co.il/

〔6〕以色列外交部网址 http://www.mfa.gov.il/

〔7〕以色列中央统计局网址 http://www.cbs.gov.il/

〔8〕以色列驻中国大使馆网址 http://www.embassies.gov.il/beijing

〔9〕以色列最新消息报网址 http://www.ynet.co.il/

〔10〕中国驻以色列大使馆网址 http://www.fmprc.gov.cn/ce/ceil/chn/

〔11〕中以学术交流促进会网址 http://www.sino-israel.org/

附录一　大事年表

（一）犹太史部分

公元前 1800 年前后，亚伯拉罕带领希伯来人迁徙到迦南地。

公元前 1700 年前后，希伯来人迁至埃及歌珊地区。

公元前 1300 年前后，摩西带领犹太人离开埃及，在西奈山接受"摩西十诫"。

公元前 1020 年，扫罗王建立犹太王国。

公元前 1000 年，大卫王定都耶路撒冷。

公元前 960 年，所罗门王在耶路撒冷建成第一圣殿，成为犹太人的精神中心。

公元前 930 年，统一王国分裂为北边的以色列王国和南边的犹大王国。

公元前 722 年，北部以色列国被亚述所灭，10 个犹太部落消失。

公元前 586 年，南部犹大国被巴比伦所灭，许多犹太人被押往巴比伦，史称"巴比伦之囚"。

公元前 538 年，波斯帝国吞并新巴比伦，居鲁士允许犹太人回到故土。

公元前 516 年，犹太人在耶路撒冷建成第二圣殿，第二圣殿时期开始。

公元前 332 年，亚历山大征服巴勒斯坦地区，该地区希腊化进程开始。

公元前 166 年，马卡比起义爆发，起义成功后建立哈斯蒙尼王朝。

公元前 63 年，罗马统帅庞贝攻陷耶路撒冷，使犹大地区成为罗马帝国的附庸。

公元 66 年，犹太人发起反抗罗马统治的第一次大起义。

公元 70 年，第二圣殿被毁。

公元 73 年，坚守马萨达的战士全部阵亡，大起义彻底失败。

132 年到 135 年，巴尔·科赫巴起义爆发，这次起义又称"星辰之子"起义。

210 年，口传律法《密西拿》整理完毕。

390 年，在《密西拿》的基础上，《巴勒斯坦塔木德》整理完毕。

614 年，波斯人征服耶路撒冷。

636 年，阿拉伯人征服了巴勒斯坦，636 年到 1099 年阿拉伯人统治巴勒斯坦地区。

1099 年到 1291 年，十字军东征。

1291 年到 1516 年，马穆鲁克统治巴勒斯坦地。

1517 年到 1917 年，奥斯曼土耳其帝国统治巴勒斯坦地。

1822 年到 1903 年，出现犹太人移居巴勒斯坦的第一次移民潮。

1897 年，第一次犹太复国主义大会在巴塞尔召开，犹太复国主义组织成立，复国主义运动登上国际政治舞台。

1904 年到 1914 年，第二次移民潮。

1917 年，英国颁布了《贝尔福宣言》，犹太复国主义第一次得到大国支持。

1918 年到 1948 年，巴勒斯坦地区属于英国委任统治地。

1919 年到 1923 年，第三次移民潮。犹太总工会和哈加纳也在这一时期成立。

1920 年，犹太民族委员会成立。

1922 年，犹太代办处成立。

1924 年到 1926 年，第四次移民潮。

1933 年到 1939 年，第五次移民潮。

1939 年英国白皮书限制犹太人向巴勒斯坦移民。

1939 年到 1945 年，第二次世界大战，在此期间爆发了惨绝人寰的犹太人大屠杀。

（二）以色列史部分

1947 年 11 月 29 日，联合国通过第 181 号决议，决定在巴勒斯坦建立两个独立的国家——以色列国和巴勒斯坦国，耶路撒冷成为国际城市，由联合国管辖。

1948 年 1 月 25 日，以色列举行第一届议会选举，本－古里安出任临时总理。

1948 年 5 月 14 日，以色列发表《独立宣言》，宣布建国。

1948 年 5 月 15 日，第一次中东战争爆发。

1948 年到 1951 年，大批来自欧洲和中东地区的犹太人移民到以色列。

1949 年，以色列被联合国接纳为第 59 个成员国。

1951 年 7 月 30 日，以色列举行第二届议会选举，本－古里安出任总理。

1956 年 11 月 29 日，第二次中东战争爆发。

1962 年，鲁道夫·艾希曼在以色列接受审判，被处以死刑，引发犹太人对大屠杀的思考。

1965 年，法塔赫成立。

1967 年 6 月 5 日，第三次中东战争爆发。联合国通过"242 号决议"，成为巴以问题的框架性文件。

1968 年到 1979 年，以色列和埃及之间爆发消耗战。

1970 年，约旦军队对巴勒斯坦游击队实施大规模进攻，史称"黑九月"事件，巴解组织前往黎巴嫩。

1973 年 10 月 6 日，第四次中东战争爆发，联合国通过"338 号决议"。

1977 年 5 月 17 日，以色列举行第九届议会选举，利库德集团获胜，贝京出任总理，结束了工党 29 年的统治。同年，埃及总统萨达特访问耶路撒冷。

1979 年 3 月 26 日，埃及和以色列签订《埃以和平协定》，结束了两国间 30 年来的战争状态。

1981 年，以色列轰炸伊拉克核反应堆。

1982 年 6 月，以色列发动黎巴嫩战争，巴解组织撤出贝鲁特，迁往突尼斯。

1982 年 9 月，第 12 届阿拉伯联盟首脑会议通过了沙特提出的中东和平八点建议，又称为"非斯方案"，含蓄地承认了以色列的生存权。

1985 年，以色列和美国签订自由贸易协定。

1987 年，第一次巴勒斯坦人民大起义爆发。

1988 年 11 月，阿拉法特宣布巴勒斯坦建国。

1989 年，大批来自苏联和东欧的犹太人移民以色列。

1991 年，马德里和会召开。

1992 年，中国和以色列建交。

1993 年，以色列议会废除了 1986 年制定的关于禁止同巴勒斯坦解放组织接触的命令。巴解组织和以色列政府在奥斯陆长期谈判后达成了《巴勒斯坦临时自治原则宣言》。

1994年，以色列政府和巴解组织签订关于加沙和杰里科自治的《开罗协议》。同年7月5日，巴勒斯坦自治政府成立。同年10月26日，约旦和以色列签订和平条约，结束两国战争状态。

1995年11月4日，以色列总理拉宾被犹太极端分子刺杀，中东和平进程受阻。

2000年，沙龙强行闯入阿克萨清真寺，引发巴勒斯坦人第二次大起义。

2004年，以色列国防军暗杀哈马斯领导人艾哈迈德·亚辛。

2005年8月15日，以色列从加沙全部定居点和约旦河西岸部分定居点单边撤离。沙龙因这一行动受党内反对而退出利库德集团，组建前进党。

2006年，第二次黎巴嫩战争爆发。

2008年12月26日，以色列对加沙地带发动"铸铅行动"，打击哈马斯武装力量。

2010年5月31日，以色列国防军向试图驶入加沙地带的土耳其国际人道主义船队开火，造成8名土耳其人和1名土耳其裔美国人丧生，土耳其和以色列关系陷入低谷。

2011年9月10日，埃及示威者冲击以色列使馆。

2012年12月14日，以色列对加沙地带发动"防务之柱"军事行动。

2013年1月22日，以色列第19届议会选举的投票结束，内塔尼亚胡领导的利库德集团和"以色列我们的家园"党组成的政党联盟获得31个席位，被授权组阁。

2013年3月15日，以色列组阁完毕，内阁由右翼的"利库德集团－以色列我们的家园"、中间派政党未来党、极右翼政党犹太人家园以及中左翼政党运动党成员组成。

2013 年 3 月 20 日，美国总统奥巴马访问以色列。

2013 年 5 月 6 日，以色列总理内塔尼亚胡访华。

附录二 中国的以色列研究情况

随着以色列国家的建立，阿以冲突成为中东的热点问题，同时也成为各国学者投入较多的研究领域。对以色列研究最有深度的是以色列本国和美国，此外，随着中国国际影响力不断提升，中国的以色列研究也得到飞速发展。

以下对几个有代表性的以色列及犹太研究机构进行简要介绍：

（一）中国社会科学院西亚非洲研究所①

中国社会科学院西亚非洲研究所的研究领域包括中东、非洲73个国家和地区，以该地区和国家当代政治经济发展和国际关系为研究重点。同时开展对该地区历史、社会、文化、民族、宗教、法学等领域的研究。其主要期刊为《西亚非洲》。在以色列方向，该研究所培养造就了一批中东问题专家，如赵国忠、杨光、王京烈、张晓东、殷罡及冯基华教授等。

（二）上海犹太研究中心②

上海社科院历史所 1988 年成立上海犹太研究中心，主任潘光，主要从事犹太文化、历史及当代以色列研究；该研究中心不仅协调上海和中国学者的研究活动，而且与世界各国的同行进行着富有成

---

① 中国社会科学院西亚非洲研究所 http://iwaas.cass.cn/。

② 上海犹太研究中心网址 http://www.cjss.org.cn/。

果的合作。

（三）北京大学亚非研究所

北京大学亚非研究所成立于1964年，以研究亚洲和非洲各国当代经济、政治、社会为主，兼及历史、文化等领域。目前设有东北亚、东南亚、南亚、西亚中亚及非洲共五个研究室和一个图书资料室，该研究所的李湖教授、安维华教授是较早涉足以色列问题研究的学者。此外，2010年11月北京大学中东研究中心成立，专门负责中东问题的研究工作，该中心负责人为王锁劳教授。

（四）上海外国语大学中东研究所①

上海外国语大学中东研究所在中东政治研究方面起步较早，在20世纪80年代就开始对"阿以冲突"、"亚非国家开放的特点"、"犹太学研究"等热点课题进行研究。随着阿拉伯语硕士点、博士点和国际关系硕士点的建立，该所十分重视将对中东政局的动态研究与中东社会文化研究结合起来，逐步形成了其在中东政治研究方面的特色。

（五）中国犹太学研究会

中国犹太学研究会由南京大学的徐新教授于1989年建立，徐新教授被国际学术界视为中国犹太学研究领域的领跑者和最具影响力的学者。自1995年以来，他应邀在国外做过500余场次的英文学术讲演，主编的首部中文版《犹太百科全书》是中国涉及犹太文化的权威性大型工具书。由于他的研究成果和重要贡献，他获得美国弗兰德纪念特别奖，被以色列巴尔-伊兰大学授予哲学博士名誉学位。

---

① 上海外国语大学中东研究所网址 http://research.shisu.edu.cn/s/13/main.htm。

（六）犹太教与跨宗教研究中心①

犹太教与跨宗教研究中心之前为山东大学成立的犹太文化研究所，2003 年 4 月改为山东大学犹太教与跨宗教研究中心，中心主任为傅有德教授。该中心的研究重点为犹太宗教与哲学，兼跨宗教、文化的全方位研究，傅有德教授主持编译了一系列犹太学著作。

（七）西北大学中东研究所②

中东研究所是 1964 年经国务院批准设立的全国高校首批国际问题研究机构之一，原名伊斯兰国家研究所，1978 年改为今名。该研究所以中东历史研究为主，与现状研究相结合，为国内中东研究领域最早的博士点，现任所长为王铁铮教授。在著名学者彭树智教授的带领下，该研究所在以色列问题研究上独树一帜，涌现出包括阎瑞松、雷钰在内的研究以色列问题的著名学者。出版期刊有《中东研究》。

除了以上各研究单位，云南大学、河南大学是以色列与犹太研究的重要阵地。国内开设希伯来语专业的大学有北京大学、上海外国语学院、北京外国语大学和解放军外国语学院等。

---

① 犹太教与跨宗教研究中心网址 http://www.cjs.sdu.edu.cn/。
② 西北大学中东研究所网址 http://mainpage.nwu.edu.cn/unit/uzhds/。

附录三　以色列基本数据

（一）地理

地理位置：北纬 30—31 度，东经 34—35 度。

领土：按照联合国分治决议以色列的面积为 1.49 万平方千米，1967 年第三次中东战争以前以色列实际控制领土为 2.077 万平方千米，在世界排名 154 位，其中陆地面积 2.033 万平方千米，领海面积 440 平方千米。目前，以色列的实际控制领土达到 2.574 万平方千米，包括戈兰高地、东耶路撒冷和约旦河西岸地区。

陆地边境：共 1017 千米，其中同埃及边境 266 千米，同加沙地带边境 51 千米，同约旦边境 238 千米，同黎巴嫩边境 79 千米，同叙利亚边境 76 千米，同约旦河西岸边境 307 千米。

气候：地中海气候，南部和东部沙漠炎热干燥。

地形：沿海平原地区，中部和北部为山地，南部为内盖夫沙漠，东部为约旦河谷地区。

最高点[①]：梅隆山，海拔 1208 米。

最低点：死海，低于海平面 424 米。

土地使用情况：可耕地占 15.45%，农作物用地占 3.88%，其他用地占 80.67%。人工灌溉面积达到 2250 平方千米。（2005 年）

---

① 以色列认为其境内最高点为戈兰高地的赫尔蒙山，海拔为 2224 米。

自然资源：木材、铜、天然气、磷盐岩、沙等。

自然灾害：春季和夏季沙尘暴，干旱，地震等。

（二）人口与社会

国籍：以色列人

语言：希伯来语、阿拉伯语为官方语言，英语为通用语言。

宗教：犹太人占人口总数的 75.6%，穆斯林占 16.9%，基督徒占 2%，德鲁兹人占 1.7%，其他民族占 3.8%。（2008 年）

人口：793.3 万，其中大概 32.6 万人住在约旦河西岸，18.7 万人住在戈兰高地，18.69 万人住在东耶路撒冷。

人口增长率：1.541%（在世界排第 79 位）

城市人口占全国人口比例：92%（2010 年）

人口平均寿命：81.07 岁（在世界排第 18 位，男性平均寿命为 78.88 岁，女性平均寿命为 83.36 岁）

人口平均年龄：29.5 岁（男性平均年龄为 28.9 岁，女性平均年龄为 30.3 岁）

总和生育率：2.65（以色列妇女在育龄期间平均的生育子女数为 2.65 个）

人口年龄结构：0—14 岁占 27.6%，15—64 岁占 62.2%，65 岁以上（含 65 岁）占 10.1%。

人口性别比例：1.01：1（男女比例）

人口出生率：18.97‰（在世界排第 99 位）

人口死亡率：5.5‰（在世界排第 175 位）

平均受教育时间：15 年

失业率：6.7%（2013 年 2 月）

（三）政治

政治体制：议会民主制

行政区域：中央区、海法区、耶路撒冷、北部区、南部区和特拉维夫

独立日：1948 年 5 月 14 日

司法体制：英国习惯法、英国委任统治规章制度和犹太教、基督教和伊斯兰教的宗教法规

国家元首：西蒙·佩雷斯（2007 年上任）

政府首脑：本雅明·内塔尼亚胡（2013 年 3 月上任）

立法机构：克奈塞特

选举权：18 岁以上的公民

以色列驻中国大使：自 1992 年至今，有 6 位以色列驻华大使。现任大使为马腾，1944 年出生于耶路撒冷，在以色列国防军服役期间曾担任国防军副总参谋长、以色列南方军区司令员，退役后曾担任科学、文化和体育部长，国防部副部长；2012 年 8 月担任以色列驻华大使。

（四）经济

国内生产总值：2479 亿美元（按购买力平价）（在世界排第 51 位）；2453 亿美元（按法定汇率）

国内生产总值增长率：2.9%（2012 年）

人均国民生产总值：32000 美元（2011 年）

工业生产增长率：5.2%

国民生产总值的产业分布：农业占 2.4%，工业占 32.6%，第三产业占 65%。

劳动力人口：326.9 万

劳动力分部：农业占 2%，工业占 16%，第三产业占 82%。

失业率：5.6%

贫困人口率：23.6%（贫困人口日收入低于 7.3 美元）

财政状况：财政收入 626.4 亿美元，财政支出 720 亿美元。

通货膨胀率：2.1%

中央银行贴现率：2.75%

公开交易股票市值：2181 亿美元（2012 年）

出口总量：647.4 亿美元，以色列主要出口产品包括机器设备、软件、钻石、农产品、化工产品、纺织品等。

出口国和地区：以色列对美国出口额占出口总额的 28.8%，出口中国香港占 7.9%，出口比利时占 5.6%，出口英国占 5%，出口印度占 4.5%，出口中国内地占 4%。

进口总量：775.9 亿美元，以色列进口主要产品包括原材料、投资产品、钻石、能源、谷物等。

进口国：以色列从美国的进口额占进口总额的 11.8%，中国占 7.4%，德国占 6.2%，比利时占 6.1%，瑞士占 5.4%，意大利占 4.2%。

外汇和黄金储备：752.4 亿美元

货币：谢克尔

汇率：1 元 = 3.532 谢克尔

（五）交通

飞机场：48 个

铁路：975 千米

公路：18290 千米

主要港口：埃拉特港、阿什杜德港、哈代拉港、海法港

（六）电话

国家代码：972

报警：100

医疗救护：101

火灾报警：102

游客求助热线：03-5165382

中国驻以色列大使馆：972-3-5467277　972-3-5467251

以色列驻中国大使馆：010-85320500

后 记

中国在过去几年取得了令人瞩目的成就和众多可喜的变化，综合国力和国际影响力不断增强。但新的国际地位对中国在各个区域、各个国家的战略部署和政策制定提出了更高的要求，这其中包括中国的中东战略。中东是一块复杂的地区，从拿破仑远征埃及到英国、法国的委任统治，从苏联入侵阿富汗到美国发动伊拉克战争，历史上许多世界强国都在这块土地上暴露了自身力量拓展的极限。但这并不能成为我们远离中东的理由，而应该成为值得我们借鉴的经验。中国有必要加大对中东地区的"创造性介入"①，在避免和美国零和博弈的前提下实现在该地区利益的最大化。

以色列是中东一个重要的国家，对以色列的全面掌握，是我们了解中东这一地区的前提。以色列诞生于危难之中，在资源极度匮

---

① 王逸舟在《创造性介入：我心中的中国新外交》一文中写道："我所说的创造性介入，是对前些年的韬光养晦策略或者搭便车观点的某种超越。中国的体量、与外部世界的对接度，已经使得我们越来越难以搭便车，中国不能不去主动提议、下先手棋。因此要有哲学意义上的调整，要有自己的声音和长远规划。但我强调，中国不是要重蹈西方霸主特别是美国的老路。它既有别于前段时期不太介入的方式，又不同于近代历史上'国强必霸'的老路。这就需要我们的智慧和想象力，是外交转型的'巧力'所在。创造性介入一定是有选择性的、建设性的和量力而行的，对时机、方式和内涵有精心的选取，而非简单依靠军事上的打压或直接的对抗博弈。这种新的外交的推进并不容易，往往是在困难的时刻才有可能发现机会，需要大胆争鸣和认真求索。"

乏、自然条件极度恶劣、地缘政治环境极度不利的情况下，不仅打赢了几十年的战争，吸收了大量移民，还实现了经济的飞速发展，创造了科技、文化等领域的奇迹。犹太民族为人类贡献了《希伯来圣经》，其文化同古希腊文化一起构成西方文化的源泉，涌现出诸如斯宾诺莎、马克思、弗洛伊德、爱因斯坦等改变了人类思想与历史进程的伟人。更不可思议的是，在经历了近2000年大流散的苦难历史后，犹太人竟然成功地建立起自己的民族家园。

《以色列概论》是解放军外国语学院亚非语系策划编写的《亚洲国情文化丛书》的一种，是博士生导师钟智翔教授主持的国家级教学成果二等奖获奖项目系列教材之一，也是国家外语非通用语种本科人才培养基地暨亚非语言文学国家级特色专业建设点建设教材。本书的目的是为读者呈现一个相对客观的以色列。这种客观性包括叙事者的立场。犹太人和以色列国的确有太多值得我们学习的地方，历史上大概没有哪个民族在对现实主义原则的运用上像犹太人那么娴熟和精湛。从阿拉伯帝国到奥斯曼土耳其帝国，从英国到美国，犹太人总是能够在纷繁复杂的历史中敏锐地捕捉到最能代表历史发展趋势的力量。另一方面，我们需要有明确的是非判断，如以色列对巴勒斯坦平民使用武力、在占领土地上修建定居点等非正义行为阻碍着和平进程的推进，不利于国际政治新秩序的建立，本书予以一定的揭露。

本书的另一个特点是时效性。近年来，中东地区发生了较大的变化，阿拉伯之春、伊朗核问题、叙利亚内战等事件都对以色列的地缘政治环境产生了深刻的影响。就以色列内部而言，发生在2011年的社会大游行、2013年的大选都是把握以色列发展动向的重要素材，这些事件均在本书中有所涉及。

这本书的孕育过程其实很长，我在2010年底就接到编写此书的任务，当时我刚刚师从徐哲平老师学习希伯来语，对以色列国情知识和犹太文化也充满了求知欲。对我而言，编书的过程本身也是一个学习的过程。在编写过程中，我有幸听到了陈贻绎副教授讲授的"希伯来语圣经导论"、王宇副教授讲授的"犹太历史"和"以色列现代史"以及冯基华副研究员讲授的"以色列社会与文化"。正是在这些老师们的引导下我开始对以色列和中东研究有了浓厚的兴趣，对以色列国情研究有了基本的认识。

本书在前期资料搜集中，钱程、朱洺哲、王宽、王军、李烨、杨光远付出了辛勤劳动；在编辑与校对中，吴瑶做了大量工作。本书成书过程中，解放军外国语学院亚非语系教材建设委员会、解放军外国语学院亚非语言文学专业博士学位授权点给予了巨大支持，兰强老师作为亚非语系指定评审专家给予了我许多具体指导。正是在大家的鼓励和帮助下我才能够完成此书的编写，在此，我谨向他们表示衷心的感谢！

最后需要指出的是，本书以事实陈述和材料综合为主。由于编者能力有限，本书难免有许多不足之处，望大家批评指正。

编 者

2014 年 9 月于解放军外国语学院